丛刊出版说明

本丛刊出版之目的在于推进汉文社会人类学的进步，内容不作特殊限定，可涉及本专业所有领域和层次，形式不拘，可为专著、文集、译作，尤注重发表青年一代学者的著述与翻译作品。

本丛刊之出版得到了中国社会与发展研究中心的赞助。

主 编
2015 年 3 月

社会人类学丛刊　王铭铭　主编

王铭铭　舒瑜　编

文化复合性

西南地区的仪式、人物与交换

后浪

北京联合出版公司
Beijing United Publishing Co.,Ltd.

1

2

3

4

5

6

7

8

10

11

12

13

14

15

16

17

18

19

20

21

22

23

24

25

27

26

28

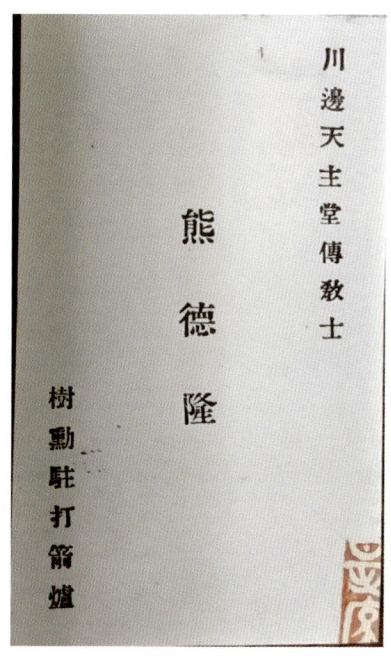

川邊天主堂傳教士 熊德隆 樹勳駐打箭爐

33

34

目 录

编者与作者 ··· 1
致 谢 ·· 2
导 论 ··· 王铭铭 舒瑜 5

第一部分

迁徙：山地苗族的历史心性 ································· 杨渝东 3
花场跳月：从仪式景观看中国西南多族交互共生 ······ 汤芸 25
丰产与交换：云南诺邓盐井的仪式和神话 ················ 舒瑜 53
双重时间体系：一个西双版纳社会的历史人类学研究 ··· 杨清媚 81
嘉绒藏人的神山与家屋：在神圣历史中生成的社会结构 ··· 张原 135
从神判看西南中国的"礼治秩序"：以一个黔中屯堡村寨
 的降乩仪式为例 ·································· 汤芸 171

第二部分

两种他性：有关南诏、大理国文献中的陌生人－王与
 宇宙统治 ··· 梁永佳 195
既是土官不为例：十五世纪龙州土司修建报恩寺的纷争 ··· 曾穷石 209
超越的幸运，抑或悲哀：对一个地方人物之死的
 历史人类学研究 ···································· 刘琪 255
士人、土司与山川：从一本游记看士人与"他者" ······ 李金花 287

第三部分

清代康定锅庄：一种讨论汉藏关系的历史路径 …………… 郑少雄 317
无酒不成礼：对西南一个汉族寨子婚礼中"酒"的
　人类学解析 …………………………………………………… 尹韬 337
关系中的"物"：一个盐井村落中的盐 ………………………… 舒瑜 369

　附录：西南研究答问录 ………………………… 王铭铭　张帆 397
　图片信息 ………………………………………………………… 418
　参考文献 ………………………………………………………… 420

编者与作者

（按论文先后顺序）

王铭铭：伦敦大学人类学博士，北京大学教授，曾兼任美国芝加哥大学、中央民族大学、日本大阪国立民族学博物馆客座教授，现兼任新疆天山学者特聘教授

舒瑜：北京大学人类学博士，中国社会科学院民族学与人类学研究所副研究员

杨渝东：北京大学人类学博士，南京大学社会学院人类学研究所副教授

汤芸：中央民族大学人类学博士，西南民族大学西南民族研究院副研究员

杨清媚：中央民族大学人类学博士，中国社会科学院社会发展战略研究院副研究员

张原：中央民族大学人类学博士，西南民族大学西南民族研究院副研究员

梁永佳：北京大学人类学博士，中国农业大学人文与发展学院社会学系特聘教授

曾穷石：中央民族大学人类学博士，四川成都武侯祠博物馆副研究馆员

刘琪：北京大学人类学博士，华东师范大学人类学研究所副教授

李金花：中央民族大学人类学博士，中国社会科学院宗教研究所助理研究员

郑少雄：北京大学人类学博士，中国社会科学院社会学研究所助理研究员

尹韬：北京大学人类学硕士，挪威奥斯陆大学人类学博士研究生

致 谢

在研究过程中，本书的作者们受益于难以在此列举的"地方人"；我们还受益于许多不同代的同人。已故老一辈人类学家费孝通、田汝康、宋蜀华、李绍明等先生，曾给予我们指导和鼓励；生活和工作在西南的和少英、王四代、杨福泉、王文光、何明、张锡禄、高登荣、杨慧、高志英、赵玉中、赵心愚、张建世、杨正文、李星星、石硕、霍巍、秦和平、曾维益、马尔子、彭文斌、徐新建、王东杰等教授，以学识与情义作为礼物赠予我们；来自国内外学界的其他同行如 Stephan Feuchtwang、潘乃谷、郝苏民、Marshall Sahlins、Frederick Damon、Michael Rowlands、严汝娴、马戎、杨圣敏、金光亿、罗志田、汪晖、潘蛟、王明珂、黄树民、黄应贵、王建民、张兆和、Stephane Gros、翁乃群、杨念群、刘铁梁、渠敬东、朱晓阳、丁宏等教授，有的应邀参与我们的讨论，有的作为委员参加过部分作者的论文答辩，有的多次参与我们的学术研讨，他们以不同方式，给予过我们教导。我们借这一机会，对他们一并致以衷心的感谢。

收录于本书的论文，杨渝东所作"迁徙：山地苗族的历史心性"、曾穷石所作"既是土官不为例：十五世纪龙州土司修建报恩寺的纷争"、刘琪所作"超越的幸运，抑或悲哀：对一个地方人物之死的历史人类学研究"为首发，其他均已刊登于不同学术期刊中，其发表情况如下：

汤芸："花场跳月：从仪式景观看中国西南多族交互共生"，原文发表于《西南民族大学学报》（人文社会科学版）2013年第4期，16～23页。

舒瑜："丰产与交换：云南诺邓盐井的仪式和神话"，部分内容曾以"丰产的文化理性解释：云南诺邓历史上两套丰产仪式之关系的研究"为题，发表于《民族研究》2011年第6期，30～37页。

杨清媚："双重时间体系：一个西双版纳社会的历史人类学研究"，部分内容曾以"从几种傣族研究看'双重时间体系'与'中间圈'的文明"为题，发表于《中国人类学评论》，第16辑，60～91页，北京：世界图书出版公司，2010；以"从'双重宗教'看西双版纳社会的双重性———项基于神话与仪式的宗教人类学考察"为题，发表于《云南民族大学学报》（哲学社会科学版），2012年第4期，22～29页。

张原："嘉绒藏人的神山与家屋：在神圣历史中生成的社会结构"，原文发表于张亚辉、张原、陈波编著：《历史、神话与民族志》，118～157页，北京：民族出版社，2012。

汤芸："从神判看西南中国的'礼治秩序'：以一个黔中屯堡村寨的降乩仪式为例"，曾以"神判与官司：一个西南村庄降乩仪式中的讼争与教谕"为题，发表于《云南民族大学学报》（哲学社会科学版），2012年第4期，13～21页。

梁永佳："两种他性：有关南诏、大理国文献中的陌生人-王与宇宙统治"，原文发表于王铭铭主编：《中国人类学评论》，第17辑，77～86页，北京：世界图书出版公司，2010。

李金花："士人、土司与山川：从一本游记看士人与'他者'"，曾以"士人与山川——从《容美纪游》看传统士人的山川观念"为题，发表于《民族学刊》，2013年第3期，54～60页。

郑少雄："清代康定锅庄：一种讨论汉藏关系的历史路径"，曾以"西南与'贸易港'概念：清末民初康定锅庄及其交换体系"为题，发表于《开放时代》，2014年第4期，12～23页。

尹韬："无酒不成礼：对西南一个汉族寨子婚礼中'酒'的人类学解析"，发表于王铭铭主编：《中国人类学评论》，第11辑，54～85页，北京：世界图书出版公司，2009。

舒瑜："关系中的'物'：一个盐井村落中的盐"，部分内容曾以"物的中间性：云南诺邓盐井的交换和献祭"为题，发表于王铭铭主编：《中国人类学评论》，第16辑，1～34页，北京：世界图书出版公司，2010。

附录:"西南研究答问录",发表于《西北民族研究》,2012 年第 1 期,87~99 页。

《西南民族大学学报》《民族研究》《云南民族大学学报》《中国人类学评论》《开放时代》《民族学刊》《西北民族研究》诸杂志的主编和编辑,给予了以上论文的发表机会和行文指导,我们谨向他们表示深深的谢意。

最后,我们还要诚挚感谢中国社会与发展研究中心(费孝通中心)及独立出版人吴兴元、马春华等,对于这部文集的出版给予的重要支持。

2014 年 10 月

导 论

王铭铭　舒瑜

这是一部人类学专题研究文集，它由13篇西南民族志论文构成。我们将文章组织成三个部分。

第一部分由6篇论文组成，它们的切入点，都是仪式。

杨渝东的论文聚焦于西南山地苗族的历史感。他指出，这一历史感充满着迁徙与安土重迁的对反，但迁徙不只是苗族历史感对立统一体的一面，它自身还演变为苗族信仰中的秩序和"内"与"外"之间的辩证关系，对于苗族之神圣性的建构具有重要意义。山地苗族依靠一种永远走不出去的"内部"边界，把"外"与"分离"消解为暂时的、局部的、缺乏根本性的，从而始终保证"内部"的秩序性和神圣性。而这种信仰的表达，分层次地体现在个体生命的循环、家族的分离与再聚、族群的离散与重合的仪式当中。

汤芸的文章以多族交互共生关系的仪式景观——贵州黔中地区半边山河谷的"跳花场"为例，再现仪式中"互补性分化"与"对称性分化"的社会机制，揭示出存在于西南的神圣灵力之"他性"与"不可让渡"的文化逻辑。

受结构理论启发，舒瑜的论文指出，长期以来，丰产仪式的研究视角仅仅局限在社区或族群内部，被视为本社区、本族群对自我繁衍、人物丰旺的祈求。这种内部视角缺乏对族群间关系的关注，往往忽视丰产仪式中所追求的"外部的丰产"或者说"邻人的丰产"。该文对云南诺邓盐井历史上并存的两套丰产仪式的细致分析，表明建立在内－外、自我－他者交换关系之上的丰产仪式，是要追求"整体丰产"，整体丰产使得社会共同体之间的互惠成为可能。

杨清媚借西双版纳勐混镇的个案研究，呈现出由佛教和以勐神祭祀为核心的"巫"这双重宗教体系影响下的当地社会的历史。佛与巫两种宗教具有两种截然不同的时间观念,其对立和角力关系构成了当地社会年度周期的仪式钟摆,而西双版纳社会,摆动在整体主义的等级社会和个体主义的平权社会这两极之间,长期处在中间状态。

张原关注的是夹在汉藏两大文明体之间的嘉绒地区,在此地,神山和房屋在空间象征上具有深层次的同构性,而这种同构关系是在关系繁复的历史过程中被形塑的。嘉绒的神山创造了一种从"山上"来的文明形态,山岳不仅是文化自我界定的他者,也是社会秩序的源泉。

汤芸的另一篇论文"从神判看西南中国的'礼治秩序':以一个黔中屯堡村寨的降乩仪式为例",分析了1912~1914年之间发生于贵州黔中地区一个屯堡村寨内为平息家族祖坟争端而举行的一系列降乩仪式,对神判与官司之间的同构互为关系进行说明,从而指出"礼治秩序"中礼、法、俗相掺杂的状态。这篇论文揭示了西南与"礼仪"之复合形态。

第二部分由4篇论文组成,集中于"人物类型"研究,揭示南诏–大理王权形态的关系内涵、平武白马土司与明朝官僚政治的关系、德钦地方"大人物"错综复杂的命运,及清代士人与西南土司的关系面貌。

梁永佳的论文对南诏大理的王权模式加以分析,指出,此地王权概念研究者呈现过"陌生人–王"和"宇宙统治"两种模式,但其具体存在形式有所不同。"陌生人–王"是一个反社会的姻亲和客人,宇宙统治者是一个超社会的血亲和主人,两者"人物类型"在结构上相反,在历史上则互为补充。从南诏大理的王权模式上看,"宇宙统治"是一种不同于"陌生人–王"的王权模式,应该作为一个分析概念,纳入对西南政治文化的讨论中。

曾穷石的文章考察15世纪龙州(今四川省绵阳市平武县)土司修建寺庙——报恩寺所引起的纷争,以此探讨土司政治的区域运作形式。文章认为,土司修建寺庙,表达汉籍土司对官僚政治的向往。围绕着修建寺庙这一事件,龙州土司与龙州当地土司集团、士大夫阶层交游往来,同时又通过与远在千里之外的中央王朝高级官员的交际,取得外在于土司政权的力量的支持,并利用朝廷宦官专权的契机,投宦官王振佞佛所好,获得了明英宗的授权,完成了"不可为之事"。报恩寺的修建,是土司政治与帝国官僚政治角力的产物,反映了龙州这一偏远的地方社会与帝国的权力核心之间的互动。

刘琪借助历史文献与口述史对云南德钦一个地方"大人物"之死展开研究，指出，过往的分析并没有重视对超越结构的人物的研究。刘琪的论文表明，对人生史展开研究，使我们能够更好地展现西南地区民族与文化的多样性与混杂性，更好地理解这一区域独特的历史与文化图景。

李金花的论文分析清代士人顾彩所写的游记文本《容美纪游》，侧重于该文本所记述的山川景观。顾彩对容美土司区有"蛮夷之地"、"桃花源"与"仙境地"等多重印象，顾彩眼中容美土司所居的武陵山区，既是"蛮夷"之所在的山川，又是作为神灵之所在的山川。对顾彩来说，容美土司这一人物类型，则是此二者的结合体。对顾彩的"容美意象"进行的这项研究，一方面表明，古代中国士人的书写中是存在接近于民族志的文类和情结的；另一方面也表明，对于"华夏文明"的承载者而言，身处"蛮夷之地"的土司，是一种复合性的政治文化能动体。

第三部分收录3篇论文，都涉及"交换与物质文化"专题。

其中，郑少雄的文章聚焦康定地区特有的交换方式——锅庄贸易，基于制度经济史和经济人类学的"贸易港"概念，从三个方面讨论了康定锅庄贸易所体现出来的贸易港特征，但他同时指出，康定与波兰尼的贸易港又存在重要的区别。这些区别反映出晚期帝国的特殊性，也成为我们今天理解民族关系的一个参照点。以土司社会（锅庄是其内部最重要的组织要素之一）为中介，汉藏之间存在着包括生态、交通、贸易、族群、宗教等众多面向在内的有机政治联系，这种有机政治联系使得汉藏文明成为一个不可分割的连续统。

尹韬的论文围绕西南地区一个汉族寨子婚礼中"酒"的种种场景，指出不管是"通神"还是"事人"，都需要通过"酒"来达到一种"其乐融融"而又"彼此有别"的场面。他进一步区分了"礼仪之酒"和"游戏之酒"两种形式，认为礼仪对人并非是简单的"控制"，它也给了人"释放"。在"释放"与"控制"之间，文化是要达到一种"夫礼以制中"的目的。

舒瑜的另一篇文章"关系中的'物'：一个盐井村落中的盐"，同样是以"物"

为视角的研究。该文分析交换体系和献祭体系中的"盐",从"盐"的角色考察云南诺邓盐井所处的"上下"、"内外"关系情景,强调指出,处在关系结构中的"盐",在交换和献祭两套体系中展现出同构性。在作者看来,交换与献祭构成"一横一纵"的关系结构,构筑了诺邓人理解的人文世界。

文化复合性

文集收录的论文各有不同侧重点,但从大的方面而言,其相互之间存在着深刻的联系。

论文的作者都在21世纪最初的10多年先后前往西南地区,在那里展开各自的研究。其成果可谓构成若干年前出版的《重归"魁阁"》[①]的续篇。《重归"魁阁"》已收录张宏明、梁永佳、褚建芳等位自1999年开始在云南展开的几项研究的报告。[②]这组报告展露了一批新生代中国人类学研究者的新关怀。此后,又有一批年轻学子(除了本文集诸论文的作者之外,先后还有陈波、陈乃华、伍婷婷、刘雪婷、罗杨、张帆、张亚辉、梁中桂、徐振燕、夏希原、吴银玲、高瑜、翟淑平、黄雅雯等,由于技术原因,此处没有收录他们的论文)参与到西南研究中来。他们在云、贵、川等地问道求知的过程中,形成了置身于具体时空坐落而作概念辨析的习惯,之间形成密切的学术互动关系。他们不拘泥于所在区域的既有立论,而致力于反思地继承内在于西南但有更广泛意义的区域知识。[③]

[①] 潘乃谷、王铭铭编:《重归"魁阁"》,北京:社会科学文献出版社,2005。
[②] 他们的专著,也被列入社会学人类学论丛"魁阁系列",于2005年由社会科学文献出版社出版。见张宏明:《土地象征:禄村再研究》,北京:社会科学文献出版社,2005;梁永佳:《地域的等级:一个大理村镇的仪式与文化》,北京:社会科学文献出版社,2005;褚建芳:《人神之间:云南芒市一个傣族村寨的仪式生活、经济伦理与等级秩序》,北京:社会科学文献出版社,2005。
[③] 我们这部文集,也可以说是几年前发表的一系列有关20世纪前期民族与文明叙述的述评的民族志类续篇。在那些述评中,我们部分表达了从历史和民族志观点重新审视中国在世界中的地位的主张,部分触及到了本书论述的文化复合性概念。见王铭铭主编,杨清媚、张亚辉副主编:《民族、文明与新世界:20世纪前期的中国叙述》,北京:世界图书出版公司,2010。

我们用"文化复合性"概念来概括这组研究所呈现的西南人文世界之面貌。文化复合性的意思是，不同社会共同体"你中有我，我中有你"①，其内部结构生成于与外在社会实体的相互联系，其文化呈杂糅状态。文化复合性有的生成于某一方位内不同社会共同体的互动，有的则在民族志地点周边的诸文明体系交错影响之下产生，是文化交往互动的结果。文化复合性是自我与他者关系的结构化形式，表现为同一文化内部的多元性或多重性格。这种结构的存在表明，没有一种文化是自生、自成的孤立单体，而总是处在与其他文化的不断接触与互动之中，即使有些文化相对于其他文化"封闭"，但其现实存在避免不了"外面的世界"的"内部化"。

文化复合性亦可理解为一种"复杂性"。这里的"复杂性"与过往人类学者探究过的、不同于原始"简单社会"的文明"复杂社会"有关②，但也有着自身的特殊含义，意味着，无论是"简单"还是"复杂"社会，文化均形成于一种结构化的自我与他者、内部与外部的关系之中，使他者和外部也内在于"我者"。我们以"内外上下关系"③来认识文化复合性的构成。所谓"内外"，即指社会共同体与文化界线两边的联动；所谓"上下"，则是指，由于历史中的社会共同体与文化通常存在规模与影响不一或"尊卑"不等的"差序"，因此，跨社会或跨文化关系通常也具有深刻的等级内涵。而关系及其形成过程，都存在主观和客观两面，且主／客之间的界线不易划定，杂糅着我者与他者之间关系的实际状态与观念形态。我们既以"文化"来形容社会共同体的组织形态，又以之来形容关系与过程的主／客杂糅状态。我们认为，倘若将"内外"

---

① 对于这一观点的形成，费孝通先生有关"中华民族"和"文化自觉"的论述（见费孝通：《论人类学与文化自觉》，北京：华夏出版社，2004；及萨林斯（Marshall Sahlins）有关跨文化政治的论述，萨林斯："整体与变迁的跨文化政治"，刘永华译，载王铭铭主编《中国人类学评论》第9辑，127～139页，北京：世界图书出版公司，2009；萨林斯、王铭铭："我们是彼此的一部分——萨林斯、王铭铭对谈录"，载王铭铭主编：《中国人类学评论》第12辑，78～92页，北京：世界图书出版公司，2009），都有着重要贡献。

② Robert Redfield, *Peasant Society and Culture*, Chicago: University of Chicago Press, 1956.

③ 王铭铭："民族志与'四对关系'"，载其《人类学讲义稿》，375～382页，北京：世界图书出版公司，2011。

形容为横向关系，"上下"形容为纵向关系，那么，实际存在于历史中的关系，都是纵横交错的，表现为"内/外"与"上/下"的不可分割。

我们又以"居与游"双重性①来领悟文化复合性。我们认为，无论是单以"栖居"来形容人的存在，还是单以"流动"来形容人的存在，都不足以说明人的存在的本质特征。我们以"居"来表达存在的"栖居性"，以"游"来表达存在的"流动性"，认为，人、社会共同体、文化的存在，都构成"居/游"的复合。以上所说的"内外上下关系"，一面是局内与局外、"上级"与"下级"的区分，另一面是与社会共同体相伴生的流动。作为"居/游"双重关系的展开及其生成结果的文化复合性，其动力学类型大约可以概括为：贸易、宗教传播、行政制度建制、移民迁徙等。

文集收录的论文，有的侧重从横向关系入手，有的侧重从纵向关系入手，但所有的论文，都致力于呈现两种关系方式的同时性与关联性。

在分类与关系之间

论文所依据的研究，展开于"后现代主义时代"的晚期。在这个阶段，西方人类学后现代主义者们对西方的"我"与非西方的"他"之间作西方中心的全球性界定。对于人类学的后现代主义，我们并非全然舍弃，然而，我们认识到，后现代主义的种种"我他关系"的认识论和政治经济学反思，既致使民族志研究脱离人类生活本体的丰富内涵，又致使人类学研究者对其研究对象（往往是非西方文化）中广泛存在的主客关系事实与观念失去兴趣。②人类学研究

---

① 向上和向外流动，是"乡土中国"内在构成因素（见王铭铭："居与游：侨乡人类学对'乡土中国'人类学的挑战"，载其《西学"中国化"的历史困境》，174～213页，桂林：广西师范大学出版社，2005）。我们认为，这一结论虽来自东南研究，但对于我们认识西南文化复合性也有意义。相比通过海洋与海外长期频繁交流的东南，西南给人的印象是相对封闭。然而，对这个地区的民族志论述却使我们认识到，与东南一样，"对外交流"也是其区域文化活力的源泉。
② 王铭铭：《西方作为他者——论中国"西方学"的谱系与意义》，北京：世界图书出版公司，2007。

者与其存在的文化,不是唯一的"我"——在我们致力于认识的西南生活世界中,"我"固然存在,其与"他"的关系,更是那些纷繁的人文世界的内容。既然文化意义上的自我与他者关系存在于民族志研究的所有地理和历史时间领域之中,那么,致力于分析这对关系的人类学研究者在形成认识时,便要介入其自身与不同考察地点及与此地点相关系的不同认识者的互动之中,在区域性和历史性的场合中论述作为生活世界内涵物的跨社会共同体与跨文化关系。

对于文化复合性进行的研究,遵循的便是这一带有新经验主义色彩的区域民族志方法论规则。

为本文集贡献论文的同道,在多年的交往互动中形成共同的学术追求,有志于对关系过程与形态加以历史人类学探究,"换一个角度",对现存种种有关区分与关联的论述加以反思,并提出更加贴近于区域民族志事实的观点,由此而展开诠释;其所写的论文,借重的素材都来自西南,其民族志意义上的"地方"都处在西南这个区域。

"西南"之所指,范围并不固定;在民族志研究中,它时常特别地与"民族"结合起来,成为族群地理概念,"指四川、云南、湖南、贵州、广西、广东诸省所有之原始民族"[①],甚至超出这一范围,指包括东南亚某些地区在内的"西藏苗蛮系者"[②]。而有的民族学研究者则采取狭义的定义,以川、渝、滇、黔为"西南",将"西南地区"定义为范围"在云南全省,又四川省大渡河以南,贵州省贵阳以西",且谓,"这是自汉至元代我国的一个重要政治区域——西汉为西南夷,魏晋为南中,南朝为宁州,唐为云南安抚司,沿到元代为云南行省——各时期疆界虽有出入,而大体相同。"[③]

"西南"这个具有现实和想象地理内涵的"模糊范畴",早就出现在司

---

① 马长寿:"中国西南民族分类",载《马长寿民族学论集》,49 页,北京:民族出版社,2006。
② 杨成志:"云南民族调查报告",载《杨成志人类学民族学文集》,23 页,北京:民族出版社,2003。
③ 方国瑜:《中国西南历史地理考释·略例》,1 页,北京:中华书局,1987。

马迁的《史记·西南夷列传》中。该"传"勾勒出西南人文世界的轮廓。①司马迁的描述表明,西南与华夏核心地区迥异的地方在于,这里分布着众多在政治、经济、习俗方面迥异的人群。"分"似乎是这些人群的生存之道,因此,这些人群的存在往往与帝国之"统合"有着矛盾。司马迁在地域概念"西南"之后加上"夷"这个字,形容的正是西南这个地区的"特色"。②然而,细究司马迁的"西南夷"论述,可以得知,他笔下的西南,既与秦汉帝国有着密切关系,又长期与帝国内部的其他区域及外部的王权酋邦存在着联动关系,是广阔领域中的一个环节,其存在,在具有"分"的属性之外,具有深刻的"合"或"关联性"的内容。③

《史记》开创了包括"西南夷"在内的涉及"四裔"的志书传统④,这一传统长期与地理志、博物志、制度史、风俗志、旅行记、方志等不同"纪录传统"交接共生,创造出丰富多彩的志书,这些志书对西南都有过丰富的记述。⑤

19世纪晚期起,在新的历史时代下,作为一个区域的西南,开始引起现

---

① 一如王文光、翟国强(王文光、翟国强:"试论中国西南民族地区青铜文化的地位",载《思想战线》2006年第6期,95~102页)指出的,"《史记·西南夷列传》记载:'西南夷君长以什数,夜郎最大。其西,靡莫之属以什数,滇最大。自滇以北,君长以什数,邛都最大。此皆魋结、耕田、有邑聚。其外,西自同师以东,北至叶榆,名为嶲、昆明,皆编发,随畜迁徙,毋常处,毋君长、地方可数千里。自嶲以东北,君长以什数,徙、筰都最大,自筰以东北,君长以什数,冉駹最大。其俗或土著,或移徙,在蜀之西。自冉駹以东北,君长以什数,白马最大。皆氐类也。此皆巴蜀西南外蛮夷也'。这里,司马迁把当时处于今滇、黔、川西以至川青甘边境一带,数以百计的西南各族部落、方国,就其居住区域、经济生活、社会习俗,划分为七个族群、三种类型:耕田有邑聚、迁徙毋常处和或土著或移徙。这7个族群几乎涵盖了先秦时期我国西南地区主要的大族群。"
② 当然,必须注意到,一如王明珂指出的,西南一面被描绘成处于华夏边缘的区域,其族群认同与边界多元与易变,汉与非汉界限模糊,与中原帝国形成模棱两可的关系。这一关系的结果,一方面是,汉文史籍对这个"边缘"的表述含有含混性,时而将之与华夏相区分,时而又将之与华夏相联系;另一方面是,在"边缘"这一方,其与中心的关系时常成为当地竞争与阶级区分的资源。见王明珂:《羌在汉藏之间:一个华夏边缘的历史人类学研究》,台北:联经出版公司,2003;《英雄祖先与兄弟民族:根基历史与文本情景》,台北:联经出版公司,2006。
③ 王铭铭:《中间圈:"藏彝走廊"与人类学的再构思》,92~115页,北京:社会科学文献出版社,2008。
④ 王文光、仇学琴:"《史记》四裔传与秦汉时期的边疆民族史研究",载《思想战线》2008年第2期,25~29页。
⑤ 岑家梧:"西南民族研究的回顾与前瞻",见其《岑家梧民族研究文集》,22~31页,北京:民族出版社,1992。

代学人的重视。

觊觎于中国西南边疆,西方传教士、旅行者、博物学家、民族学家开始进入这片土地,采用细致入微的近代分类学手段,对西南地区的人种、语言、风物、习俗等加以记载。比较观之,用近代分类学来形容的西南,远比《史记》之后的所有汉文志书更加注重"西南夷"的"分"。①

自 1920 年代起,一大批受过民族学专业训练的国内学者也陆续到西南开展实地考察。②他们对西式分类学抱着矛盾的心态。从他们的著述中,一方面,我们看到这些受过西学影响的国内学者,对西方学者的族群分类和实地考察传统有着继承关系;另一方面,我们也看到他们对于这一分类保持某种值得关注的警惕,有的甚至直接关注族群分类存在的问题。比如,对民族学领域内西南区域的圈定做出关键贡献的民族学前辈杨成志先生,曾撰文叙述西南。他借其谙熟的西学对西南加以定义,对西南区域文化内涵表现出某种分类学式的旨趣。然而,与此同时,杨先生却认为,西方人的分类不可全信,中国历史文献的记载因缺乏实地的调查研究也不够科学、可靠。他不赞成把"西南民族"分成百数十种不同的种类,而主张结合中国的"旧学问"和西方的"新科学",加以实地考察,充分地比较、分析和综合。

在杨成志看来,"所谓西南民族者除汉族外即指我国版图内西南各省和印度支那的苗、夷、蛮、番、瑶、藏……各种土著的部族而言。"③相传西南民族是我国的主人翁,后来汉族由西北部移入,随着汉族势力的扩张,把他们从黄河流域驱逐到长江流域并最终驱赶到更边远的西南高山旷野中。但是,从周直至明清,西南建过很多方国,与中原王朝并峙,因此不能以"野蛮"称之。④杨成志对西南民族的认识是把它放在与中原汉族的关系之中,并承认西南有其民族的传统及其"方国"的历史,而且西南民族也不应局限在今

---

① 岑家梧:"西南民族研究的回顾与前瞻",24~25 页。
② 王建民:"中国人类学西南田野工作与著述的早期实践",载王铭铭主编:《中国人类学评论》第 7 辑,43~65 页,北京:世界图书出版公司,2008。
③ 杨成志:"云南民族调查报告",见其《杨成志人类学民族学文集》,136 页,北京:民族出版社,2003。
④ 同上,30、136 页。

天中国的疆域内而与东南亚各民族有着渊源关系。杨成志途经越南时曾考察过"安南民俗",试图追溯中原文明对越南的深远影响,有"礼失求诸野"的意味①。

同为西南民族学先驱的马长寿先生,对西南民族也比较早地有了相关论述。他认为,西南民族不能完全被汉族同化而维持了相对封闭独立的局面,究其原因一是地理的优势,另一个重要因素是"诸民族历史悠久,历代建国称王者凡十余次,诸族复居中国与印度两大文明之间,往往能采撷众长,为其养息蕃孳之助。而外来之两大文明,虽鼓荡于西南凡2000年,然以性质不同,反不能收单独同化之效"。②

在马长寿看来,处在中印两大文明之间的西南诸族,既可以采撷众长保持对双方文明的吸收和借鉴,又不至于被某一文明单方面同化,这一文化格局为西南民族提供了独特的生存空间。

对于西南民族在历史中的重要作用,马长寿指出:

> 介居汉番之间者,有羌、氐、嘉绒、磨些、倮倮等族,此等中间民族,忽臣于汉,忽归于番。汉攻番则倚之为堵塞;番攻汉则任之为前驱。故流离颠覆死亡者,多为此中间民族。设使汉、番二大帝国之间,直接交战,而无羌戎诸族为之缓冲,则中国、吐蕃之祸,不知伊于胡底;而康藏民族,更无养生休息之时,以缔造出光明灿烂之佛教文化也。③

中国民族学家先驱在研究西南的过程中,普遍关注结合分类与跨民族、跨文明关系④,他们笔下的西南,具有某种"中间性文化身份"。

---

① 他曾计划要写《安南民俗》一书,内容涉及越南的历史、地理、文字语言以及社会组织、信仰等,其写作提纲参见杨成志:"云南民族调查报告",97~98页。
② 马长寿:"中国西南民族分类",49~50页。
③ 马长寿:"四川古代民族历史考证"(下),载《马长寿民族学论集》,122页。
④ 与中国民族学派一样,深受西方社会人类学和社会学影响的"燕京学派",对于多民族杂处的事实给予关注。一个杰出事例是李有义《汉夷杂区经济》(昆明:云南人民出版社,2014),该书以社区研究法介入不同民族杂居的社区,为我们呈现出地方视野中文化复合性的面貌。

1937～1945年抗战期间,大批科研教学机构暂迁西南,西南汇集了众多杰出民族学、社会学研究者,他们以昆明①、成都②、贵阳③等为中心,前赴周边地点展开实地考察研究。诸如昆明呈贡魁阁社会学工作站、成都华西坝华西大学社会学与民族学教学研究机构、李庄中央研究院历史语言研究所、贵阳大夏大学,对西南的乡村社区与民族进行了民族志与历史的深入调查,取得丰硕成果。其时,"中华民族"的多元性与一体性之间的关系得到了空前关注,学者专注于从"边疆"追问地方、民族与国家之间的关系④,使分类与关系的两种观点,以新的形象出现于西南研究中。这个阶段,学者对于民族与国家分合关系采取不同观点,但一致重视此前学术作品对于西南的"中间性文化身份"的论述。

到1950年代,随着民族识别工作和少数民族社会历史调查的展开,西南的"中间性文化身份"不再被强调,代之而起的是具有浓厚分类学特征的"民族研究"。⑤

过去30多年来,西南再次引起了国内外民族学(人类学)界的关注。在国内,民族识别的遗留问题以及分"族"写志的缺憾在1970年代末期得到了反思。例如,费孝通先生基于西南民族学意象于1978年提出"藏彝走廊"的概念,主张对民族"分"与"合"、"多"与"一"的历史动

---

① 潘乃谷、王铭铭编:《重归"魁阁"》。
② 李绍明:"中国人类学的华西学派",王铭铭主编:《中国人类学评论》第4辑,41~63页,北京:世界图书出版公司,2007。
③ 王建民:《中国人类学西南田野工作与著述的早期实践》。
④ 孙喆、王江:《边疆、民族、国家:〈禹贡〉半月刊与20世纪30-40年代的中国边疆研究》,北京:中国人民大学出版社,2014。
⑤ 1950年代之后的几十年,在民族学领域,西式的侧重语言、社会共同体、风俗之分类的为学方式,以新的变相(甚至可以说,主要是以对"西方"的批判之面目)重新出台。与此同时,1950年代曾经出现大批民族关系史之作,这些著作充分表现了20世纪早期中国民族学的"关系学特征"。不过,由于在一个更广阔的政治地理范围内,民族国家疆域观念的官方地位已确立,这些著作所论述之"关系",往往带有疆域的内在规范,不再具有之前的那一跨文明(如跨中印)内涵。由此,此时的民族关系史研究,在追述民族起源、呈现迁徙流动、展开关系论述时,往往将关系圈定在国家疆域的范围内,否定跨民族关系的超社会内容。

力进行研究。①这一反思未能彻底改变中国民族学界自1950年代起既已奠定的分类主义民族研究传统的面貌，但却悄然影响着国内学界。②与此同时，国外学者对西南的研究，也出现了重视关系的论述，但因受观念形态的局限，其所关注之关系，主要是指近代以来西南地区少数民族与国家的关系。西方中国史学界对帝制时代西南少数民族的政治和意识形态处境的研究蔚然成风③；而带着对"民族－国家"的一体化和同质化的反思与批判，一些重新进入中国的美国人类学研究者开始将研究兴趣集中于中国内部族群文化的多元异质性和民族问题之上，并着力从"中心－边缘"的模式，对中国现行的民族构架进行一番具有后现代色彩的解析，将民族和民族性研究推向西南研究的中心舞台。④例如，郝瑞（Steven Harrell）主编《中国民族边疆的文化遭际》一书，对中国历代政府对边缘族群的定义及与之形成的"上下关系"

---

① 费孝通：《论人类学与文化自觉》，121~151页，152~166页；李绍明："西南丝绸之路与民族走廊"，载《李绍明民族学文选》，868~883页，成都：成都出版社，1995；石硕主编：《藏彝走廊：历史与文化》，成都：四川人民出版社，2005；李星星："论'藏彝走廊'"，载石硕主编：《藏彝走廊：历史与文化》，32~68页，成都：四川人民出版社，2005。
② 例如，早在1980年代，童恩正先生即已提出"半月形文化带"之说，他认为，自新石器时代起，从东北到西南边地，存在一条介于东－西之间的地带，这条地带的主要特征是畜牧和半农牧的民族繁衍生息的地方，既是夷夏之间的分界线，又是不同族群彼此交往互动的地带（童恩正：《童恩正文集·南方文明》，558~603页，重庆：重庆出版社，1998）。童先生的这项研究，有创造性地指出了关系研究对于理解整体中国的重要意义。又如，赵心愚所著《纳西族与藏族关系史》（成都：四川人民出版社，2004）继承了中国民族关系史研究的传统，运用大量历史文献资料、民族志资料，对公元7世纪至20世纪初两族间的关系、相互间出现的融合及这一关系形成发展原因与性质特点等进行了系统深入的研究。再如，杨正文所著《苗族服饰文化》（杨正文：《苗族服饰文化》，贵阳：贵州人民出版社，1998）汇集了丰富的民族志材料，对丰富多彩的苗族服饰加以风格、支系和区域的区分，与此同时，这部著作为我们指出，苗族服饰文化的差异不单纯源于族群的内部分化，相反，其多样性与苗族各支系吸收他民族文化的历史，有着密切的关系。
③ 著名的研究包括：Laura Hostetler, *Qing Colonial Enterprise: Ethnography and Cartography in Early Modern China*, Chicago: University of Chicago Press, 2001; David G. Atwill, *The Chinese Sultanate: Islam, Ethnicity, and the Panthay Rebellion in Southwest China, 1856-1873*, Stanford: Stanford University Press, 2005. 前者通过对《百苗图》的研究指出，到了清初，中国已经出现非常精致的民族志和地图，这是中国已经进入早期现代世界的表现，民族志和制图学的发展是与清代的殖民事业紧密相关的；后者通过研究清代杜文秀起义来对回族的族群认同问题进行历史阐述。
④ 参见彭文斌、汤芸、张原："20世纪80年代以来美国人类学界的中国西南研究"，载王铭铭主编：《中国人类学评论》第7辑，130~142页，北京：世界图书出版公司，2008。

展开论述。①又如,近年来备受关注的一项研究,试图通过云南一个彝族社区的历史记忆和空间叙事来表现一个民族地区如何看待和记忆现代民族–国家暴力。②而李瑞福(Ralph Litzinger)③、路易莎(Louisa Schein)④虽然关注的主题不太一样,但也试图用"族群"理论来研究西南。由此,"民族"概念遭遇了"族群"理论的质疑,中西学者展开了一场辩论。⑤

一百多年来,西南汇集了大批学者,他们从不同的方位出发,基于不同背景和经验提出不同的论述,这些论述相互之间频繁接触碰撞,形成某种相互参照、区分、对垒的关系,使西南不仅成为一组成熟的民族志对象群,而且也获得了重要的学术地位,堪称一个"民族志学术区"⑥。

我们从大批的西南论述中得到了西南的间接经验,并将之与我们渐渐获得的直接经验相联系⑦,经过概念辨析与实地调查的反复展开,认识到,西南有着值得我们重视的理论价值。

世界人类学中,有作为的民族志学术区共同体似乎都善于围绕最具区域特色的经验提出具有最富地方特色的概念。狩猎–采集人(如因纽特人与澳大利亚土著)的自然主义与亲属制度,美拉尼西亚的交换与人性,非洲的继嗣与"无政府秩序",欧亚的文明、等级、历史与"世界宗教",都是具有

---

① Steven Harrell, ed., *Cultural Encounters on China's Ethnic Frontiers*, Seattle: University of Washingtong Press, 1995.
② Eric Muggler, *The Age of Wild Ghosts: Memory, Violence, and Place in Southwest China*, Berkeley: University of California Press, 2001。
③ R.A. Litzinger, *Other Chinas: The Yao and the Politics of National Belonging*, Durham: Duke University Press, 2000.
④ Louisa Schein, *Minority Rules:The Miao and the Feminine in China's Cultural Politics*, Durham: Duke University Press, 2000.
⑤ 李绍明:"从彝族的认同谈族群理论:与郝瑞教授商榷",载《民族研究》,2002年第2期,31~38页;郝瑞:"再谈'民族'与'族群':回应李绍明教授",载《民族研究》,2002年第6期,36~40页。
⑥ 关于民族志区域概念的定义,见 Richard Fardon, ed., Localizing Strategies: Regional Traditons of Ethnographic Writing, Edinburgh: Scottish Academic Press, Washington: Smithsonian Institution Press, 1990;关于这一概念,又见王铭铭:《中间圈:"藏彝走廊"与人类学的再构思》,116~147页。
⑦ 一个间接经验与直接经验相结合的典范是:李绍明口述、伍婷婷记录整理《变革社会中的人生与学术》,北京:世界图书出版公司,2009。

普遍意义和影响的制度性概念，但都来自学者与其长期研究地区的互动，来自研究同一个地区的不同学者之间围绕着此类概念的互动。

如果说，成为一个民族志学术区的主要条件之一在于存在一个或若干个牵引学术共同体的概念，那么，此类概念，在西南也存在——如我们以上铺陈的学术情景所表明的，分类与关系两个概念，一向是从事西南民族志研究的学者所关切的。分类与关系，固然是研究者"表述"其所见之事实所用的概念工具，而不是事实本身。然而，这两个概念工具不是与西南的历史与文化土壤毫无关联的。①无论是杨渝东论文指出的西南山地苗族历史感中的迁徙与安土重迁的对反及超越，汤芸论文中的黔中地区仪式"互补性分化"与"对称性分化"的社会机制，舒瑜论文指出的作为内/外、自我/他者交换关系的丰产仪式，抑或是梁永佳论文对南诏-大理王权结构相反与互补关系的论述、刘琪论文对德钦"大人物"之死所展现的西南地区民族与文化的多样性与混杂性、郑少雄论文聚焦的康定锅庄贸易反映出的汉藏之间生态、交通、贸易、族群、宗教等众多面向在内的有机政治联系，都含有浓厚的分类与关系、自立与交流、自我与他者、定居与流动的"生活辩证法"。比照在田野之所见的这些"生活辩证法"和与西南区域相关的民族学与社会人类学文献中的"西南意象"，我们坚信，只有结合分类论与关系论，方能充分地表述西南，

---

① 大量的考古证据表明，从新石器时代到青铜时代，西南的"方国"分立与人群迁徙、文化互动两者已不偏废。王文光、翟国强（王文光、翟国强："试论中国西南民族地区青铜文化的地位"，载《思想战线》，2006年第6期，95~102页）引用大量资料表明，青铜时代，西南地区在四川盆地、云贵高原的滇池、红河流域及滇东、黔西等文化区、横断山脉等地，相继出现青铜文明。这些文明有着不同的族群主体，但这些主体的"族属"是混合性的。此阶段，民族迁徙持续频繁发生，各民族间文化的不断交流和融合，为该地区出现具有凝聚作用的统一体创造了条件。青铜时代的西南地区相继出现的若干区域性统一体，例如，蜀国、巴国、滇国、夜郎国等，都是由多民族多元文化汇集而成。基于横断山脉的考古资料，霍巍（霍巍："论横断山脉先秦两汉时期考古学文化的交流与互动"，载石硕主编：《藏彝走廊：历史与文化》，272~299页，成都：四川人民出版社，2005）也指出，先秦两汉时期，横断山脉地带从考古学的物质文化研究角度看，既有"土著文化"，也有通过西北、西南不同民族集团之间互动的产物。西南一个重要局部（藏彝走廊）持续存在着人群迁徙和跨文化互动。而早在1980年代，在童恩正、李绍明、江玉祥等的带动下，对古代西南与印度的交流通道的研究，也蔚然成风。这些研究为我们说明，西南诸"方国"及中原帝国长期存在着向南、向西与东南亚与印度形成关系的传统（参见李绍明："'藏彝走廊'研究与民族走廊学说"，载石硕主编：《藏彝走廊：历史与文化》，3~12页）。

而一旦我们能够实现对分类论与关系论的结合,我们便能在西南民族志学术区既有成就的基础上,更充分地发挥区域民族志研究的理论潜力。

学术传统的反思性继承

"文化复合性"概念是我们基于对前人的分类论和关系论的反思性继承提出的,不能说是独创,在西南民族志研究中,其意象早已在许多前人著述中出现。除了以上提到的国内杨成志、马长寿、费孝通等的有关论述,及国外对"文明"(包括"国家与族群"关系)的论述之外,还有其他更直接触及西南的"中间性"的论著。

例如,老一代民族学家陈永龄先生,曾研究嘉绒社会,他指出,嘉绒处在汉藏两大民族文化的夹缝之间,数百年来吸收双方文化而自成一独特系统。

据陈永龄,"嘉绒"一词的藏语语义是"近于汉族的溪谷区域",由地理之名而引申为人群之名,这个名称本身已经表明,嘉绒所处的地方乃为汉藏接触的前沿地带。"嘉绒所居之地,多贫瘠艰险,农牧皆不足以自给,故一向难于建立一独立不倚之政权,如7世纪至9世纪,藏蕃强盛,则嘉绒附于藏,任其驱策以攻汉地;及至14世纪时,中朝势力直达康藏,嘉绒诸部落首先称臣纳贡求为附庸,且随中朝之兵数平藏乱,故嘉绒历史始终周旋于汉藏两大强力之间。"[①]陈永龄认为,在此独特系统中,土司制度为其核心,根植于嘉绒社会中,支配着整个社会的运作,造成嘉绒民族所特有的文化特质;而在宗教信仰方面,嘉绒社会又深受藏传佛教的影响,人生礼仪、节庆庙会都是由喇嘛来组织,藏传佛教深入到嘉绒人日常生活的方方面面。陈永龄指出,藏传佛教与土司制度彼此联合协调,两种制度相互附着而成为嘉绒社会维持均衡局面的两大支柱。近代以来,随着鸦片种植、汉族秘密组织袍

[①] 陈永龄:"四川理县藏族(嘉戎)土司制度下的社会",载其《民族学浅论文集》,340页,财团法人子峰文教基金会、弘毅出版社编印,1995。

哥势力深入到土司社会中，与土司制度紧密结合而发生作用，戎汉关系发生新的变化。

陈永龄还注意到，嘉绒地区存在一种房名制度，据这种制度，每个家族团体聚居在具有历史来源的家屋内，形成嘉绒社会组织的基本单位。家屋是"双系单支传代"，一个家屋只传一人（或子或女），其他子女或出嫁或入赘到别的家屋，家屋之房名既立，永不更改，即使绝嗣、他迁，接替之家仍须沿用该家屋的旧房名；甚至他人在旧屋基上建新屋，亦不得改变旧房名。"家屋既各有来源和名号，各成其独立之单位，因此嘉绒人不可能有氏族组织。而村落社区之家屋聚集，只是地缘或政治的关系，而非为血缘之关系。"①家屋社会在西南还有不同的形式，诸如备受关注的纳人的家屋制度。②与嘉绒人不同的是，"纳人的家名是容易变更的，在同母居分居之后，人们通常就以第一个分居者的名字作为家名。家名的命名方式很多，其中一种可以用原来的民族成分命名，例如，汉若、海人米，意指这家的祖先原为汉族；巴阿，则是一个普米族女子的后裔；鲁苏，是指该家的祖先原为傈僳族。"③家屋社会提供了一种不同于血缘社会的组织形态。该社会具有更强的开放性和流动性，但同时"居"的形式又通过永恒的家屋得以保留。

与汉藏之间的嘉绒有类似之处，居住在中缅之间的傣族，也得到过很多学者的关注。陶云逵在1930～40年代对西双版纳的"摆夷"进行过深入的田野调查。他首先也观察到土司制度在当地社会结构中的核心作用。车里宣慰使司是滇中土司中名分最高、辖地最广者。而且陶云逵曾指出，从明后期开始，车里土司多接受中华帝国和缅甸王朝的双方委任，表现出"天朝为父，缅朝为母，车里宣慰司为双方之子臣"的政治双属性；在文化上，车里摆夷也受到汉文化与印缅文化的双重影响。小乘佛教的传入，形塑了摆夷地区的

---

① 陈永龄：《四川理县藏族（嘉戎）土司制度下的社会》，载其《民族学浅论文集》，354页。
② 詹承绪、王承权、李进春、刘龙初：《永宁纳西族的阿注婚姻和母系家庭》，49～53页，上海：上海世纪出版集团，2006。翁乃群：《女源男流：从象征意义论川滇边境纳日文化中社会性别的结构体系》，《民族研究》，1996年第4期。
③ 詹承绪、王承权、李进春、刘龙初：《永宁纳西族的阿注婚姻和母系家庭》，51页。

人文风貌,"其文化之灿烂,生活之郁丽为全滇之冠"①。

陶云逵描述了小乘佛教如何影响和形塑摆夷人的生命史。他同时也注意到与佛教仪式并行的还有一套由当地巫官组织的社祭仪式,并认为社祭是摆夷在佛教传入之前就有的一种信仰与仪式。②

几乎是同时代进行摆夷研究的田汝康,也关注到摆夷社会中"摆"与"非摆"的仪式,并试图对两者做出区分。在他看来,两者之间还有一些中间形式,"摆"与"非摆"的差别基本可以视为宗教与巫术的区别。③

陶云逵和田汝康都关注到了傣族社会文化的复合性,一方面是小乘佛教对当地年度周期以及个人生命史的塑造,另一方面是佛教之外其他信仰仪式,例如巫官主持的祭祀社神的仪式;此外,还有一套基于"封建"制度的礼仪和仪式,如陶云逵提到的土司的承袭仪式等。这一文化复合性的塑造,是基于外来文化与本土文化的并接结构,展现出不同文化杂合并存的人文样貌。

与嘉绒藏族和傣族稍有不同,彝族"文化复合性"的呈现方式并不明显表现为佛教的传入对地方社会文化的形塑。林耀华于1943年深入彝族腹心地带的凉山地区开展田野调查。他们一行进入的路线沿着彝汉接触地带一直深入到彝族腹地。一路上还能看到彝汉势力角逐、拉锯留下的痕迹。汉人势力深入的地方土地被耕垦,被彝族占据的土地则不事种植变成荒芜,彝汉分界甚为明显。这条分界线随着彝汉势力的消长而不断伸缩。"汉人势力兴盛之时,罗罗大部西越黄茅埂,退守大凉山。至汉人势衰,彝家必趁势叛变,出扰小凉山各地,使雷、马、屏、峨区无日安宁。"④然而,分界线不单构成隔离,它同时也是双方贸易的地方。双方的贸易、交换往往是在交界地进行。彝族对汉区的掳掠或是交易,使得很多汉人进入到彝族社会之中,并成为其社会阶序的组成部分。

---

① 参见陶云逵:"车里摆夷的生命环"、"十六世纪车里宣慰使司与缅王室礼聘往还"、"云南摆夷在历史上及现代与政府之关系",载其《陶云逵民族研究文集》,北京:民族出版社,2012。
② 陶云逵:"车里摆夷的生命环",载其《陶云逵民族研究文集》,537页。
③ 田汝康:《芒市边民的摆》,66~71页,昆明:云南人民出版社,2008。
④ 林耀华:"凉山彝家",收录于其《凉山彝家的巨变》,3页,北京:商务印书馆,1995。

林耀华详细分析了彝族社会阶序之间的稳固性与流动性。彝人社会分为黑彝、白彝和汉娃三个等级。黑、白彝分别甚严，彼此之间无流动的可能性，白彝的地位介于黑彝和汉娃之间，但白彝与汉娃之间则具有流动性。汉娃全部"彝化"之后，就可以取得白彝的地位。从林耀华的描述中，可知彝族社会的构成本身已经不是单一的族属，汉人已经构成其社会不可或缺的一部分。

如果说林耀华重视对彝族社会组织形态的考察，那么，马长寿则更关注彝族迁徙、流动的历史以及文化的考察。[①]他对彝族各支的系谱、《招魂经》《指路经》进行过研究，梳理出罗彝从金沙江北上进入大小凉山的迁徙史。他认为，彝族在不断的迁移过程中，内袭邛都文化之遗风，外受南诏文化以及西番文化等邻族文化之影响。在彝族的创世神话中，马长寿明显感受到彝汉神话的相似之处。彝族用十二生肖纪日纪月纪年之序，与汉历相同。在谈到文化的交流与借鉴时，马长寿指出，罗彝文化受到汉文化影响最多，其次为西番。他看到在罗彝的门楣上常挂有喇嘛用藏文所书之牌额以辟不祥；罗彝经文中绘有西番喇嘛施行法术的故事；以及罗巫或民众常学习喇嘛之咒偈或者请喇嘛为其设坛诅敌。他指出："一民族之吸取邻族文化，往往以适合于本族之固有文化为限，喇嘛原为佛教密宗之僧徒，其造诣之深在于教义，即于宇宙人生之深刻解释。然罗族文化与佛教教义距离过远，遂弃其精华，转而吸受与本族文化相调和之糟粕的黑的法术，引以自重。……西疆罗彝与此种西番日相接触，故由文化契合而成为渐次的文化传播。"[②]通过林耀华和马长寿的研究，彝族社会与文化的复合性已得到精彩的呈现。

如今，白族聚居的大理喜洲，在20世纪40年代曾经被许烺光当做中国父系大家庭的典型来加以描述。许烺光认为，自称为"民家"的喜洲人，"他们不仅具有汉族文化习俗，而且试图表明，在某些方面，他们比中国其他地区的汉民族更加汉化。"[③]许烺光详细描述了喜洲人的祖先崇拜和家族传统。

[①] 马长寿：《凉山罗彝考察报告》，李绍明、周伟洲等整理，成都：四川出版集团巴蜀书社，2006。
[②] 同上，614页。
[③] 许烺光：《祖荫下——中国乡村的亲属、人格与社会流动》，王芃、徐隆德合译，17页，台北：南天书局，2001。

许烺光"急于使民家人代表中国整体，所以几乎不提民家地方文化特色"①的做法，遭到了利奇（Edmund Leach）的批评。在另一本同样以喜洲为背景的作品《驱逐捣蛋鬼》中，许烺光以喜洲人如何应对1942年的一场"霍乱"为线索，呈现出喜洲纷杂的文化面貌。不仅有道士组织的大规模打醮，也有佛教超度亡灵的仪式。作为仪式专家的道长，脱下道袍披上袈裟头戴莲花帽就成为佛家的和尚，进行超度亡灵的仪式。在这个仪式中，大和尚指引亡灵渡过奈何桥，道士们唱诵着经文，子嗣们对祖先牌位跪拜磕头。②其实，从许烺光的描述中，我们已经不难看出喜洲既有深受汉族影响的祖先崇拜，又有道教和佛教的影响，另外，还有许烺光着墨不多的本主信仰。在对喜洲的再研究中，梁永佳通过考察喜洲内部的两套地域崇拜体系以及发生在喜洲外部的朝圣仪式，发现外部的朝圣仪式与内部的地域崇拜体系构成了等级结构的关系。梁永佳关注到许烺光不曾注意到的三个超地方的朝圣仪式，其与大理地方的历史联系最为紧密，最能体现大理文化的特色。基于对喜洲地方性与超地方性仪式活动所呈现出来的社会空间的研究，梁永佳指出，喜洲文化不复是单纯的汉文化，或白族文化，而是一种包容性的"复合文化"③。大理喜洲的例子表明，尽管内部文化已经基本汉化，但自身的地方特色文化却在自我的外部得到表达。

前辈民族学家宋蜀华先生曾指出，北方和西北草原游牧兼事渔猎文化区、黄河流域以粟、黍为代表的旱地农业文化区和长江流域及以南的水田稻作农业文化区，是新石器时代起即长期存在的三个主要文化区。由云贵高原、青藏高原东部南下的横断山脉诸山谷流域和云贵高原东缘的广西山地、丘陵和平原地区构成的西南，与中国三大文化区长期碰撞、交融，是其"板块延伸"④。

宋先生对中国区域文化多样性的诠释，及对"西南"与中国三大文化区

---

① Edmund Leach, *Social Anthropology*, Glasgow: Fontana Press. pp. 126～127, 1982.
② 许烺光：《驱逐捣蛋鬼——魔法、科学与文化》，王芃、徐隆德、余伯泉译，25～30页，台北：南天书局，1997。
③ 梁永佳：《地域的等级——一个大理村镇的仪式与文化》，232～236页，2005。
④ 宋蜀华："论历史人类学与西南民族文化研究——方法论探索"，载王筑生主编：《人类学与西南民族》，89～104页，昆明：云南大学出版社，1998。

的关系进行的历史人类学论述,启发颇多。然而,在我们看来,西南文化复合性所展现出来的特点,与西南作为"中间圈"的地位关系更大。

西南不仅是国内三个文化区"板块延伸"的成果,而且也作为这些文化区与"外圈"之间的中间地带,在古代中国-印度文明连续统中起着中介纽带的作用,这个"板块",既同时享有来自不同区域的文明因素,又免于被单方面的文明所同化。这一点在傣族的例子中表现得最为明显。佛教作为印度文明对世界最广泛的影响,在西南汇聚了藏传佛教、汉传佛教与南传上座部佛教的不同派别,嘉绒社会与傣族社会分别位于南北两端,呈现出佛教与地方社会结合的两种不同方式,嘉绒人的家屋制度和傣族的父系家庭,以及土司在当地社会中的作用,这些制度的不同配置就导致文化复合性的不同样貌。来自彝族的例子,则呈现另一种复合方式。历史上彝族的流动性很突出,彝族与汉族之间充满了激烈的战争,也不乏频密的贸易往来,汉族成为彝族社会的组成部分;彝族文化中同时可以看到汉藏文化的影响,但佛教未能像在傣族社会那样深刻地改变彝族的人文社会风貌。对于大理白族而言,其文化的复合性要在内外关系的结构中才能清晰地呈现,既有浓厚的汉文化也不乏基于地方历史传统的本地文化,同时,佛教对大理社会的形塑方式更为深刻,佛教曾经与地方王权紧密地结合在一起。[①]从以上这些类型来看,中央王朝的"封建"制度(以土司制度为载体的间接统治方式),佛教对地方社会的形塑方式,以及地方文化与外来文化的联动并接关系,构成形塑西南文化复合性的机制。

结构、区域世界与民族学

在构思"文化复合性"概念时,我们得益于上述国内外西南民族志与历

[①] 参见古正美:《从天王传统到佛王传统——中国中世纪佛教治国意识形态研究》,台北:商周出版、城邦文化发行,2003;连瑞枝:《隐藏的祖先:妙香国的传说和社会》,北京:生活·读书·新知三联书店,2007。

史研究，也得益于结构主义、过程理论及历史人类学（这些"学派"产生于后现代主义时代之前）。其中，列维-斯特劳斯（Claude Lévi-Strauss）的结构人类学对我们的思想启发最大。这位 20 世纪最伟大的西方人类学家长期致力于对作为"两个种族、文化甚至实力方面都不同的民族之间的联合的历史产物"的"二元现象"，对社会结构提出了新的定义。他主张，"我们研究的社会结构可以既是二元的，也是不对称的；甚至可以说，它们非这样不可"。列维-斯特劳斯综合了大量民族志案例，对社会结构中互惠和所谓"不对称"之构成的不同形式加以比较，尤其关注联姻与等级两种关系形式在不同社会中的联结方式，用丰富的民族志资料说明，有的社会以二分团体的互惠来涵盖等级，有的社会以等级来涵盖互惠，有的社会似乎是在互惠与等级之间的中间领域奠定自己的基础，但是，这些社会结构形态的差异并不否定一个事实：所有社会都是对立现象的统一。[①]

我们也深受将结构主义方法用以进行历史研究的杰出美国人类学家萨林斯（Marshall Sahlins）的启发。这位杰出学者为我们重新把握静态与动态、体系与事件、基础与上层建筑的合一提供了有刺激的论述，还精彩地为我们诠释了冲突性的文化接触何以同时是文化"并接"的事件、文化的"并接"何以同时包含着文化差异的绵延。[②]在我们看来，萨林斯的这些精到的历史人类学观点，为我们纠正此前人类学将所研究地区或人群视作与世隔绝的孤立"空间"的错误做法作了最好的示范。

无论是结构人类学导师列维-斯特劳斯，还是文化学坚守者萨林斯，其提出的看法，与法国年鉴派史学家和美国世界体系论者之间，都存在着深刻的观念形态鸿沟。然而，在一个重要方面上，他们的观点不谋而合：他们共同认为，没有一个社会共同体不是在其与其他社会共同体和"非人"的物质世界的互动中得到"结构化"的。与结构人类学家和结构-历史人类学家一样，年鉴派史学家和世界体系论者在分析社会共同体时主张将它们向"外面的世界"开放。

[①] 列维-斯特劳斯："有二元组织这回事吗？"，载其《结构人类学》1卷，张祖建译，122～152页，北京：中国人民大学出版社，2006。
[②] 萨林斯：《历史之岛》，张宏明、黄向春、刘永华译，上海：上海人民出版社，2003。

这批学者在过去的数十年间积累了丰厚的世界史文本，这些文本包括了诸如沃尔夫（Eric Wolf）的《欧洲与没有历史的人民》①在内的人类学著述，它们为我们将"小地方"与"大世界"联系起来提供了不可多得的启发。我们也正是在更长时段、更世界性的视野里重新审视西南，方能提出文化复合性观点的。②

西南总是与"民族"二字相联系。由是，本文集收录的论文也必然与近几十年来得到空前关注的族群性（ethnicity）理论相联系。文化复合性概念也可以通过著名挪威人类学家巴特（Fredrik Barth）对于族群与边界的论述来理解。巴特替我们指出，族群之间的边界，一面维系着族群的文化特征，一面又为族群之间的文化互动提供了空间。③而早在巴特对族群边界加以双重定义之前，法国民族学家莫斯（Marcel Mauss）已更为直接地定义了"民族"的双重属性。他指出，"每个社会都依靠相互间的借鉴来生存，但是它们恰恰是通过否认这种借鉴来定义自己的"④。换句话说，包括民族在内的任何社会，在历史上都有自己的物质和精神文化创造，生活于其中的人们，为其创造而自豪，并生发对其所处的社会的认同。然而，不同社会的文化创造都不可避免地与周遭的其他社会产生相互借用、影响和共享关系。这些关系超越社会的界线，既包含物质性特征，又包含精神性因素，久而久之形成自己的体系。莫斯的这一观点，固然是针对国族而言的，但对于我们理解国内"民族"的文化复合性，也具有高度的指导意义。

长期以来，西南研究更多地被当做区域研究，学界多忽视其作为"民族志学术区"的意义，这就使致力于西南研究的西方人类学家，习惯于"综合

---

① 沃尔夫：《欧洲与没有历史的人民》，赵丙祥等译，上海：上海人民出版社，2006。
② 为我们所乐见，一项对尼泊尔"藏边"展开的人文地理学研究，聚焦在"边缘地带"的贸易与贸易者，这项研究既定位为"小地方"，富有民族志色彩，又将"小地方"的社会构成，与更广阔的世界联系起来。这一做法，与我们在这里采取的做法是相通的。见：Wim van Spengen, *Tibetan Borderlands: A Geographical Analysis of Trade and Traders*, London and New York: Kegan Paul International, 2000。
③ Fredrik Barth, "Introduction", to his edited, *Ethnic Groups and Boundaries*, Long Grove, Illinois: Waveland Press, inc., 1969. pp. 9 ~ 38。
④ 莫斯等：《论技术、技艺与文明》，蒙养山人译、罗杨审校，45页，北京：世界图书出版公司，2010。

地搬用"现成的社会科学理论对"地方"加以解释,而未与其同行在相邻于西南的区域提出的理论形成关系。有鉴于此,我们基于"中间圈"概念,将西南放回到它的"界线"上,从而指出,西南既与"中原帝国"——无论是华夏的,还是游牧的①——产生着密切关系,又与东南亚-印度,以至更为遥远的文明板块频繁互动。②为了使西南真正成为一个"民族志学术区",我们主张,西南之人类学研究,除了要与一般社会科学理论及从更遥远的区域之民族志理论勾连起来之外,还要与产生于相邻地区——东南亚和南亚——的理论进行更为密切的交往。作为人类学的重要民族志区域之一,东南亚、南亚在政治、宗教、族群等领域均产生过重要的理论范式,如利奇的"钟摆"理论③、杜蒙(Louis Dumont)对等级制度的研究④、格尔茨(Clifford Geertz)的"剧场国家"理论⑤、谭拜尔(Stanley Tambiah)的"星系政体"和小乘佛教研究⑥,以及凯斯(Charles Keyes)等人的国族认同理论⑦等等。我们认为,这些理论中存在的相关因素,若在西南得以综合和"地方化",那么,对于我们理解西南,将十分重要。⑧

---

① 关于长城内外农耕、游牧帝国势力消长的复杂历史面貌,见拉铁摩尔:《中国的亚洲内陆边疆》,唐晓峰译,南京:江苏人民出版社,2005;巴菲尔德:《危险的边疆:游牧帝国与中国》,袁剑译,南京:江苏人民出版社,2011。
② 王铭铭:《中间圈:"藏彝走廊"与人类学的再构思》,166~175页。
③ 利奇:《缅甸高地诸政治体系》,杨春宇、周歆红译,北京:商务印书馆,2010。
④ 杜蒙:《阶序人:卡斯特体系及其衍生现象》,王志明译,台湾:远流出版事业股份有限公司,1992。
⑤ 格尔茨:《尼加拉:十九世纪巴厘剧场国家》,赵丙祥译,上海人民出版社,1999。
⑥ Stanley Tambiah, *World Conqueror and World Renouncer: A Study of Buddhism and Polity in Thailand against a Historical Background*, Cambridge: Cambridge University Press, 1976; *Buddhism and the Spirit Cults in North-East Thailand*, Cambridhe: Cambridge University Press, 1970.
⑦ Charles Keyes, *Thailand: Buddhist Kingdom as Modern Nation-State*, New York: Westview Press Inc., 1987.
⑧ 王筑生先生曾在其出版的博士论文《景颇——云南高原的克钦人》(Wang Zhusheng, The Jingpo Kachin of the Yunnan Plateau, Arizona: Program of East Asian Studies, University of Arizona, 1997)中,提供一个新的视角来审视利奇所分析的缅甸克钦的政治制度。据这项研究,在中国境内的克钦人不仅与傣族(在缅甸称之为掸)和汉人有着历史深远的关系,而且几个世纪来一直处于"土司"制度的统治之下,中央王朝通过被认可的世袭头人(山官)来运用这个制度。王筑生试图表明研究一个地方的政治制度有必要联系相邻地区的政治制度展开比较研究。我们认为,王筑生用云南景颇的研究和基于东南亚经验的政治人类学经典理论进行对话的做法,应得到更充分的重视。

然而，必须强调指出，我们不拟以这组研究来充当西学的"中国脚注"，我们在借鉴西学的同时深刻地意识到，我们的论述是在汉文学术世界中展开的——论者的定位，与"中国"这个政治地理范畴相关；其身份，与我们所在的方位相关。倘若我们的论述给人留下"唯西学主义"的印象，那么，这种印象不过是表面的，因为我们对西学的借重，不等于我们对学术自我定位的丢弃。

有学者指出，新中国民族学包括1949～1978年的"新中国前期的民族学"，及1978年至今的"新时期以来的民族学"两个阶段，前一个阶段，中国民族学界经历了大规模的"改造"，"全面参与全国民族大调查并创造辉煌"；后一个阶段，民族学获得了新生，摆脱了孤立，全面开放并"初步自立门户"①。

我们对西南的研究在"后民族大调查"之后的阶段中展开，大抵属于"新时期以来的民族学"。在新时期展开民族学研究，我们怀着双重心态面对中国民族学那段并不遥远的过去："民族大调查"硕果累累，但其所呈现的民族志事实与所提出的政治经济学解释之间，却显然存在着迄今未被充分反思的脱节状态。②"文化复合性"概念正是针对这种事实与理论的脱节问题而提出的，我们旨在指出，在为区分民族、规定被研究共同体在社会形态史中的位置而展开民族志调查及民族学比较研究中，前辈们"淡描"了人文世界

---

① 杨圣敏、胡鸿保主编：《中国民族学六十年》，29～53页，北京：中央民族大学出版社，2012。
② 民族志事实中诸如"领主制"与世系社会组织的复合，本来难以用单一社会形态分析框架来解释，但出于论证进化主义的"社会形态演变史观"的需要，这种分析框架还是被搬用于民族志事实的解释中。例如，云南永宁纳西族社会及母权制调查（云南省编辑组：《永宁纳西族社会及母权制调查》，昆明：云南人民出版社，1986），及四川凉山彝族社会历史调查（四川省编写组：《四川省凉山彝族社会历史调查》，成都：四川社会科学院出版社，1985），分别焦聚在母系和父系世系组织的研究，调查资料显示，这两种组织方式，都与当时定义的"领主制"（诸多内涵属于土司制度）紧密结合，成为复合性的制度。但无论是永宁，还是凉山，得到的民族学解释，都是二元分离，而不是二元复合的。这些地方的不同"民族"，一面提供了学术论述中母系向父系、原始社会向阶级社会进化的民族志证据，一面共同为政策论述提供共同的"封建领主制"的政治经济学证据。

的多重性。为了提出"文化复合性"概念,我们一面在 20 世纪前期的中国民族学及其在新中国民族学中遗留的痕迹中寻找赖以复原这一多重性的知识资源①,一面在西方人类学史中搜索有助于重新焕发这一资源的相关见解;最终,我们将收获与体会表达于此。

在"新时期以来的民族学"中展开研究,我们的心境,既不同于前辈,又不同于西方人类学家。我们没有前辈那种用学术直接为"民族工作"服务的任务,更没有他们承受过的诸多观念形态约束。比较前人的研究与我们自己的研究,我们能看到,总体而论,由于我们并不拘泥于"分族写志",我们所做的工作在两个方面上有其鲜明的特征:它明显带有对具体的时空坐落的关注,对当下人类学的"关联性"(relatedness)概念之形成,有着自己的使命感②。我们与西方人类学家的处境也有不同。他们与其所表述的他者之间存在遥远距离,这一距离使他们获得以"遥远的目光"审视他者的能力,但与此同时,又使他们深陷于科学的普遍主义与人文的相对主义的矛盾状况之中。如列维-斯特劳斯所表露的,"如果他[人类学家]希望对他自己社会的改进有贡献的话,他就必须谴责所有一切他努力反对的社会条件,不论那些社会条件是存在于哪一个社会里面,这样做的话,他也就放弃了他的客观性和超然性。反过来,基于道德上立场一致的考虑和基于科学精确性的考虑所加在他身上的限制而必须的超脱立场使他不能批判自己的社会,理由是他为了取得有关所有社会的知识,他就避免对任何一个社会做评判。"③相比之下,我们与被研究人群之间的关系,不属于"我/他"性质。我们中没有一个纯属所在民族志区域的"局外人",我们多数虽非"西南少数民族",但是,不少却曾是西南这个地区的居民,即使我们中有的来自其他地方,这些地方也同属境内。通过现代学术的规训,我们丧失了"地方人"的大多特质,但我们身处的那个外在于西南的地方,与我们所研究的西南,距离仍不算遥

---

① 王铭铭主编,杨清媚、张亚辉副主编:《民族、文明与新世界:20 世纪前期的中国叙述》。
② 如我们承认的,我们的这些研究工作所具有的"色彩",部分来自前辈民族学家自己的论述。
③ 列维-斯特劳斯:《忧郁的热带》,502~503 页,王志明译,北京:生活·读书·新知三联书店,2000。

远。距离之"近",无法自动消除列维-斯特劳斯式的困惑,但却足以使我们更易认识到,我们进入的地带,并不是与我们的生活无关的他邦,它处在我们与更遥远的"他者"之间,与我们的关系不是"我/他"而是"你/我"。"你中有我,我中有你",形容着这个地带("中间圈")与包括我们在内的"核心圈"之间的关系。我们的"定位",赋予我们的"表述"不同的内涵,而文化复合性这个概念表达了我们的定位和表述的特殊性。

在特殊处境下产生的经验与心态有着更为广泛的意义。文化复合性的研究,来自于一个地域广阔的国家的一个局部,我们不能将局部等同于"缩影",但是我们相信,我们从局部的民族志知识挖掘中得到的看法,对于我们理解整体是有价值的。在我们看来,作为一个文明体,"中华民族多元一体格局"概念①之所以成立,最主要的原因,就是其中的"一体"之构成的文化复合性。历史学与民族学史上,存在过大量关于"夷夏东西说"、"中国与内亚-游牧帝国内外说"、"文明南北说"等等主张,都为我们表明,不能将"中国文化"视作仅由单一的、铁板一块的"华夏"构成的。文化复合性内在于中国文明,无论是在历史还是在当下,都表现出了极大的丰富性和极强的动态性。研究西南,不仅使我们认识了西南,而且还使我们对于中国的文化复合性产生了某种"文化自觉"②。

我们时代存在一个大问题,这便是,人们过多地对立看待文化自我认同与相互交流,甚至以互为代价为方式来处埋二者之间的关系。所谓"民族中心主义"指的是抹杀文化交流对于文化自我认同的贡献,视文化之"我"为人文世界的荣耀的源泉。这种历史悠久的文化态度,经与国族主义、地缘政治、文明偏狭主义结合,而成为当今世界矛盾的主要来源之一。为了应对民族中心主义,人们常诉诸其"对立面",借国族化、区域化、全球化等,推进交流,以期消除妨碍交流的文化自我认同。然而,这一"战略"已被证明是失败的。一方面,与国族化、区域化、全球化相关,当下世界出现了"过度交流"的

---

① 费孝通:《论人类学与文化自觉》,121~151页。
② 同上,176~189页。

现象，这会伤及人类社会生活的基本需要——生活的多种可能性、"文化模式"的非唯一性及社会共同体尊严的复合性；另一方面，期待交流来彻底消解文化自我认同，无异于等待永远不会到来的未来；原因十分简单，如我们的研究所表明的，文化自我认同正是在文化交流中产生、维系和强化的，一样地，文化交流的条件，正是文化差异。

　　文化复合性的论述不能说明一切，但对其加以探讨，却已使我们意识到，文化自我认同与交流存在着深刻的相生关系（尽管自我认同与交流之间关系，时常被定义为相克性的），对这一关系加以更为清晰的认识，将有助于我们处理文化与世界二分的近代观念给人文世界带来的问题。

第一部分

迁徙

山地苗族的历史心性

杨渝东

一、"人往高处走"

我于2003年7月至2004年2月在云南省屏边县和平乡的山地苗寨S村从事人类学的田野调查。在当地，有一句老话很流行，叫"苗族站箐头，汉族站水头"，意思是苗族生活在高山上，汉族生活在谷底靠近山溪水流的地方。这句老话，在我们第一次进S村的路途中就得到了印证。由于我带有一张县一级政府的介绍信，作为这一地区最具资源动员力的国家机构，和平乡政府专门为我们派了一辆吉普车，送我们进村。由于所带行李众多，有专车护送，已经是感激涕零，脑子里再也不会去思考其他的问题了。等到上了路，车子在几天前滂沱大雨后留下的一个个泥坑中不停地蹦腾，并有几处就在悬崖峭壁的边上腾空而起的时候，我这才想起父母总在电话里叮嘱的话：安全第一。在心惊肉跳地结束这段旅程之后，当时的我只顾暗自庆幸平安到达目的地。但在事过多年，尤其是完成了博士论文并根据论文改写为一本民族志出版后，我才更深刻地体会到这次艰险的上山之行，本身是一次极为难得的体验"文化震撼"的机会。

山高路险本是"自然"的景观，对"行路难"的咏叹也是自古有之，为什么我会在事后的反思中把这次行程当做"文化震撼"呢？文化震撼本意应当是研究对象的文化事项对研究者的一种感官或意识的冲击，而在上山之时，我还尚未见到山寨中的人，也没有受到来自他们的任何刺激，那我的感受怎么能算作是"文化震撼"呢，无非只是我胆小的明证罢了。其实，当我说它是一种文化震撼的时候，我的重点并不在"震撼"二字，而在于"文化"上面。自然的形态被赋予了人文的意义，自然也就变成文化的一部分了。上山的过程是"苗族站箐头，汉族站水头"这句古话在我身上的一次"身体化"展演。

作为外来者的我，看到这句话的时候，只认为它描述了两类人群在空间上的分布状态以及背后隐隐透露出的不公平感。但这次上山之旅，却让我对这句话有了"切肤之感"，那就是从"水头"到"箐头"之间，原来是如此艰苦而危险的一段道路。而在那句古话背后，自然还隐含着当地人对此的集体感受与记忆。更何况，这条遇雨而淖的公路是近年国家为"改善"山区少数民族交通状况而开通的，在这条路开通前，"水头"和"箐头"之间又是以什么方式联系在一起，其艰苦程度岂不是要比此更甚么？因此，这样的"后顾之思"使得我把入村之行从"行路难"改而视作一次"文化之旅"，它让老话中的集体记忆在我身上展演，同时也在暗示着那是一次文化的跨越。但由于受到自己"文化预设"的局限，对这样一次跨越，当时的我几乎没有丝毫的察觉。

这种"文化预设"是什么呢？其实它源自一个"国家视角"下的话语。① 入村之前，县乡两级的政府官员都郑重其事地告诉我，云南省为发展少数民族地区经济，在几年以前斥重资搞了一个村村通公路的工程，当地的少数民族村寨和汉人村寨一样，都可以坐车直接到。在他们这套说法中，"箐头"苗族的山村无疑成为当地众多村庄中的一部分，他们和接近"水头"或者半山涧的汉族农村一样，都成为了一个个以农业为主，靠天吃饭的农业村庄，村中的人也成为"面朝土地背朝天"的农民了。对这些村庄，国家的各项行政制度所构成的体系，将"农村"与"农民"这个形象牢牢地施加在山顶的苗族身上。村庄的行政边界、农民的户口居住制、土地分配制度、农产品税收制度，以及交通网等等，都将山顶的空间按照山下一样进行了重新改造，这使得山顶的乡村被按照一个普通"农村"的形象进行塑造。

确实，当我们的车爬上最后一个陡坡，进入一个视野开阔的平坝的时候，熟悉的农村景象立刻映入眼帘。近处是一片片绿色的稻田，远处的半山腰上则可以看到一排排不太高的玉米地，而这一地区流行的青瓦泥房更是整齐

---

① 斯科特（James Scott）：《国家的视角》，王晓毅译，北京：社会科学文献出版社，2004。

地分布在稻田的尽头和两边高地上。清早的炊烟还在湿润的空气中凝滞，柴火的味道却在乡间公路上都可以闻到。一派熟悉的农村景象，就跟山脚下和平乡周边的农村一样。不过，在这样一种同质性乡村景象的替代转换中，我却忽略了一个问题，这个山村与山下的农村有什么样的区别？进而也就没有去思考，海拔高度的差异以及他们在空间距离上相对的隔绝又有什么样的意涵？正是这些问题的缺失使我没有意识到，这次进村之行实际上已经完成了一次文化类型间的跨越，而我后面要做的人类学，应该不仅仅是关于这个村庄的民族志，而且还应该包括这个空间跨越的部分。在这里，不仅仅包括山上的人和山下的人如何交往的，而且还包括他们之间是如何想象对方的问题，就像我一开始把苗族山村想象为"乡土中国"的农村一样，虽然它在很大程度上使我偏离了理解应朝向的方向。

幸运的是，我的偏离很快就在田野中被人予以适当地纠正，而给我以提示的人是村中的内部外来者（inside outsider）L。之所以如此定性他，是因为他既是村中苗族最大家族——陶氏家族——的一员，同时又因为父亲当了县级干部而在城里读过书，甚至还在省城昆明工作过。飘泊多年之后，因当地栽种特殊药材三七的人发财的传说很多，他才回到村中，重新拾起母亲和兄妹留下的土地，大规模地栽种三七。正是有了在外闯荡，与汉族更多接触，更了解汉族文化的经历，他给出了对"苗族站箐头，汉族站水头"更有启发的见解。当我进村不久，第二次去找他闲聊的时候，他用了一句完全是汉人的古话来解释前面这句老话，即"水往低处流，人往高处走"。他说，汉人在选择安身地的时候，是跟着水走的，有水有地的方才站得住，所以汉人是越走越低，占尽了水多田广的地方。而这也逼迫他们苗族的祖先没有选择，只能到高的地方去，水源不多，土地贫瘠，只能靠山取食，结果是越走越高，到今天这些山上几乎都是苗族。

他这番颇有力度的诠释给了我非常深刻的印象。印象深刻的原因有二，一是他"转译"了汉人用来形容社会地位升迁的古话，来形容苗汉之间在空间上的分布差距。第二点就是在他的话中，蕴含了历史的维度，让我感觉到今天的现实离开了长时段的考量，将很难得到正确的理解。在他所说的"苗族祖先"那个年代，苗族的山村肯定是不同于"乡土中国"的乡村。他们少地缺水，不得不经常更换住所与耕地，远徙于高地他乡。而这一点恰恰是传统农业国家最为反对的，他们需要培养出一种"安土重迁"的文化，把农民固定在一个地方，便于管理和征税。显然，这些"苗族祖先"也是一群"不服王教"的人。在L的解释中，苗族祖先不服王教的山地迁徙是"被迫的"，水田地带被汉人占光，不往山地跑该怎么办呢？而他的这种理解，也非常符合我在进村之前阅读的国家正统史观。①在这种少数民族史的写作中，南方民族的山地迁徙被看作是一种封建国家或者民族间"压迫"的结果，它本身就是民族关系"不平等"的表现。

  虽然我并不完全同意L对国家少数民族正史的附和，但他的言论还是给我很大的启示。苗族的山村在历史当中并不是一个农村。那么，他们在历史中的山村是怎样的，迁徙会给山村带来什么样的影响，并使得它如何不同于汉族农村？另外，他们又是在什么时候停止了迁徙的脚步，并让自己的山村变成了一个颇似汉族农村的村庄呢？但是，当我试图为这些问题寻找答案的时候，我发现在一个没有文字体系的地方，想要找到一段确切的"记录"，来说明他们社会形态曾经的样子，却非常困难。不过，这也让我更加留意到呈现于他们各类口承记忆与表演传统当中的"历史"，这些"历史"当中的故事形态一直在我做调查的时候还在不断被讲述，某些"历史情境"也在不断地被"重演"。这就不得不让我思考一个更为重要的问题，为什么在他们的迁徙脚步已经停止下来的今天，他们还是要反复地讲述"迁徙"的故事？

二、苗寨中的迁徙传说

  在此后的田野过程中，我发现在S这个不算太大的苗族村寨中，"迁徙"这个主题几乎存在于他们对宇宙中所有一切的解释里。从天到地，从生到死，

---

① 伍心福：《中国苗族通史》（上），248~280页，贵阳：贵州民族出版社，1999。

从祖先到神鬼，从文字到巫术，从求偶到结婚，从身体到灵魂，从土地到家族仪式，从村内到村外，或简单或复杂，都可以看到关于迁徙或流动的表述。或者我们可以说，"迁徙"已经成为了苗族自我认知与感受外界的"母题"，它既出现在现实生活当中，同时又作为一种集体的历史心态存在下来，支配着人们对于世界的想象。跟发展人类学家从话语的角度分析"发展"概念对现代人的支配一样，它从时间、空间、自我认同、身体、技术、制度等等方面都构成了一套"全新"的表述，使得发展真正成为了一门现代话语技术，控制着人的灵魂和关于世界的感知。①在苗族村寨中，"迁徙"这个概念也起到了这样的作用。犹如格尔茨关于"作为地方性知识的法律"所进行的分析那样，"迁徙"在这里成为了最高的神圣教谕、成为了普遍性的德性标准和社会性的行为规范。②一种神圣性的感知必然与族群自身的历史联系在一起，并且构成了一种"概念图式"③，它成为族群对现实加以"客体化"的心理模式，并使得带有神圣性的母题不断被再生产出来。这种"长历史"的诉求也正是包括布罗代尔等年鉴史学派的学者试图去发掘的，只不过他们想在有文字的"文明"社会中去实现这一点。显然，苗族这样一个没有文字系统的社会，表达其"长历史"的方式只有通过口承的传统。

对于口承体系的研究发现，仅仅使用口承系统的族群具有一种"非权威"的意识。也就是说，他们没有固定的文字，也没有一个以权力来捍卫这些文字所载记录的"正确性"的集团，历史并不具有"正统性"和"唯一性"，而往往操演在叙述者与现实的关系中间，因此这样的历史往往具有更大的自由度。④不过，即便叙述者拥有他的自由度，他再具有个人的禀赋，他的叙述依然属于"集体记忆"的一部分。如果他的发挥与修改脱离了这种集体记忆，

---

① 阿图罗·埃斯科瓦尔：《遭遇发展——第三世界的形成与瓦解》，汪淳玉等译，43~51页，北京：社会科学文献出版社，2011。
② 格尔茨："地方性知识：事实与法律的比较透视"，载梁治平编：《法律的文化解释》，邓正来译，73~171页，北京：生活·读书·新知三联书店，1994。
③ 萨林斯：《文化与实践理性》，赵丙祥译，87页，上海：上海人民出版社，2002。
④ James Scott, *The Art of Not Being Governed*, New Haven & London: Yale University Press, 2009, pp. 226~237.

试图创造一种新的"历史模式",那么他也将在酷爱"口头文学"的无文字社会当中失去听众,除非他能颠覆这套模式所具有的神圣性或者使之发生"结构性"的转化。① 因此,当在一个苗寨的口承体系当中发现类似于格尔茨笔下的"法律"时,它就足以让我们去思考这个族群的历史,以及他们在历史过程中想象现实的"图式"。

我们先就"迁徙"主题的"衍生故事"来谈。

在 S 村的苗族当中,有一个关于太阳与月亮性别的传说。与汉人的阴阳论相反,他们认为太阳是女的,月亮是男的。他们对此的解释是太阳是在白天"赶路",为了不想让地上的人看到自己,发出了万道金光遮住了人们的眼睛,说明它很"害羞胆小",因此是女性。而与太阳相反,月亮是在夜间"赶路",它不怕地上的人看见,只发出了温柔清淡的光。所以月亮是男性。显然,苗族是把月亮放到了主体的位置上。实际上,如果联系到苗族的生存状态,就可以理解他们的这种想象。首先,在男女两性的社会分工当中,女性很少需要晚上出门,她们出门完成的工作主要在白天完成;而要在晚上出门的工作都是由男性来完成,比如狩猎。其次,作为一个经常在山地中迁徙的族群,太阳与白天是可以分开看待的,就像月亮和黑夜可以分开看待一样。因此,太阳并不是白天形成的原因,它在迁徙过程中不仅没必要存在,反而因它的存在使得迁徙变得更加困难;相反,在黑夜的山地中赶路或狩猎,月亮几乎是必不可少的指路明灯,因此它的重要性要远远地超过太阳。因此,在苗族关于太阳和月亮的故事中,我们不难发现它实际上浓缩了自然与社会的关系、男女分工以及族群迁徙等等元素。这也许就是前面所说的口承传统的自由度,它可以把相似的内涵放到一个更为简洁的框架中,并以"想象中的听众"最便于接受的方式表达出来,因此故事中隐匿了很多内涵,同时又突显了一个主题,而这个主题恰恰是最具有"发酵"能力或"衍生"能力的因子,它最符合集体的"心性"。在这个故事中,我们无法去询问月亮那个男子是谁,

---

① Jack Goody and Ian Watt, "The Consequence of Literacy", in *Comparative Studies in Society and History*, Vol. 5. No. 3, 1963, pp. 304~345.

或者太阳那个女子是谁,他们为什么"赶路",从哪里来,又要去向何方?它是一个信息量极少的不完整的故事,但恰恰是这种模糊性,给予现世人以发挥的空间与可能。

S村是一个三面环山,一面豁口的村庄。北边的高山突兀地冒出平坝一百多米高,显得异常雄壮。其中有一个山峰造型奇特,它的颈部以下高高隆起酷似女性的乳房,而它的顶部则向西侧偏,仿佛在回头张望。因为这个姿势,村中苗族为它取名叫"歪头山"。关于歪头山,村子里也有一个传说。他们告诉我,如果我爬上山顶,朝着顶部侧偏的方向望去,还可以看到在几里之外,有另外一座酷似男性的山峰在朝这边"追赶"。歪头山就是那座山的老婆,因为白天路好走,她跑得快,就走在了前面;而后面那个男子,是在夜晚追,晚上路不好走,所以就一直赶不上她,这个女子走远了见不到丈夫,一着急,回头张望,头就变歪了。①结合上面那个关于太阳和月亮的传说,我们比较好理解这个传说:它是前一个传说在S村的具体化。前一个传说中不知所指的男子和女子,在这个传说中转变为固定的形象;前一个传说中不知方向的"赶路",在这个传说中一目了然。就像对月亮和太阳可能会有的很多种解释一样,②"歪头山"与她的"丈夫"也被一种解释赋予了特定的含义。而更为重要的是,在这些表面上看分别对立的"能指"身上,出现的都是一种相同的"所指",我们认为当地人在"客体化"外界和自身的过程中,有一个一以贯之的"图式",它像机器的磨具一般,形塑了产品的形状。在两个传说中,我们可以发现,前一个不一定仅仅存在于S村,它可能是这一地区的苗族所共有的一个传说,这个传说的历史一定要长于后一个传说。后一个传说产生的时间也无处考证,但很显然它是在苗族迁入S村之后才由他们"发明"的。因此,它是S村的苗族祖先用前一个传说为模子,印在了S村的山峰上。

---

① 值得注意的是,跟大多数旅游景点的村庄在被开发后编造出来的种种神话故事不同,S村直到今天也没有什么旅游业,因此这些貌似旅游景点故事的传说都是由来已久,而非临时"发明"的。
② 列维-斯特劳斯:"太阳和月亮的性别",见其《结构人类学》第二卷,俞宣孟等译,237~248页,上海:上海译文出版社,1999。

在讲述这两个故事的时候，我用的词是"传说"，而不是"神话"。按照列维－斯特劳斯的说法，传说并不一定具有神圣性，它是围绕着现实性的一些想象。而神话不同，它具有超现实性，同时赋予了想象的内容以某种神圣性。①那么，以现实性为基础的传说会朝着什么方向延展，而神话又会在什么意义上超越于传说呢？很显然，传说的衍生方向就是更加的具体化，它会在衍生中把传说中的模糊性清晰化、普遍性具体化、概然性实然化，并使它更符合地方性的生活。而神话则更具有相反的倾向，它会让个体变成普遍，或者让特别变为一般。

在 S 村，迁徙的传说既延展到了自然的景物，也延展到了形成这个村庄的社会过程。在上述两个传说当中，苗族对自然物"客体化"的方式都是投射其以性别和运动的形象。在太阳和月亮的传说中，日月经河，本身都是运动的形象；而在"歪头山"的传说中，显然就是以"化静为动"的手法来加以刻画了。他们的目光仿佛给予了这个世界一种永恒不变的运动感，使得从此到彼的过程无非只是更长距离中的一段。这个意向似乎也投射到了村庄本身，它作为自然地理的一部分永恒不动地存在于那里，但作为流动或迁徙人群的一个落脚地，它似乎本身也变成了这股洪流中的组成部分。

三、具有迁徙色彩的苗寨

在我田野的时候，S 村共有三大苗族支系和十一个大小不一的家族和家支，其中最大的是青苗的陶氏家族和杨氏家族。这两个家族不仅家户众多，家族分支清晰，而且代际之间还按照汉人的谱系那样设定了姓名的字排辈分，俨然是汉人家族的模样。但实际上，这套谱系之所以存在，有赖于国家的创造。1950 年之后，国家要制作户籍分配土地，于是原先没有正式名称的苗族便在当地汉人的帮助下，创造了家族辈分的字排。而在村中真正使用的亲属称谓

---

① 列维－斯特劳斯：《结构人类学》第二卷，俞宣孟等译，68~76 页。

却几乎与这个字辈没有什么关系。他们采用"辈分名"+"小名"的办法来相互称呼。①在一个族亲和姻亲关系相互交杂的村庄,除了少数刚嫁进来的外来媳妇之外,不同人之间见面就知道该以什么辈分相互称呼,几乎没有错乱。

这样一种"亲属称谓体系",是与苗族的迁徙方式相匹配的。无论什么姓氏的家庭,当他搬到一个新地方之后,他首先所要做的第一件事,就是与该地已经有的家庭建立关系。这种关系,先看姓氏,如果同姓,则为"哥弟",哥弟姓氏的家庭之间互不通婚;如果不同姓,那么则在第一辈之间确定好相互的辈分关系,后辈之间则按此辈分排列。不同姓的家族可通婚,但遇到辈分不同则要举行解辈分的仪式。因此,这种辈分关系的确定实际上是保证了迁徙过程中的家族关系间的平等性,它不用追述过往,不借古典的权威,随时可建立新的联系,这保证了迁徙的自由性,也降低了"进入成本"。

在 S 村,最大的两个家族并不是最早迁入的,规模较小的项氏才是最早的住户。之后才是陶氏家族的先祖。在他们进来之后不久,杨氏家族的祖先才迁入。这些家族迁入的历史差不多都可以用王明珂先生的"弟兄祖先"模式来概括。②拿陶氏家族来说,他们的祖先是跟着母亲迁入的三兄弟。此后,三兄弟中的小兄弟长大后继续外迁,现在剩下的是大哥和二哥的后人。而二哥的三个儿子中,又只有长子留在村中,其他两个儿子迁往其他地方。1930年代,村中其他的几个小姓才在陶氏家族的帮助下迁入进来。而与此同时,陶姓与杨姓家族中的成员却在不断地外迁。在这进进出出之间,1950 年之前 S 村的家户只有四十来户,是现在家户数的三分之一都不到。据 1950 年代末曾在这一地区从事民族调查的雷广正介绍,1950 年代初当地不少苗族还在闹着要"搬家",因为遭到新政府的劝阻而引发了一些纠纷。③

---

① 一般称呼长辈用这样的方法,长辈对晚辈则直呼其小名。平辈之间,结婚有孩子的一方,可以孩子的辈分称呼对方。
② 王明珂:《英雄祖先与弟兄民族》,19~30 页,北京:中华书局,2009。
③ 雷广正:"屏边苗族社会历史调查",载云南大学历史研究所民族组编著:《云南省金平屏边苗族瑶族社会调查》,23~35 页,1976。

跟附近大大小小的山村一样，S村虽然拥有一个令人向往的"大平坝"，但它绝不是让苗民停止迁徙安心务农的地方。如果向村中的老人询问村庄的历史，他们会告诉你的一段祖先不断迁入与迁出的历史，他们或许还会告诉你，在附近的村寨中，哪些同姓的家族是从S村迁出去的。因此当举行每年一度的家族仪式时，要么这些迁出去的家族后人会从外村赶回来，要么这个仪式就直接放到外村同族兄弟那里去举行，S村的家族成员全部都赶过去。此外，在这个记忆和空间都能企及的范围之外，他们的同族兄弟照样有分布，由于距离的原因，他们不再回来参加家族的仪式，但在仪式过程中，仪式的主持者都会呼喊他们的名字，并用象征性的方式表现他们"回来"团聚之意。

S村这些迁徙的故事存在于每个大大小小的家族当中，迁入与迁出几乎在每一代人身上都会发生。如此高频率的人口变动透露出他们对于某一个地方的认识。对于他们而言，每个地方既是当下的落脚之处，同时又是临时的客栈。永久性地待在一个地方，并不是他们的思考习惯。他们在某个地方生活一段时间后，就会有其中的一部分人从中分离出来，离开父母或者兄弟姐妹，到别的地方去选择生存的空间。这就是迁徙的空间意识，所有固定的东西在人的流动中都具有了流动的性质，它们并不是静止的存在，而是流动过程中经过的节点。在此过程中，静止是暂时的，迁徙是永恒的。这样一种社会的形态，必然就会投射到自然物体上，形成关于日月山水的传说，这些传说也构成了讲述苗族社会形态最为重要的组成部分。

迁徙本身就意味着分离，离开家园，离开亲人，离开所有熟悉的一切，而选择陌生的环境。它使原有的社会关系发生疏远，使家庭和血缘纽带发生断裂。如同王富文（Nicholas Tapp）在研究澳大利亚的苗族时所提出的失去家园感那样，迁徙本身是对血缘关系的一个重大威胁，它是对社会基础的破坏。[1]而几乎所有研究山地族群的学者都认为，这些族群的政治架构往往都是建立在亲属体系的基础上，他们缺乏超血缘的政治组织单位。日常的经济、

---

[1] Nicholas Tapp, "Exiles and reunion: nostalgia among oversea Hmong(Miao)", in Charles Stafford, ed., *Living with Separation in China,* London and New York: RoutledgeCurzon, 2003, pp. 157~175.

婚姻和宗教生活几乎都在血缘体系当中来完成。那为什么在这样一个重亲属且血缘关系极其重要的社会，又如何会以"迁徙"作为文化的母题呢？对于这个问题，仅仅从传说的层面是无法解释的，我们必须进入到关于迁徙的"神话"层面，换句话说，要进入他们的宇宙观当中，来看他们是如何构想人、时间、空间和人在时空中的穿梭的，才能够找到这个问题的答案。

四、迁徙的"艺术"

　　前面我曾提到 S 村中的 L 对他们苗族祖先在山顶上游弋有这样的解释：汉人占据了山脚下的水田，苗族被逼无奈，只好往山顶上跑。这样一种被"逼迫"的形象是大多数接受了国家正统的少数民族历史观以及当代"发展主义"论调的人对山地族群关系的一种想象。不过，在山顶的迁徙真的是一副被逼迫而"狼狈不堪"的景象吗？在这里，我以两条山地的"地方性"知识为例，说明他们的迁徙实际上是非常从容不迫的。首先，在这些山地当中，现在还保留着这样的习惯：路过一片庄稼地，如果感到饥饿或口渴，不管这片地是不是自家的或者是不是本村的，只要是摄取自己需要的量而不肆意乱摘，那么都可以不被定性为"偷"。其次，如果你路过一个地方，感到饥饿或者疲惫，只需问附近哪个村庄中有自己的同姓，即便以前根本没有来往过，都可以前去找自己的"哥弟"，并在那里吃顿饭或投宿。在田野期间，我曾经有一次要和村里人远足到几十里外的一个村子，当我在准备路上的水和干粮的时候，却发现同行的人几乎什么都没带，他们还嘲笑我带这么重的东西，走得累。虽然今天的情形跟早年已经有很大的不同，但这个田野中的小插曲还是让我看到他们在山中的迁徙是有制度与规则作为保障的。这是他们的地方性文化，是一种交换对象不明确的"模糊性"集体互惠，但每个人都知道这样的交换是有利于自己的。这些规则从来没有成为文字性的"制度"或"法条"，但它就这样靠默契延续了千百年的时间。

　　研究山地族群的学者都曾发现，这些山地族群有一个非常重要的生态文化，那就是对土地没有独占的意识，也就是说没有"土地产权"的概念。①他们对土地的利用无非是在一段时间内的暂时使用。因此，当有一个新的家庭迁入的时候，他们一般都可以通过协商的方式得到村中某片未被利用的土地的使用权。而村中原有的人都会在尽可能不影响自己耕作成果的情况下，开辟或转让一部分土地来给新来者。因此，迁徙实际上是有时间安排的。这种安排符合季节的转化。苗族的季节只有"冷"、"暖"两季，而没有春夏秋冬。②他们一般会选择在暖季向冷季过渡的时候出去选好地方，再在冷季收获并完成一定消费后迁徙出去。这样既不造成原有耕作的浪费，又不会对迁入地的土地转让形成太大威胁，因为收割完庄稼的土地从理论上讲在下一年是完全可以转变使用的主人的。在 S 村田野期间，陶氏家族的一个家支成员告诉我，他们在 1970 年代初曾经迁离 S 村，想到别的地方去，但去了以后发现土地已经划好了边界，他们根本得不到任何耕种的土地，只好又搬回到 S 村。

因此，我们不难看到，其实在所谓的"逼迫"背后，山地族群对迁徙已经形成了一套比较齐备的"制度性"保证，最根本的制度保证就是不会因土地的争夺或转让而发生矛盾乃至战争。而他们为这条制度提供支撑的就是他们按"泛亲属制度"的血缘模式来进行土地使用权的转移。在山地的苗族人口众多，地域分布广阔，但在这么多人口中，他们的姓氏却相对较少。而且在各个姓氏之间，在某一地区还有某两个姓氏不通婚的"传说"。实际上，这都是反映了迁徙当中非常重要的"泛亲属制度"模式。迁徙之所以能够存在，最为重要的是能够比较容易地从新地方获得生产资料，而这一点，最为便利的途径就是通过"哥弟"关系的确认。王富文就曾指出，在苗族地区，血的流动性要强于土壤的固定性。③苗族的文化规定，只要是同姓，那么男性间为"哥弟"，女性间为"姐妹"，异性间则为"兄妹"关系。同姓之间

---

① William R. Geddes, *Migrants of the Mountains*, Oxford: Clarendon Press, 1976, pp. 86～90.
② 杨庭硕："苗族生活方式的变迁：贵州衫坪的例子"，载高丙中主编：《现代化与民族生活方式的变迁》，265～298 页，天津：天津人民出版社，1997。
③ Nicholas Tapp, *The Hmong of China*, Boston & Leiden: Brill Academic Publishers, INC. 2001, p. 273.

还存在着严格的互不通婚的禁忌,这条禁忌直到我田野的时候依然具有一定的约束力,青年男女为谈对象而凑到一起的时候,相互间询问的第一个问题就是对方的姓氏。因此,在广袤的山区,只要是同姓便在广义上成为"一家",相互之间便有了一种"拟血缘"的亲属关系,因此在土地和资源的转让当中就更像是一种财产"承继"的方式在进行。

其次,由于单姓不婚,因此"哥弟"之间无法完成"社会"的构建。在迁徙过程中,异姓家族之间虽然无法成为"哥弟",但却可以通婚联姻。因此异姓家庭的迁入,在很大程度上使得原有家族在通婚范围上变得更大,就近通婚的可能性也变得越大。所以,在土地资源非"排他性占有"的前提下,异姓家庭也不会遭到排斥,他们与原有家庭的土地转让为将来在两性上的"互惠"建立了基础。而由于同姓与异姓家庭间具有不同的文化规定性,因此当一个村庄中的家族已经有比较大的规模时,就会更期待异姓家族的迁入;而当力量较弱时,则会更倾向于欢迎同姓家族。因此,我们看到这样的亲属制度安排,实际上保证了迁徙会自然地在"血缘亲属"的组织范围内完成,而不会形成一个超血缘关系并反过来控制血缘的地域性组织。在这样的"政治"架构下,"迁徙"成为一个"自由"生活方式的表达,它不再是一种"逼迫"的结果,却成为斯科特笔下的一门"艺术"。

斯科特指出,在人类漫长的历史中,迁徙和游耕是常态,而定居和农业实际上只占据较短的一段历史,它们与国家的形成有密切的关联。因此,如果说山地游耕的状态是被邻近的"谷地"政权所"逼迫",即便具有一定的逻辑推理性,但却忽视了它在历史当中的合理性。因为农业并非"自然"形成的结果,而是"国家文明"后致的一种"发明"。这些不谙农业的山民所掌握的耕作技能,实际上离国家形态下的"农业"水平依然有一定的距离。他们承继的是人类最早的游作方式,与农耕文明属于不同的类型。虽然在国家的不断扩张过程中,从事游耕的族群与国家文明存在着相互间反反复复吸收-远离的关系,但从根本上讲,游耕族群会有很大一部分尽力生活在其边缘,近可交,远可遁,而不真正为国家所辖制。而由于天然屏障与技术手段的限制,前现代国家对这些山地族群的控制也采取"恩威并施"的两手政策,但实际上根本无法真正像控制中心区域的农民群体一样控制他们。①诚然，当我们在阅读现在编辑的《苗族古歌》时，我们会看到一部分反映苗族祖先遭汉人驱赶而痛失家园的故事，但我们同时也能阅读到苗族先民歌咏山地生活的古歌。而真实的历史逻辑并不是先有（河谷）家园，然后被迫迁徙于山地，而是先迁徙于高地，然后再失去家园，最后迁徙于更远更高的山地。②因此，山地的生活和心灵表达的"艺术"从来就未曾断绝过，而犹如葛兰言（Marcel Granet）对民歌的神圣性来源所做的阐发那样，这些"艺术"风格也与他们对神圣性的界定紧密相联。③

五、回归：迁徙的神圣化与永恒

苗族的迁徙与他们的生命观、时间观和空间观一样，并非一条直线，而是一个循环。美国人类学家西蒙斯（Patricia V. Symonds）说，苗族人认为生命是一个圆，从生到死，并不是从开始走向结束，而是完成了一次循环。④同样，与生命的循环相伴，无论人走到哪里，他的一生也将在空间中完成循环。因此，在苗族的主观世界里，迁出并不是从一个起点出去，然后向四方漫无目的地播散，而是先分散到一些结点上，最终都会朝着某个共同的地方回归。因此，苗族的山地迁徙仿佛有一条看不见的飘带缠着每个迁徙出去的家族成员，这些成员将来在某一天会沿着飘带的轨迹重新回到他们共同认可的地方。因此，迁徙实际上演变为信仰中的秩序和"内"与"外"之间的辩证关系。当我们把迁徙本身想象为"外出"、"远离"而使秩序丧失的时候，苗族的信仰中实际上已经靠一种永远走不出去的"内部"边界，把"外"与"分离"消解

---

① James Scott, *The Art of Not Being Governed*, pp. 1～39.
② 古玉林：《四川苗族古歌》，473～504页，成都：巴蜀书社，1999。
③ 葛兰言：《古代中国的节庆与歌谣》，赵丙祥、张宏明译，南宁：广西民族大学出版社，2005。
④ Patricia V. Symonds, *Calling in the Soul: Gender and the Cycle of Life in a Hmong Village*, Seattle and London: University of Washington Press, 2004, pp. 3～4.

为暂时的、局部的、缺乏根本性的,从而始终保证"内部"的秩序性和神圣性。而这种信仰的表达,分层次地体现在他们自己对于个体生命的循环、家族的分离与再聚、族群的离散与重合的仪式当中。

在 S 村,苗族的信仰是典型的"万物有灵论"。他们认为万物有"魂",苗语为"blis"。这个"魂"不仅有生命的个体有,无生命的物体也会有。而生命的获得或茂盛就跟"魂"有关,同时他们还把这种个体的观念像波纹一样地扩展到家庭、家族、村庄乃至整个族群上面。当家庭出现不幸(比如多个家人生病),村庄遭遇灾难(比如火灾),他们就会认为是家庭或村庄的"魂"远离、失散或者受到损伤了,随之而来就是一场比较正式的"叫魂"仪式,把这些不完整的"魂"加以修复,从而达到恢复原有健康状态的目的。因此,"魂"的失去与重新获得,或者说"魂"的出走与回归构成了苗族人常识性的思维方式,它解释着事物的秩序,规定着人们的行为,是一种"身体化"的意识。小孩子从楼梯上摔下来,大人要立刻在他落地的地方"叫魂",不放心的还要在傍晚专门请师傅来继续叫;大人溺水了,要在水塘边上为他"叫魂";人生了病,除了吃药之外,"叫魂"是必不可少的仪式。家里养的猪老长不肥,或者种的稻谷长势不好,这些都需要"叫魂"。

在所有这些"魂"当中,最为重要的当然是人的"魂",而也只有这个"魂",在苗族的信仰体系中,与他们的血缘和家族紧紧地联系在一起。苗族人相信,新生的婴儿要成为真正的"人",必须要有自己的"魂"。而这个魂是必须在小孩满周岁的时候,由父亲亲自来为其召唤的。[①]苗族相信,这个魂来自自己家族中已经逝去的祖先,他们在时空的循环中又重新从阴间回到了阳间,与后世子孙的身体组合成了一个人。西蒙斯对此有非常精彩的解释,她认为苗族是母亲给予小孩生物性的肉体,是父亲赋予小孩以血缘和社会的纽带,这就是他们的家族关系。[②]而这些祖先的"魂"又从何处而来呢,

---

[①] 在 S 村的调查是满周岁时为小孩"叫魂",而在西蒙斯和王富文调查的泰国北部,当地的 Hmong 人在小孩出生三天以后就为他们"叫魂"。参见 Nicholas Tapp, *Sovereignty and Rebellion: The White Hmong of Northern Thailand*, Oxford New York: Oxford University Press, 1989, pp. 107~120.
[②] Patricia V. Symonds, *Calling in the Soul: Gender and the Cycle of Life in a Hmong Village*, pp. 9~10.

这就牵涉到苗族对于死亡之后"魂"的处理方式上。从某种意义上讲，苗族人对死者的"魂"的处理要重于他们对死者身体的处理。前面说过，如果人生了病，就意味着"魂"与身体发生了分离，需要叫魂，只有完成了一个简单的"离开—重回"的循环之后，秩序才可以重新恢复，身体才会好转。但一旦面临死亡的时候，这种简单"回归"的意象便面临挑战，"魂"叫不回来，他似乎要永远远去。面对这样的难题，苗族的处理方式是设计了一个更大的回归循环：送"魂"归祖先的故地，与祖先团聚，那个地方在黄河边上，近似于天堂的地方。一个人死亡的时候，并不意味着他这一生就结束了，而只有他的"魂"被后世子孙送回祖先故地以后，他才是完成了自己"一生一世"的人。而他回到祖先故地的"魂"，又会在某个时候从家族后世子孙那里获得重归阳间的机会，开启他下一个"一生一世"。这样生生不息的循环只有在一种情况下会中断，那就是这个人的死亡是苗族人眼中的"恶死"，比如行凶作恶时被人杀死，平时品行不端又遭雷击而死等等，他们的魂都无法得到正式的丧葬仪式的处理，也无法回到祖先的故地，完成循环。在苗族的观念中，这样无所归依的"魂"就会变成"鬼"，飘荡在山间野外。对这样的"魂"，苗族人一般只会在他死亡的地方举行一个简单的驱邪仪式，目的是让他远离村庄，不再危害村里的人。①

这个貌似佛教轮回的观念，在苗族人的想象中，是一个沿着"迁徙"而来的道路一程一程返还故土的艰苦行程。整个过程分为两部分。首先是一个连续三天三夜不中断的葬礼。在这个仪式当中，死者的"魂"在祭司"开路歌"的指引下，离开卧房、家屋、灶台、庭院、村庄，然后开始准备爬山涉水。第二个部分是在葬礼之后的第十三天，苗族还要为死者举行一个"烧灵"的仪式。在这个仪式中，死者的"魂"在他此生此世中最后一次被请回家里来，在家屋祖龛的下面享受后世子孙的祭拜，最后在祭司的指引下，踏上返回祖先故土的路。另外还有一种解释认为，在葬礼之后，死者的"魂"已经上路，

---

① 杨渝东：《永久的漂泊——定耕苗族之迁徙感的人类学研究》，237～274页，北京：社会科学文献出版社，2008。

但他们背着一个很重的背篓在爬山，非常辛苦，而只有通过"烧灵"，才能解除他们身上的背篓，让他们轻轻松松地踏上返乡的路程。

在这个过程中，"迁徙"已经不再是一个世俗的现实或者是历史的场景，它变成了神圣性想象的一个组成部分，成为用来表达神圣性的剧本，而完成整个剧本表演的是阴阳两界在葬礼这个阈限中的对反：阳间分别，阴间回归。这种阴阳两界的跨越，生与死的转换，社会与"魂"的交替，共同建构了关于"迁徙"与"重生"的关系。犹如特纳（Victor Turner）对朝圣的分析一般，必须在一种距离的跨越当中才能建立某种神圣的意识。[1]与穆斯林的耶路撒冷一样，苗族并非没有他们的"圣地"，尽管这个"圣地"只是存在于他们的祭词当中，但它发挥着同样的功能：朝"圣地"而去的过程乃是真正意义上的回归，它与生命的重生联系在一起。这种回归也以一种永恒迁徙的意象建立了社会的秩序，其基础是血缘在超地域中的分布，而这种超地域的分布最终会在"圣地"的回归当中，如同个人生命的时间轮回一样，实现空间的轮回。这两个轮回构成了苗族人永远都走不出去的界圈，在这个界圈的凡尘空间当中，无论他们走多远，都只是一个"宇宙"中一个小的片段而已。

而这样一种回归的剧本在社会场景中具有被"述行"的意义。"述行"与"表演"不同，它是自然而然的表演，是"身体化的"一种语言，也具有逻辑意义的推衍性：既然死者这样大的一个群体具有重新团聚的可能，生者又为何不可？因此，在神圣性的轮回下，苗族社会又按照血缘群体和婚姻群体（前面说过他们是矛盾的）构建了现世的两类回归。

首先是血缘群体的回归。在S村，这体现在家族每年一度的"砍火星"仪式当中。这个仪式是在暖季举行，这个季节是属于男性世系的。各个姓氏举行仪式的日期不同，但大多集中在阴历的8月。仪式举行的时候，分散在S村之外的同一家族成员都要回来参加，而如果仪式轮到了别的村庄举行，S村的家族成员（男女老幼皆可，但出嫁的女儿不能参加）同样需要前去参加。

---

[1] Victor Turner, *Dramas, Fields, and Metaphors: Symbolic Action in Human Society*, Ithaca, NY: Cornell University, 1975.

仪式最核心的内容就是家族团聚和消灾祈福。主办的家庭往往要提前一年养一头猪,供全族人在自己家里吃上一整天。在仪式当中,祭司要用三根彩线绕成一圈,把整个家族的人全部圈在里面。然后他大声念唱自己家族分播于此地的经历,并在记忆和传说的范围内把同族成员分散的地方全部喊出来,并请这些地方的族人一起到他所划定的圈子里来。那些路远无法亲身回来的族人,祭司就用一颗颗玉米粒重聚一堆的方式来象征性地表示。之后,祭司要为全族人的"魂"举行驱邪仪式,使得他们在来年当中风调雨顺。

之后就是整个苗族群体的回归,带有很强的异姓通婚的性质。每到苗族新年,他们都举行"踩花山"的仪式。这个仪式在冷季举行,各个世系的人都共同参加。这个时候,整个苗族山区陷入一种集体欢腾的气氛当中,每个村寨都活起来了,年轻人走村串寨,为在异姓家族中找到自己的配偶而游走。而踩花山则是这种氛围最集中并达到高潮的时候。在踩花山的当天,苗族的祭司要在花山场上竖立一根长达二十多米的"花杆",上缠彩带,然后在花杆下举行祭祀活动,为全苗族的人的"魂"祈祷。与此同时,他也会请散播到更远地方而无法亲自来参加这个活动的苗族人回到花山场上来,重新团聚。在花杆下,带有竞赛性质的家族和男女之间的活动不断上演,如对歌、斗牛、拔河等等,虽然存在着一种"半山式"的场景[①],但在其核心区域,则仍然是葛兰言笔下的男女交欢的景象。而这种家族间的两性交欢往往被放到整个苗族的世界中去,因为这个世界是一个诸姓氏平等交换异姓的世界,所以他们有可能在同一根花杆下团聚在一起。

因此,虽然这两个仪式在发挥着各自的功能,"砍火星"是为家族消灾驱邪,"踩花山"则是为了各个家族之间的异姓交换,但在具体的仪式过程中,又呈现出一个永远走不出去的边界的意象。这个意象既是他们关于"魂"的神圣性想象,同时也是他们在建构社会秩序时所尽力表达的主题。因此,苗族的迁徙本身就应该被理解为一种"展演",它以自身的局限性彰显出神圣的无限性,以自己的历史性反衬出神圣的无时间性,以自己的角色具体性

---

① 汤芸:《以山川为盟:黔中文化接触中的地景传闻与历史感》,北京:民族出版社,2008。

折射出神圣的无角色性，以不断"迁出"的世俗性表达出永恒回归的神圣性。正是从这个意义上讲，苗族的迁徙既是神圣的对立面，同时又是构成其神圣性不可或缺的一个组成部分。

或许正是从这个意义上讲，斯科特将 Zomia 这个群体的生活形态概括为一种"艺术"，既有他的价值，同时也不无其局限。① 他肯定了山地族群在文化主体性上的自觉性，但由于他过于强调从有书写体系的国家视角来反观山地族群，使得他急于寻找两者的差异性，从而忽视了这些族群以何种方式建构他们与国家之间的联系。王铭铭从"三圈说"的角度为我们展示了研究西南山地民族，应从"关系"的角度进入的重要性。② 在这个方面，汤芸从"地景"的视野对贵州苗族"半边山"的描述与分析则显示出"要理解苗，则离不开汉"的一种视野。这也体现了王富文根据泰国苗族研究提出的洞见，③ 苗族总是以否定的方式来建构自己与汉人的关系，并在其观念中形成以"汉"为边界来建构自我认同的方式。

不过，从上面的分析来看，这些观点都有从文明看"边缘"的"文明中心论"色彩。如果我们把视线颠倒过来，就会发现苗族是利用汉人来完成他们关于迁徙的想象与描述，但他们"迁徙"的宇宙观，实际上并非真正以汉为界，而是涵盖了汉人疆域的一个无边无际的世界。因为祖先的圣地在"黄河的边上"，他们在迁徙当中的路线毫无疑问是会跨越苗汉的边界，进入到汉人的中心与腹地的。但他们并不认为那个圣地是属于汉人的或者被汉人所占据，甚至在回归的时候根本就不会提到汉人。当他们在通过迁徙构建神圣性的时候，那种边界可无限扩张但又永远走不出去的想象世界是以最简单的方式将汉人的地域包容进来，于是类似于杜蒙所说的包容性等级结构，实际上苗既是以汉为界，同时又将其包容在他们的宇宙观当中的。

这种包容的关系该如何理解，我可以举一个田野中的例子来说明。在 S

---

① James Scott, *The Art of Not Being Governed*, pp. 40 ~ 63.
② 王铭铭：《中间圈："藏彝走廊"与人类学的再构思》，北京：社会科学文献出版社，2008。
③ Nicholas Tapp, *Sovereignty and Rebellion: The White Hmong of Northern Thailand*, pp. 123 ~ 130, 154 ~ 159.

村田野的时候,村中一个影响力很大的"游说者"就曾经给我说了这么一套关于苗汉语言比较的"理论"。他说,苗族人要说汉语非常简单,为什么呢?首先,汉语只有四个调,而苗语有八个,其中四个调与汉语类似,因此苗语包容了汉语的所有音调;第二,汉语所有的发音,苗语都有,而苗语中的很多发音,比如双声母在汉语中就没有。所以,一个苗族人想要学汉语,非常容易;但反过来,汉人想学说苗语,就不是这么容易了。在他的这种"文化自觉"中,我们看到的不仅仅是对立,而且还有包容。

照杜蒙的说法,包容性等级结构具有结构性变迁的路径。从这个意义上讲,新的民族国家权力进入到苗族社会之后,他们所做的各种现实的"固定化"苗族的工作,实际上只会加深"迁徙"的困难性,但与此同时却更加反衬出由迁徙产生的那种神圣性。而发展主义的开发进入苗族乡村之后,又在很大程度上恢复了他们外出迁徙的历史,他们被纳入资本主义世界体系的过程,也是他们在现实中新的迁徙的开始。因此,照斯科特的说法,随着民族国家的进入,这些山地族群的领地与艺术正在渐渐丧失,这恰恰反映了斯科特本人著作中明显显露出来的"国家的视角"。而正如我自己使用的民族志书名"永久的漂泊"那样[1],像苗族这样从迁徙感知神圣性的族群,具有一种永恒漂流的心性。

---

[1] 杨渝东:《永久的漂泊——一个定居苗族村寨迁徙感的人类学研究》。

花场跳月

从仪式景观看中国西南多族交互共生

汤 芸

长久以来，以"单一性"和"同一化"的特征来界定的"社会"或"文化"概念，使得人类学在面对中国西南及与其相邻东南亚山区的山地族群时，陷入了一种认识和表述的困境。恰如利奇（Edmund.R. Leach）所指出的，"因为人类学家们从一开始就一直把'一个社会'的幻想当作是个孤立的事物，所以他们还没有语言来描述既是当代的又是邻近的——实际上相互联系的——多个社会体系"。① 特别是这一地区的各族群之间在语言、文化、政治、经济等各方面所存在的相互交错的广泛联系，更使得某种以单一性或同一化的标准来区分和识别当地的族群成为一个费力而不讨好的活。这也迫使利奇在《缅甸高地诸政治体系》中发出了一个具有代表性的感叹："在诸如克钦山区这样的地区，传统人类学里'一个社会'之概念造出了许多难题。"② 在这一地区的研究中出现这种困境，反映的正是当代人类学的某种局限。对此，萨林斯（Marshall Sahlins）分析道："由于传统上将社会和文化视为自组织的单子，几个世纪以来，人类学卷入一个重大的理论丑闻中。这个丑闻是，尽管文化常被视为自主的、自我生成的，但它们从来便处于由文化他者组成的更大范围的历史场域之中，而且很大程度上是在彼此参照的过程中形成的。从历史角度看，文化是相互依存的，但它们却被视为自主的。"③

在历史现实与现代范畴之间存在的这种冲突张力，不仅构成了西南研究的某种困境，也促成了人类学自我反思的一种契机。20 世纪 50 年代初，费

---

① 利奇：《缅甸高地诸政治体系》，杨春宇、周歆红译，284 页，北京：商务印书馆，2010。
② 同上，284 页。
③ 萨林斯："整体即部分：秩序与变迁的跨文化政治"，刘永华译，见王铭铭主编：《中国人类学评论》，第 9 辑，127 页，北京：世界图书出版公司，2009。

孝通先生在贵州进行考察时就发现："由于杂居的情况，（在贵州）各民族并不能构成独立的政治及经济单位，但在共同的政治及经济单位中，各民族一般说是处于不同的地位……因之形成了非常复杂的民族关系"。[1]针对中国西南地区基于历史上"交流掺杂、你来我去的状态"而在现实中形成的这种"分而未裂、融而不合的非常复杂的民族关系"，费孝通后来提出了"藏彝走廊"的概念以讨论一种打破单一民族研究的可能。[2]受此启发，王铭铭则提倡运用一种"关系主义的民族学"来重新认识和概括中国西南山区以及东南亚山地族群的社会人文形态[3]；并进一步地提出"超社会体系"这一概念，以促成相关的人类学研究能在学理上对诸如"社会"、"文化"、"民族"、"国家"等现代社会科学中的核心概念加以反思和超越。[4]

基于这一学术背景，本文以贵州黔中地区一个河谷地带的"跳花场"仪式为考察切入点，将其置于一个区域性和历史性的场景中，通过对这一将当地不同族群文化背景的人群统合在一起的年度礼仪的考察，尝试对三个相互关联的问题做出思考，即跳花场活动作为一种仪式景观，（1）形塑它的社会机制、文化观念和历史过程是什么；（2）它展现了当地族群关系的何种实质；（3）其对我们思考西南地区"超社会体系"的形成有何种启发？

一、半边山：一个"超社会体系"的小区域

对于贵州当地各民族交错杂居和立体分布的关系格局，费先生曾引用了当地流行的一句谚语来形象地加以说明："苗族住山头，仲家住水头，客家（汉

---

[1] 费孝通："贵州少数民族情况及民族工作"，见《费孝通文集》第六卷，235～257页，北京：群言出版社，1999。
[2] 费孝通："关于我国民族的识别问题"，载《中国社会科学》，1980年第1期。
[3] 王铭铭："文明在周边"，见其《中间圈："藏彝走廊"与人类学的再构思》，186～192页，北京：社科学科文献出版社，2008。
[4] 王铭铭："超社会体系——对文明人类学的初步思考"，见其主编：《中国人类学评论》，第9辑，北京：世界图书出版公司，2010。

族）住街头。"在贵州这样一个多族交互共生的地方，由于生活在这里的每一个民族"都不能构成独立的政治及经济单位"①，所以对于进入这一地区开展研究的人类学者而言，如何界定我们研究对象是什么样的"一个社会"或"一个文化"将是一个难题。如果我们非要使用"社会"这一概念来进行描述的话，就会理解利奇当年在克钦山区开展研究时的苦衷，最后也不得不像他所表白的那样："目前，我只能勉强接受拉德克利夫－布朗的做法，将'一个社会'诠释为意指'任一益于群居之地'。"②实际上，我们考察的对象也是这样来界定自己身份的，在多数场合他们很少说自己是哪个寨子或哪个民族的人，而更愿意对外宣称自己是"住在半边山的人"。因此，本文研究的这个"社会"如若需要界定的话，我们只能说是"半边山"——一个益于群居之地。

半边山，本是一座山峰之名，得名于其山峰自然坍塌一半的景致。这座山峰位于贵州省贵阳市南郊花溪河谷的中段，河岸两旁多为陡立的岩壁，少有缓和的坡地与平坦的坝子，属典型的喀斯特地貌。在 1958 年修建花溪水库之前，半边山脚下的谷地为整个花溪河谷中段最为平缓与肥沃之处。在这片长不过 11 公里、宽不过 3 公里的宜居适耕的河谷内，于河坝之中、山谷之腰与山顶之上立体分布着 5 个人口规模在千人左右的大型聚落。此外，还有若干零星的小村落分散在河谷两旁的半山台地或峰丛洼地之中。

在河谷中心地带建立的村寨很自然地以山峰为名，称作"半边山寨"，居住其间的主要为今天被识别为布依族的李姓与班姓居民。李班二姓居民虽不同姓但却同宗，实为一个家族。《李班氏族谱》记载了该家族的由来：明万历二十七年（公元 1599 年），因播州宣慰使杨应龙举兵反明，江西籍武官李仁宇（始祖公）以"协镇"之官职受命入黔平乱。"播州之乱"平息之后，李仁宇并没有回到原籍，而是携家眷驻守于滇黔通道上的石板哨。然而李仁宇的原配夫人却因水土不服，未到驻地就不幸病逝。李仁宇在石板哨驻下后，

---

① 费孝通："兄弟民族在贵州"，见《费孝通文集》第六卷，258~309 页，北京：群言出版社，1999。
② 利奇：《缅甸高地诸政治体系》，6 页。

尚无子嗣的他只身"入赘"当地的仲家（布依族），娶班氏（始祖母），并在石板哨以南五里处的半边山脚下立下半边山寨。将军李仁宇与仲家班氏婚后共育有两个儿子，长子随父姓李名鹤山，次子随母姓班名近山，二人均承袭了其父之军职，由此形成了一个"汉父夷母"之李班家族。该家族虽有着汉人血统，但长期以来只与班氏所属的仲家通婚，因此当地人也一直称李班家族为"仲家子"。长期以来，身份特殊的李班家族一方面保持着与仲家的通婚关系，呈现"夷化"的趋势；另一方面也以各种方式强调着其汉人血统，如在正月祭祖、以及在村中修建宗祠寺庙等。虽然李班家族在20世纪50年代的民族识别中被识别为布依族，且因为民族政策的照顾，使得他们开始逐渐强调与突出其布依族的身份。但在更多的场合中，无论是李班家族的族人，还是他们的邻里，都在强调着这个家族"半汉半夷"的身份特质。

　　早在李将军建立半边山寨之前，在半边山河谷的南岸就分布有不少苗族村寨，其中尤以大树脚与天鹅两寨规模最大。在贵州，苗族虽然也是移民迁居者，但相对于其他民族而言，却被认为是更具有土著地位的民族。如当地风俗所传，因为苗族是这一区域最先的开基者，所以他们和这片土地的"鬼主"拥有一种特殊的关系，获得了沟通土主神鬼促成丰产的灵力。甚至他们在下葬逝者之时，也不需要像其他民族那样要撒"买路钱"和"谢土纸"。尽管苗族在当地有如此地位，然而在现实中他们却是一个不断被挤压的民族。在半边山，随着李班家族的扩张壮大，大树脚与天鹅等寨的苗民失去了河谷中的土地，逐渐成为了佃农，依附于半边山寨的李班家族。到了清朝中期，天鹅寨还迁来了一支何姓汉人，在李班家族与何姓汉人的双重挤压之下，河谷中的苗族开始大规模外迁到更偏远的山区，只留下少数苗民作为李班家族的佃农、甚至雇工，聚集在大树脚与天鹅两寨。与此同时，来自贵州其他地方的一些失去土地的苗族也开始迁徙到半边山来做李班家族的雇工，时间一长他们从雇工逐渐变为佃农，并在半边山寨附近的山顶处安下家来，逐渐于河谷北面形成了竹拢与老犁地这两个后建的苗族村寨。于是在半边山寨的四周，这四个苗族村寨如同卫星村一般依附着李班家族而生存。但由于先来后到的顺序不同，这些苗族村寨也有不同的地位，这种区别不仅体现在日常生活中，也更为明显地体现在跳花场等仪式场合中。大树脚与天鹅两寨的苗族是早于李班家族而在此地繁衍耕作的，系所谓的"前苗"，当地也称"老苗户"，多属李班家族的佃农；而竹拢与老犁地则是清代以来方才形成的苗族村寨，系所谓的"后苗"，当地也称"客苗子"，多为李班家族的雇工。

在半边山寨的附近还建有一些汉族村寨或集镇，由于半边山的区域所指范围并无明确边界，且在历史上常有伸缩，所以很难说哪几个汉族村寨是属于这一片地区的。但其中与半边山寨关系最为密切的是其北面的石板哨（李仁宇将军曾驻扎此处），以及南边汉苗混居的天鹅寨（清代中期何姓汉人的迁入地）。在这两个地方居住的汉人也大致可分为两类：一类是明初"调北征南"入黔的汉族军户，他们曾驻守屯田之地，多冠以屯、堡或哨之地名。清代以来，失去军户身份的这支汉人移民有部分与当地少数民族通婚逐有"夷化"趋势，但仍有不少固守自己的汉族身份，并称自己为"老汉人"；一类则是清中期"调北填南"而来的汉人，以农户与商人为主（如天鹅寨的何姓汉人移民即属此类），这支汉人移民在当地常被称为"客家"。

由此可见，半边山区域虽然不大，但居住其间的人群却身份复杂、来历多样。并且人们也不仅仅是以苗、汉与布依这样的民族概念来对这一区域的各类人群进行区分，而是结合着移民的时间序列和身份来历等差异，来构建一个以民族/移民序列为基础的人群区分范畴：

老苗户——老汉人——仲家子——客苗子——客家
前苗——前汉——李班家族——后苗——后汉

也正是由于在半边山区域内，不同的人群存在着紧密的交互共生关系，人们通过相互的参照比较，最终形成这一"分而未裂、融而不合"的人群区分范畴。所以这种区分并非要表明每个群体在社会与文化上的独立实体性，而是在说明他们相互间的互嵌性，以及他们与外部更大的社会文化体系之间的种种关联性，进而进一步地表明半边山区域，甚至是他们整个生活世界的整体性。今天，尽管随着民族识别对民族身份的强调与明确，以及村寨行政归属与边界的明晰,这样一个关联不同人群的序列范畴在人们的日常表述中似乎不再被强调。但是半边山的这一人群分类范畴,及其展现的交互共生关系,却是形塑当地社会生活的关键。并且这种范畴与关系所蕴含的价值观念和社会格局,仍在一些仪式场合中被不断地强调和再生产。本文所关注的跳花场仪式,正是这一交互共生关系的浓缩再现和再生产的重要仪式景观。

二、跳花场:仪式活动的四类景观

跳花场又名跳月、跳场,这些称呼其实均为汉语之描述,源于开展这一仪式活动的场地中间所立的尖端挂有花枝的高杆,而在各地苗语里则形象地称这一活动为"赶坡"。不论在历史文献的记录里,还是在人们的一般印象中,这一仪式活动都被认为是苗族特有的风俗。清《黔苗图说》中"花苗跳月图"介绍,跳场的时节是在孟春,苗人于开阔之地设立"月场"(花场),其间竖上一高杆,男女汇集于此,吹笙、摇响铃、歌舞戏谑。在吴泽霖看来这一仪式活动有其社会功能,他认为:"这是苗族青年男女以歌舞为介进行交往的节庆,是各地苗族交流的场合,也有加强民族凝聚力之功用。"[①]而正如当地民谚所说:"苗人不跳花,谷子不扬花",正月的跳花场活动并非仅仅是"苗族的各村寨叙友情、青年人谈恋爱的节日",也是这一地区一个重要的年度祈丰仪式,是对当地丰产灵力的确认和再生产。

半边山的跳花场活动总共持续五天,正月初九"开场",初十至十二这3天为"正场",十三为"扫场"。期间参与活动的苗民不仅白天要在花场上跳舞,晚上则要在花场附近的"月场"对歌。半边山的花场虽多次迁移但均设在与村寨保持一定距离的山野之处,是清初由半边山寨的李班家族为苗族所开设的,并一直由这个"半汉半夷"的家族组织管理。每年正月初四之后,

---

① 吴泽霖:"贵州苗族的跳花场",见吴泽霖、陈国钧等:《贵州苗夷社会研究》,171~174 页,北京:民族出版社,2004[1929]。

半边山寨的寨老们便要在家族中召集多位热心且有能力的青壮年作为助手，来协调组织这一被认为是"苗族的"跳花场活动。从正月初六起至初九"开场"止，每天临近正午的时候，李班家族都要在半边山寨内与花场上各放三个火铳，以炮声鸣示远近的苗族今年花场活动将如期举行。此外，半边山寨的寨老们还得联络周围四个苗族村寨，通知他们按老规矩准备好相应的仪式"物品"。这个所谓的"老规矩"被当地人概括为："大树脚的后生，天鹅寨的姑娘，竹拢寨的旗杆，老犁地的米酒。"在仪式结尾时，李班家族还要负责为跳场的苗族提供一顿丰盛欢宴。

野外的花场、仪式中的男女、通天入地的旗杆、仪式后的欢宴，这些场所、人、物与活动，成为保证仪式之灵验的重要元素，而对它的解读，若只将其作为象征符号来进行分析，易忽视这些元素中包含的空间意义、历史感以及混合的关系。因此，可将之视为更为宽泛的仪式景观，且我们在分析中会看出，这些仪式景观都符合葛兰言关于中国古代节庆之描述，然而这里面却还包含着更为复杂的社会关系之表达与建构，也有着更深层的文化意涵之确认与再生产。

（一）空间：野外与田地

葛兰言认为，自古以来，中国官方与民间举行节庆的地点虽不一定对应于某一特定的山岳或河溪，但也总是在一幕草木繁茂的山川场景中举行的。这是因为人们相信河流、山岳和森林是一种秩序中的神圣力量，而且这些自然地景的重要性不仅在于人们对之的崇拜，更在于这些地景所构成的是一种"圣地"。[1]贵州黔中地区花场的开设也同样如此，人们通常在一个有山有水花繁树茂的坡地上择一块较为平整的小坝子来开设花场。但也正如当地人所强调："花场要放在村子之外才好玩，但又要在自家的地盘上才灵"。因此在村寨聚落之外、村寨范围之内择一处开阔之地，则不仅有利于跳花场活动的热闹，也保证了这个仪式所带来的灵力不会外流。半边山开设的花场虽

---

[1] 葛兰言：《古代中国的节庆和歌谣》，赵丙祥、张宏明译，116，161~169页，桂林：广西师范大学出版社，2005。

要在村外的坡地上，但更加强调要在一片可以耕作的田地之上，他们称花场是片"野外的田地"。如何理解这种"野外"与"田地"之景观意涵，这还需从花场开设的仪式开始分析。

半边山花场最初的开设之处名为"杀鸡田"，是为了跳花场专门在一块半坡上新开垦的耕地，位于河谷北岸半边山峰的脚下。这块田地春季种下的粮食，到秋天收成时则供前来跳场的苗族们共同享用，而冬季时田地被空闲下来以作跳场之地。随着来此跳场的苗族逐渐增多，位于半坡上的杀鸡田开始显得有些狭小，并且杀鸡田与附近的苗族村寨相隔较远，而按规矩，从外地远道而来参与活动的苗民要由邻近花场的苗族村寨来负责招待住宿。这样人们只好在河谷南边邻近天鹅、大树脚与竹拢三个寨子的一个坡地上重新开垦了一块更加宽阔的田地来开设新的花场，从此这块田便被称为"跳场田"。在花场的迁移中有着特定的由苗族鬼师主持的仪式，这个仪式最关键的部分是捧一把旧花场之泥土撒在新花场上，如此方才能将旧花场的热闹与灵力带到新花场之上。由此可见，设立新的花场其实也就是在野外的坡地上开垦一块新的耕地。

花场作为一块"野外的田地"，指的就是"坡上的耕地"。由于半边山是一个稻作农业区，人们实际耕作的田地主要为河谷两岸坝子上的水田。而河谷两侧的山坡之上则基本为灌木树林所覆盖，极少被开垦出来作为耕地。所以在当地，坝子与山坡的自然景观对比显现的正是一种"文/野"结构的对立。因此在被认为是"野外"的山坡之上开垦一块具有人文象征的"田地"，这表明了花场本身是实现"文/野"结构沟通统一的空间。由此，我们可以通过空间象征的分析，以花场为中心展开一个关系结构：

文——文/野——野

白昼——花场/月场——黑夜

村落——坝中的田地——坡上的田地——坡上的树林——山川

社会——群舞/对歌——自然

内——内/外——外

如上图所示,花场作为一个仪式活动空间,正是一个实现各种关系相互汇集与联接的地方。所以花场的灵力指向的是一种区隔之上的沟通。开设一个花场也就是在荒野的大地开垦一块神圣的田地,而这块"野外的田地"将在仪式活动中成为人与物的汇聚之处和生产之地。

(二)人物:后生与姑娘

在跳花场的仪式活动之中,令人印象最为深刻的是从四面八方赶来的苗族青年男女成群结队地穿着盛装在花场中载歌载舞的热闹场面。能吸引越远和越多的苗人参加跳场活动,表明这个花场足够热闹,更意味着其汇聚灵气的能力足够成功。然而在这些从远方而来的男女进入花场之前,人们在花场必须举行一个"踩场"的仪式环节,方能使这种热闹激发的是丰产之灵力,而非混乱之祸根。半边山花场中所谓"大树脚的后生,天鹅寨的姑娘"之规矩,表明在这个花场的"踩场"仪式中,来自大树脚和天鹅这两个"前苗"村寨的青年男女是跳场活动得以有序展开的关键。

当地老人告诉我们:"跳场开始之前,要是大树脚的后生与天鹅寨的姑娘没有下场去踩三圈,其他的苗族都不能下场去跳。还有扫场的时候也需要他们在场上踩上几圈,这样活动才能算结束。"实际上,之所以要让来自"前苗"村寨的青年男女在仪式中承担这样的角色,这与流行于东南亚北部和中国西南地区的"建寨始祖崇拜"密切相关。[①]这些"前苗"村寨的居民作为整个半边山真正的土地开拓者和第一批定居开基者,与这片土地的鬼主(灵)有着更深的联系,并世袭性地占有和掌握着与土地之灵进行沟通的能力。这种能力虽不能保证这些"前苗"村寨在现实中继续占有土地,但他们与土地的这种特殊关系却在仪式中被不断地确认,并得到所有参与者的认可。当然在"踩场"仪式中,两对来自"前苗"村寨的后生和姑娘要听从半边山寨老们的指挥。在寨老们的引导下,穿着盛装的四个年轻人排成一排,来自大树

---

① 莱曼:"建寨始祖崇拜与东南亚北部及中国相邻地区各族的政治制度",郭净译,见王筑生主编:《人类学与西南民族》,190~216页,昆明:云南大学出版社,1998。

脚的后生站在天鹅寨的姑娘右侧吹起芦笙，然后四人跟着音乐节奏在花场上顺时针绕着旗杆跳上三圈。实际上，来自"前苗"村寨的这两对参与踩场仪式的姑娘后生，在活动中更像是被"献祭"给土地的"人牲"，以激发释放其丰产之灵。尽管这是一个青年男女交往的场合，但踩场的姑娘后生们不苟言笑，他们低着头深情肃穆地行进。与其他男女挑逗戏谑的互动不同，他们此时的结合是公开而庄重的，他们的舞蹈隐喻着"生命"孕育的开始，也暗示着让土地的"生育力"得以复苏并增强。

在寨老们的引导下，这两对后生姑娘所"踩"出的"圈"会尽可能大，而其后跟着下场的苗族青年男女也基本上就在他们踩出的圈子范围内活动。也就是说，这两对后生和姑娘其实是在用自己的脚步划定一个抽象的边界，将花场的仪式空间从日常空间中区分出来。当"踩场"仪式完成后，其他村寨的苗族青年才可下场跳舞，此时站在场边的李班家族的老人们会推动着场中的后生们边吹芦笙边左右晃动身体，从而不时地轻轻挤挤身旁的姑娘，姑娘们则在小伙子们的推挤之下走走停停，苗人形象地称这种舞蹈形式为"浪"。如果说，"前苗"村寨的后生和姑娘所"踩"出来的圈只是跳花场活动中一个象征性的无形边界的话，那么李班家族在这个仪式中则是实实在在维持边界的人，而在活动中"推波助浪"的人则是李班家族的寨老们。开场之后，李班家族中的壮年男子手执木棒站在场边，如果见有穿好了盛装但仍在场外扭捏不愿下场的年轻苗族男女，便上前用木棒将他们"赶"下场去"浪"起来；而要是发现有苗人衣冠不整或有汉人等其他民族混入场中，则要用木棒将这些人赶出场外。

既然花场是一个在荒野之地开垦出来的一块田地，那么这块田地的丰产灵力也就被这个地方的土地开拓者所拥有。因此通过"踩场"这一具有"开拓"意味的仪式行为，大树脚与天鹅这两个"前苗"村寨在整个半边山地区的"开基者"地位，在这个年度仪式中不断地得到了体现与重申。而半边山寨李班家族组织维持跳场活动的行为，则又隐喻了这个家族作为这片土地的实际拥有者，对整个半边山地区的"主导"地位。在这里，经由节庆的欢愉气氛而表达与巩固的"李班家族/苗族"的联系，不仅生动地折射出二者现实的社会地位，更深刻地展现了形塑当地这种交互共生关系的机制。

（三）圣物：花杆与场旗

作为一个年度仪式，每年正月初六，半边山的花场都要举行相应的仪式以重演当时初创花场之场景。当天，人们要先将一根高约一丈有余的竹竿插入花场中心的泥土之中，并用这根"场杆"来宣告花场这一神圣空间的开启。人们在这根场杆的中部用方形红纸以对角方式裹在其上，这似乎象征着一颗正在土地上生发还未抽穗的农作物。至正月初九开场之日，人们取下场杆，换上一根花杆，这根花杆虽然也是竹竿制成，但在其顶端绑有茂盛的枝叶，这象征着田地之上已经成熟抽穗的农作物。这样完成了"丰收"的花场，将再次迎接人们的进入，开始年复一年的生命循环。作为仪式举行场所的花场，原本只是一块野外山坡上的田地，而高耸于花场中心的花杆则赋予了花场以一种神圣性。因此，花杆作为一种"显圣物"，是将无序的世俗空间标识和转化为有序的神圣空间的标志物。如伊利亚德（Mircea Eliade）所言，显圣物通常由杆、柱或其他垂直的物体表示，也可能由一棵树甚或一座山来标识；它们插入地下，直指天空，联接起宇宙的三大领域：天、地及地下世界，也沟通着神圣世界与世俗世界。①在踩场仪式中，来自大树脚的后生与天鹅寨的姑娘正是围绕着花杆这一"显圣物"景观，在日常空间中"踩"出了一个神圣而有序的仪式空间。

在黔中的其他地方，花场中心所树立的花杆实为一棵丈余长的花树，以顶端枝繁叶茂为佳。因苗民认为，花树有促进生育之丰殖灵力，所以常有久婚不育的苗人夫妇在跳场结束后向"花场主"请求将花树迎回自己家中，如请求获准，则大宴宾客，并将花树砍作床板，期望借助花树之灵力早生贵子。半边山花场上的花杆则由竹竿和竹枝制成，如果考虑到"汉父夷母"的李班家族具有的"一半"布依族的血统身份，以及布依族文化中的"竹王崇拜"特征，我们就可以明白为什么半边山的花场中央树立的是竹子，而非花树。

---

① 伊利亚德：《神圣与世俗》，王建光译，北京：华夏出版社，2002。

所以这根花杆在跳场结束后并不被附近的苗人迎回家中，但这根竹竿在跳场活动结束后，将被分解为若干的竹筷子，分发给参与欢宴的苗民与李班家族族人使用，二者均认为用这个筷子吃饭也能够促成家庭的丰殖力。按规矩，半边山花场上的花杆由竹拢寨的"后苗"负责提供。每年正月初九当天，太阳初生之时，竹拢的寨老便安排好三位壮年男子前往村寨附近的竹林，砍伐之前就选好的竹子。然后将竹竿送至半边山寨，在李班家族族人的监督与组织下制成跳场用的花杆。

值得注意的是，与大多数花场的显圣物只是一根花杆不同，半边山花场中树立的花杆上面还挂有一面场旗。所以在某种程度上，竹拢寨提供的花杆更像是一根悬挂场旗的旗杆，而由场旗和花杆组合而成的花场"显圣物"则是半边山跳花场的一大特点。当地人认为，挂在花杆上的场旗有着调节风雨的灵力。作为这个花场的"灵魂"之物，场旗由李班家族所保管。相传场旗曾有两面，均为皇帝所赐，一面旗上画有能唤雨水的龙，另一面上则绘有可促天晴的虎。每当正月开场之时，如盼望新年雨水多些则挂龙旗，若想雨水少些便升虎旗，相当灵验。至清末民初，这两面场旗转而成为一面，上面的龙虎图案也变成八个烫金大字："风调雨顺，国泰民安"。从以龙虎图像号令风雨转而变为文字直书其意，从对皇帝恩赐的强调变成对"国家"、"人民"概念的表达，半边山花场上场旗的这种转变是与社会历史场景的变迁相关的，更与李班家族的历史能动有直接关系。据《李班氏族谱》记载，清末民初之际家族中出了一位叫李锦江的族人，族谱称此人"是广顺州学附生，师范毕业生保送北洋留学京师陆军大学堂大学生"。而促成了场旗出现上述更替的正是这位令族人引以为豪的新式人物，他在现代国家意识兴起之时，将新的时代要求融入到跳花场场旗的"灵力"之中。

在整个跳花场的活动中，树立花杆悬挂场旗的仪式显得尤为庄严肃重。在半边山寨的护寨大树下，半边山寨的寨老们与竹拢的苗人要一同将竹枝与场旗固定在竹竿顶端。如此顶端绑有竹枝并挂有场旗的竹竿，既是花杆也是旗杆，这表明这个花场上的显圣物本身是一个"超社会体系"中文化并置的结果。当旗杆在半边山寨的护寨大树下组合完成后，竹拢寨的三位男子齐力将旗杆抬起,并在李班家族的长老和族人的陪伴下,由苗族鬼师带领着赶往半边山的花场——"跳场田"。在花场中央树立旗杆的仪式中,苗族鬼师要向神鬼进行一系列报恩与祈愿的祭祀礼仪。当旗杆深深插入土中后,花场上将放三声响天震地的火铳来宣告开场,然后大树脚的后生和天鹅寨的姑娘便开始了"踩场"仪式,跳花场仪式空间的形塑也由此完成。在旁人看来,花场中央这根深插于土地之中的旗杆直指上天,似乎要将天与地贯通在一起,也使得整个花场成为一个彰显神圣感的空间。

在这个年度仪式中,由李班家族保管的写有"风调雨顺、国泰民安"八个大字的跳场旗,悬挂在由"后苗"制作的象征着在野外的田地上生产成熟的农作物之花杆上,而"前苗"则围绕着这根树立在花场中央通天入地的旗杆踩场,从而开启整个跳花场的活动。这个仪式景观构成了对整个半边山人生活世界的终极意义与永恒秩序的一次深刻的呈现与解说。首先,后生与姑娘的踩场行为,使得"前苗"在一片荒野之上拓土开基的行动及其意义被不断地重演与确认,而实现这片土地得以丰产的灵力也由此被激发释放;其次,每年花杆的更换与制作,特别是在竹拢的劳力贡献之下,花场中央的竹竿所经历的从中部裹有红纸的场杆到顶端绑有枝叶的花杆之转变,实际上正是对粮食生长成熟过程的象征性重仿。这使得"后苗"在这片土地上年复一年的辛苦劳作将丰产灵力转换成为丰产现实的这一事实得到了再现;最后,悬挂在花杆上方的场旗,以它上书的"风调雨顺、国泰民安"八个大字强调了大地丰产的终极意义与永恒秩序。在这里,自然世界与人文世界的秩序被并置在一起,凸显出天地万物的和谐既是促成一个生机勃勃的世界之前提,也是其目的。由此人们对丰产的祈祷与实现获得了最终的精神价值和实质的社会条件,而彰显强调和保存维系这些价值与条件的则是世袭永久地保管场旗的李班家族。所以在每一年的跳场活动中,场旗被取出挂在花杆上方迎风飘扬在天地之际时,半边山寨李班家族在当地的这一社会地位也不断地被确认和宣示。

从半边山跳花场显圣物的制作筹备与景观展示的过程中,我们可以明确感受到这个地方年度仪式的跨文化并接与超社会统合的意味。由花杆和场旗所组成的花场显圣物,表明了这个仪式不是来自"一个社会"与"一个文化",而是凸显了在一个地方上相邻的人群之间实际存在的交互关系与共生状态。虽然这些人群有着不同的文化背景与社会形态,但他们之间存在着深刻的互嵌关系,并且这种不可割裂的联系正是塑造当地实际的社会体系与文化模式之基础。花场作为社会生活的一个例证,它本身就规定、展演和再生产了这种关系。由此,一个在现实生活中实际存在的"分而未裂、融而不合"的社会关系格局,被清晰地再现出来。

(四)欢宴:区隔与混融

正月十三是半边山花场的扫场日子,当下午太阳渐渐西斜之时,大部分苗族都已散去,他们或赶去另一个花场,或回了家。此时,半边山的寨老们开始张罗扫场仪式,大树脚的后生和天鹅寨的姑娘要最后围绕着花场中央的旗杆流畅地顺时针踩三圈,然后再逆时针踩三圈,以示花场的边界消除也伴随着这一仪式空间的隔离状态之解除,这块神圣的田地重新回复为一个日常的空间。此时苗族鬼师("前苗")、唢呐手("后苗")要举行一个简单的扫场仪式,首先,鬼师取少量为欢宴准备的食物在旗杆下祭拜,祈求来年风调雨顺,然后让一位壮年男子骑着马,拖着火炮(鞭炮)在花场上跑几圈,表示今年的花场结束了,明年还要接着放场,这一行为的寓意可以理解为以鞭炮的声音与毁灭隐喻旧的一"年"的终结,以马的快速奔跑促进万物的迅速复苏。最后,人们将旗杆放倒,取下跳场旗,扫场仪式便完成了,接下来就是半边山寨为苗民们所设的欢宴。

欢宴就在花场上举行,食物被抬到花场旁,旗杆被削成筷子发给在场者。原则上尚未回家的苗族都可参加欢宴,但一般参加欢宴的多为半边山地区内的苗族,如大树脚、天鹅寨、竹拢、老犁地等寨。既然是苗族的欢宴,米酒自是少不了的,在这一欢宴中,米酒历来都是由老犁地的苗族居民负责提供,每年正月初八的晚上,老犁地就要将村中各户苗族按一定份额所凑成的一大坛酒(约四十斤)送到半边山来。而欢宴中的食物则是由半边山寨提供,事实上在整个跳场期间苗民们的饮食也都由李班家族负责。这些食物一部分产自属于李班家族族产的"跳场田",大部分则是李班家族每户人家的捐赠。虽然这种捐赠不具有强迫性,也没有具体的数量规定,但李班家族乐于为苗族提供香肠、腊肉、咸菜、米饭等食物,人们认为此时表现得越慷慨的家庭会因此多得到些"吉利"与"福气",农业生产也会更加顺利。正月初八时,为欢宴准备的所有食物将被收集到一起,用一口大锅蒸熟,然后切成小块,拿绳子拴成小捆,每捆中每种食物都有。扫场当天,人们便用箩筐装着食物抬到场上去,一人一捆地发放给在场的苗民,当然半边山寨的寨老们和家族中参与仪式活动的组织者也有份。在花场上举行的欢宴,气氛是热烈的,来自不同村寨的人群不分男女老少、无论尊卑贫富都平等地聚在一起,相互喝酒划拳、欢歌笑语,直至夜深人困,才慢慢散去。

如果说,跳场的筹备阶段是一个地区内各种人群分工明确、按部就班的行动过程;那么当跳场结束后的欢宴开始时,这种区隔将被打破。当地的前苗、后苗和李班家族聚集在一起,人们在畅饮饕餮的欢乐甚至是有些狂热的气氛中,逐渐打破了性别、民族、家族、地域等界限,相互间感情热烈地胶着在一起。在欢宴中人们之间并没有所谓的座次与食物发放的顺序。大家欢聚于花场之中,分享同样的食物,甚至连食物的份量也没有区别,看不到不同社区或不同人群之间的阶序等级。如果说,欢宴是跳场活动最后的高潮的话,那么从这一仪式景观之中可以看到人们在此时形成了特纳(Victor Turner)所言的"交融"(communitas)状态。首先,欢宴可以视为呈现了"存在性交融"(existential communitas),这种状态往往基于"一个事件的发生"来表现出一种非制度化结构下的群体关系,从而呈现出人们更为本质的"存在"。而形塑这种交融状态的力量是神秘或神圣的,通常被视为是诸神或祖先赐予的一种恩典。[①]作为一种交融形式,欢宴是笼罩在跳场活动的神圣性之下进行的,人们在此通过创造一种平等平均的共享分食场景,绕开了结构性的利益关系,从而在半边山地区的各种人群中短暂地形塑出"本质上的我们"。其次,欢宴的组织筹备过程也体现了"存在性交融"向"规范的交融"(normative

---

① 特纳:《仪式过程》,黄剑波、柳博赟译,133~141页,北京:中国人民大学出版社,2006。

communitas）的转变过程。特纳指出，在时间的影响下，伴随着资源的流动和组织的需要，以及在追求在这些目标的群体成员中获得社会控制权的必要性之要求下，存在性交融会被组织成为长久存在的社会体系。① 在筹备欢宴时，当地人群间正是以这种"规范的交融"之方式将一种"分而未裂、融而不合"的关系突显出来。

实际上，欢宴也是社会盟约（social covenant）得到更新的时刻与场合，是缔约者们相互证明与展示自己价值的时刻，其深刻地将当地制度化的关系格局进行了展现和再生产。如果从欢宴筹备中食物的收集与发放来看，"主/客"成为欢宴前后的主要对立原则，半边山寨的李班家族负责提供食物，并将食物抬至花场分给场中的苗族，他们显然是欢宴的主人；而苗族虽然提供了米酒，但这是一种佐饮，他们显然是这场欢宴中的客人。如果从欢宴举办的目的来看，这种"主/客"关系结构似乎又被颠倒过来，此时参与跳场活动的苗人才是主人，他们是大地丰产的灵力得以激发与释放的关键；而李班家族无非是为苗民提供食物和各种服务的从属者。最后从欢宴活动举办的效果来看，对这种"主/客"关系结构的超越，则成为这一仪式景观最终展现出来的情景，由此在一个囊括了多种族群文化背景和不同社会地位的人群的区域之内，人们跨越了社会与文化的边界被统合在一起，构成一种具有实质意义的关系实体，即一个多族交互共生的"超社会体系"。

三、主与客：仪式活动的生成机制

半边山寨的李班家族作为"汉父夷母"的"仲家子"（布依族），他们为什么要组织举办一个苗族的跳花场仪式活动？作为一个仪式景观，跳花场的活动对于整个半边山居住的人们而言到底意味着什么？实际上，这些问题不仅是我这样的人类学家要回答的，也是半边山人长久以来所关注和思考的。由此，

---

① 特纳：《仪式过程》，133页。

与这个跳花场相关的大量传说被当地人历史地制作出来,从而又历史地影响着跳花场活动的每一次变迁。犹如格尔茨所言:文化作为文本,体现着人们对这个世界的一种独特的理解与言说。①当地人津津乐道的这些传说故事不仅解释了仪式活动中每一个具有深刻涵义的细节,也整体性地对他们生活的世界赋予了深思熟虑的充分解释。因此我们对这些传说和仪式的解读,也无非是要"就什么说些什么"(say something of something),从而在特定的社会场景中解读半边山跳花场仪式活动所蕴含的文化意义。

(一)花场的由来:神圣灵力的"他性"

在当地人的传说中,半边山寨的李班家族之所以要为当地的苗民开设花场,其实与家族曾经遭受的一场劫难相关。在清代中叶的咸丰与同治时期,受太平天国与苗民起义的双重影响,贵州经历了一场影响深远而又旷日持久的社会动乱,史称"咸同之乱"。相传当时黔中地区的"长毛贼"闹得凶,而李班家族的五世祖班国和正以"千总"一职,在此"镇守八庄"。然而,班国和却在一场战斗中被"长毛贼"俘获,关押在一个地势险恶、建有高墙且守卫森严的屯堡里。李班家族的族人多次组织解救均不成功,班国和此时命悬一线。在此危难之际,半边山的苗民带着芦笙前去打探。因为苗族喜好四处游走吹芦笙,"长毛贼"便未警惕他们,于是苗民得以成功混入屯堡之中,发现了班国和的关押之处,并探明关押班国和的屋旁有一棵老葡萄树伸出墙外,且此处并无人看守。这样苗民便吹奏芦笙向守候在屯堡外面的李班家族族人传递信息,由于李班家族一直与苗族相处,所以他们能听懂苗族芦笙曲调中的玄机,获知"上面没有人,上面没有人,里面还有个葡萄藤,来得人,来得人"这样的信息。这样在苗民的指引下,李班家族成功地将班国和从守备森严的屯堡中解救出来。被救出的班国和很快振作起来,带兵反攻,最终打败了"长毛贼"。次年春节,得胜归来的班国和为感激当地苗族,于是为苗族开设花场,并邀远近苗民前来跳场,共同为这片土地祈丰庆余。而皇帝

---

① 格尔茨:《文化的解释》,纳日碧力戈等译,101~147页,上海:上海人民出版社,1999。

知道此事后也非常高兴,并赐龙虎二旗以助半边山人求得风调雨顺。此传说虽有多个版本①,但都无一例外地强调李班家族与苗族的协作,以及半边山的花场是得到了帝王的赞许从而带有一种"官办"色彩和别样的"灵力"。也因为这个花场带来的某种"超自然"的福利不仅泽被当地苗民,也惠及李班家族。所以长久以来,组织维系这个花场也成为包括李班家族在内的所有半边山人的义务与责任。

如格尔茨所言,人们是出于解释目的而创造的神话,并非是历史性的,也不是因为要将过去作为评判现在的标准才探究过去,人们创造神话是为了那"永恒的模式"②。所以要解读这个传说故事中隐含的各种关键信息,我们可以绕开传说中那些关于战争与冒险的刺激而又富有戏剧性的描述,也不用纠缠传说的历史真实性,而专注于这个传说中对几种关系的交代,因为这正是对当地族群间交互共生关系之"永恒的模式"的某种说明。首先,李班家族与当地苗民的关系被表述为一种亲密的盟友关系,所以当李班家族有难之时,当地苗民会挺身涉险而出,并且二者因为相互熟悉,也使得他们的协作充满默契,并最终获得了成功。其次,李班家族带有的官方威望与当地苗民具有的土著优势也不断地被强调,如对班国和"千总"身份的说明,以及对他开设的花场最终得到皇帝恩赐场旗的强调;又如苗民善用自己的身份混入敌营麻痹敌人,并机智地用芦笙来传递信息,以及他们的跳场活动能够给土地带来丰殖的灵力等。当然李班家族与当地苗民二者之间的这些优势特点,也都是在相互的参照对比之中得到确认的。最后,花场得到了皇帝的赞许与恩赐,则成为了这个传说在强调半边山跳花场所具有的灵力之点睛处。在"天高皇帝远"的贵州山区,人们设立跳花场时期望得到皇帝的赞许恩赐,这本身就表明跳花场的活动是"超社会"和"跨文化"的。而且这种穿越性的衔接在传说中被表达得如此自然合理,丝毫没有一种不伦不类的做作,这也进一步说明人们能通过跳花场这样的仪式成

---

① 比较传说的其他版本,其内容的差别主要在于班国和为何入匪窝,比如有一个版本认为班国和为攻破土匪的坚固据点,便乔装打扮潜伏进敌人内部探得破绽,并通过苗族的帮助得以与外界联系,从而得以破敌。

② 格尔茨:《文化的解释》,19页。

熟地完成对不同社会和多种文化的统合与并接。

结合花场的各类仪式景观，来仔细体会当地这则花场由来的传说，我们能够进一步地看到，西南地区不同族群之间所普遍存在的一种交互共生的关系。而这种关系，如萨林斯所言不仅是文化的实际状态，更展现了一种秩序与变迁的跨文化动力学。人们在由他者组成的更大范围的历史场域之中，通过实际的接触互动，以他者的文化为参照物，来说明自身文化为何，并通过将他者社会的一部分转化到自身社会之中，从而获得自身的存在可能。①在跳花场的仪式活动和传说故事中，可以明确地看到各种人群是如何通过仪式的景观再现和意义说明，来构建一种"分而未裂、融而未合"的交互共生关系。而要了解这种关系是如何在仪式中获得景观的再现和意义的说明，我们或可通过分析那些借助于物质性的仪式景观而为人所感知且令人愉悦的浅层隐喻，进而对传说故事中具有强烈引导性的深层隐喻（即规定社会秩序的关系实质）进行分析解读。

人群类型	村寨	仪式规定	景观意义	浅层隐喻	深层隐喻
"前苗"	大树脚	后生	人 （献祭的"人性"）	再现"创世行为"； 划定"神圣空间"	以开基者的身份 激发花场之"灵"
	天鹅寨	姑娘			
李班家族	半边山寨	场旗 （官赐）	显圣物的关键部分 （持久保存、指向天空）	组织"欢庆仪式"； 提供"欢宴食物"	以主导者的身份 明确花场之"灵"
		粮食 （族产）	欢宴的主要食物 （慷慨任意）		
"后苗"	竹拢寨	花杆 （自制）	显圣物的主体部分 （每年更新、插入大地）	参与"仪式筹备"； 贡献"欢宴酒水"	以生产者的身份 运用花场之"灵"
	老犁地	米酒 （自酿）	欢宴的辅助饮料 （份额明确）		
其他苗族	外地远方苗族村寨	后生 姑娘	人 （联姻的"人质"）	加入"欢庆仪式"； 提供"联姻对象"	以外来者的身份 交换花场之"灵"

---

① 萨林斯：《整体即部分：秩序与变迁的跨文化政治》。

从上面的表格中可以看到，参与其中的每一个群体都必须在与他者的交往互动中，才能分享到花场的"灵力"，人们也在仪式中通过部分地吸纳他者，来证明自身的存在。这样一来，跳花场仪式既为整个半边山地区实现文化的涵化（acculturation）场景，是一个"超社会体系"整合形塑自身的过程；也为不同人群在文化的接触中确认各自差异的场合，是这个"超社会体系"解剖分析自身的过程。而在这其中正展现了当地族群关系的实质，这种关系的形成机制也牵涉到了萨林斯所言的一种对于"他者性"（otherness）的文化政治学的思考，即通过整合外部存在和权力，社会如何获得自身秩序与认同。①花场的神圣灵力所具有的这种他者性，最为突出地表现于传说中所强调的场旗是由皇帝恩赐的这一情节。在这里，半边山的居民通过挪用外来物品，来进一步地确认了当地花场中拥有的非凡灵力，并且也正是在这种挪用之中，表明了自身的存在，及其与外部世界的种种关联。

可以这样认为，其实每个参与半边山跳花场仪式的群体，都是这个活动的主体，因为他们都是这个地区"超社会体系"的构建者。并且在形塑这一体系的同时，每个群体也从中突显了自身的存在价值，以及他者对于自我存在的意义。

（二）花场的秩序：不可让渡的灵力

花场的神圣灵力所具有的"他者性"，表明了跳花场活动是在既有的交互共生关系中通过对他者的部分吸纳而实现的一种涵化过程。然而在形塑一个"超社会体系"之时，实际也存在着一种对他者的抗拒过程。这种抗拒其实是针对涵化而表现出的一种反向的社会超越与文化跨越，将一种针对他者的包容力颠倒过来转变为一种针对自身的内聚力。所以维持他者的他性，其实也是坚持自身的特性，如此完成一种区隔之上的沟通从而实现一个"超社会的体系"才有可能。所谓的"超社会体系"，在某种程度上体现为容纳了多种社会的体系，而非是一个更大的单一社会体系，其所

---

① 萨林斯："整体即部分：秩序与变迁的跨文化政治"。

展开的是交互共生的联系,而非同化合一的关系。因此,获得花场灵力的社会机制,不仅体现于交互共生的各族群之间相互的吸纳,也表现在相互间的排斥之中。导致这种排斥行为的文化观念之根源,则是人们在认识到花场的神圣灵力在具有一种"他者性"的同时,也明白灵力本身具有一种不可让渡的实质。

如何理解花场神圣灵力的这种不可让渡性,可以从花场秩序的维持来加以说明。半边山寨的花场自开设之后,李班家族就一直担当起管理花场的责任。所谓"管理"就是要让花场秩序井然,这里涉及两种规矩的维护:一是要遵照"大树脚的后生,天鹅寨的姑娘,竹拢寨的旗杆,老犁地的米酒"这一分工传统,来筹备组织跳花场活动;二是遵循"只有苗人才可进场"的规矩,阻止其他民族的人扰乱跳花场活动。因此,要维持半边山花场的秩序,首先李班家族要在筹备组织过程中,让其周围四个苗族村寨的居民按部就班、各司其职地完成他们所承担的各种义务。因为这里每一个苗族村寨所提供的仪式物品都是有自身的灵力,是其他村寨不能替代的。所以当地人认为,一旦有人坏了规矩,那么整个仪式就会失败,甚至演变为一场灾难。也正是由于每个村寨在仪式之中提供的仪式物品均具有一种不可让渡的"灵力",所以他们对于整个半边山区域而言,也都是独一无二、不可或缺的。其次,李班家族要在跳场活动开展时,在场边手持木棒维持秩序。他们一面要将场外已经穿好盛装做好准备的苗族青年赶进场去,同时还要阻止前来看热闹的汉人或其他民族的村民进入花场。而一旦有外族进入花场同苗族一同跳场,他们有权用木棒将之赶出场来。

"只有苗人才可进场"的规矩也表明了花场灵力的不可让渡性,特别是苗族在花场上所拥有的这一灵力,无论是作为"仲家子"的李班家族,还是附近的汉人都不能侵犯摄取。所以在当地各种与花场秩序的维持相关的传说中,关于汉人与半边山花场的关系是其述说的重点。从汉人破坏跳场规矩的众多故事中,我们可以看到通过对他者的抗拒,来保持他者的他性和自身的特性,是形塑一个"超社会体系"的必要途径。在当地有一个典型的讲述这种"抗拒他者"的故事,是关于半边山附近一个花场名称由来的传说。

　　从前在半边山地区以西的地方居住着一个有权有势的鲍姓汉人家族，这个家族中出了一个大官，他听说半边山的花场特别热闹就带着家人与随从前来观看。到了半边山的花场之后，他看到花场花杆上悬挂的场旗感到非常好奇，于是想走到场中近距离地观看。此时在花场旁维持秩序的李班家族自是要维护"只有苗人才可进场"的规矩，试图阻止这个鲍姓官员及其随从进入花场，而鲍姓官员仗着自己的官员身份和家族势力不听规劝强行入场，这样便引起了双方的群殴。由于是在半边山的地盘上，李班家族在冲突打斗中很快获胜，并将鲍姓官员及其随从乱棒打跑。第二年，吃了亏的鲍氏家族斗气在自己的村落旁也开设了一个花场，针锋相对地将场期安排在与半边山的花场同一个时段，并且也制作了绘有龙虎的场旗，还四处招揽网罗附近的苗族前来跳场。这自然是影响了半边山花场的热闹，李班家族认为鲍姓汉人家族的这一行为是在窃取侵犯半边山花场的灵力，而且也是对李班家族的挑衅。于是李班家族的族人便组织起来冲到鲍姓家族开设的花场中，并用大刀砍断了鲍姓家族在花场上树立的旗杆。迫于李班家族在当地的势力与强硬态度，鲍氏家族最终无奈地放弃了这个新开设的花场。而当地附近的苗族则将这个花场接过来自己组织跳场，为了显示这个花场将不再与半边山的花场作对竞争，这个花场的场期晚于半边山的花场，并安排在半边山花场结束的正月十三举行开场仪式。由于这个花场的旗杆曾经被李班家族砍断过，从此人们称这个花场所在的地方为"砍掌"（砍场）。

　　这个传说故事不仅讲述了苗族在花场上所拥有的灵力是不可侵犯的，也说明了李班家族对于维系半边山花场灵力的重视，更表明了汉人的出现对半边山花场的灵力是一种损坏。因此，在跳花场的活动仪式中要一直保持对他们的防范和抗拒的心态。从中我们也可以看到，对于李班家族而言，在半边山地区不同族群之间应该有着这样一种理想的关系格局：

花场内	花场边界	花场外
当地苗族	李班家族	当地汉人
激发与生产灵力	捍卫与分享灵力	觊觎与破坏灵力
欢庆		冲突
相互为可以吸纳与混融对方的他者 竹拢寨		相互为不断角逐与抗拒的他者 （对称性的分化）
赶进场来		赶出场去

在跳花场这一仪式活动中，由于李班家族与当地苗族之间的关系表现为一种"互补性的分化"（complementary schismogenesis），因而他们之间的交互共生关系可以被视为一个"通过同化达成区分"的状态；而李班家族与当地汉族之间的关系则表现的是一种"对称性的分化"（symmetrical schismogenesis），因而他们之间存在着的则是一个"通过区分达成同化"的状态。如萨林斯所言，互补性的分化反映了互动族群之间在相互对照又彼此抵消的接触过程中，逐渐同一又在结构上相互分化的文化形态；而对称性的分化则显示互动族群之间在相互对抗又彼此超越的竞争过程中，逐渐分化又在结构上相互同一的文化形态。①通过这两个概念，我们就能更深刻地理解，整个跳花场仪式活动作为一个仪式景观对当地各人群间"分而未裂、融而不合"的交互共生关系之展示。首先，李班家族与当地苗族基于"互补性的分化"关系，通过跳花场仪式活动所开启的"阈限阶段"（liminal phase），一方面在"存在性交融"的状态中共同构成半边山区域内的一个"本质上的我们"，另一方面又在"规范的交融"的状态中"各司其职"地相互区分为一个个独一无二的部分。其次，李班家族与当地汉族基于"对称性的分化"关系，都在相互竞争着当地的"主导者"之地位，从而试图让自己能够掌控当地苗族对于这片土地的丰产所拥有的不可让渡的灵力。这样在"你能做到的任何东西，我都能做得更好"这一原则下②，他们都力图超越对方，去为当地苗族

---

① 萨林斯：《整体即部分：秩序与变迁的跨文化政治》，137～138页。
② 同上，138页。

开设一个"更好的"花场。这种竞争关系却使得相互对抗分化的两个群体，在同一个地方做着一件同样的事情，从而共同认可一套价值体系，如苗族的丰产之灵、皇帝的神圣权威等等。这样一来二者在对抗竞争中变得越来越相似。

正因为在人们的观念中，花场的神圣灵力具有不可让渡性，由此人们通过花场秩序的维系，再次确认了在一种交互共生的关系中可以相互吸纳的和相互排斥的界限为何，从而突显出经一个"超社会体系"可以区分的部分和能够识别的整体。所以，每个参与半边山跳花场仪式的群体也都可以被视为这个活动的客体，因为在这个地区"超社会体系"构建过程中，每个群体都将成为他人确认自身时的参照对象，被各种他者拆解为需要吸纳或抗拒的部分。

余论：在山中为"文明"招魂

在半边山这个"小地方"生活的这些"山里人"，用跳花场这样一个貌似"古朴迷信"的仪式活动，向我们证明了他们生活的这个小地方实为一个"超社会"和"跨文化"的世界。作为一个关联统合了整个地区各种人群的社会关系和文化观念的仪式景观，半边山的跳花场活动突显了在这个河谷中相邻人群之间实际存在的一种"分而未裂、融而不合"的交互关系与共生状态。因而它并不单单是当地苗族居民祈丰庆余的一种民俗展演，而是这个地方完成多种社会互嵌融合与实现多元文化并置对接的一种风尚表现。

通过交往中"互补性的分化"与"对称性的分化"的社会机制，基于观念中神圣灵力的"他性"与"不可让渡"的文化原则，在一个不同群体间紧密关联且交互共生的历史过程中，半边山的各个村寨共同形塑了一个"超社会的社会体系"，生活在半边山的山里人表现出一种在自我肯定的过程中吸纳他者的高超而成熟的生活态度与风范。这不仅对于我们思考西南地区"超社会体系"的形成有着非常实际的启发意义，更对于我们反思当代人类学的某些视野局限有着重要的价值。虽然半边山是中国西南一个偏远的小地方，而在这山中我们却能"礼失求诸野"地感到一种文明的气魄。特别是当这种多族交互共生的关系成为山中人们生活的一种现实、历史与价值,那么我们能够确信的是,人类学需要在这山中为"文明"招魂。因为如果人类学者自身不带有这种文明的视野,那么面对这个多族交互共生的地方,我们将如利奇所感叹的"找不到合适的语言来描述"①,从而陷入到认识的危机与表述的困境之中,或费力地用种种"单一性"和"同一化"的现代概念,来误读和曲解这个地方实际的社会生活状态与历史变迁过程。

人类学只有认真地思考在地方上发生的这种多族交互共生关系,以及"分而未裂、融而不合"的格局,方能让我们的视野变得更加地"文明",也才能让我们从"文明"之中获得更多的启发受益。对人类学而言,文明是我们必须正视的这个世界的本质,是这个学科必备的视野,也是其要确认的价值。恰如莫斯所感慨的,诸如中国这样"一国多族型"的"超社会的社会",正是文明的基本精神的典范代表。②因为通过交换与传播,文明作为一种可被感知的实体形态,它超越了社会的边界,并将不同的文化混合在一起;而通过区分与融合,文明作为一种精神气质,它破除了自我的边界,获得了一种容纳他者的心态。然而醉心于"社会"、"文化"、"民族"此类现代概念的社会科学,似乎已经远离了这种"文明",其视野与价值之极也仅限于"国家"。就像王铭铭所指出的,在"主流人类学"中,"文明"已"死亡"了百年。③于是,一部分人类学者进入了一个个所谓"孤绝"的地方,成为研究"部落"、"社区"的专家;而一部分人类学者则离开一个个"实在"的地方,成为关心"国家"与"世界体系"的学者。如果说,人类学对他者的研究实为一种"自传"的话,那么前者在一个个孤岛与部落之中,将自己装扮成一个"背对世界、没有历史"的"安达曼岛人";而后者则在批判和反思资本主义生产方式的全球拓张过程中,不经意地成为了现代资本主义意识形态

---

① 利奇:《缅甸高地诸政治体系》。
② Marcel Mauss: "Civilization, Their Elements and Forms", in N. Schlanger, ed., *Marcel Mauss: Techniques, Technologies and Civilization*, Oxford: Berghahn Books, 2006, pp. 57~73.
③ 王铭铭:《超社会体系——对文明人类学的初步思考》。

的全球普及者，从而认为整个世界生活的都是"欧洲与没有历史的人民"。如果能够超越"社会"、"文化"、"民族"、"国家"这类现代概念，重新打量一个地方，其实我们看到的将是一个世界。

人类学者能不能像半边山中的山里人那样，视他们生活的地方是一个世界，而所谓的"社会"、"文化"、"民族"、"国家"是被生活所超越的，而不是反过来被其覆盖的。如此我们对他者的研究才能算得上是文明的，是一个真正精彩的"自传"。

丰产与交换

云南诺邓盐井的仪式和神话

舒 瑜

长期以来，丰产仪式的研究视角仅仅局限在社区或族群内部，被视为本社区、本族群对自我繁衍、人物丰旺的祈求。然而，这种内部视角缺乏对族群间关系的关注，往往忽视丰产仪式中所追求的"外部的丰产"或者说"邻人的丰产"。本文通过对云南诺邓盐井历史上两套丰产仪式（一套追求"内部"盐的丰产，另一套祈求"外部"米的丰产）的深入研究，表明建立在内/外、自我/他者交换关系之上的丰产仪式，追求的是一种"整体的丰产"。

诺邓，旧称"诺邓井"，是滇西历史上著名的盐井。作为一个以产盐为业的村落，诺邓自身的延存深刻地依赖于与外部的交往。当地人常说："诺邓人靠外地人养活本地人"、"诺邓人吃米不见糠"，这些俗语无不表明作为盐井的诺邓对周边农区的依赖。然而，井盐的丰产与农耕的丰产之间却存在着深刻的对立，农业丰产所必需的雨水却是对井盐丰产最大的威胁，诺邓是如何处理彼此之间小敌亦友的关系呢？这些关系在当地的仪式和传说中又是如何被展演和表达的？另一方面，诺邓又存在着"以井代耕"、"以井为田"的说法，"井"何以代耕，"井"何以为"田"，以及为何要以"井"代"耕"呢？在当地人的文化图式中，盐和米的关系如何？盐、米作为诺邓仪式中的最重要祭品，又有着怎样的文化意义？这些问题正是本文所试图去分析和阐明的。

---

* 本文在撰写过程中，得到王铭铭教授、翁乃群研究员、管彦波研究员、张亚辉副教授等学者的帮助，特此感谢。

社区背景

诺邓位于云南省大理白族自治州西部的云龙县。"云龙"得名于澜沧江,"江上夜覆云雾,晨则渐以升起如龙"①。在云南历史上,澜沧江不只是天堑,更被视为重要的文化分界。汉代就有歌谣曰:"汉德广,开不宾。渡博南,越兰津。渡兰仓,为它人"②,"兰仓"说的正是澜沧江。

云龙地处横断山南段澜沧江纵谷区,地势北高南低,怒山山脉、云岭支脉由北向南延伸,怒江从西面绕边境而过,澜沧江及其支流沘江则由北至南纵贯全境,呈南北走向的逶迤群山和奔流大河塑造了这一地区最基本的地理特点,形成山川并列、河床深切、高山峡谷相间的地貌形态。纵贯全境的澜沧江将全县分为江东、江西两大地貌类型。澜沧江以西属怒山山脉,海拔为1300～1500米,漕涧、旧州等较平的坝区零星分布于河谷中,这一区域时至今日仍是云龙县最重要的"粮仓";澜沧江以东属于云岭山区,海拔在2000～2500米之间,是主要的牧区及玉米、豆类为主的杂粮产区,云龙历史上的众多盐井也位于这一区域。被称为"云龙五井"的诺邓井、山井、师井、大井和顺荡井就错落地分布在澜沧江支流沘江两岸,后又增开三井(石门井、雒马井和天耳井),故有"八井"之说。雍正《云龙州志》载:"云郡诸山环萃,沘江流于内,八井相距,虽有远近之分,其卤脉皆沿江结成,所产卤水,咸淡多寡不同。"③习惯上仍称之为"五井"。五井地区因设立汉人盐官,最早推行教化,是云龙文明教化最深的地方,并形成了独具特色的五井文化。

历史上的云龙,是一个"汉夷杂处"之地。按照《云龙记往》的记载,明代之前澜沧江以西生活着摆夷、阿昌和蒲蛮等族群。阿昌早氏统治澜沧江和怒江之间地区约八百余年。④明平定云南之后,遵循"三江之外宜土不宜流,

---

① 中国人民政治协商会议云南省云龙县委员会编:《云龙文史资料》,第6辑,3页。
② (宋)范晔:《后汉书》卷86《南蛮西南夷列传》,2849页,北京:中华书局,1965。
③ (清)陈希芳:雍正《云龙州志》,周祜点校,48页,政协云龙县文史资料研究委员会、云龙县志编纂委员会(内部资料)。
④ 中国人民政治协商会议云南省云龙县委员会:《云龙文史资料》,第1辑,1～13页。

三江之内宜流不宜土"的惯例，设立云龙土知州，治所在旧州，辖领澜沧江以西地区；澜沧江东面的盐井地区（明初属于邓川州浪穹县境内，万历年间划归云龙）设立"五井盐课提举司"，派遣汉人盐官专理盐课。万历年间，云龙进行改土归流，但实质上"土流合治"仍持续了很长时间。明代中后期，随着云龙盐业、矿业的开发，汉族移民开始大量涌入，多在五井地区开发、经营盐业。除汉人之外，境内还有白、阿昌、彝、傈僳等民族，形成"汉夷杂处"的局面。今天的云龙仍是一个多民族地区，全县现有白、汉、彝、傈僳、阿昌、苗、傣、回等20多种民族。

有零星资料表明，诺邓产盐的历史可以追溯到汉代，唐代诺邓井前身的"细诺邓井"已见诸史载，处于"诸蛮自食，无榷税"[①]的状态。诺邓井在明初被收归中央，设立"五井盐课提举司"。随着盐务机构的设立、盐官的派驻、汉族移民的迁入、庙宇的兴建以及帝国文明教化的推行，诺邓在云龙成为"文质彬彬"[②]之地。今天的诺邓，是一个以白族为主的杂姓村落，白族人口占99.7%。1995年，因燃料来源和技术因素，诺邓盐井被政府下令停产，盐业时代就此终结，诺邓转向以山地农业为主的生计方式。

两套丰产仪式："接水魂"和舞龙求雨

对于一个盐井社会来说，盐的丰产是头等大事。随着一年中雨量的变化，卤水浓度呈现出此消彼长的趋势。在当地人看来，一年中卤水自身要经历从丰旺到平缓再到衰微的生命历程。为了使卤水的生命永不消竭，盐井有一套独特的祈求丰产的仪式，这就是每年龙王会期间的"接水魂"仪式。龙王会

---

① （唐）樊绰：《云南志校释》，赵吕甫校释，263页，北京：中国社会科学出版社，1985。
② 王铭铭在"中间圈——民族的人类学研究与文明史"一文中提出将"文质彬彬"视为一种中国式的文明理论，他指出，"文质彬彬"就是文明的实质，是介于文明和野蛮之间的状态，这个文明的过程就是一个"化"字所代表的"文明与野蛮"之间交换的历史。参见王铭铭：《经验与心态》，323~324页，桂林：广西师范大学出版社，2007。

的会期在农历六月十三,这被认为是一年中卤水浓度最低的时候,盐井的丰产仪式就在这时举行。

"接水魂"是龙王会当天的第一项仪式活动,也是至为关键和庄严的。根据口述史调查,民国期间的"接水魂"仪式大约在早上八九点开始,由盐井管事会组织灶户和盐井竜工参加,女性和荒户①不能参与。所有参加者都要穿戴整齐,穿长衫,戴礼帽。仪式由本井德高望重、有功名的老人来主持。"接水魂"的队伍从盐井出发,穿过村子北上到山腰龙潭处,这个过程相当庄重,不能喧哗、嬉戏。走在队伍最前面的是两个吹唢呐的男青年,紧随其后的是一个抬着火池的人,火池里烧着些蒿枝、香叶,之后是抬红、黄、蓝、白、黑五色旗的年轻人,旗上画着五色的龙,代表东南西北中五方龙王。其后是端着"十供养"的小孩,一人端一个托盘,托盘里放有香、花、灯、水、果、茶、食、宝、珠、衣等十样供品。之后是丝竹管弦的演奏,一路上要奏乐,如《小开门》《将军令》《小桃红》等小调。再后面就是"接水魂"的彩轿,彩轿里面乘放着一把专门用来接水的瓷壶。轿子用彩纸扎成,装点得格外夺目,还要贴上对联,对联云"岳豆瀛樽迎玉液,雨幡云盖接金波"、"醴泉遥向天边出,玉液远从高海来"②。彩轿是接水魂队伍中最重要的环节,也是最引人注目的,由四个年轻的竜工来抬轿,前面还有一人撑着一把富丽堂皇的红罗伞盖。彩轿之后就紧随仪式的参与者,走在前面的是老人,各人手持一对香,其中一些是盐井管事会的成员,是整个龙王会的组织核心,然后是一些灶户的代表跟随其后。整个"接水魂"的队伍以彩轿为中心,前有唢呐开道,香烟氤氲,雨幡云盖;后有众人相随,使得这条接水的长龙显得格外庄严、盛大,吸引了沿途村民观看。

出了村子,到达北山山腰上,有一眼泉水四季长流,既不会满溢,也不会干涸,当地人叫"龙水"。队伍到了之后,开始点香,献三牲,念祭文。祭祀祷念之后,由竜工从彩轿中取出瓷壶,从这眼泉水里满满地装上一壶放

---

① 荒产与灶户相对,指没有卤水份额的人家。
② 李文笔、黄金鼎:《千年白族村——诺邓》,23 页,昆明:云南民族出版社,2004。

回彩轿,竜工一边取水,一边要念着:"龙王的水魂跟着来!"之后,接水的队伍开始返回盐井,回到盐井时,由接水的那个竜工端着壶,把这壶水一直送到井下,倒入卤源池中,同时念:"龙魂回来了,水魂回来了!"这时鞭炮响起,"接水魂"仪式结束。接下来就是到龙王庙祭祀龙王,行三献礼,念祭文,所有灶户在殿前磕头。祭祀结束之后,就在龙王庙前广场上宴请所有灶户。第二天,要在龙王庙戏台给龙王和龙王娘娘唱戏,会吸引来远近的村民,龙王庙前的广场上热闹非凡,看戏的、做买卖的、走亲访友的,人头攒动,喜庆祥和。

一年一度的"接水魂"仪式和龙王会祭祀,寄托着诺邓人对卤旺盐丰的祈愿。每年"接水魂"的时间正好是诺邓一年之中卤水浓度最低的季节,诺邓盐井就是通过"接水魂"完成一年一度的丰产仪式。但看似奇怪的是,尽管雨水是对盐井丰产最大的威胁,诺邓却有着一套别有趣味的求雨仪式。

新中国成立以前的求雨仪式,是在财神殿设祈雨堂,请道士设斋醮,进《祈雨进牒献牲科》。法事进行过程中就要举行"舞龙求雨"的仪式。求雨的龙是专门用油菜花和柳条扎成的"水龙",又叫"菜花龙"。平年扎12节,闰年扎13节。法事进行到给龙神下达牒文时,盐井工人组成的耍龙队伍便赤着胳膊在锣鼓、鞭炮声中,舞着水龙从财神殿出发奔向村里。各家各户早早就做好准备,将门前街巷打扫干净,在门口点香,烧一盆蒿枝,准备一盆水和舀水的水瓢,"水龙"一经过门口,就把水泼向水龙,耍龙的人被淋得满头满脸一身是水,人户密集的地段,泼水的、舞龙的、敲锣打鼓的,互相逗弄、妙趣横生。黄金鼎老人回忆说:

> 我记得,耍水龙大概是1942、1943年举行过一次。俗话说:"大旱不过五月十三",如果到那时还不下雨,秧栽不下,种下的庄稼长不出来,就得求雨了。祈雨堂设在财神殿,请道教念经,中午的时候就要耍水龙。由盐井工人来组织,吃过早饭以后,就从财神殿出发,河东绕到河西,再从营尾巴过秉礼桥最后回到财神殿。每家门口准备一盆水,耍龙的一路过,舀起水就往他们身上浇,小孩子就最高兴了,追着水龙跑,

啊嘛！那个是热闹的。

每年求雨的节点，是所谓"大旱不过五月十三"，这时若还不下雨，栽下的秧苗无法存活，求雨仪式就必须要进行。若是不举行"舞龙求雨"的年份，诺邓人会到"天眼睛"处去求雨。诺邓最高峰满崇山东侧山麓上有一个当地人叫"天眼睛"的龙潭，这潭水常年不绝，这里被当地人视为圣地，一般不敢靠近。比"天眼睛"稍低的岭岗上还有较小的三塘水，这三塘水被认为和"天眼睛"一脉相通。大旱的时候诺邓人就去三塘水处念祭文求雨，特别灵验。杨荣槐老人说：

> 箐门口天眼睛那里，道教家的就去念经上表，那个就不设堂了，把《祈雨经》念一下，念完把表烧了放进水塘里面去就可以了。七曲、山后、牛舌坪不到天眼睛去求雨，他们就到高山寺下面那塘水那里，杀一只鸡，把烧红的罗锅盖丢进去，那个叫"逗龙"。龙怕铜，马上就出来兴云布雨，但是下一阵就不下了，这种是武求，诺邓一般是文求，用科书念经，我们是求它，不是逗它。

诺邓村内并没有专门求雨的庙，诺邓人过去常到与长新交界处的高山寺去求雨。这是离诺邓村子最远的一个庙，大约有七公里的山路。原来的庙宇有前后两院，前院供着龙王三太子，后院供奉神女三圣母，分别是掌管降雨、止雨、止冰雹的神灵。据诺邓村民说这个庙宇特别灵验，有时候献祭还没结束，雨就下来了。

"舞龙求雨"的仪式通常是遭遇大旱的时节举行，平常小规模的求雨仪式就在"天眼睛"处或高山寺进行。"接水魂"由盐井管事会组织，全体灶户参加，场面非常庄严肃穆；舞龙求雨则是由盐井工人组织，全村人都参与其中，非常热闹诙谐。据村中老人回忆，最后一次"舞龙求雨"是在1942年前后，而最后一次"接水魂"是在1948年。新中国成立以后，随着国家对手工业、商业的私有化改造，诺邓建立了国营盐厂。明清以来的丁份制被取消，"公卤"①被没收，灶户、盐井管事会退出历史舞台，由他们组织、参与的仪式活动也就随之消匿了。

井盐丰产与农耕丰产的对立

如前所述，两套丰产仪式祈求的分别是两种水的丰盈，即"接水魂"仪式祈求的是卤水丰旺，而"舞龙求雨"仪式则祈求雨水（淡水）丰沛。在诺邓人的生产实践中，淡水是降低卤水浓度的最大威胁，因而卤水与淡水是对立存在的两种水，淡卤隔绝是实现盐业丰产的必然要求。这在盐井的井下构造中体现得最为明显。

诺邓盐井生产概况在雍正《云龙州志》中曾有明确记载："诺邓井……出东山下，名大井，介两溪之中，深七丈，方围二丈余，卤脉微细，以人进井，舀入桶中，然后用水车扯出井，灶敷一百八袋。一日之卤，分给四袋之灶户煎煮，每袋得卤十八背至二十，七日给编，周而复始。"②井盐丰产的关键在于要提高卤水的浓度，多数盐井是采取地面浓卤技术，即在卤水提出地面之后采取浓缩卤水浓度的方法，但诺邓井的独特之处则是通过地下井道的设置尽最大可能地将淡水和卤水进行隔绝，防止淡水渗入卤水之中降低卤水的浓度。朱霞曾对诺邓盐井的技术民俗做过调查，她指出："建造盐井的首要方法就是要找到咸水与淡水的源头，并把咸水与淡水彻底分开。诺邓井开凿的情况后代难以知晓，但是可以肯定，盐井开凿时已经找到了咸水与淡水的水脉，并把它们分开了。否则盐井根本不能利用，而且分开咸水与淡水一直就是盐井生产和技术运用的关键。"③

---

① 新中国成立以前，在诺邓总的卤水份额中，有一定数量的"公卤"。这些卤水租给灶户个人煎煮，所有权归盐井，收益交给盐井，用于公共事务。公甲卤，用于埋葬无主亡人、修桥补路、修缮寺庙等；学校卤，用作学校经费；庙会卤，用来办会，如祭礼等开支。
② （清）陈希芳：《云龙州志》，43页。
③ 朱霞："盐井与卤龙王——诺邓盐井的技术知识和民间信仰"，《广西民族学院学报》（自然科学版），2004年第2期，63页。

诺邓井的基本构造①是：在地面井房中，可以看到卤水井和淡水井两个井口，两口井均为垂直竖井，井口相距 2.4 米，深 20 米左右。两个井口分别是汲取卤水和排除淡水的出口。井下部分：卤水源头在井下最深的地方。据老人说，井下有两股卤水源头，一股水大卤浓，是主要的盐泉，叫"大仓"；一股水小卤淡，叫"小仓"。在卤水源头（大仓）处建有储卤池，"下井底后往东，几经曲折走了约 20 米到达出卤水的地方，在这里有一个硐室长 1.87 米，宽 1.82 米，高 1.71 米，卤水从这里用竹笕抽 7 米输送到储卤池中。"②地势较高的储卤池中的卤水经专门的坑道汇入到地势较低的卤水竖井井底的卤水仓中，再由轱辘绞车用吊桶提出地面。另外，从淡水系统的层面看，卤水坑道外围环绕一呈椭圆形、周长有 60～70 米的淡水坑道，坑道用当地人称为"麻栗木"的木料做成架箱支撑，并用胶泥防漏。这个坑道有下水沟，是为卤水井隔绝淡水所用，隔绝下来的淡水经专门的坑道汇聚到淡水竖井井底的淡水仓中，再由竖井中的六道竹笕将淡水抽到地面排出。

简言之，井下的淡水通道和卤水通道是相互独立、彼此分开的两个系统。井下完成的淡卤隔离工作，是为了最大程度地防止淡水降低卤水浓度。汲取卤水和排除淡水就成为盐井生产的基本工作，两个环节是被隔绝在两个垂直竖井的空间内进行的。汲取的卤水被分配到各灶户家煎煮，排除的淡水直接流向井房一旁的诺水河中。

淡水和卤水的隔绝成为诺邓盐业丰产的关键，淡水和卤水的对立也成为诺邓盐井生产观念中最基本的出发点。反映在象征层面，当地人有对淡水龙王和卤水龙王的明确区分：盐井的龙王是卤水龙王，而村中饮用水井上供奉的则是淡水龙王。今天诺邓盐井的龙王牌位上仍赫然写着："敕封灵源普泽卤脉兴旺得道龙王之神位"。村民杨德润这样形容淡水龙王和卤水龙王的关系：

---

① 诺邓井在 1995 年停产之后，由于长期疏于排水，井下部分已被淹没，关于井下构造的内容是笔者经过询问熟悉井下作业的盐井工人，以及参考此前的调查报告写成。朱霞：《盐井与卤龙王——诺邓盐井的技术知识和民间信仰》以及黄健："云南盐业考察报告"，载《盐业史研究》1996 年第 3 期。
② 参见黄健："云南盐业考察报告"，载《盐业史研究》1996 年第 3 期。

（龙王庙里的）龙王牌位上雕着五个龙头，有拳头那么大，中间一条最大，就是我们的卤水龙，两边各有两条稍微小一点的龙，就是四方的水龙王。还有，玉皇阁大殿的四根柱子上也盘着四条龙，头朝上，尾巴朝下，张牙舞爪的，那个雕得好，小孩子看见都怕。大殿正中佛龛最下面那层，还藏着一条龙，不注意看看不见，好像是从地下钻出来的，那个就是卤水龙，四根柱子上的就是淡水龙。

村民用龙王牌位和玉皇阁中五条龙的方位来附会卤龙王和四方淡水龙王的关系：卤水龙是从地下钻出来的，位于中心；而淡水龙则是从天而降、四方环绕的。这也形象构造出当地人对淡水和卤水关系的认知，即卤水处在淡水的四方包围和威胁之中。诺邓人有关淡水龙王与卤水龙王的明确区分，建立在淡水与卤水对立的观念之上，而这一观念来自盐井日复一日的生产实践。盐井工人每天都要进行淡卤隔离的工作，将淡水与卤水视为对立关系是他们在盐业生产实践中形成的最为直接的认识，成为支配其生产活动的实践理性，并由此保证了盐井生产的顺利进行。

据当地老人回忆，诺邓龙王庙建成之前诺邓曾经有过一个"河神祠"，祭祀诺水河神，龙王庙建成之后，河神祠逐步废弃[①]，河神的牌位被移到龙王庙中，作为配神享受祭奉。但祭祀河神的仪式一直延续到民国年间，由盐井管事会来组织，每年立夏前后到诺水河上游处举行，规模很小，经常三五个人就能进行。立夏前后是一年中诺邓河水量最大的时候，祭河神是为了祈求河水不要泛滥，河水是作为可能会破坏盐卤的力量存在的，每年夏季河水水量最大时，也是一年中卤水最淡的时候。可以看出，接水魂是从积极的方面祈求卤旺盐丰，而祭祀河神则为了防止威胁盐井丰产的消极因素出现。

[①] 河神祠的位置在当地人称为"三块碑处"的地方，大致在今村口停车场一带，据老人说，前些年还有村民在遗址上挖到过河神祠的遗物。村中八十多岁的老人从他们记事起就从未见过河神祠，只是一个地名。

在一年的生产周期中，按照卤水浓度可分为"旺、平、淡、空"四季。旺季是每年冬季到来年春季（11月到来年 4 ~ 5 月期间），这时卤水浓度最高；其次是秋季，9 月到 10 月之间，称为"平"；6 ~ 8 月是一年中卤水最淡的时候，称之为"淡"；若遇上洪水暴发，卤水浓度过低，则停产，称之为"空"，较为少见。在卤水"旺、平、淡、空"的变化中，"空"的存在并不为诺邓人所强调，因为"空"的状态其实是一种极端形态，即山洪暴发和大旱无水，在这两种情况下，淡水与卤水的区别已经不重要。诺邓观念中淡水与卤水的关系，只存在介于两种极端情形之间的中间状态，这时淡水与卤水的区别才是有意义的。在这个期间，卤水的丰旺与雨水有着至为密切的关系。雨水最丰沛的季节正是卤水浓度最低的时候，反之亦然。雨水丰沛的直接后果就是导致卤水浓度降低，盐业减产。然而，雨水丰沛对于农业的丰产来说是不言而喻的，盐业丰产与农业丰产似乎存在着尖锐的对立。

在这样的实践理性之下，前述两套丰产仪式的并存看似充满了矛盾。诺邓人为什么在追求卤水丰旺、盐业丰产的同时又要去求雨呢？这两套看似相悖的丰产仪式为何并存，并存背后深层次的社会文化原因何在？我将在下文的分析中逐步展开问题的答案。

作为祭品的盐和米

在盐井的生产实践中，淡水和卤水被严密隔绝。在诺邓的献祭仪式中，盐、米的使用细节也表明盐和米是要被有意识地区隔开的。

诺邓最基本的献祭，通常称为"献三牲"，三牲献祭出现在众多仪式场合，谢土、上梁、本主庙磕"平安头"、求雨、神诞献祭、婚礼中祭门神等仪式场合都要献三牲，更高级别的神灵则是五牲大祭，如孔子、关帝、财神、城隍、龙王等。一般来说，祭品都是摆放在一个木制的长方形托盘中进行献祭的，三牲必须包括整鸡一只、猪肉一块，另外一牲可以是麂子角、干鱼的其中一样，或用一棵蒜苗代替，但要遵循"山神不献麂、龙王不献鱼"的原则，若是五牲大祭，则再加上鸭头或鸭蛋等。三牲献祭必须要配有一碗盐米，即在一个瓷碗中放入少量的盐和米粒，这个盐米碗当地人称"马料盐米碗"。在堂上的献祭结束之后，盐米会在堂下或拿出庙外撒掉，意为"给神灵兵马的马料"。此外，还有茶、酒、米饭以及鸡血一碗，鸡血上还要放三根鸡毛。

值得一提的是盐米碗，过去诺邓制作的是筒盐①，在装盐米碗的时候，就把筒盐敲一小块和米粒一起放在碗里。现在诺邓食用的都是乔后盐矿生产的散盐，但是盐粒和米粒并不混合，而是有意识地各放一边。我见过最极端的情况是在盐粒和米粒之间用一张正方形的红棉纸隔开，米在下，盐在上。②在撒盐米之前，并不将两者搅和在一起，在抛撒过程中，也是盐和米分开撒。有报告人曾明确告诉我，应该先撒米，后撒盐。虽然这只是一个极其微小的细节，却是至为重要的。为什么盐米碗中要放入盐和米，并强调两者一样都不能少，同时又明确表示两者不能混合呢？

回到神话：盐和稻米的起源与隔离

献祭仪式中"盐米碗"里的盐和米是被有意识地区隔开的；在神话传说中，盐和米的关系又是被如何表达的呢？在诺邓，有专门的神话来讲述盐和稻米的起源。先来看盐的起源传说——"青龙叶卤"的故事：

> 以前诺邓这里是一片大森林，有个放羊的老倌整天来这里放羊，时间长了他发现，他的羊每天都喜欢到同一个地方去吃草，这些羊长得膘肥体壮。他好奇就跟着去看，发现那个地方有一堵青色的石崖，石崖下就流出来一小股水，他就拿手指蘸了一点尝一下，原来水是咸的。后来，人

---

① 诺邓筒盐上口直径为20厘米，下底直径为25厘米，高26厘米，重9公斤。将刚煮好的散盐装进筒状的模子中填紧后，再用火烘干脱模成型。
② 这是我于2011年初在石门文昌会上看到的，尽管在诺邓没有看到这种情况，但五井文化还是有着关联性。

们就知道那里出盐水了,大家都跑去看,就看见盐水是从青色石崖下面流出来的,有人说出水口就像母龙的××(外阴),盐水是从那里流出来的。所以就叫它"青龙吐卤"。后来,村里有个乡绅嫌它难看,就带了几个人拿着锄头把它挖坏了,后来就没有水了。大家就着急了,最后,所有村民就天天去挖,一直挖到地下很深的地方,盐水终于冒出来了。人们就说是"应水龙王"把盐水给应出来了,后来就修了盐井,盖了龙王庙。

传说表明,诺邓的先民认为盐水是从地下青色母龙的外生殖器中流出来的,涌出的盐泉被羊群发现后才为人所知,之后发生了一个突发事件,母龙的外生殖器被人为凿坏,盐泉随之销声匿迹,后来耗费了不少人力,人们历尽艰辛才重新寻回盐泉所在。从中可以明显看到盐的起源经历的三个阶段:最初的阶段是盐水从青色石崖下冒出,被羊发现,这时盐还不为人所知;第二阶段是人主动寻找盐源,人为凿坏出水口,盐水消失;最后的阶段是应水龙王把盐水"应"出来,人们重新获得盐水。需要说明的是,这个神话不仅在诺邓流传,而是在整个云龙五井地区都有流传,是五井共享的一个神话。

那么,在云龙,人们又是如何描述稻米的起源呢。相对盐的起源神话,米的起源神话流传区域更为广大。阿昌族《尝新米》[①]的传说讲的是,稻种是狗从天上叼到人间的,获得稻种之后阿昌族才开始耕种,每年新谷丰收的时候,阿昌族总要把第一把新谷喂给狗吃,感谢它为人间带来了谷种。这一稻米起源的神话,在诺邓也有流传:

> 吃的这个米,传说它的籽种是老天给一个狗含来一穗。古人家说,以前,他们舂吃饵块粑粑,有一个女人,她的小娃娃在旁边解手,她就抓起饵块粑粑去擦他的屁股,后来五谷就一样不有了。吃的都没有,黑狗一个饿不得么,就去天上哭,玉皇大帝就给它稻谷一两穗,黑狗就把它咬着下来,人就把它抢去,从那点起才开始种粮食。古话就是这样讲的。

---

① 由云龙县政协左绫忠先生收集整理。

牛舌坪的观音像旁边就塑着一只狗，嘴里咬着一把稻谷，就是它从天上咬下来稻谷的。

可见，米的起源神话与盐的起源神话基本是同构的，米的起源也经历了三个阶段：第一个阶段是原初丰裕社会，人间本是有米的；继而是人的浪费导致"丰裕时代"的终结；第三个阶段是狗将谷种叼回人间，人类重新获得粮食。在上述"青龙吐卤"的传说中，出水口被人为凿坏之后，盐水也经历了从消失到再次出现的过程。从这一对神话中，盐和米的关系非常清楚：盐起源于"青龙吐卤"，米则源自"黑狗叼穗"；盐来自地下，而米则来自天上。盐米的结构关系可以简单表示为（米：盐）：：（天上：地下）：：（黑狗：青龙）①。也即，米和盐的对立关系就相当于天与地的对立关系以及狗与龙的对立关系。进一步看，"龙狗相斥"的关系在诺邓传说中有明确表达：

以前，吃素家旁边也有一口盐井，这口井也是大的，后来有个老妈妈整天去放羊，就在现在盐井那个位置，以前是一片竹林，淌出来一塘盐水，她的羊就一天去那里舔吃，长得肥肥壮壮的。她也每天都去那里讨来水，煮盐。她的邻居就问她去哪里讨着，她就教给他们。后来，这些老人就说不要两口盐井，只要一口就得了，上面这口盐井味道淡，他们就杀出来一只狗，把上面这口井厌了。以前地场底下那里还有一口热水塘，我们这个地方的人就说热水塘我们不要，他们又杀出来一条狗丢进去这塘水里面，这塘水也就没有了。狗是厌物，狗厌龙，就是这样。

这个传说讲到，把狗扔进盐井，就可以把龙厌走，从而废掉一口多余的盐井。龙和狗的对立关系不仅在神话传说中有表达，一些习俗中也有所反映。若是小孩子在水塘边玩耍，然后身上生疮，当地人就会认为是长"龙疮"，就剪下一点白狗的毛烧成灰烬之后涂抹在患处，相信这样能够治愈龙疮。新

---

① : 表示"对立"，: : 表示"相当于"。

建的屋址，地面上若总是渗水，家里就要养一条白狗，这样狗就会把龙厌走了，地面就不会再出水了。

"龙狗相斥"的观念背后其实是盐的生产与米的生产必须被隔离的逻辑。诺邓流传的不少神话意在解释，诺邓为什么不能出产稻米，而只能栽种无需淡水灌溉的玉米：

> 以前诺邓这个地方，栽下去种子，结出来的东西上面是稻谷，中间是玉米，下面还结着洋芋。后来，有一个婆娘，天上的仙人下来问她，"你喜欢吃哪样？"她就说："太辛苦了，我苦不起了，谷子和洋芋我都不要了，就吃它的中间。"仙人就把上面这一穗收回天上去了，后来就只能结玉米，不产稻米了。

如上所述，人们将诺邓不产稻米，归结于初人的懒惰，并为诺邓的玉米种植寻找神话依据。实际上，稻米与玉米的区别就在于是否需要灌溉，传说中诺邓的选择是放弃稻米，而选择玉米，原因正是玉米无需灌溉。在诺邓流传甚广的"乡亲龙"传说，则更明确把诺邓不能种植稻米的原因归结于水源被"送"给了农区：

> 这条龙原本是生活在新寺梁子那里，就出一股水，水很大，以前牛舌坪、雀城、七曲、黑底场都栽秧，就依靠这股水。有一回，庆高功（诺邓道教的高功，笔者注）到长新那里背盐卖，那时公路不通，要翻新寺梁子，这条龙就变成一个穿羊皮衣的老倌来买盐，盐价就开给他到长新的盐价，庆高功觉得很划算，就卖给他。庆高功回来才发现老倌买盐的银子变成了金银纸。他知道是这条龙在搞鬼，就去到新寺梁子那里，用他的道法把这条龙画在符上，变成一根头发丝的样子，装进一个铜盒盒里，请一个卖货郎扔到洱海去，卖货郎答应了。走到下关漏邑村那里他的担子一会这边重，一会那边重，实在挑不动了，就坐下来休息。卖货郎心里奇怪这个盒子里面到底装着什么，就不听庆高功的劝告，把盒子

打开，那根头发就飞出来，变成了一条龙，在漏邑村那里变出来一大股水。后来他们那里栽秧就靠这股水，种了一千多亩的水田。

我们这里新寺梁子这股水就干掉了，少了。以前牛舌坪、雀城、黑场底全部种水田的，后面庆高功把这条龙送出去，水不有，水田也就种不成了，只能种苞谷。那个龙他们喊它"乡亲龙"，诺邓人去做生意经过那里遇着他们龙王会这天，如果知道是诺邓来的，就要留下来请吃饭，不准走了，在那里歇一天，雨就下来了，这一年他们的庄稼又好一点，是这样的，所以就喊它"乡亲龙"。

"乡亲龙"的传说解释了诺邓为何不能种植水稻：作为农耕水源的乡亲龙被送走，使得诺邓的水田从此无水灌溉。然而"乡亲龙"与诺邓的隔离，却为外部农区带来了丰产。这个传说从更深层要表达的是：作为盐井的诺邓，稻米的生产必然是要被排斥和隔离的，只有无需淡水灌溉的玉米种植可以被允许。实际上，隔离是为了实现彼此的丰产。一方面，通过送走"乡亲龙"，诺邓把丰沛的雨水拱手让给他人，实现了"邻人的丰产"；另一方面，"乡亲龙"作为淡水龙被送走，是卤水不受威胁、卤水丰旺的必然要求，由此也保证了诺邓自身盐业的丰产。

这个故事充分表达出诺邓人如何成就了"外部的丰产"，以及诺邓人对自我与邻人关系的互惠理解，送走"乡亲龙"的行为恰恰构成了农区与盐井之间的"互惠"。"乡亲"这个词生动地传递出这种互惠关系的内在含义：这条龙虽然是在邻人那里发挥作用的，但却是我们诺邓人的乡亲，是我们送给邻人的礼物，是维系我们与邻人间互惠关系的纽带；作为礼物的回报，邻人会在适当的时机回馈我们。传说中的"互惠"关系是以诺邓人送给农区雨水，农区宴请诺邓人作为回礼展开的。现实中的"互惠"则是盐井与农区之间长期结成的盐米交换。更进一步看，交换只能建立在"整体丰产"之上。交换的双方，若是一方丰产，一方歉收，则交换是无法进行的。

至此，通过"乡亲龙"的故事，两套丰产仪式的并存就不难理解了。当被问起，既然求雨是与盐井丰产相冲突的，诺邓这个盐井社区为什么还要举行求雨仪式时，黄金品老人解释说：

　　"盐井虽然不要雨，但是周围那么多的农村需要雨啊，没有雨，庄稼怎么办？过去诺邓地虽然少，但也有一部分人没有卤水，靠种地为生的。做事情要考虑周全，方方面面都要照顾到。"

　　可见，诺邓盐井虽然不要雨水，但是周边的农业生产却离不开雨水。由此可以理解，诺邓盐井的求雨仪式并不是为自己求的，而是为以农耕为主的别人求的，它所追求的是"外部的丰产"，或说是"邻人的丰产"。进一步看，只有自我丰产与邻人丰产的同时达成，交换才能成为可能。诺邓与农区长期结成的盐米交换，正是依赖于双方共同的丰产，这正是"诺邓人靠外地人养活本地人"、"诺邓人吃米不见糠"的深刻意涵。

　　由此，我们似乎可以理解为何两套丰产仪式的仪式场景如此不同。面向自身丰产的"接水魂"仪式庄严肃穆，而面向他者丰产的"舞龙求雨"则诙谐逗乐。后者在某种意义上符合葛兰言所说的，冲破集团内部的不同集团间带有交换和结盟性质的节庆活动，总是充满欢愉的气氛。①

　　通过对历史上两套丰产仪式的分析可知：诺邓的求雨仪式是依据农业生产周期进行的；而"接水魂"仪式则是依照卤水"旺、平、淡、空"的变化周期进行，每年龙王会（农历六月十三）是一年中卤水最淡的时候。每年求雨的节点，是所谓"大旱不过五月十三"，这时若还不下雨，栽下的秧苗无法存活，求雨仪式就必须要进行。农历五月十三，时值夏季，从卤水的变化周期看，是一年中的卤水浓度较低的时候，诺邓人在此时求雨，明显是不利于盐井丰产的，而是为了祈求外部农耕的丰产。对诺邓人来说，求雨明显是利他行为，其仪式的社会意义更为明显。由此，可以认为两套丰产仪式的并存，是要追求"整体的丰产"，整体的丰产才能使交换成为可能。

---

① 葛兰言：《古代中国的节庆与歌谣》，赵丙祥、张宏明译，赵丙祥校，121～123页，桂林：广西师范大学出版社，2005。

仪式象征：水生成的宇宙图式

我们说诺邓两套丰产仪式的并存是为了追求"整体的丰产"，这种"整体性"在当地人的文化图式中是如何被表达的呢？

在"接水魂"仪式中，我们似乎面临一个悬而未决的问题，即从山上龙潭处接来的淡水（表面上看是如此）为什么能够提高卤水的浓度，带来卤水的丰殖。用接来的"淡水"增加卤水浓度的这一做法，明显与淡水和卤水相对立、需要严密隔绝的实践理性相冲突，那么，接来的"淡水"在诺邓人的文化理性中究竟具有怎样的象征意义，使得它能够带来卤水的丰产呢？

在云龙五井中，不唯诺邓有这套接水魂的仪式，顺荡井和大井也存在类似的仪式，大井龙王会的"请卤"仪式，即取一瓶浓度更高的牛皮井卤水倒入东头井卤水中，以祈求提高东头井卤水的浓度。[1]顺荡井龙王会也要举行"迁龙接水"的仪式，相传顺荡井的龙王是住在顺荡后山开子地的天池里，天池才是顺荡井卤脉的发源地，每年到了龙王生日这天就要把龙王迁回盐井来过生日，并把卤脉接回来，所以叫"迁龙接水"，目的就在于祈求龙王保佑，使盐井卤脉发旺，永不枯竭。[2]

从诺邓井、大井和顺荡井三个盐井龙王会接水的仪式来看，共同点都是到盐井之外的地方接来所谓的"水魂"——诺邓到村后北山之上的龙潭处，大井选择卤度更高的牛皮井，顺荡井到后山的天池。不同的是，诺邓井和顺荡井接来的是淡水，而大井接来的是卤度更高的卤水。相比之下，大井的做法较为容易理解，取来浓度更高的卤水来提高盐井卤水的浓度；但是，诺邓井和顺荡井接来的所谓"水魂"并非卤水，而是淡水（表面上看），这就显得比较费解了。

我们先来看诺邓当地人如何解释这一仪式行为，第一种解释说：

---

[1] 参见李仕彦：《记忆大井》，71~72页，昆明：云南民族出版社，2007。
[2] 云南省编写组：《白族社会历史调查》（三），312~313页，昆明：云南人民出版社，1991。

> 接水魂就是要龙王的三魂七魄不要走散了，还是回来这里，那塘水一年四季都有，每年都去接一回，不去其他地方接。我的理解是，那里就是龙王的别墅了。龙的魂魄在那里，龙子龙孙都在那里了。这是群众的思想，寄托在它上，龙管水，联系起来，水魂就是龙魂了，每年都去接它，叫它不要埋去掉，不要让它的魂走掉的意思了。

这一解释其实是把接水魂仪式理解为一次为龙王"叫魂"的仪式，老人将接水魂处形象地比作龙王的别墅，是水魂外在于盐井时的栖身之所，"接水魂"就是要把留在外面的水魂招回盐井的过程，从而保证盐井的增殖与丰产。这种丰产观念并非诺邓所独有，而是较为普遍的，与农耕民族"稻谷魂魄"[①]的观念很类似。但这一说法并没有充分解释为何"水魂"会出自那里。

第二种看法是从淡水和卤水的对立来进行解释的：

> 龙王会到山上接水，就是要把山上的淡水龙王请下来，交朋友的意思，献祭他，让他和我们的卤水龙王和好，就像隔壁邻居互敬互畏的意思，避免起矛盾，让它不要冲坏我们的盐井。

这种说法把"接水魂"理解为缓解淡水与卤水之间的对立关系，其问题是用实践理性来解释仪式的文化理性，并不能解释接来的淡水为何能够带来卤水的丰旺。第三种说法是用五行八卦来进行解释，是地方知识精英的诠释：

> 北方坎位为水，卤水出于南方，魂却在北，金、水又属一家，自北方山头迎接水魂，注入南方井内，不仅能使水源不竭，且能生金而财源茂盛。取坎填离，返归乾卦，辞曰："乾：元、亨、利、贞"，

---

① 《金枝》就记录到，缅甸的克伦人敏锐地觉察到，要使庄稼兴盛就需要保住稻谷的魂魄。某块稻田长得不好的时候，他们认为稻谷的魂魄（基拉）是因为某种原因羁留在稻谷外面了，如果魂魄召不回来，庄稼就完蛋了。参见弗雷泽：《金枝》，徐育新、汪培基、张泽石译，刘魁立审校，365页，北京：新世界出版社，2006。

是乃大吉。还有一说：表面上取来的是淡水，按照五井八卦河图之说则"其味咸"。①

在笔者看来，要深刻揭示仪式的象征意涵，"接水魂"彩轿上的对联甚为关键：

岳豆瀛樽迎玉液，雨幡云盖接金波。
醴泉遥向天边出，玉液远从高海来。②

从这副对联中，我们看到岳/瀛、天边/高海的结构关系，是一幅天-山-海的宇宙图式。其中，最关键的信息是"醴泉"。在昆仑神话体系中，醴泉源于昆仑山，昆仑被认为是天下众水的源头，处于天与地的中心，本身也是一个通天之所。诺邓东北绵延着一系列的巍峨群山，当地人认为这些山脉正是从昆仑山发脉而来。早在雍正《云龙州志》中已有对满崇山的记载："满崇山，十二关、诺邓界。为众山之祖，卤脉出焉。昂翘千仞，东眺基霞，西望秀岭，居人常侦其云之聚散，以占晴雨。"③可以看出，在当地人的观念中，满崇山被视为卤脉的源头所在，而满崇山又是发脉于真正的众山之祖——昆仑。因此，天下众水之源的昆仑才是卤脉真正的源头。

当地李圣全老人的解释，是比较接近这一观念的：

接水魂，就是把水的魂魄接回来的意思，为什么要去那里接呢，那塘水最高，在北山上，最干净，平时人烟也不会到那里去。而且那塘水说来也怪，一年到头都是那么一碗，不会多也不会少，一年四季都是这样，现在都还有呢。

---

① 李文笔、黄金鼎：《千年白族村——诺邓》，23页。
② 同上。
③ （清）陈希芳：雍正《云龙州志》，29页。

老人强调到北山上去接水,是因为在当地人的观念中那塘水最高,最高的地方就是最接近天的。对联中,"岳豆"、"瀛樽"形象表明山岳、湖海只是醴泉、玉液的容纳之所,而醴泉、玉液都是从天上来的。这副对联生动表明在当地人的世界观中水是如何生成的宇宙图式,山岳(昆仑)作为通天之所,是贯通"天水"的宇宙之柱,天水才是众水真正的源头。满崇山东侧山麓上有一潭水常年不绝,当地人称之为"天眼睛",这正是当地人观念中"天水"的一种表现。[①]

结合当地人对"水魂"的解释,可以看出,"水魂"来自观念世界中真正的水源处,只有源头之水才能使得卤水生生不息。在诺邓人看来,盐井的生殖力会随时间逐渐耗尽,所以需要逐年更新、增强这种生殖力,而盐井生殖力的更新有赖于寻找到卤脉真正的源头,只有不断地回到源头去,才能永葆盐井的生殖力,延续盐井的生命力。卤脉的源头被诺邓人形象地称之为"水魂"、"龙魂"所在之处。源头之水被赋予了文化意义上的"灵力",只有从"水魂"所在之处接取的水才是具有"灵力"的,将之倒进盐井才能使盐井获得这种"灵力"。正如格尔茨在描述尼加拉灌溉会社的分水仪式时谈到,从全巴厘庙放水仪式中流出来的水才被视为文化意义上的"灵验之水"[②],随着灵验之水的逐级流动,尼加拉的灌溉会社才开始有序运转。诺邓盐井的丰产,同样依赖于一年一度"接水魂"仪式所接来的具有"灵力"的源头之水带来的生命力。

从仪式的象征层面来看,诺邓"接水魂"所接来的并不是普通的淡水,而是来自昆仑醴泉的"天水"。"天水"作为卤水真正的源头,水魂之所系,也因而被赋予了使得卤水源源不绝的"灵力"。那么,在诺邓人看来,淡

---

① 笔者询问过当地人为什么不去"天眼睛"处接水魂,当地人的回答是那个地方太远了,从祖辈传下来就一直是在村后北山上接水。笔者推测"接水魂"的对联之所以出现,正是为了赋予北山上这潭水作为"天水"的象征意义,使得从这里接水魂在当地人的文化理性中具有合法性,符合当地人的观念图式,否则接水魂的仪式就丧失意义。
② 格尔茨:《尼加拉:十九世纪巴厘剧场国家》,赵丙祥译,94页,上海:上海人民出版社,1999。

水的源头在哪里？淡水是否和卤水有着共同的源头呢？前文的求雨仪式中已经提到，诺邓人常到满崇山"天眼睛"下的三塘水那里去求雨，念经上表。"据说'天眼'水和三塘水一脉相通，水是从'天眼'渗下来的。相传'三塘水'的龙神主宰着诺邓的晴雨"①。由此可见，在诺邓人看来，淡水的源头就在"天眼睛"处，"卤脉出焉"的满崇山同时也是淡水的源头，满崇山作为诺邓的众山之祖，构成诺邓人观念中卤水与淡水共同的源头，而诺邓人相信满崇山发脉于昆仑，昆仑因此成为象征层面上淡水与卤水的共同之源。

在当地人有关水生成的宇宙图式中，淡水与卤水具有同源性，两者共同起源于"天水"，可以说，它们是"同源异流"的关系：淡卤同源的"天水"构成观念中的"整体"，而淡水和卤水不过是从其中派生出来的部分；诺邓盐井井下淡卤隔离的结构以及地面上两个分离的井口正是异流的表征。

综上所述，尽管在实践理性中，淡水与卤水的对立关系被强化，但在文化理性中，对立的淡水和卤水之上有着共同的整体——"天水"。"天水"奠定了诺邓人观念图式中的"整体性"。正如萨林斯所说，"人的独特本性在于，他必须生活在物质世界中，生活在他与所有有机体共享的环境中，但却是根据由他自己设定的意义图式来生活的。"②诺邓人在文化理性上，不断去化解自我与他者之间的对立和差异，而试图寻找两者之间的关联和联系。这在井与耕的同构关系中也可见一斑。

---

① 李文笔、黄金鼎：《千年白族村——诺邓》，238 页。
② 萨林斯：《文化与实践理性》，赵丙祥译，2 页，上海：上海人民出版社，2002。笔者认为，萨林斯所批判的实践理性体现在实践论和功利论之中，尽管实践论和功利论存在具体差别，但在萨林斯看来，它们的共同点在于都认为主体和客体（环境）之间是直接发生关系的，文化是从实践活动以及实践活动背后的实用利益中逐渐形成的，是实践和功利的副产品。萨林斯指出，实践论和功利论漠视了人类的象征理性或文化理性；文化是关于人与事物的意义秩序，是介于主客之间的中介，即人类只有透过文化的意义图式才能与客观世界发生作用。萨林斯强调象征是人类存在的本质，他的努力就是要把人类学从"自然主义"的牢笼中解放出来。

"以井代耕"、"以井为田"：文明格局中的井与耕

在诺邓人的观念图式中，"天水"奠定了淡水和卤水之上的整体性。那么，依赖淡水灌溉的农耕与依靠卤水生产的盐井，在诺邓人的观念中又具有怎样的关系呢？"以井代耕"、"以井为田"是诺邓人对盐井与农耕关系的形象表达。然而，"井"何以代"耕"，"井"何以为"田"呢？

让我们再次回到"接水魂"仪式，通过这个仪式我们就能清楚地理解"以井代耕"是如何在观念图式上得以实现的。从仪式象征上，"接水魂"可以理解为播种过程的隐喻。"水魂"就像是卤水的种子，可以生出源源不绝的卤水，将接来的"水魂"倒入盐井的过程正是在土地里埋下种子的隐喻。这种对应关系可以表示为：

农 业：种子（土地）$\xrightarrow{}$ 植株（磨坊）$\xrightarrow{}$ 米

盐 业：水魂（盐井）$\xrightarrow{}$ 卤水（灶房）$\xrightarrow{}$ 盐

农业生产是把种子种在土地里，长出植株，植株成熟后通过磨房磨成大米的过程；盐业生产是把水魂倒在盐井里，生长出卤水，卤水经过灶房的煎煮变成盐的过程。从物的形态转变中，可以看到农业与盐业的同构性。或者可以说，通过"接水魂"仪式，井与耕的同构关系得以鲜明、清晰地展现出来。在神话中，稻米的种子是黑狗从天上叼到地下来的，卤水是从地下青龙的外生殖器中流出来的，而通过"接水魂"的仪式，盐的源头（水魂）被转化为"天水"，是从天上倒入地下的过程，可简单示为：种子：米：：水魂：盐。

"接水魂"仪式启动了盐井生产的年度周期，使得井盐生产成为像稻米耕作一样，具备播种、收获的生产周期，盐业生产也成为和农耕一样的文明技艺。

横向的结构分析解释了"井"何以代"耕"，"井"何以为"田"的问题，却不能解释"井"为何要代"耕"的问题，"井"与"耕"的关系必须放在

纵向的文明格局中才能获得理解。在诺邓,为何会出现用农耕的生产方式来思考盐业生产方式的努力?或者说,盐井的生产方式为何只有与农耕形成某种隐喻其自身才能获得意义?观念上"以井代耕"与现实中"以盐业为生"之间的张力究竟应该如何理解?

我们需要把"井"、"耕"以及其他生产方式放置在云龙所处的文明格局中才能获得理解。在诺邓周边生活着傈僳、阿昌、彝等其他族群,并在日常的生活和交往中有所接触。雍正和光绪《云龙州志·种人》中,已经用汉人流官的眼光,记录过阿昌、罗舞、傈僳的风俗习性:

> 阿昌:俱以喇为姓,性驯顺,受土官约束。男女戴竹笠,饰以羊皮,簪以牙竹,麻布为衣,刀弩不去身,以畜牧耕种为业。婚聘用牛马,其种散处于浪宋、漕涧、赶马撒之间。秋末农隙,腾永背盐者,多此类。
>
> 罗舞:亦山居,颇知伦理,有华风,富者周贫,耕者助力,饶荞稗牲畜。岁春烹宰牛羊,召亲戚会食,欢笑为乐。腊则宰豚,登山顶以祀神,暇则射猎。凡蔓菁、笋、蕨之属,干而储之以备荒。披羊皮毛毡,秽气不可近。语非重译不能通。
>
> 傈僳:于诸彝中最悍者,不栉不沐,语亦与诸彝别。处兰州界连云龙,依山负谷,射猎为生。利刃毒矢,日夜不离身。射兽即生食,间事耕种,惟荞稗。祭赛则张松棚燃炬,剥獐鹿诸兽骨用。有隙辄相仇杀,劫掠行旅、抢夺牛羊,大为归化、师、顺各里之患。①

以上文字按照装束服饰、生产方式、风俗习惯、语言等对阿昌、罗舞和傈僳进行了描述,其中暗含着以"文明"程度进行排序。这三类人中,阿昌"性驯顺",傈僳是"诸彝中最悍者",罗舞介于两者之间。在这个"驯化"序列中,最为明显的参照标准是生产方式,阿昌是"以畜牧耕种为业",罗舞则是耕

---

① (清)陈希芳编纂,雍正《云龙州志》,周祜点校,45页。

种、畜牧为主间事射猎，傈僳则是以射猎为生、间事耕种。从服饰上也可看出这种排列：阿昌以麻布为衣，罗舞披羊毛皮毡，傈僳就没有对服饰的记载。对于主持纂修方志的汉人流官来说，从事耕种与否，耕种所占据比重，是区分不同人群"文明"程度的重要标准。同时对于迁徙而来的汉人，"耕种务本"仍是汉人身份的重要指标：

> 州为彝壤，自设流迁治后，汉人慕煎煮之利，多寓焉。久之，亦为土著。秀者户诵家弦，朴者刀耕火种，率皆务本节用，各安厥分，盗贼稀少，夜户不闭，岁时伏腊，婚丧祭祀，大略与内郡同。村落丑于彝俗，猝难更易，今已熏陶而渐化焉。①

"以农为本、勤事农耕"，是清代云龙励精图治的地方官员在施政过程中不断去强化和推行的。康熙年间云龙知州王符就是一个重视农耕的人，他曾作有一首《劝农歌》：

> 滇南自昔号瘠土，瘠土之民固多穷。一年辛勤少余力，所食不敷一年中。况当年岁际歉薄，比户仓箱成一空。即今东作多努力，安望刈获常盈丰。锄云耨雨慎勿慵，一犁轧轧千家同。伫见与翼靡西东，仓箱有备公充私。公私充兮酒颜红，岁伏腊夕喜相逢，努力努力事农功。②

"田亩日开"被象征化地理解为云龙这个"僻在极边"的"夷壤"日渐开化的表现。《云龙记往》记述了明代段氏土司治理时期之前的历史，这个原来"野夷星居，刀耕火种，迁徙无常"的地方转变为"田亩日开，商客日众，夷民不善算，利归客商，夷日困，或死或迁，客民众，而夷渐

---

① 雍正《云龙州志》，44页。
② 同上，133页。

少矣"的状况。^①但即使是在这样一个"田亩日开"的地方,帝国统治者和地方官员仍深知,云龙区别于农区的关键在于它拥有众多盐井,"粟米力役之征,率土皆然。兹地钱谷无多,惟八井产卤以资生活"[②]。控制了八井,就控制了云龙,甚至更远的地方。那么在这样一个以"盐井"为生命的地方,如何在帝国"以农耕为本、工商次之"的道德世界观中使"井"的生产获得"耕"的道德意涵,这就是为什么会出现"以井代耕"的深层原因。当"井"获得"耕"的道德意义之后,云龙盐井生产就在帝国的文明格局中获得了与汉人农耕一样的道德性,从而在这个"诸夷杂处"之地树立起作为文明中心的正当性。

结 语

本文从诺邓的两套丰产仪式出发,试图探讨两者之间的关系,以及两套丰产仪式并存背后的深层次原因。从井盐生产的实践理性看,卤水与淡水之间构成此消彼长的对立关系,淡水是降低卤水浓度的最大威胁,两套丰产仪式的并存看似相互矛盾。但在当地人有关水生成的宇宙图式中,对立的淡水和卤水之上有着共同的整体——"天水"。"天水"奠定了诺邓人观念图式中的"整体性"。这两套丰产仪式的共存并不矛盾,它们祈求的是包括自我与邻人在内的"整体丰产"。"乡亲龙"的传说最清晰地表达了诺邓人如何成就了"外部的丰产",以及努力构建自我和他者之间的"互惠"关系。在诺邓人看来,只有自我丰产与他者丰产的共同实现,"整体丰产"才能达成。

诺邓的两套丰产仪式以及对"整体丰产"的追求,其理论意义在于它从一个具体个案的层面,表明一个社会是如何依赖他者的存在而获得完整性的。诺邓井民与农耕族群之间,并不因为实践理性中淡水与卤水的对立、隔离而彼此成为"敌人",他们生活在彼此关联的"整体"之中,而非孤立的存在。

---

① 中国人民政治协商会议云南省云龙县委员会编:《云龙文史资料》,第1辑,1~13页。
② (清)陈希芳编纂,雍正《云龙州志》,周祜点校,46页。

在象征层面上，不断去化解自我与他者之间的对立和差异，而试图寻找两者之间的关联和联系。正是在这个意义上，对"整体丰产"的追求，突破了自我的中心，将自我与他者的互补、结合视为实现宇宙秩序完整性的需要。

本文主要借鉴了结构主义的分析方法，但在井与耕等级关系的分析中，笔者清楚地意识到仅仅用结构分析的方法是不够的。诺邓与帝国文明的关联是研究中不能忽视的问题，这方面的问题留待他文再做深入。诺邓并不完全是一个用神话思维的"冷社会"，它曾是帝国控制的盐井，有着漫长的文明史。神话和历史，共同编织着诺邓人思考和言说的方式；通过仪式，诺邓人展演着他们对理想的人文世界的理解。

双重时间体系

——一个西双版纳社会的历史人类学研究*

杨清媚

历史上西双版纳处在中国与印度两个文明体系碰撞地带，它同时接受两种文明的传播，但是对于它基于何种原则来接受不同文明的宗教宇宙观，目前还缺乏清晰深入的研究。

学术界对这个问题的讨论主要有三种倾向。一种基于考古学、历史学和民俗学，论证古代掸人的族源和迁徙，虽然对于族源地和迁徙路线有不同看法，但总体上将泰国、缅甸、老挝等傣语系民族视为同源。持这种观点的如陈序经，他依据佛教传播和战争记载，把保山一带澜沧江流域视为东南亚掸人的族源地，认为他们在元代之时被迫迁徙到西双版纳及至泰国。他所关注的是古代哀牢人向南方迁徙的过程中，带着各自简单的社会组织和政治组织，在落入某个地方之后，逐渐生存、发展、扩大。①江应樑则认为，摆夷源自中国南方古老的土著人群"百越"，早在殷商时期就在长江下游平原从事农耕渔猎活动，并且在西周初年已经开始向周王朝纳贡。②他的观点直接针对泰国学者"傣人北来说"，后者认为壮傣语系民族原居黄河流域，后来由于汉族压迫不断南迁直至泰缅，因此今天中国境内的傣族与泰缅民族有亲缘关系，应该建立掸人自己的国家。

另一种倾向主要基于土司制度，把西双版纳视为中华帝国的一部分。持这种观点的如方国瑜，他以正史为主，以官修史志对勘土司家谱，讨论封建制与官僚科层制的结合在地方政治实践中的影响。③在他看来，地方有其对

---

* 本文节选自"西南边疆历史与现状综合研究项目"委托课题结项报告《居处在文明的碰撞地带——宗教—政治视野下的西双版纳历史与变迁》，课题编号 B1005，为成文考虑有所修订。
① 陈序经：《勃史漫笔——西双版纳历史释补》，19 页，广州：中山大学出版社，1994 [1956]。
② 江应樑：《傣族史》，24～29 页，成都：四川民族出版社，1983。
③ 方国瑜：《滇西边区考察记》，昆明：云南人民出版社，2008。

国家的政治想象，原本与帝国一体，随着中华帝国时代的结束，这种想象可以通过历史书写重新焕发出来，但是恰恰不应与民族国家的现实改造相悖；民族国家应该尊重这种地方性。他的思考大体基于历史的断裂而展开，认为民族国家对边地的改造其实不需要历史依据。

还有一种基于社会学和人类学的田野调查，从社会结构本身出发进行讨论。其中又以田汝康和陶云逵两人的研究为代表，两人均关注傣族社会的双重性问题。1941年，田汝康在其《芒市边民的摆》一书中描述了德宏傣族地区的社会组织和社会结构。田汝康从宗教人类学的角度，考察了当地各种类型的"摆"的仪式，认为这些大小"摆"组成了当地社会的年度周期，发挥了构建社会的作用。在这本书中，田汝康从"摆"这个仪式入手来看傣族社会的整体生活，实际是考察"摆"与"非摆"这两套宗教活动的关系及其行动逻辑。

"摆"是当地佛事活动的总称，包括买佛、迎佛、赕佛的一系列活动，这些活动可以分别举行。"非摆"指的是当地"本土宗教"的信仰仪式。根据田汝康的观察，这两套系统分别按不同的历法时间运行，他用中历（即农历）来记录"非摆"，用佛历和中历来记录"摆"，摆与非摆的交错运动构成了社区整体的时间系统；与这两套仪式相对应的仪式空间分别是冢房（佛寺）和社庙（祭祀勐神之处）。① 田汝康注意到佛教与勐神的相互对立，认为构成当地社会信仰核心的是佛教；佛教是摆夷社会的最高道德体现，以及维持其文化特色历久不变的原因；② 社庙仅是一种巫术而非宗教，因此不具备那种宗教的超越感和公共性。③ 他援引涂尔干（Émile Durkheim）的图腾与社会研究来进行讨论，认为："Durkheim对于宗教的分析曾充分说明了团体仪式在社会完整上的功能。在上帝面前，在图腾像下，在群众集会中，各人可以把表面的差别破除，使社会分子的基本相同性可以充分表现，更使每个

---

① 田汝康：《芒市边民的摆》，57页，昆明：云南人民出版社，2008［1946］。
② 同上，52~53页、98页。
③ 同上，66~67页。

人在这样的集合行为中深刻感觉到社会和个人的合一。摆夷的摆实是一例。"①在这里，佛教被当作当地社会宇宙观的唯一表达，其社会整合力量得到强调，但是它作为一种外来宗教的身份和进入当地的历史却没有得到充分论述，在这背后有一个"非摆"的信仰与佛教长期斗争和混融的客观历史过程。而且田汝康自己的观察也已经发现一个与陶云逵所见同样的事实，即巫的体系没有被佛教所笼罩，仍旧保持着高度的独立存在。涂尔干的理论不足以对此做出充分的解释。

陶云逵曾在其"车里摆夷之生命环"一文中做出过不同于上述路径的努力。他将土司制度、宗教和社会三者放在一起，考察三者在历史中形成的结构关系，实际提出了一种以文化－社会－个人的连续体为理论指向的新视角。在他看来，以南传上座部佛教和勐神崇拜两种宗教为基础，产生了混合两种宗教宇宙观的文化体，这种文化体系的传播遍及西双版纳至缅甸、老挝、泰国等东南亚地区。

在这种双重宇宙观的影响下，西双版纳傣族社会相应地发展出一套双重性的结构，以应对来自中国和缅甸的双重压力。具体表现为：在土司制度上具有汉制和土制之分，宣慰使既是中华帝国的官僚和臣属，又冠有缅甸册封的转轮王称号。在宣慰使朝廷的设置上，也分为内官和外官，其中外官为分封的有血缘关系的贵族，内官为宣慰使的家臣，无论内外官制度，其总管均例由宣慰使之亲弟或叔担任。在内外官体系之外存在一种特殊的世袭的巫官，为宣慰使负责全勐的勐神祭祀活动，担任其专属的祭司；相对应的全版纳最高等级的僧侣、佛教教会的大祭司，则必须由宣慰使的血亲才能担任。也就是说，父系继嗣和母系继嗣分别体现在宣慰使本人的承袭和教权的承袭上，也体现在佛教与巫两种宗教仪式的对立关系中。②

不过遗憾的是，陶云逵并没有对这种双重性在社会日常生活中的具体表现做出更详尽的描述和分析，也没有看到他所描述的佛教与巫两种不同的仪

---

① 田汝康：《芒市边民的摆》，102 页。
② 陶云逵："车里摆夷之生命环"，见李文海编：《民国时期社会调查丛编·少数民族卷》，福州：福建教育出版社，2005［1948］。

式其实是双重宇宙观的直接反映,因此他也并未明确地意识到双重性如何能够实现内在的转化和统一,而这对于当地社会的整合至关重要。

相比之下,前两种社会科学研究的倾向,它们的思路其实是一样的,都是要求一个文化有一个时间体系、一种民族精神,而没有看到西双版纳自身的这种双重性。正是这种双重性,对民族国家的建构,以及以民族国家为意识形态的社会科学思想构成根本的挑战。

在上述研究基础上,本文将以西双版纳田野调查的个案,从经验层面进一步探讨西双版纳社会的双重性。我们将以年度仪式的周期入手,通过"时间"这个角度,描绘两种宗教宇宙观各自不同的时间感在相遇的时候,如何构成了相互制衡又相互转化的关系。其中,基于年度仪式的考察,将把"佛爷"、"巫官"和"土司"三者的关系结构置于我们的焦点之下,通过描述他们在仪式中的行为和意义,并结合神话与社会形态,来理解当地社会在具体历史中的构成机制,并以此探索多重文明碰撞地带的理论解释模型。

一、田野背景

笔者的田野地点在西双版纳勐海县勐混镇。它位于西双版纳西部,离中缅边境仅有 1 小时路程。勐混历史上从 12 世纪开始就是十二版纳之一,并且在十二版纳中属于面积较大、实力较强的土司属地。[①]勐混土司通常由车里宣慰使的弟弟或者叔叔充任。这一带地形狭长,全长 32 公里,东西最长距离 14 公里,坝区海拔 1200 米左右,总面积 255 平方公里,人口密度为每平方公里 93.5 人。从明隆庆四年(1570 年)划分十二版纳开始,勐混、勐板合为一个版纳。[②]

---

① 李拂一:"自序",见其编译《泐史》,3 页,台北:辅仁书屋,1983〔1946〕。
② 十二版纳的名称在《泐史》第一次全部出现,是在 1570 年车里向缅甸朝贡礼物,由各版纳负责不同贡品。车里向缅甸朝贡,是由于 1569 年车里宣慰使召应猛迎娶缅甸公主,从此尊天朝为父,缅朝为母,所奠定的三边关系之结果。

图1 云南西双版纳傣族自治州勐海县勐混镇地图（From Google map）

民国期间，勐混区划曾有数次变动，直到1987年设勐混乡，一直沿用至今。①根据最近的年鉴，2007年勐混乡下辖勐混镇、曼扫、曼赛、贺开、曼国、曼蚌、曼冈7个村公所，76个自然村。②勐混有"鱼米之乡"的美名，为西双版纳重要的水稻产区，地属亚热带季风气候，年平均温度18.3℃。

如上图所示，标示A的地点即勐混。从上图可以看到，勐混所在之处是一个三角形的坝子，图中穿过勐混的深蓝色的线条是南开河。这条河流自东南向西北穿过勐混坝子中部，全长47公里，常流河，流域面积509.2平方公里，灌溉农田9000多亩，是勐混境内最大的河流。③由于南开河的这个拐弯，原本不流经坝子的河水才拐了进来，得以灌溉这里的农田。"勐混"一词来自傣语的音译，意思是"河水倒流的地方"，即得名自南开河。当地人有好几个神话讲述了这条倒流的河水与勐混坝子的关系。这些神话对于理解当地的年度周期有重要意义，对此，我们将在下文另行讨论。

整个勐混乡大概有三个主要民族：傣族、布朗和哈尼。其中，傣族集中居住在镇上，布朗和哈尼分布在周围的山区。过去勐混土司统治着这个坝子，也包括这些山地民族。可以说历史上三个民族共享同一个区域的政治过程。

---

① 云南省勐海县地方志编纂委员会：《勐海县志》，昆明：云南人民出版，1997。
② 勐海县地方志办公室：《勐海县乡镇年鉴2007》，152页，内部资料，2009。
③ 同上。

勐混镇一共有3座中心佛寺，城子佛寺是其中的一座，也是全镇的总佛寺。除此之外，还有曼南嘎佛寺和曼蚌佛寺两座中心佛寺。在上述中心佛寺之外，还有一座浓养佛寺，坐落于布朗山，以布朗族为主要信徒。

勐混城子佛寺，傣语也称"洼宰"，坐落在勐混镇中心的小山脚下，距离勐混镇政府100米左右。金黄色的重檐式坡面屋顶在阳光下闪闪发光，四周绿丛掩映分外显眼。城子佛寺下辖曼枪佛寺、曼纳佛寺、浓养佛寺、曼打大佛寺、曼代新佛寺、曼代老佛寺、曼光龙佛寺、勐冈佛寺、曼列佛寺、曼贺佛寺、曼英佛寺、曼扫佛寺、曼召佛寺、曼扁佛寺、曼光囡佛寺，以及周边的布朗山乡曼果村委会的曼歪佛寺共16所佛寺。直接供奉勐混城子佛寺的共有11个小组，共837户，3747人。原来勐混城子有2个中心佛寺，分为上佛寺和下佛寺，文革期间均被毁掉。1980年2月在其中一座旧址上重建，即今天的城子佛寺。2003年由刀琼英捐款重建。

中心佛寺旁边是现在的勐混乡政府和镇政府所在地，建在过去的土司衙门旧址上。政府大院中有一块孤零零的空地任其抛荒长草，却没有人认为应该用水泥将其填平。人们解释说，这块空地原来是土司家中祭祀的地方，所以是不能碰的。留着这块空地，似乎也留下了对于土司的某种历史记忆。

当我们往山坡上走，大约20分钟就会看到勐混大白塔，傣语称"塔龙景恩"，正遥望着山下的佛寺。塔身建筑为笋形，金色，塔基上以八座小塔围绕中央的主塔，形成正八角形的母子塔。人们从进镇的路上远远地就能看到它在绿树掩映中秀美的身影。大白塔据传建于傣历1139年（公元1777年），1969年曾被炸毁，到1985年开始修复，2004年最后完成。在塔附近还建有一座小型寺庙，供人们赕塔时烧香所用。①大白塔据说是一个叫"基达三麻领"的佛爷为纪念父王"叭雅宰帕沙"而修筑的，主塔高度为30米，传说塔底深度和南开河底相平，底下埋着"召戈达麻"（佛祖释迦牟尼）的三根头发。这只是关于大白塔传说的一种版本，笔者在勐混还采访到关于这个僧王传说的另外版本，下文将会详细分析。

---

① 岩吨："勐混镇塔龙景恩基本情况简介说明"，手稿，2009年3月28日。

1998年，大白塔下的外围空地上还建成了一座傣汉双语培训学校，其主要用途是供僧人佛爷、小和尚在学生放假期间或者开门节、关门节等节假日的时候，来这里集中学习。

西双版纳地区的寨子通常都是一寺一塔，但是勐混中心城子比较特殊，除了大白塔之外，在勐混南开河边上"勐混小桥"处，还有一座小白塔，傣语称为"塔囡"，相传为勐混"叭雅宰帕沙"的儿子"基达三麻领"的葬所。每年泼水节的时候全镇傣族、布朗族等各族人们事先要集中在这里"赶摆"，跳舞唱歌和放高升，然后再去赕大白塔和佛寺。小白塔据说始建于傣历1139年，在"文革"期间被损毁，1974年由勐混城子康朗龙组织全镇信教群众开始重建。到1976年随着城子中心佛寺重建，康朗龙也进寺出家，后来成为勐混最高等级的佛爷，成为"召祜巴龙庄勐"。

在大白塔下不远处有一块稍平的草坪，周围簇拥着茂密的树林，一旁还盖有简陋的平房。这就是"竜林"，勐混祭祀勐神的地方。"勐神"被认为是一个勐的首领祖先，是曾经开辟了这个勐的英雄。勐神祭祀是官方祭祀仪式，需要用神牛献祭。有的勐每三年举行一次，有的勐每年举办一次。而竜林作为勐神栖居之地，平时通常不让人随意进入，林子之内的动植物都不允许捕猎和采摘，即使是果子熟透了掉落在地上，也只能任其腐烂，不能捡拾食用。竜林当中有一块空地是用来专门举行祭祀勐神仪式的；在仪式期间，只有祭司及其助手能够在其中活动，其余参加仪式的人群都只能在这块空地周围聚集。

有的学者认为，竜林实际上是村寨重要的水源林，每亩竜林可以蓄水20立方米；全州竜林150万亩，能蓄水3000万立方米，相当于3个曼飞龙水库，5个曼岭、曼么耐水库的蓄水量。全州最大的水资源澜沧江由西北至东南纵贯州境，州流程187.5公里，流经7605公顷的景洪坝子和8400公顷的勐罕坝子，但是因为河床低于水田10余米，没有浇灌一亩田地。在1949年以前，整个西双版纳只有引水工程，没有蓄水工程；只有鱼塘，没有水库，主要靠河谷平坝四周山林流出的小溪箐水，建筑木桩竹笆坝等引水灌溉。这意味着450万亩的水稻田几乎全靠森林涵养水源。从这些竜林流出的溪水河流，得以筑坝挖渠,灌溉农田,满足人畜生活饮用。①因此,竜林位于村寨外部的山野,给村寨提供生命的源泉;在这块地方安眠的神灵其实与这种生命力相关。每次对勐神的献祭,都将这种野外的生命力带回到村寨之中,哺育社会使之繁衍不息。

从这座山往北望,景洪坝之西矗立着十二版纳最大的勐神所居住的"竜南神山",其主峰海拔2196米,山脉全长50余公里,从南糯山、格朗河经路南山到布朗山,面积超过10万亩,是全州最大的水源林。景洪、勐海、勐遮、勐混、勐龙五个版纳的主要河流均发源自这座"竜南神山"。过去祭祀这座勐神的时候,要由宣慰司署议事庭出钱,书写祭文,颁发布告。由巫官主办,宣慰使主祭,每年用水牛祭祀两次,傣历8月(公历6月春耕)求雨,1月(公历11月秋收)求晴。勐混的南开河也源自这座"竜南神山",因此河流所带来的生命力与神山密不可分。宣慰使作为最高的祭主祭祀竜南神山的勐神,实际宣告了他的灵力与神山沟通,通过河流滋润着十二版纳的土地,带来丰产。

与祭祀勐神仪式相对应的,是佛寺及其代表的仪式活动,例如浴佛、赕帕(敬献袈裟给僧侣)、升和尚等。在西双版纳,每个傣族寨子都有自己参拜的佛寺,过去佛寺承担了当地的教育、宗教、经济、政治等诸多功能。从1950年代开始,这些功能被逐步从寺庙系统中剥离出去,但真正对寺庙系统构成根本动摇的是这时候的学校建设——虽然早在1935年李拂一联合商界和宗教界人士推动现代教育活动,但是当时师资遴选和培训都在大佛寺内进行,并且挑选的都是已经在佛寺受过基本傣文训练的大和尚;②1950年代以后,学校教育向群众推广,到90年代已经和内地教育模式没有显著差别,不仅将教育空间从佛寺中脱离出来,学生也从原来的"和尚班"被彻底改成了义务教育。这在客观上使原来本地的和尚升为佛爷人数更为减少,在仪式周期的时候,本地的仪式专家往往不够用,而更多依赖来自缅甸佛寺的大佛爷,

---

① 高立士:《傣族竜林文化研究》,王静、龚珊、李志凌译,3页,昆明:云南民族出版社,2010。
② 参见许长林:"解放前佛海县学校教育概况",刘献廷:"解放前佛海县短期师资培训班简况",许长林:"艰苦创业勤俭办学——回忆五十年代勐遮的教育工作",《勐海文史资料》,第1辑,159～162页、163～165页、168～173页,思茅:思茅方华印刷有限公司。

在后者的威望和灵力增加的同时,勐混中心佛寺的等级也不可避免地走下坡路。现在佛寺有资格做法事的只有一个二佛爷,人手明显不够。①

2009 年 11 月开门节期间,勐混中心佛寺已经一百多岁的老佛爷祜巴龙庄勐去世,有资格主持法会的大佛爷就是从缅甸特意请来的。那一段正逢仪式周期,各村寨几乎每天都在举行仪式,笔者曾碰到从版纳最高等级的景洪中心佛寺开车下来的佛爷,他们专门负责这一年勐混到打洛一带的乡镇做赕,仪式过程不仅要在村寨中的佛寺进行,有时还需要走家串户。结果作者上午在勐混城子中看到他们,下午到打洛仍旧看见他们;次日转到布朗山,他们才刚离开到下一个寨子。也幸亏他们都很年轻,不然这种高强度的工作确实很难胜任。

勐混当地与宗教事务有关的人员有佛爷、阿章、康朗、波勐、召完、摩勐;在这个序列中,他们的知识与佛寺和佛教的关系依次疏远。佛爷通常只在佛寺里;阿章是佛爷还俗之后,在地方上享有一定威望的宗教仪式人员,同时他们还有特殊的义务,就是管理佛寺的日常杂务。康朗是对升过佛爷之后还俗回来的老人家的尊称,他们也和阿章一样为人们做仪式服务,不同的是,他们更紧密地联系着世俗社会这一端,而通常无权涉足佛寺事务。

波勐意为"全勐最有智慧的人",通常是身份显贵、当过佛爷并还俗之后,在地方上威望最高的老人,过去无论是佛爷还是土司,都要对他礼敬三分。祭祀勐神的地方和仪式过去都是由波勐负责管理的,因为那被认为是全勐的祖宗地,波勐的职责就是保护和管理它。勐混的波勐因为年老已经身故,故现在城子里没有波勐。过去由波勐领首的仪式、村寨事务等,现均被几位康朗和阿章包揽下来。召完是属于土司内官体系中的职官,俗话说有寨子的

---

① 在当地,小乘佛教僧侣的等级从高到低分为:阿嘎门里(只有召片领的血亲——勐级的人才能担任)、松领(召片领幼年当和尚,继位后称为"松领帕兵召")、常卡拉鲊、沙弥、祜巴、独(其中"独竜"是大佛爷,为一寺的主持,"独刚"是二佛爷)、帕(大小和尚),(见刀国栋、吴宇涛:"叭贞以后各代的历史记载——根据勐康土司藏本",见《民族问题五种丛书》云南省编辑委员会编:《傣族社会历史调查(西双版纳之三)》,103 页。)只有达到大和尚等级才可以出去游历,但是只有升了二佛爷才有资格主持仪式和法会。

地方就有召完，有佛寺的地方就有阿章。召完并不负责日常仪式，只有一件事情必须由他处理，就是人们如果要出远门，人们就会拿一对腊条来送给他，相当于跟他报备，希望顺利出门、顺利回家。

摩勐则只有一位，是父子相传的，勐混的摩勐是在坝子头的蛮火勐。他除了在祭祀勐神仪式上负责牵牛杀牛之外，每年傣历新年的正月里，人们都要轮流带着腊条到他家拜他，祈祷新年平安。担任摩勐需要具备一定的条件：（1）由寨子中老户的家族男性成员世袭，外来户或上门女婿不能担任；（2）已婚、妻子健在，未婚或离婚都不行；（3）儿女双全。有儿无女不行，有女无男也不行；（4）五官端正，肢体残缺不行；（5）祭祀的时候，家中无孕妇、产妇。若有，则该年祭祀由摩勐族人中选择合乎条件者代理。

在陶云逵的研究中，他将摩勐称为"巫官"，认为其有封地，能世袭，为土司进行特殊的仪式服务，相当于祭司。[①]他所说的"巫"其实并不是如今萨满教研究中通常所说的巫师，而是指西双版纳当地所特有的这种与土地神灵的祭祀相关的专职宗教人员。借用他的表述，我们可以在分析上建立一种对应于南传上座部佛教的巫的宗教，指的是与土地有关的一系列祈求丰产的仪式集合，包括下文要详细讨论的勐神祭祀、谷神祭祀等。由于这部分仪式与佛教长期互相排斥，经常被研究者认为是原始宗教的遗存。实际这可能是一种先入为主的看法，认为佛教作为当今西双版纳社会主导的宗教，它在当地社会推动了一种文明化的进程，而它所反对的这些具有较浓巫术色彩的仪式应该是在佛教进入之前的不文明时代的产物。关于这个问题我们将在下文的研究中进行讨论。尽管存在这个疑点，但是并不影响我们将这两种宗教观念体系对立起来看待；关键在于这两套仪式环节之中所表达的对宇宙和社会的具体看法。因此本文将在上述特定语境下，使用"佛"与"巫"作为分析的关系，而不是将其作为分析性的概念，也无意踏入属于萨满教研究的广阔领域。本文更倾向于将"巫"视为附属于土司的宗教系统，"巫官"乃是相对于"佛爷"的王权祭司。

---

① 陶云逵："车里摆夷之生命环"，214页。

大致来说，在如今的勐混，最主要的宗教相关人员是佛爷、康朗和阿章。在仪式类型上他们的分工如下：结婚、满月等喜事要请康朗或阿章，并由老人栓线；病痛、禳灾一般也请康朗，不请佛爷；新房造地基的时候、上新房头一天晚上，要请佛爷来念经，葬礼的时候也请佛爷。

综上所述，大白塔、小白塔、中心佛寺和竜林，构成了勐混的宗教世界。这个世界包含了村寨内部和外部的山野，也包含了活人的世界、死者的世界和天上的国度。围绕这些地景，勐混重要的仪式周期性地开展，形成了不同的时间观念的表达。

二、时间的钟摆（Ⅰ）：佛与巫交错的仪式周期

陶云逵的研究已经揭示，西双版纳年度仪式中最主要的是四个仪式：祭祀勐神仪式、关门节、开门节和傣历新年。在这四个仪式中，祭祀勐神仪式是排斥佛教在场的，关门节和开门节则是与南传上座部佛教密切相关的节日，傣语分别称为"毫袜萨"（kawasa）和"奥袜萨"（ogwasa）——这两个词源自巴利文。"关门节"实际是南传上座部佛教僧侣在雨季时候举行"入夏安居"仪式之后，开始为期3个月的寺内静修活动；在泰国又称为"入夏节"或"入夏安居"。原本这是属于僧侣的活动，后来扩展到社会之中，变成社会性的休眠时期。"开门节"并非佛教规定的节日，而是社会对应"入夏节"的发明，意在解除"入夏节"的禁忌活动，恢复社区日常生活秩序。傣历新年通常被认为是佛教节日，但是在实地观察中，我们依旧能够看到许多并不属于佛教仪式的内容，包括勐神也在场，因此不妨将其看成是佛与巫双重仪式的综合。

在勐混，开门节之后紧接着是盛大的收获祭祀活动，称为"赕塔"，也是由佛爷和巫官共同合作。这个仪式是陶云逵未曾关注到的，而它恰恰是理解勐混当地王权神话的关键。以下我们将分别从巫和佛两条线索，来呈现这些仪式的重要细节。

1. 巫的时间观：勐神祭祀仪式

　　勐混祭祀勐神仪式每三年举行一次，每次举行大概在傣历12月即公历10月，开门节过后，是全勐最盛大的节日。遗憾的是，笔者两次田野期间都没有运气碰上这种盛大的庆典，并且举办这种社区仪式期间通常拒绝外来者进入村寨，因此只能借助访谈和文献对该仪式的程序进行描述，希望将来能有机会亲自参与观察，再做补充。

　　祭祀勐神的日期由勐混的康朗和摩勐等排算商议，并与镇上的宗教管理小组和干部一起开会决定。决定之后，通报各村寨的宗教活跃分子、各位康朗、阿章和佛寺。在祭祀之期前数日，由这些康朗等人查询各寨子是否有未婚先孕的女子，如果有，则要对她及其情人做出处罚。通常是对这对情人处以罚款，并以所罚款项购买一头猪，用滚水烫死之后抬着游街示众；犯事的男女也要跟在后边。过去这口猪的内脏、耳、舌、脚分成九份用来祭祀勐神，其余分给土司和议事庭，猪头给巫官。这个仪式是一种禳除仪式，称为"洗寨子"，目的是清洁社区，为迎接勐神祭祀做准备。

　　此外，寨子出入的道路路口处要插上竹篾———一种竹篾编织的环形带长柄的物品，表示禁止人们出入勐区。如果行人见到有篾在，通常也需要避行它路。

　　祭祀之物中最重要的是神牛，其余祭品包括鸡、鸭、鹅、鲜花、腊条、茶叶、烟叶、糯米、酒等，都是双数。祭祀必须用公水牛，由摩勐和康朗选购备置。牛之耳朵要与角的长度相等，两鼻孔须下垂，毛色无杂色。勐混祭祀用黑牛，而周边的勐祭祀都用白牛。谁家的牛如果被选中，将是非常幸运光荣的事情，出价必须要比市场价高。选购好的牛由摩勐牵回家饲养，直到仪式举行那一天。从这时候开始，这头牛禁止摩勐以外任何人触碰，它经行寨子里的道路留下的脚印要扫去，留下的粪便也要用簸箕装走，倒在僻静的地方。

　　祭祀前夜，由土司——在土司制度结束后由土司的儿子代替，端坐在其屋中，派人去请摩勐。摩勐三请方至，身穿红衣，着女装，腰间别刀，身后有两位助手随行，到土司（或其替身）跟前并不行礼。待土司发问，客气地请他为地方祈祷上天，消除灾难，使五谷丰登，百姓清吉。于是摩勐及其助手应承下来，到楼下祷告。祷告完毕，将事先绑在两边柱子上的鸡杀死，用鸡血洒向天空和地上。然后鸣炮三响，摩勐手牵神牛，歌者舞者开道，浩浩荡荡向竜林走去。从这时候开始，土司就必须静坐在室内，直到仪式结束都不能再活动。

摩勐将神牛牵到竜林空地的祭坛上，将牛紧系在木桩之上。这个木桩傣语称为"lagum"，具有神圣性，平时禁止触摸。系牛时，牛头必须向东，尾向西，其头抵着木桩，两条后腿另结于两个小木桩上，使其不能移动。摩勐立于牛前祭架的矮台上，两个助手站在他身后。祭架用竹竿搭建，上面插着竹篓和竹簪。围观的众人站在祭坛四周，禁止女子近前。

摩勐登上矮台开始祈祷。之后杀一只鸡，将鸡血洒在祭架之上，再以树枝抛过牛背9次。然后用竹竿削直的长枪对着牛比划一番，围绕牛走三圈之后，用力猛刺牛颈。复而取刀砍牛头一次，其助手接着砍，必须三次之内将牛砍死，否则不吉。牛倒地之后，由摩勐和康朗上前查看牛的姿势，以卜测吉凶，如果牛被刺后鸣叫或拉出屎尿，视为不祥。牛死后要剥皮开膛，将牛尸呈匍匐状，盖上牛皮，生祭一次。继而摩勐主持宰割牛身。头和两只前腿给摩勐，胸、尾给其助手，后腿分给土司或其代理人，其余部分分给组织仪式的康朗、村干部等领头人。在分割完毕之后，由摩勐取一些熟牛肉和酒、饭放在祭架上再祭祀一次勐神。各人分得牛肉之后，就在祭坛附近事先起好的灶台上烹煮共食。摩勐及其助手也一起吃。

勐混竜林内建造有一平房，平时为勐神固定的居所。在祭祀勐神的头一天，由此次宗教活动的组织者邀请全镇或附近村寨有名的章哈到这里通宵唱歌。来唱歌的章哈为一男一女，唱的内容既有古老的祖先史诗，更多的是相互调情的情歌。他们互相对答有时候要连唱三天三夜。以前的民族志从未发现过祭祀仪式中勐神有什么具体的化身或形象，但是笔者在勐混调查中了解到，它开始有具体的象征，在章哈唱歌的时候用一块红布包裹着，供奉在神龛之中，布下的内容无法窥知。勐神的具象化有可能受到汉人祖先观念的浸染，不过这还需要继续观察，目前未足以下定论。

当大家共餐完毕，摩勐用酒再祭祀勐神一次，接着鸣炮三响，启程返回村寨。这时摩勐及其助手要各自用一对腊条来拜土司,解除了土司的禁忌,恢复其活动。

陶云逵认为:(1)勐神仪式是佛教传入之前就有的一种原有的信仰与仪式,所以祭祀由巫官主持而无僧侣;(2)巫官本人是人鬼两界的沟通者,土司召巫官到来的时候,巫官的身份已属纯鬼化或神圣化,人们把他当做勐神的代表,所以可以和土司平起平坐。但巫官不是勐神本身,因为在杀鸡之后,去到祭坛,他又代表土司去祭祀了;(3)土司静坐,是表示他的魂在巫官身上活动,在那里祭祀,所以他的肉身必须静止在屋内。①

陶云逵的解释可能并不太准确。首先,他认为勐神祭祀构成摆夷宗教信仰的底层,佛教则有严密的宗教制度,构成其信仰的表层。他根据耿马宣抚司傣文史志记载,14 世纪佛教传入当地,耿马在车里之北,由此推断,车里或更早于 13 世纪便有佛教。②但是这种对宗教史的判断可能过于简单,佛教的情况大体如他所说,然而"勐神"这种"土宗教"则不一定是原始宗教,它杀牛献祭的仪式更接近印度吠陀仪式。③两者在历史上曾经长期交错在一起,不仅在西双版纳,在缅甸亦如此。

对于佛教的传播,学界关于佛教何时传入傣族地区有两种看法:(1)大约公元 1 世纪至 3 世纪前后。其根据有两个,一是公元 2、3 世纪小乘佛教已经传入今天的越南、泰国和缅甸地区,由此可推断佛教同时期进入西双版纳;二是傣文经书《满嘎腊沙萨纳竜》记载,佛历 224 年即公元前 2 世纪前后佛教已经来到西双版纳。④(2)大约在公元 7 世纪。小乘佛教于公元 5 世纪传至缅甸,并继而向泰国传播,于公元 7 世纪流行;因此位于这条路线中间的西双版纳最晚也于 7 世纪受到佛教影响。⑤

---

① 陶云逵:"车里摆夷之生命环",264 页。
② 同上,216 页。
③ 伊利亚德:《宗教思想史》,晏可佳、吴效群、姚蓓琴译,219~223 页,上海:上海社会科学院出版社,2004。
④ 岩峰、王松、刀保尧:《傣族文学史》,389~393 页,昆明:云南民族出版社,1995。
⑤ 杨学政、韩学军、李荣昆:《云南境内的世界三大宗教——地域宗教比较研究》,55 页,昆明:云南人民出版社,1993。

前一种说法较难证实，公元 2~3 世纪中国为汉朝时期，史书记载现今西双版纳地区居民的社会形态多为部落，土司制度也未具形制，很难据此判断这一时期与明清以来西双版纳王权的形成之间有何具体关联，这么长跨度的历史本报告暂时无法处理。后一种说法相对比较可靠，但是在公元 7~11 世纪，小乘佛教在西双版纳的影响还是相当有限的。①当时进入的佛教并不积极介入世俗社会，而是选择在山林居住，类似隐士。②佛教在东南亚确立其教会并形成一股强大的宗教力量，与公元 11~12 世纪缅甸蒲甘王朝的阿育王将其立为国教有关。③随着蒲甘王朝的强大和数次征战，佛教随之在东南亚广泛传播。它在傣族地区的最终确立应该是在 12 世纪之后了。

公元 7~11 世纪，控制云南大部分地区的是南诏国，作为一个强有力的政治中心，它的影响力一直到缅甸，上缅甸地区曾臣服于南诏。南诏以阿吒力（Ari）为国教，这种宗教最初是从藏边地区传入的佛教密宗。④11 世纪时阿吒力披靡于上缅甸，使其地教徒倡导祭龙之风，并祀佛陀与其释帝（Sakti）诸妻之神像。⑤阿吒力与当时蒲甘王朝的婆罗门教纠缠在一起，比如都强调僧侣的"初夜权"；当时国王加冕的仪式还是婆罗门教吠陀仪式，后来由于佛教的介入，将原来国王加冕时的涂油礼改成了圣水洗礼。⑥这说明影响缅甸至车里这片区域的至少有三种宗教层叠：阿吒力、印度教和佛教。勐神祭祀与前两种外来宗教关系密切，而这两种宗教也是制度化的宗教，并不是原始宗教；或者说，它很可能是前两者本地化的结果。

其次，陶云逵对巫官和土司在仪式中的表现所做的解释也不准确。摩勐应诏面见土司之时，他并未举行任何圣化或降神的仪式表明他已经不是凡人，而是勐神附体。他与土司并坐是对日常生活秩序的颠倒，意味着即将开始的

---

① 杨学政、韩学军、李荣昆：《云南境内的世界三大宗教——地域宗教比较研究》，56 页。
② 西娜撰文，岩香宰主编：《说煞道佛——西双版纳傣族宗教研究》，173~174 页，昆明：云南人民出版社，2006。
③ 哈威：《缅甸史》（上），姚梓良译，71~74 页，北京：商务印书馆，1973。
④ 同上，43 页。
⑤ 同上，43 页。
⑥ 同上，138 页。

仪式程序中，他获得了比土司更高的地位。同时，也没有证据显示，摩勐在杀牛的时候是代替土司行使祭司的权力，因为我们在仪式中并没有看到任何摩勐转化为土司化身的环节。因此，我们的分析必须回到仪式的整体表达来看。杀牛献祭带有印度教吠陀仪式的浓重色彩，表明对宇宙开辟这一伟大事件的重复，通过杀死神牛，终结了混沌，开启了世俗的时间和空间，使社区进入了历史进程之中。[①]不可触碰的神牛实际是整个元初宇宙的化身，也是勐神的化身，作为宇宙开辟最初的献祭。土司的静止其实是仪式性的死亡，这个时候土司、神牛和土司的英雄祖先勐神都是同体的。杀死神牛相当于用土司献祭，也相当于重复最初的勐神献祭。

　　由于勐神需要周期性地杀死，也意味着周期性的重生，所表达的是一种周而复始的循环时间观。这种时间观与丰产联系在一起。由于傣族社会是农业社会，其稻作的丰产需要依靠节令和河流，因此就必须应和自然的时间节律。

　　西双版纳地区地处北回归线以南，属于亚热带气候，干湿两季分明，每年公历11月至次年4月为旱季，其余时间为雨季，其中2~4月为旱季最高温的时期。[②]勐混的勐神献祭通常在公历10月份，即傣历12月举行（傣历也是12个月，公历一般比傣历月序要早2个月）。我们将其时间周期用图2表示：

　　从图2可见，勐神献祭处于干湿季节交替之时，正逢从雨水丰沛的收获季节过渡到干燥的农闲时期。整个社区结束了一年的辛勤劳作，和祖先一起享用这一年丰硕的成果，然后接着进入到另一次播种的预备之中。年复一年，祭祀勐神的仪式祈祷从社区外的山野带回来充足的水源，赋予社区足够的生命力，然后通过浇灌土地，进入到植物之中，再通过饲养的神牛，在收获之时再度释放出来，使其回归山野，同时也重新进入土地，完成社区内外整个宇宙的整合与更新。

[①] 伊利亚德：《宇宙与历史——永恒回归的神话》，杨儒宾译，台北：联经出版事业公司，2000。
[②] 西双版纳傣族自治州地方志编纂委员会编《西双版纳州志》（上册），1页，北京：新华出版社，2001。

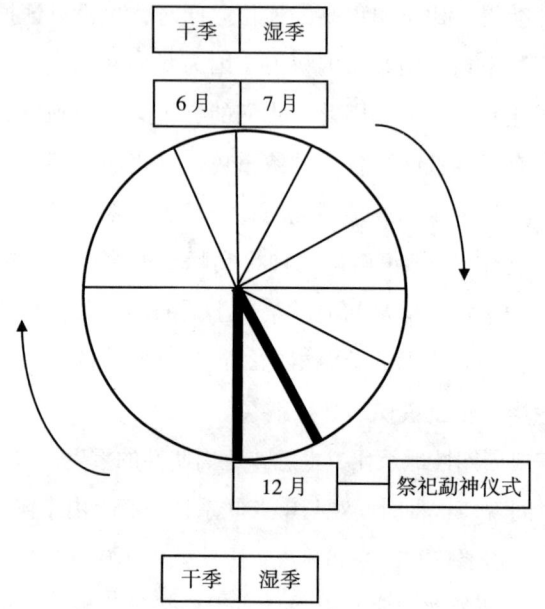

图 2　巫的时间周期（按傣历月序）

2. 佛的时间观：关门节与开门节

整个西双版纳的关门节遵循小傣历（傣语称"沙嘎"）的运行规定，每年大约在 9 月开始，为期三个月。

在关门节前一天，由当地阿章、康朗等召集，各家各自筹备关门节典礼所需的物品。通常包括：（1）以新鲜的带叶梢头的芭蕉树干一段，上缀彩色的纸旗、黄蜡做的花还有纸币，以及槟榔数串，仪式时放置在佛寺里；（2）制作小型善塔。善塔是用竹竿为架，上面糊着白色或单色的纸，搭成 5、7、9 或 12 层不等，顶上插着纸旗，和一方用草编的方形牌子；（3）制作长条白布幡，用带叶梢头的竹竿挑起，挂在佛寺的柱子上垂下，布幡上抄写傣文经书；（4）包数个糯米团，堆叠成山丘状，上插彩旗和蜡花；（5）用竹篾扎成马或象，供奉到佛祖前。这一天社区里边几乎每家都会杀牛宰猪，喝酒歌唱跳舞至深夜方散。

关门节当天，人们把上述供品送到佛寺，向僧侣布施。人们聚集在佛寺殿堂里，听大佛爷诵经祈祷，许多人跟随佛爷喃喃经文，听从佛爷指示滴水祈福。来赕的人们照例手持腊条一对，小水壶一个。除此之外，还带着许多要赕给佛爷的礼物。一般人相信，布施越多，将来所得的善果越大，因此赕来的布匹、金钱和各种财物用具都非常丰厚。

仪式开始时，每个和尚手持五对腊条鱼贯而入大殿。大佛爷坐在佛前的宝座之上，领导众僧礼拜诵经。然后各僧分别在寺中各地点燃腊条，例如佛台、经柜、殿门、走廊、柱子等地方。

从这一天开始，无论僧侣还是俗众，每7天赕一次，每次两天，共计11次。整个关门节期间，僧侣禁止外出及住宿村寨。许多虔信的教徒例如遵守五戒、八戒、十戒者，这段时期自带行李，住宿用餐均在佛寺之中，跟随僧侣进行讲经听经活动，称为"纳福"。这些人通常是村寨里的老年人。

在关门节结束前一个月的那次赕佛为大赕，这一天特别规定要诵经超度亡人。各家都事先出资请僧侣抄写至少一部佛经，随善塔一起送到寺中。善塔里放置一个小篮子，里边搁芭蕉果、甘蔗、米谷、盐、糖、肉包、粽子等。待人们将这些布施物品送进佛寺之后，大佛爷将事先准备好的纸卷放在桌上，请各家去抽。纸卷上写着经书的名字，抽中哪卷，这家就出资请僧侣抄写此经布施到寺中；其实这也是赕佛的另一种形式。大赕有可能持续一两天，在结束的时候，人们集中佛寺中听大佛爷诵经祈福，并滴水。

关门节期间，社区的时间也仿若静止了，人们不能谈婚论嫁、修建新房，并且尽量不出门工作。

三个月期满之后，通常是傣历12月15日，举行开门节仪式。开门节仪式与关门节仪式类似，唯其特殊之处在于布施物品中增加了大量供裁制和尚袈裟的黄布；而且小和尚的寄父母对他们的寄儿赠品尤其多。

有关"关门节"的来历，当地佛经和民间都有多种传说。有的记载，相传佛主到西双版纳等地巡游教化之时，降服了当地最大的魔鬼"阿纳洼嘎雅"，使其皈依佛教，为佛主托钵化缘。于是佛主便带着魔鬼道塔庄英，潜心修行3个月。后来全勐傣族百姓都皈依了佛主，便随之也进行3个月的修行，渐成固定的习俗，这就成为"关门节"。①因为经过文字的流传加工，各地佛经记载的传说其实大同小异，都是表明佛教对地方的规训，将其时间观念加之在社区生活之中。

在孟连傣族地区有另外一个传说的版本，搜集自当地老人的口述，保留了地方历史更多未经佛教修改的内容。据说很早以前傣族没有关门节的时候，佛爷和尚都到寨子里化缘，有一天到处刮风下雨，道路都是水，而且正逢傣历三月撒秧的农忙季节，人们没有时间接待佛爷，佛爷就在家里休息了3个月。后来形成了规定，佛爷和小和尚们在这三个月内不能出门到处找食，要在村寨边定居下来，自此也有了佛寺。②

这个故事虽然不是采自西双版纳地区，但是它所表达的历史感在西双版纳实际都是普遍的。故事中有几个关键的要点：（1）在关门节期间对佛爷三个月的禁足，实际上是通过佛寺这个空间，来造就一种隔离。（2）这种隔离是两方面的，一是隔离寺外的雨水，二是将佛寺与社区的生产隔离开来。其意义在于，门外连绵的雨水再度把世界"还原"成混沌，佛寺把雨水关在门外，以保持自己时间的干燥。在故事中强调这段时间是农忙季节，正是水稻生长旺盛的时候。这种旺盛的自然生长与寺内的道德戒律和压抑构成了鲜明对比。僧侣们居留在干燥的佛寺之中，平静地度过这个生命躁动的雨季，此时的佛寺似乎成为雨季中的一个孤岛。故事最后是说佛寺的产生是由于这种隔离的需要，已经是佛寺进入社区并试图掌控社区时间的结果。

正如上述分析表明，三个月的"关门节"是要避开"潮湿"的时间，后者意味着无限的丰产和生殖，那么，佛教由此表达了它期望一直停留在干燥的时间之中，而这恰与自然节律并不符合。因此这三个月是佛教在进入社区之后，加入到自然周期中的一段时间控制，意在从宇宙观上取消这种自然节律的周期性的循环。我们从图3中可以看到这种时间设计：

如图3所示，关门节从9月中旬到12月中旬，一共三个月时间，跨越

---

① 龚锐：《圣俗之间——西双版纳傣族赕佛世俗化的人类学研究》，71页，昆明：云南人民出版社，2008。
② 勐马寨人：《勐马档案》，24页，北京：文物出版社，2008。

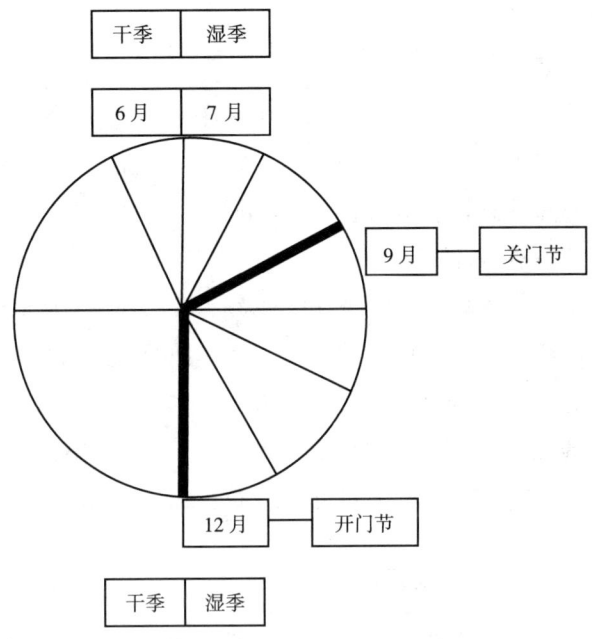

图3 佛教的时间周期（按傣历月序）

了雨季中的4个月，一年当中雨水最丰沛的时期。将这一段时间"静止"了之后，这个时间朝向的方向就不再是从干季到湿季，而是从干季进入干季，不再循环往复。这本质上是一种直线式的时间观念。

因此，我们将佛教的时间观伸长后可以观察得更清楚（如图4）：

在这种时间观的影响下，干季与湿季的差别被人为地取消了。从中体现

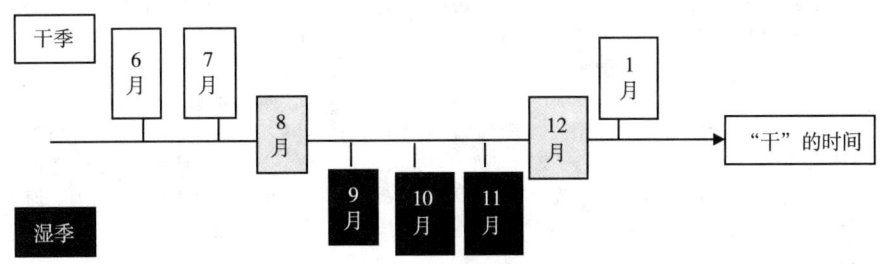

图4 佛教的直线式时间观

出佛教带来的戒律、自制和疏离世俗的道德观念，这也是佛教实现它对社区教化的一个重要手段。

除了上述仪式之外，佛教在干季中还会有许多类的赕佛活动，例如傣历2月5日至15日或是2月20日至30日，一共10天，要举行"赕岗"，通过诵经、祷告的形式向佛祖表示忏悔，请佛祖和神明赦罪，并挽救亡灵超脱苦海。赕岗的"常卡拉鲊"僧侣们分为2组，每组12人到16人，一组负责坐禅诵经，一组负责赕岗中的其他事务活动。村民们必须为参加赕岗的僧侣在佛寺外盖几间茅草屋，供诵经的僧侣们在这一期间坐禅。坐禅的僧侣每天只能吃一顿饭，每天静坐两次。只有参加过赕岗的"常卡拉鲊"才算是正式的"常卡拉鲊"大佛爷。在这10天之中，该村寨不能进行劳动生产，不能举行婚礼，不能破土盖房，禁止其他外寨人员入住本寨。① 可见其大部分禁忌规定和关门节是一样的。

3. 佛与巫的二重奏：泼水节与"赕塔"

泼水节又称傣历新年，傣语称为"京比迈"或"厚南"，泰语称为"宋干节"（Songkran Festival），一般在傣历6月也即公历4月中旬左右举行。在傣历中一年一共有12个月，共354天。为确保新年出现在6月6日至7月6日之间，傣历设置了闰9月作为调节，如果某一年的傣历新年晚于6月25日，那么这一年就有两个9月。② 由于傣历是阴阳合历，同时参照太阳历和汉地夏历，

---

① 陈久金：《中国少数民族天文学史》，126～130页，北京：中国科学技术出版社，2008。傣历19年安排7个闰月，是恒定的第二、五、八、十、十三、十六、十九年置闰月。傣历的回归年长度比实际要大，大约每60年长出一天，但傣历具体月份和太阳在黄道上的位置在理论上是有严格的对应关系的。傣历历书《西坦》中明确写道，太阳到白羊宫为6月，到金牛宫为7月，到双子宫为8月，到巨蟹宫为9月，到狮子宫为10月，到室女宫为11月，到天秤宫为12月，到天蝎宫为正月，到人马宫为2月，到摩羯宫为3月，到宝瓶宫为4月，到双鱼宫为5月。傣历在理论上规定，当相邻两个月的日月合朔位置出现在同一宫，就要设置闰月。如果出现在金牛宫（7月）、双子宫（8月）、巨蟹宫（9月），则当年有闰月，两次发生在其他宫，则明年有闰月。那么，在日常生活中，为了方便记忆和使用，傣历采取了尽量固定的平朔方法，在大、小月安排中首先规定单月大30天，双月小29天，由于置闰是在9月，故也是大月。做了这样的安排之后，月的平均长度比朔望月的实测长度要小，为解决这个困难，又每隔一定时间在8月安排一个大月。而具体哪一年的8月是大月，就要由具体推算来决定了，其出现时间大概是相隔5年。参见陈久金：《中国少数民族天文学史》，138～139页。

② 岩香宰主编，西娜撰文：《说煞道佛——西双版纳傣族宗教研究》，221～222页。

每年"泼水节"多在公历 4 月 20 日或 21 日，正是太阳进入金牛宫，大约应对着农历谷雨节气。

泼水节一般持续 3 ~ 4 天，第一天傣语称为"宛恼"（空日），与农历的除夕相似；第二天傣语叫"帕雅宛玛"，意为岁首，又称"日子之王"；第三天是新年，叫"京经迈"，为人们把这一天视为最美好、最吉祥的日子。这三天中与佛教相关的仪式分别是：第一天、第二天在寺庙堆沙、浴佛，到了第三天成为全民的泼水狂欢。整个节日期间村村寨寨要放高升、赛龙舟、大摆宴席，歌舞不歇。①第一天人们要举行"赶摆"活动，采购赕佛用的物品，为接下来两天的新年庆祝活动做准备。

第二天是日子之王到来的日子，这天人们手持腊条到佛寺浴佛并举行堆沙仪式。人们要清早起床，挑着小桶到河畔取沙。取沙之后挑到佛寺来，在佛寺周围的空地上堆起一座上尖下圆的小沙塔，大约 10 厘米高的样子，顶端放置一块小石子；然后在沙塔脚下堆 5 个更小型的圆锥形沙塔，环拱着中央的沙塔，还要用手指小心地在主塔上面开门，并在外围用沙子造一个小围墙。完成后的沙塔造型仿佛一座缅式的母子笋塔。建好沙塔之后，人们手持腊条，诵经滴水，并将彩色的三角形小旗或纸花插在塔上。也有的人将芭蕉树的心插在沙塔周围，上面系上红布。

佛寺之中也早早布置好礼佛的场地。各家扎了彩棚供人休息，并摆放大量的布施物品，除了大型的善塔、准备赕给佛爷的衣物用品，鲜花水果糯米饭等，还有钱、经文等。这些空地之上另树立一个白布制作的长旗，做成人形，代表勐神在场。待一切布置停当之后，以前由土司率先带领百官进入佛寺礼佛。大佛爷坐在佛前右边，土司及其诸位官员坐在佛前左边；大佛爷和土司两拨人相对而坐。现在没有了土司之后，就由其儿子或者贵族后人充当替身。

旧时傣族社会等级制度比较严格，在通常情况下不允许有人和土司平起平坐。但是在赕佛的仪式中，大佛爷的地位要高于土司，土司需要向其行礼。前述勐神祭祀的仪式中，巫官一开始也获得了这种最高等级的殊荣，这表明

---

① 岩香宰主编，西娜撰文：《说煞道佛——西双版纳傣族宗教研究》，218 ~ 219 页。

土司所代表的世俗政治权力,容许两种宗教权力对它的超越。换句话说,由双重宗教赋予的双重时间观念,也要通过规训土司来实现它们对社会的教化;其规训方式在这里是通过仪式来表达的。

各家赕佛完毕,由大佛爷诵经,僧侣们鱼贯而出绕行佛寺,一边诵经一边在这些沙塔之间穿行而过。沙塔形象可以视为十方丛林的隐喻,也即佛寺微观的缩影——在新年仪式期间,这佛寺不属于世俗世界,而是佛法宣扬的天上之国的映像。每个人所堆的沙塔,都造出自己心中的天国;僧侣绕行在这些沙塔之间,意味着穿行在世俗向往彼岸的路途,将这些世俗的时间和空间存在重新开辟为佛法普照的无疆乐土。在后者那里,消灭了一切时间,消灭了历史带来的衰老、战争、疾病、灾难等等诸类痛苦,它即永恒。

之后,人们还要到河边挑水来到寺中。僧侣们将佛像移出寺外,放在架子上。人们将水浇泼在佛像身上,清洗佛像的灰尘,然后再重新放回寺内。当天社区里还举行赛龙舟活动。

第三天,社区的狂欢正式开始。人们放高升、互相追逐泼水,表示节日的祝福。高升是用大毛竹绑上火药炮制成的,如果谁想放一支高升的话需要捐钱。想要放高升的人被人们恭敬地请坐上一个竹编的轿子,一旁舞蹈队的妇女们开始唱歌恭贺他,伴随着歌舞,寨子里的年轻人将轿子抬得高高地颠来倒去,颇有戏谑的意味。姑娘们会向他敬酒,这时候他就必须掏出大把钞票来挣个面子,因此放一支高升所捐的钱数有时候非常多。能放高升的人在社区里也会觉得特别有面子,受人青眼相待。

和泼水节、祭勐一样,赕塔也是每个社区非常重要的集体仪式之一,不过各个社区所赕的时间并不统一。有的勐是在傣历4月15日赕,而勐混镇赕塔是在10月底11月初。具体举行的时间需要康朗进行测算,有时还需要看鸡卦占卜。不过赕塔都集中在开门节之后,泼水节之前,在干季的时间之内,其主题通常包含丰收祭的内容。

所谓"赕塔"指的是将献祭和供奉的物品带到塔下敬献神灵。佛与巫都要参加这一仪式。不过这里说的巫不是巫官摩勐,而是负责让"谷神奶奶"附体的"咪地喃"(女巫)。从仪式的性质上而言,谷神和勐神祭祀都主要是祈求丰产的仪式，稻谷的精灵和土地的神灵都属于与丰产有关的同一类神圣存在，因此不管是女巫还是巫官，实际都属于同一类宗教崇拜和宗教仪式的仪式专家。

勐混的赕塔仪式在稻谷收割之后举行，此时湿季结束，干季正在开始。稻田收割下来的金黄谷穗被运走，田地里留下深褐色的稻秆茬，人们在田边插满了竹篾，将谷魂召唤回家。运回来的新谷是不能马上食用的，要等赕塔之后才能成为人们桌上的粮食。康朗和"咪地喃"事先已经查知社区里的收获，并开会商量决定具体的仪式日期，然后派人通知各村寨，并分头筹备钱款，邀请相关仪式人员，如歌手章哈等。

仪式当天一早，人们带着一对腊条、一团糯米饭、两袋新谷向大白塔出发。很多人走到山脚的大门时就脱掉了鞋子，光脚走上阶梯。在西双版纳礼佛有个习惯，人们走进佛寺大殿和在佛塔周围绕行时要赤足。参拜白塔的时候要围绕白塔逆时针行走，一边走一边诵经，同时把带来的糯米饭一小团一小团地揪下来，抛到塔基上。绕完塔之后，再去参拜塔旁边供奉天神"丢拉弄"的神龛，一共11个，据说是11位勐神祖先，同样将糯米饭搓成小团塞进神龛里，还要摆上腊条。然后，人们解开从家里带来的两袋新谷，并将其倒入塔前的箩筐中，这样各家的新谷都混合在一起。做完这些仪式之后，人们聚集在塔下的广场空地上聊天，等待着佛爷和"咪地喃"出场。

大约10点半，大白塔空地上已是人山人海。这时，山脚下依稀传来紧凑的鼓声和鞭炮声，宣告其中某位主角已到，正在上山。先来的是大佛爷的队伍。几位阿章和康朗托着银盘、箩筐或善塔，簇拥在大佛爷一行人周围。人们纷纷将善款投入他们手中的器皿，然后跪下手举腊条祈求佛爷赐福。山路一度被拥堵得水泄不通。佛爷们到达之后，便有沙弥扫塔，在塔基上布置宝座，并将几箩筐的稻谷扛到宝座前。一切准备就绪，大佛爷缓缓登塔就座，开始诵经。

早已有消息灵通的人士传告大家，今天一大早"咪地喃"便成功地宣布谷神奶奶附体，大概过些时候就能到白塔。大约半个小时之后，山脚下再度传来鞭炮声和鼓声。"咪地喃"披散着头发，闭上眼睛，在众人簇拥下一路舞蹈而来，口中时不时念念有词。随着"咪地喃"到来，仪式进入高潮阶段，在她带领下,男男女女跟随着她绕行大白塔,边行边舞。

而此前早已在塔基平台上等待的僧侣在诵经一段时间之后,也开始绕行白塔,一边走一边诵经。"咪地喃"和僧侣一方在上,另一方在下,双方都以顺时针为方向绕行。这段仪式结束之后,"咪地喃"被人们迎入白塔旁边的小平房,为人们降神排解疑难。而僧侣们则坐在塔基上,佛爷开始面对塔下的信众念经。念经结束之后,佛爷抓起箩筐里的谷物撒向人们,听众们情绪沸腾蜂拥而上,有的张开衣服,有的反转雨伞来接谷种。据说这些谷种带回家中妥善放置,可以起保护作用,人们通常不吃它。

莫斯曾指出,在大量社会中存在这样一种观念,形容物、行为或仪式中力量的本源,他用美拉尼西亚人的方式称呼其为"马纳"。[1]新粮从大地结出,包含着大地的精华,在这种状态下它属于神的食物,如果不将其释放出来,那么人是不能吃的,否则精灵就不能保存下来,再归还大地,下一次丰产也就没有可能。[2]在全世界许多地方都存在的农神献祭,就是通过各种方式让新粮中的马纳释放,例如用新粮饲养动物,再以动物作为牺牲来献祭。[3]

在勐混,我们看到新谷的"马纳"是由巫所保护的。当第一场新谷在田地中打下来的时候,人们就会送到"咪地喃"处,请她代为尝新。其后,新谷才在赕塔中作为礼物献给佛。之后人们才能将谷种带回家保存。也就是说新谷的"马纳"要经过巫和佛两重手续才释放出来。仪式中佛与巫都围绕的大白塔,实际提供了一个渠道使谷物之灵得以流动,这个"马纳"也即土地之灵。

大白塔据传由召勐帕雅嘎图(有的老人称之为"叭雅宰帕沙")的儿子所建,最初塔底埋藏着帕雅嘎图的骨灰。这预示着,王权通过祖先的形式构成自己与白塔的关联,依靠这一关联,它成功地将佛与巫约束起来,就是让佛与巫通过它指定的途径来完成各自的时间流动。

勐混大白塔的塔基底座高20或30米,当地人告诉笔者,塔基深度与南

---

[1] 莫斯:《巫术的一般理论》,杨渝东译,128~129页,桂林:广西师范大学出版社,2007。
[2] 同上,224页。
[3] 同上,223页。

双重时间体系：一个西双版纳社会的历史人类学研究　107

开河底齐平。巫的游行在塔基之下，也就相当于在南开河底，这同样象征着巫的时间要保持对"湿"的追求，而僧侣的游行在塔基之上，相当于河流及河面以上，这一方面表明佛对"干"的时间的追求，另一方面，河流本身亦是时间的隐喻，作为水利体系，它与社区的日常生活、社会组织关联在一起，在宇宙观上表达着社会生活的时间观。佛教对河面空间的掌控，意味着由佛教掌握着社会时间。

大白塔与南开河的沟通，实现着勐神与佛的沟通。大白塔仿佛一条渠道，导引和汇集从竜林流出的具有生命力的河水。社会丰产和社会自律的道德两方面追求在仪式中得到了整合统一。与此相似，泼水节的仪式中要求勐神在场，以及浴佛、堆沙的仪式，正如前文已分析的那样，也是将佛与巫两种宗教观念统合在一起。我们将其时间图式表示如下（见图5）：

泼水节和赕塔仪式都是在干湿季节交替的时候举行，前者是准备开始新

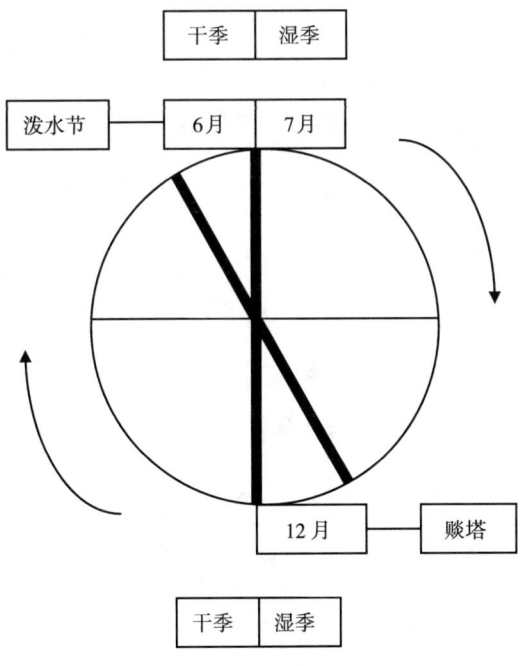

图5　勐混年度周期两个节点（按傣历月序）

一轮水稻种植的时候,后者是当年水稻丰收的时候。这两个时间段对应的自然节律都意味着新旧交替的过渡节点。在这两个节点上,时间其实是无方向的,重新回到混沌。

当我们把巫与佛的时间周期都加入这个图中的时候,就能看到在面对自然节律的循环周期之时,两种时间运动的交替和互相作用。巫的时间方向是按照农事生产的规律顺时针循环,由于稻作生产集中在雨季,因此巫要求停留在雨季,"湿"的时间。佛的时间方向是直线式的,它要求停留在干燥的时间区域,因此双方对社区时间的影响是相反的。

如图6所示,这是勐混社区的年度周期,即一年之中佛与巫各自主持的全社区的重大仪式。如果我们顺着傣历的节日安排,顺时针转动这个年盘,依次会经历傣历新年、关门节、开门节、勐神祭和赕塔。

首先,从傣历新年6月开始,社区由干季进入了湿季,佛教对此的反应

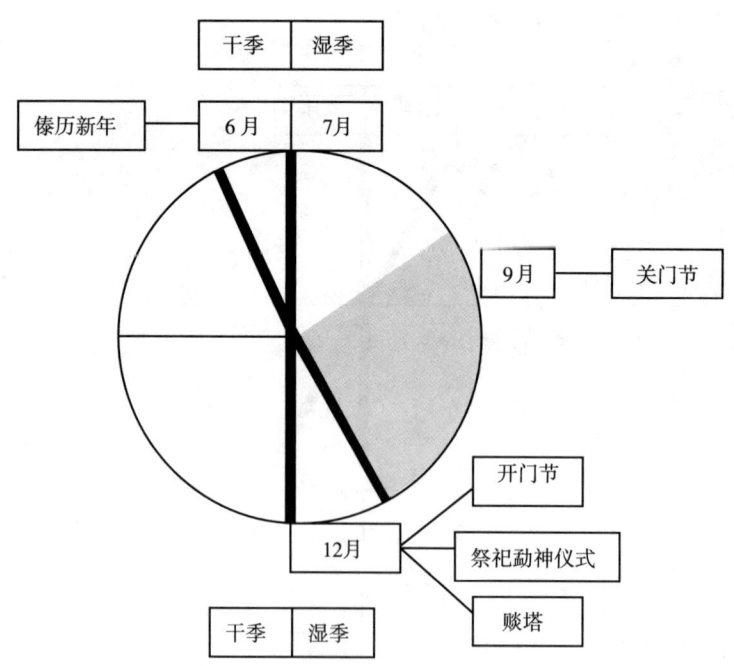

图6 勐混镇年度周期仪式(按傣历月序)

是相应地设置社区的禁忌期。从 9 月中旬到 12 月中旬,关门节三个月内社区的生产活动受到控制,与社会性生产有关的仪式被禁止,这意味着停止了社会时间。佛教依靠这个禁忌期,渡过雨季最主要的时间段。因此从 6 月到 12 月,佛教的时间方向是逆向而行,要回到干季。但是这段时间内,巫的时间方向与自然节律保持一致,为顺时针运行。

其次,在湿季快要结束的时候,整个社区迎来了开门节、祭祀勐神仪式和赕塔。开门节解除了佛教的时间禁忌,重新恢复社会时间的运行秩序。而此时,巫的时间运行到它的终点,通过勐神献祭仪式,它要使自己的时间重生。勐混的勐神名叫"帕雅嘎图",此地最早的召勐,也是有法术、能上天的神王,死后便葬在大白塔之下。人们相信祭祀勐神能够保证当地的丰产。由于仪式中杀牛献祭是要模仿宇宙开辟的过程,使时间回到最初的原点,因此从图式上看,勐神仪式意味着时间的逆时针运行,它要保持自己对生产的追求,便极力想要停留在"湿"的时间之中。而从这时候开始,随着社区进入干季,佛教则可以保持顺时针的方向运行。

由此,从 6 月到 12 月,佛教的时间运行方向和巫的时间运行共同构成了一个互相对反的钟摆式的运动。

在 12 月底,勐混在大白塔举行的赕塔仪式,表现出社会要将两者整合的努力。在这个时间的转化节点上,佛与巫也同时运行到各自时间的转化点上,双方的时间重合在一起。巫的时间的重生,和佛的时间的恢复,正是通过大白塔的渠道进行一种内在的转换。大白塔将来自山野的无时间的灵力,经过佛教的规训,转变为社会的有历史的时间。这也意味着,巫的时间起点作为佛教的时间摆动的终点。这样双方互相作用产生动能,完成了一次年度周期的循环。

在干季即将终结时,又回到了泼水节,新年开始。傣历新年是佛与巫两种宗教时间观都在场的仪式,前者主要通过僧侣绕行沙山来表现,后者主要表现为用布幡象征勐神的在场。这个仪式中还有一个重要细节,就是由青年女子到河边取水浴佛。正如在勐神仪式中所揭示的,河面隐喻着佛的时间观,带来的河水清洗佛像,其实意味着要设法延续佛的时间,迎接在即将到来的雨季。而在浴佛的时候佛像不可避免地被打湿，隐喻社区的时间被打湿，实际要通过这个场景重新拟设一个巫的时间起点来推动佛的时间，使佛的时间摆动能够继续产生动能。

为何要重新构拟一个巫的时间起点呢？因为傣历新年处于干季向湿季过渡的时期，巫的时间逆时针运行到这个过渡地带，不会再往干季走，而是随着自然节律将要再度进入雨季，它在傣历新年仪式中得到更新。但是佛教则即将走到它的时间区间的终点，进入另一时间区间。所以为了维持它在雨季的时间动力，需要在雨季开始之前，从巫的时间中重新获得转化的动能。

三、时间的钟摆（II）：社会生产周期的调控

考古人类学家福勒（Dorian Q. Fuller）和罗兰（Mike Rowland）在最近的一篇文章里，通过新石器时代遗址的考古发现，从食物和献祭仪式的角度，提出东亚文化圈基于"黏性"的粮食形成的一种以蒸煮技术为标志的文明体系；这种黏性食物的代表即"黏性的稻米"（stick rice），在制作过程中因这种食物特殊的淀粉酶而产生的黏性口感，逐渐成为具体社会的饮食偏好，由此发展出一套围绕食物的种植、制作技术，和相关的礼仪，这些技术在开始的时候也广泛运用于其他食材，例如在中国有青铜鼎，还有酿造的"酒"及关于饮酒的礼仪。尽管后来社会更为丰富复杂，但是由这套技术带来的身体驯化已经深深植入社会之中。[①]文章也指出，这种"黏性"的粮食最早的生产被认为源于东南亚的缅甸、泰国等地，但是这种说法存在较多争议。

地方学者高立士认为，西双版纳是亚洲栽培稻起源地之一，新石器时代就有人工种植水稻。[①]郭家骥在其《西双版纳傣族的稻作文化研究》一书中曾间

[①] Dorian Q. Fuller & Mike Rowland, "Towards a Long-Term Macro-Geography of Cultural Substances: Food and Sacrifice Traditions in East, West and South Asia",载王铭铭主编:《中国人类学评论》第12辑，1~37页，北京：世界图书出版公司，2009。

接地表达过他对这些争议的看法,认为在国内和日本学界都有学者主张亚洲稻栽培起源于云南,但是现有的考古学证据表明,云南史前稻谷遗址最早在宾川白羊村,其年代大约在公元前 1825～前 1820 年,晚于印度北部遗址 4500 年。不过在云南发现的种植驯化野生稻的技术在新石器时代来说已经相当成熟,考虑到西双版纳一带一直是百越民族的聚居地,处于印度到东南亚的民族走廊,栽培稻虽不在云南起源,但却从印度或缅甸等地传入西双版纳,并成熟起来。至少可以说,傣族是云南诸民族中最早从事稻作农耕的民族之一。[②]

在郭家骥的观点的基础上,我们回到福勒和罗兰的文章,就会发现他们所提出的讨论对于理解西双版纳社会文明的基础很有启发:由这套粮食生产和制作的技术系统支持了西双版纳社会的社会制度形态,包括等级、宗教和经济等。这大概相当于莫斯所说的"文明的道德母题",潜藏在文明之下的结构。[③]而更进一步地说,当我们走出新石器时代进入更晚近的帝国文明时期,可能需要探讨的问题,是后来各种外来文明持续进入地方带来的干扰和反应。由稻作开启了西双版纳的文明历史,稻作节律早已被视为自然节律的表达。正如前文所分析的那样,任何祈求丰产的仪式在这里都要追求其完美地贴合这种自然节律,而追求另一种文明目标的宗教却力图使社会从中超脱出来。

1. 稻作节奏:植物的丰产与控制

在 1950 年代以前,整个西双版纳地广人稀,每年只需要种一轮稻作即可供自足,属于一种"原初丰裕社会"。传统耕作技术不用人畜粪便肥田,尤其忌讳人粪,认为如果用这种方式种出来的粮食祭祀会触怒神灵。传统上每年傣历 7 月撒秧,12 月收割,土地的休耕期较长。由于人们收获时留在稻田里的稻茬较长,收获之后的农闲期间会驱牛到稻田中吃草,经牛的反复践

[①] 高立士:《西双版纳傣族传统灌溉与环保研究》,何昌邑等译,昆明:云南民族出版社,1999。
[②] 郭家骥:《西双版纳傣族的稻作文化研究》,张文力译,17～23 页,昆明:云南大学出版社,1998。
[③] 王斯福(Stephan Feuchtwang):"文明的概念",郑少雄译,载王铭铭主编:《中国人类学评论》第 5 辑,88～89 页,2008。

踏便将野草和稻茬踏入泥中，就会变成绿肥起到肥田的效果。①

由于一年只种植一轮稻作，每个月的农事活动节奏并不特别紧张，具体如下表：②

表1　西双版纳传统农事活动月份表③

月份		主要农事活动
公历	傣历	
1月	三月（冷山）	砍山地、割草、备料盖房子、砍烧柴
2月	四月（冷伙）	继续砍山地、盖房子
3月	五月（冷哈）	烧地、拣地、盖房子
4月	六月（冷哄）	过新年，过完年后即开始备耕、修水沟
5月	七月（冷基）	犁耖耙秧田、理秧田、浸种、晒种、播种，同时种玉米、花生
6月	八月（冷别）	犁耖耙寄秧田、拔小秧、栽寄秧、山地种旱谷、收菠萝
7月	九月（冷告）	犁、捂、堆、耙、平大田，拔寄秧移栽入大田，山地薅草
8月	十月（冷取）	继续栽秧、砍竹子编篱笆围栅稻田，管水、山地薅草、种菠萝
9月	十一月（冷西别）	稻田管水、除草，山地收玉米、花生、豆等，准备篱笆、镰刀、弯棍等打谷工具
10月	十二月（冷西双）	稻田开始收割，山地收旱谷并搬运回寨
11月	一月（冷惊）	稻田选种、收割、堆谷、打谷
12月	二月（冷干）	水稻收打完毕，搬运粮食入仓，开始备料盖房子

上表中标示颜色的月份对应的是雨季。这个季节正是一年中水稻生长最旺盛、农事活动最繁忙的时候。稻作周期决定了社会生产的时间安排，稻谷什么时候该浸种，什么时候需要插秧，都由其自身的生长周期所决定，不然一旦贻误农时，一年的收获便成为泡影了。西双版纳地区的稻作周期仍旧可以用年度周期的示意图来表示：

---

① 郭家骥：《西双版纳傣族的稻作文化研究》，31页。
② 同上，39页。
③ 同上，39页。

双重时间体系：一个西双版纳社会的历史人类学研究　113

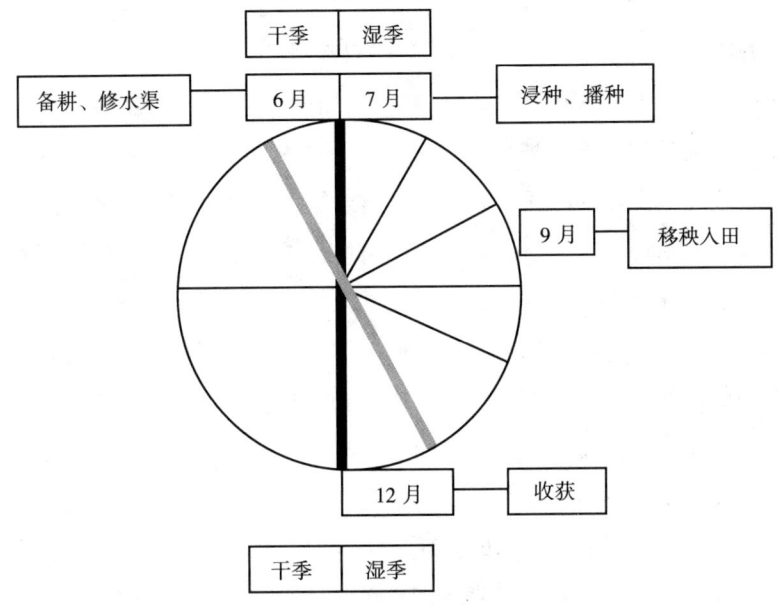

图 7　水稻生长周期（按傣历月序）

图 7 中显示，6 月水稻仍是种子的形态，7 月开始浸种，一直到 9 月秧苗长成，可以移栽大田。7 月到 10 月正是雨季，稻穗扬花、灌浆，最后在 12 月结果，此时西双版纳进入干季，充分的日照使稻谷褪去最后的青涩而成熟。与此表相符，6 月傣历新年，之后进入雨季，9 月社区迎来关门节，一直到 12 月开门节后，举行丰收祭。

我们依然从时间的钟摆里佛教那一端开始说起。从 9 月到 12 月的关门节是佛教加诸在这一年度周期最显著的时间控制。这段时期社区内禁止婚姻、建新房，处于一种缺乏仪式的平静之中。而田里的水稻却在最茁壮的成长时期，就如同人处在他从青春期走向成年的过渡时期，他的下一步应该是结婚生子，完成社会再生产，如此连绵不绝，正如结出的稻穗，又是下一批可以生长水稻的种子。佛教对这种生命力的思考根本上是要否定和弃绝的，但是它要保持它对社会的控制，就必须宽容生产作为一个社会的基础，即使这件事情在佛教眼中并不具备崇高的宗教道德。

1950 年代以来，随着新中国成立，在西双版纳建立了一系列开发种植橡胶的国营农场，大批内地干部、复转军人和支边青年来到版纳，对粮食和农产品的需求逐渐打破了当地稻作农业的自给体系，促使其耕作制度从一熟制向多熟制转变；1950年代末期开始试行双季稻，同时还试行多种耕作制度。[①]其中稻稻连作制度即早稻—晚稻，或者中稻—再生稻，让割后的稻茬自然再生结穗，其平均亩产一般可到100公斤，在60年代、70年代、80年代都曾反复推广过，但是推广面不大，至今仍未被西双版纳当地傣族所接受。

从技术上来说，这是一种充分利用当地高温高湿的优越条件，不需要再增加任何物质投入即可收获粮食的好技术，但是需要改变传统耕作中让牛马踩踏的方法。实际上这也意味着这种技术包含着与原来社会的文化和宗教观念相冲突的方面，人们无法在观念上接受它。其中一个原因可能是会打乱原来完美的年度周期安排，使双重时间体系的平衡被打破。因为如果让收获后的稻茬再度孽生新的植株，而其中能让土地丰产的"马纳"已经随新谷被带走了，它必须完成对佛教时间的更新才能回到土地，否则这个时间链条上就出现了缺环。其次，再生稻将使休耕期变成农忙的生产期，这对佛教所掌握的社会时间和秩序构成严重挑战。在宇宙观上，再生稻加入生产体系会使佛教失去对干季时间的占据和掌控；在社会道德层面上，片面追求生产会打破佛教赋予社会的自我限制、自我控制；在佛教教会控制下的社区来说，社会需要以大量消费作为供养寺院、组织社会生活，过度的生产其实对社会维持自身也是不利的。

1950年代至今，西双版纳曾试验过多种耕作制度，除了稻稻连作制，还有稻油轮作制、稻麦轮作制、稻豆轮作制、稻肥轮作制和稻瓜轮作制，只有稻瓜轮作制现在得到大规模发展起来，逐渐成为部分村寨的固定制度。[②]其中稻稻连作制不能推广的原因已如前所述，其他轮作制的失败有的是因为不符合当地的饮食习惯，如稻油轮作制；有的是人力投入过多而经济效益比较小而被放弃，如稻豆轮作制和稻肥轮作制。

---

① 郭家骥：《西双版纳傣族的稻作文化研究》，40页。
② 同上。

从 1970 年代陆续修建成功的大型水库水利设施有力地改变了当地的种植条件和耕作制度,尤其有利于推广双季稻的栽培种植。现行每个月的农事活动情况如表 2:

表 2 西双版纳现代农事活动月份表

月份		主要农事活动
公历	傣历	
1 月	三月(冷山)	栽早稻,为西瓜田施肥,砍柴火,备料盖房子
2 月	四月(冷秋)	瓜田打药,早稻施肥,备料盖房子,修房子
3 月	五月(冷哈)	在田中守西瓜,为早稻除草,月底开始割胶
4 月	六月(冷哄)	过傣历年,收西瓜、冬菠萝,卖西瓜、菠萝,割胶
5 月	七月(冷基)	收早稻,种苞谷、花生,修水沟、中晚稻备耕,割胶
6 月	八月(冷别)	做秧田,浸种、催芽、撒秧,月底犁耙大田,拔秧栽秧,割胶
7 月	九月(冷告)	月初继续栽秧,追肥、管水、除草,割胶
8 月	十月(冷取)	种菠萝、栽橡胶、割胶,稻田管水,除草打药
9 月	十一月(冷西别)	田中放水,山地收玉米、花生,割胶
10 月	十二月(冷西双)	收谷、打谷、归仓,并送公粮,卖合同粮,割胶
11 月	一月(冷惊)	犁田耙田,为栽早稻和西瓜备耕,15 号以前仍可割胶
12 月	二月(冷干)	栽西瓜,砍柴火,开始备料盖房子

可见除了原来 9 月到 12 月栽秧之外,在 1 月至 7 月又增加了一轮早稻耕作。这意味着傣历年前后收割早稻,并开始育秧晚稻。两茬水稻前后接连很紧,所以育秧的时间不如以前充分,选用的谷种也不一样了。

对此,有的学者已经指出,半个世纪以前,西双版纳傣泐农民只求挣到足够维持传统生活标准的钱,如果更多的财富意味着必须更勤劳,他们就不大想干了,所以在傣族村寨经常是只种好种的田,而弃大量可耕地不顾;并且坚持了很长时间只种低产却容易管理的稻谷品种。但是现在尤其 1980 年代以来,当地人对工作与财富的传统态度发生了剧烈的变化,可耕荒地不再有了,稻作制度也已经从单季变为双季,到处都采用了高产的品种。以前在关门节期间是不准耕地的,现在这个戒律实际早已废除。①

稻稻轮作制对原有的时间体系造成的影响在仪式上的改变比较缓慢。但是由于增加了社区劳动，对于佛教的影响已经可以看到。对于传统社区价值观而言，双季稻作为现代化过程的一种技术，它的进入基本改变了社区原来半年休耕的生活节奏，使得人们更多去追求生产、争取更多经济利益。青年人不再像过去那样愿意进入佛寺当小和尚，而是寻找他们自己的生活方式，大部分外出打工，不再守着家里的土地生活了。这种和内地农村一样的变迁现象正在冲击原来双重时间体系的宗教基础。

值得指出的是，西双版纳的稻作并不是独立的生产系统，而是与"竜林"结合在一起的农业生态系统的有机组成部分。已有学者指出，西双版纳传统农业生态系由"竜林"——坟林——佛寺园林——竹楼庭园林——人工薪炭林——经济植物种植园林——菜园——鱼塘——水稻田组成。这个生态系统本身就是一个完整的傣族村寨座落。傣族村寨通常建在田坝四周的丘陵地段，背靠大山，前临田野，水渠从寨脚田头流过。"竜林"位于村寨背靠的大山上，作为村寨的保护神，居高临下，全村的农舍、人畜、农田均在其视野之内，面积一般300～500亩。坟林是公共墓地，一般在寨子两侧。佛寺不能建在寨中或寨脚，必须建在村头寨门外，祭祀勐神和寨神的时候，本村佛爷和尚和外人一样，不能入寨门。佛寺庭园种植多种植物，例如菩提、榕树、细桂等。在距离村寨附近的山坡上，则种植多种经济作物。因此，这个生态系统的园林分布从高到低依次是"竜林"；其次是佛寺及经济植物种植园；三是村寨、坟林、人工薪炭林；四是菜园、鱼塘、水井；五是大面积水稻田。②

在这个生态系统的层次之中，稻田和"竜林"、村寨与佛寺构成了两对内外关系。前者是关于丰产的，"竜林"所居的勐神将天上的雨水转变为地下的水分以及可灌溉的地表径流，哺育了稻田的丰产。这对关系将祖先的世界与人

---

① 谭乐山：《南传上座部佛教与傣族村社经济——对中国西南西双版纳的比较研究》，123页。
② 高立士：《傣族竜林文化研究》，王静、龚珊、李志凌译，14页，昆明：云南民族出版社，2010。

的世界联系在一起。村寨与佛寺的关系则是关于社会道德和伦理,来自村寨外部的他者带来了知识,对当地社会进行文明教化和道德训诫。稻田因为是村寨内部之物,也是村寨的核心标志之一——"西双版纳"意译为"十二万稻田",可见稻田对于版纳社会的重要性;它既需要承接来自"竜林"的灵力,以保证自己丰产,又要接受佛寺的知识驯化,以符合一个社会体系运转的要求。

2. 人生礼仪:社会的丰产与文明

水稻的一生即是人的一生之隐喻。人像植物一样生长开花结果,又诞生出下一代新的生命。伴随每个人生阶段的转化,就会有相应的人生礼仪作为标志。人的再生产其实就是社会的再生产。在西双版纳,由于佛教已经深入到社会结构内部,当地的人生礼仪之中也浸染了佛教的道德戒律和要求。

过去,当地的男孩子通常在10岁的时候便要进入佛寺当小和尚,他们在那里接受教育,学习文字、佛经、算学、宇宙观和礼仪等。[①]16岁左右升为二和尚,这时候他已经能写字,了解一些基本的教理。当了二和尚以后,他便能随同长老或大和尚外出做佛事,充任助理,并掌管寺中的杂务,例如保管经典和祭器等。[②]大概在他18岁这年,他如期达到了二和尚("帕竜")应有的水准,甚至可能还有超过,他已充分具备这个社会的成员应有的素质。这个时候他便面临一个选择,或者继续升为大和尚("都"),或者还俗回到社会之中。大和尚是本寺第二高等级的僧侣,可以到别地去游学或讲学,到了大和尚级别便有望进修为一寺的长老,也称大佛爷。[③]通常升到这个级别的人都有继续修行的决心,一旦成为长老便不可能再还俗了。可以说从二和尚开始是个分水岭,神圣和世俗的世界两条道路毕竟只会越行越远。大部分人都会选择回到社会,如同关门节期间的水稻一样,也有很少的人会继续修行之旅,停留在佛寺所保持的"干燥"的时间之中。

[①] 陶云逵:"车里摆夷之生命环",249页。
[②] 同上,253页。
[③] 同上,253~254页。

由于这种弃绝世俗，使佛教成为超越世俗的道德化身，崇高精神的清净世界。它所保持的宁静和约束，维护了整个社会在生长欲望旺盛的雨季不至于失控，不至于重回混沌——创造性的生同时也是毁灭性的破坏。然而与此种慈悲一起，它也使社会必须承担自身的历史重量，战乱、疾病、分离、死亡的恐惧……在持续的时间中积累，人们要在尘世之中无限忍耐，直到有一天死亡带来最终的解脱。

田汝康在他的《芒市边民的摆》一书中，看到佛教仪式作为整合傣族社会的主要方式，提供了一种神圣的宗教感情，使人们超脱现世，消耗财富和精力来竭力追求永恒世界的宝座。①他跟随涂尔干的研究，看到了这样一种社会道德的可爱之处，也看到这种道德教育对于社会的意义所在，但他并不知道涂尔干也说过，社会过于文明的结果便是僵死。陶云逵对此大概还稍有保留，他在"车里摆夷之生命环"的研究中，强调还有另外一种宗教——勐神祭祀仪式的存在会反对这种道德压制；并且两种宗教的关系使社会充分保持了一种中间状态。

对本研究而言，我们试图进一步探讨的关键问题是，社会在为一个人18岁时候准备的两条出路，其来源在哪里。对此，或许可以回到这个生命环的最初阶段，种子开始生长出来的时候去观察其形态。与稻作生长周期对应，10岁的孩子进入佛寺之时经历着从种子到秧苗的阶段，他们要成为小和尚需要通过特定的入牛礼仪。陶云逵描述过这个入寺礼，但与笔者的田野调查有所出入，经过比较，这个出入隐含着有趣的问题。为叙述方便，以下仪式过程以笔者的田野为主。

男孩子入寺当小和尚在西双版纳称为"升和尚"。勐混"升和尚"举办时间通常在傣历新年之前，汉人农历新年之后。原来"升和尚"的时间大概在丰收祭之后，傣历12月、1月份期间，但因为现在都实行义务教育，丰收祭大约为公历10月、12月，孩子们还在上学；一直到泼水节前公历2~3月份，这个时间孩子们已经放寒假，而且社区还处在农闲时期，比较合适。"升和尚"

---

① 田汝康：《芒市边民的摆》，昆明：云南人民出版社，2008。

是一个家庭的大事，也是一个社区极为隆重的盛典。往往提前两三个月，大佛爷、阿章和康朗们就开始商量，由各村社挨家挨户进行统计，今年大概会有多少户人家的男孩要"升和尚"。

在决定具体入寺当和尚的日期之前，男孩们先得花三个月左右的时间在佛寺内进行初步学习，要学会诵读仪式上所用的经文，还有动作行为上的训练，包括诵经、修行和仪式的仪轨。这时候还不需要剃发修眉。

一个社区年龄相仿的男孩都会在同一天入寺。入寺礼前天，各家孩子以香花沐浴，穿上新衣坐在床上不能动，如此坐一天。这天"升和尚"的家庭门口都要树起高高的带着竹叶梢头的竹竿，上面挑着白色长布幡，布幡上书经文（见照片1）。人们都知道，有这根竹竿的人家今天家里请客，杀猪杀牛款待四方来的亲友。即使是再远的亲朋好友，事先得知消息都会到访，每人送米一筒，手持腊条，还带着礼物或钱，来参拜男孩，并将礼物和钱财都堆在男孩身边。男孩则念经给来人。此时男孩身上的新衣是特制的礼服，形制为过去土司或贵族的服饰（见照片2）。由男孩的寄父母准备好次日需要穿上的袈裟和佛珠，整齐地放在托盘里，接受人们的礼拜，不能接触地面（见照片3）。来访的人们唱歌跳舞闹个通宵，寨子里灯火通明。来拜访的人越多，显示主人家越有面子，地位越高，家中越富贵。

照片1 "升和尚"的家庭要树立的竹竿（摄于勐混）

同时，各家还会到佛寺里扎彩棚，预备第二天给"升和尚"的小男孩及送亲队伍驻扎使用，届时棚子里会堆满各种礼物、供品、香花和米花。

第二天一大早，各家各户很早就到佛寺里的彩棚先行摆放一部分礼物。其中有两样东西是每家每户必备的。一件是将门口挑着白幡的竹竿移到彩棚门口来，二是准备两桶井水，仪式中要放入彩色的米花，供滴水用。

照片2　为"升和尚"的男孩准备的袈裟（摄于勐混）

照片3　盛装的男孩准备"升和尚"（摄于勐混）

这天下午，各家将男孩连床抬起去佛寺，一路敲锣打鼓，陆续来到佛寺。途中禁止男孩的脚落地。如今生活条件好了，很多家庭开着车送孩子入寺，不像过去全程由人背着或坐轿子。"升和尚"往往倾尽一家甚至一个村民小组合力，成为一种争取风光和面子的仪式竞赛。有实力的人家和寨子"升和尚"的时候除了用汽车送，还有彩车、鞭炮、统一着装的舞蹈队；围观的人们对这些排场品头论足，时不时发出惊叹声。

到了寺内，男孩们要脱去礼服，将袈裟顶在头顶排成一排，面对大佛爷。大佛爷开始念经，念完后由寺内僧人给孩子们换袈裟，但余留一角披在肩头并未拴牢，由大佛爷代为系上。同时，大佛爷给男孩起新名字，这个名字即他的僧名，也是他以后人生中所用的名字，无论还俗与否。之后，大佛爷继续念经，小和尚们跟着念，在场的亲友跟着经文滴水。

在这个仪式中，男孩换上袈裟之前所着的贵族礼服传达了特殊的意义。他在获得僧侣身份之时，还扮演着土司的身份。这预示着过去土司在幼年出家时也会是同样的着装。从社会学意义来说，与普通人不一样，继承世俗王权是土司注定的命运，他无法同时成为最高等级的僧侣。前文已叙，担任最高等级僧侣的是他的兄弟或者叔叔，这些人本来也是王位的合法继承者。那么，土司仍旧要出家这件事情就在客观上构成了他和他的兄弟另一重竞争。但是入寺礼上的两套着装却体现了佛教对于此事的调节。贵族的礼服表明土司在进入寺庙的时候，并没有完全捐弃其世俗身份，他本人即是双重性的，更明确地说，他是一个双生子的隐喻。一方面他代表世俗王权，另一方面他也代表着他的兄弟们将来要占据的位置——神圣的宗教权力。现实中土司自然不可能实现两种政治-宗教身份，而这也不是这套文化图式原本的意图。最重要的其实是，由于这个隐喻的存在，才给人们从神圣世界退回世俗的可能，社会在宇宙论上才有生存的余地；而这在土司身上集中体现出来了。

根据陶云逵的田野调查，在1930年代平民的入寺礼还没有出现穿着贵族礼服这个细节。可以推测的是，这并非陶云逵田野不够细致，他所调查的可能都是平民的入寺礼而非土司的，因为在他调查的时候仍旧有土司制度，贵族与平民之间仍旧有等级，平民自然不可能被允许穿上土司的礼服。而笔者之所以能看到这个细节，乃是因为土司制度消灭之后，当地社会仍旧演绎这个逻辑，而且它在这几十年中被大大地强化了，以至于这一特征显眼到难以忽视。

在陶云逵调查的年代，土司、贵族和平民之间的鸿沟是难以逾越的，随着土司制度的消失，许多专属于贵族阶层的仪式细节也随之消失不见，上述的这个细节是少数仍旧遗留下来的礼仪之一，通过改换形式进入平民的社会风俗得以保存下来。所幸，我们从原西双版纳自治州长召存信的口述史中能够查阅到土司人生礼仪的重要部分，有助于补充理解双重时间体系在人生礼仪中的表现。①

召存信是整董版纳土司孟翁罕和版纳勐捧土司之女沙玉的第三个儿子也是幼子，等级高贵，自幼颇得孟翁罕和沙玉的宠爱。小王子的满月礼"峦泠"是祝贺王子出生为人的重要礼仪，召勐派人前去请人给王子写"宰搭"（出生证），按照小王子的出生年、月、日，连续推算三次其属相，包括长到几岁会有祸害，几岁会有好运，担当何种官职等，推算好后呈给召勐过目。待

---

① 黄金有：《"召景哈"的春天》，岩温胆、玉伦译，5～7页，昆明：云南民族出版社，2007。下文对小王子满月仪式的描述均出自本书。

召勐允可，确切无误之后便将命书写在3层白布上，即为"宰搭"。召勐给小王子准备拴线的礼物有：1套小衣服、1顶小帽子、1对金手镯（重2两）、1对鸡，放在"木欢"（魂桌，即平时傣族人用的竹编小蔑桌）上，"勒司廊"还要找1头腰围5个拳头大小的肥猪放在桌上。此外，还要准备1头金毛黄牛、1罐酒、10串槟榔、纯银3两。

当拴线时间已到，各土司头人带着礼物来到，依照职位依次坐下，由巫官开始祭祀勐神。祭祀完毕，管事将盛放礼物的"木欢"抬到大厅中央，请小王子和召勐坐在一旁。召勐用手指搭在"木欢"边沿，然后由巫官开始吟诵祝福之词：

"今年是吉祥之年，美好之年，今日是神圣之日，是日月星辰最闪亮的吉日，是宇宙间最晴朗的吉日；今天是天神赐福予人间之日，使得人间在它的洪福之下，明理安居，使得各族人民在它的光辉照耀下，团结互助；今天是骏马驰骋、金鲤鱼自在之日；今天是佛祖成佛之日，是智慧放射出光彩之日；今天是白象走出山林、人民欢笑之日，是傣润驯服大象、兰掌人欢庆、百姓得以恩惠之日；今天是吉利之日，人民朝顺之日，从今日起，百病不生，灾祸远去，福光高照。小王子是天神派下来领导天下百姓和全勐臣民的王。"诵完祝词，官员头人用丝线给小王子及母亲拴线，一边祝祷。母子俩右手套金手镯，左手套银手镯。接下来是召勐为首的王室家族为小王子拴线祝祷。最后是来朝贺的百姓拴线。

在小王子的满月仪式上，可以看到巫和佛都在场，只不过巫的在场是明面上的，而佛的在场比较间接。勐神和巫官是主持仪式的主要宗教人员，但是事先给孩子算命并书写"宰搭"的往往是还俗之后的佛爷俗称康朗。此外在巫官祝祷的颂词中，也混合了佛与巫的元素。巫官祭祀勐神，是将小王子与祖先的世系确认下来；而命书"宰搭"的计算、然后一直保存在佛寺之中直至人去世，则将人主重新纳入社会秩序之中来管理。

如果说巫处理社会生产的"生"，则佛负责管理社会的"死"；前者赋予社会激情、冲动和欲望，后者教导社会冷静、理性以及道德自律。前者是整体主义的重生，后者是个体主义的救赎。最终，这个"生"与"死"的冲突和平衡支持着社会的主体结构。召和孟级的贵族为这个社会带来生殖的能力，平民则成为社会规范和道德的主体。当这个社会需要自我更新的时候，就会举行勐神献祭仪式；而这在历史现实中的对应，就是放逐和杀死土司。历史上的勐混是全版纳这方面情况最突出的，在1949年以前土司曾多次被围打，从清末到民国40多年来当地连杀了五个土司及其家属，这在其他各勐都是没有过的。①

3. 王权神话对仪式的展演

勐混人如何理解他们的时间钟摆？这种双重时间体系构成了他们的文化图式，他们在日常生活里体验它，实践它和表达它。这一文化图式本身是历史的结果，当地人通过神话将其表达出来。笔者在当地搜集到两个不同的神话讲述勐混地方的起源。为篇幅所限，以下对神话的引用均有适当简化。

其一：

勐混原来是一片大森林，林中生活着各种野兽。勐混坝子呈三角形，一角伸向勐海，一角伸向景真，一角伸向勐板。人们形容它"两头坝子漏肋巴"，意思是勐混坝子有两个坝子头，还有一块地方像露在外面的肋巴骨。

据说很久以前，有一位大力士从勐纳帕来到了勐混坝子，看到这里地形非常适合修一个大湖，于是就编了两个箩筐，用一根很粗的扁担去挑山。他把挑来的山堆在一起垒成一座大山，来作为堵水的大坝。后来他的扁担断了，砸在山腰上，这座山就被人们称为"扁担山"，那两只装山的箩筐也变成了两座山。

大力士走了以后，过了很多年，有爷孙二人为寻找食物，从勐阿腊维来到了这个大湖，决定住下来捕鱼为生。不久，迦叶佛陀巡游世界到了这里，觉得爷孙俩依靠这个大湖生活建立不起寨子，于是就帮爷孙俩放干湖水。佛祖用手中的神杖从南开河上游由北向南划了两条水道。考虑到建立村寨后，水田遇到干旱将缺少水源，于是佛陀又把拐杖往回划，

---

① 李尧东整理，中央访问团二分团调查：《佛海县情况》，22页，见《民族问题五种丛书》云南省编辑委员会编辑：《傣族社会历史调查（西双版纳之一）》，昆明：云南民族出版社，1983。

让水流回坝子。这条回头的水道,人们取名为"南混",意思是倒流的河水,"勐混"就是指河水倒流的坝子。佛陀划出水道以后,对爷孙俩说:"湖水流干后,土地就显露出来了,你们就生活在这里吧。"佛陀还给这个地方起名叫勐庄巴,意思是鱼米之乡。……①

其二:

勐混的勐神名叫帕雅嘎图,他也是最早的召勐。传说他脚很小,个子高,武功盖世。勐遮周边的部落想来攻打勐混,但是都打不赢他,外边的王都进不来,所以现在勐混祭祀勐神用的是黑牛,勐遮勐海用的是白牛。曾有一次勐遮召勐召真憨派人到勐混送信,说要重新划分两勐之间的地界。双方约定以赶猪的方式来决定,哪边的猪群走得快,土地就占得多。帕雅嘎图命手下把猪捆好抬上,让人在后面用竹子插地伪装猪蹄印,一直过了勐混5公里才放猪跑。然后帕雅嘎图便在此处植了一棵芒果树为证。召真憨请求帕雅嘎图退回去一点,帕雅嘎图便退回3公里。后来这里建了一个寨子叫"曼坎混",意思是"往后退的地方"。

召真憨吃了亏还不死心,率兵来到勐混地界。帕雅嘎图在寨头曼火勐等他。两人见了面,帕雅嘎图对他说,"朋友,你的刀很利,可以把这块大石头劈开吗?"召真憨一刀将石头砍成两半。帕雅嘎图又说,"你还能把它们再合在一起吗?"召真憨无法可想,只见帕雅嘎图用铁杖一点,就把两半石头重新合一了。召真憨便灰溜溜退走了。

打赢了召真憨,位于勐混往打洛方向的勐板召勐又向帕雅嘎图挑战。挑战的地方有一条河,后来就叫"南批",意为"吵架地方的河水"。帕雅嘎图又赢了,于是勐混和勐板就以河水为界。

帕雅嘎图有一个7岁儿子,他将儿子赕给了帕召(佛祖),建了勐混小白塔。这位7岁的小王子召沙满念跟着佛祖去修行。等到他16岁的时候,有一天帕召叫他到跟前说,沙满念,你的父王死了,你回去吧,

---

① 铁锋、岩温胆:《西双版纳秘史》,255~256页,昆明:云南民族出版社,2006。

你带着我的三根头发,就能上天入地。于是沙满念拿着帕召的三根头发,闭上眼睛飞回了家。这时帕雅嘎图已死,沙满念将父亲尸体火化后的骨灰取了一些埋在勐混大白塔下。

  这天晚上,沙满念做梦梦见身上的袈裟着火,心生不妙,于是赶紧回去找帕召,发现帕召已经圆寂了。帕召的骨灰和舍利已经全部都被勐海、勐遮抢着分掉。八个地方的头人开会,说他晚了只能拿走头发,舍利是不能再分给他的。沙满念只好把骨灰连土撮起,用布包起带回勐混。沙满念继承了皇位,治下风调雨顺。他死后,人们把他埋在小白塔,又将大白塔帕雅嘎图的骨灰取出与他合并,把佛祖的骨灰和头发留在了大白塔下面。由于习惯,人们赕塔的时候仍旧先赕大白塔,再赕小白塔。①

  两相比较之下,我们可以看到,第一个故事经佛教加工的痕迹很重,侧重展现的是佛教的时间观对当地社会的控制。笔者在当地一些阿章自己所写的地方史志中看到过类似的版本,此处所引的来自一份公开出版的地方文献,由西双版纳一位受过民族学训练的当地知识分子实地搜集并撰写的。相比之下,第二个神话由笔者采集口述,它更侧重从巫的时间观对当地历史进行表达,其中保留着对地方王权历史的理解,比如故事的核心是王权与白塔的关联,其中亦牵涉到佛教的进入,所包含的信息更丰富也更充分,对我们理解当地历史更为有利。因此,笔者主要从第二个故事中来看,佛与巫的双重时间体系这一文化图式如何得到表达。

  故事中的帕雅嘎图也叫"叭雅宰帕沙",他的儿子沙满念也叫"基达三麻领",佛祖称"帕召",也即"召戈达麻"。

  我们从第二个故事的情节里得到四个步骤:

  (1) 帕雅嘎图打败了敌人,在他死后,他的儿子沙满念将他埋葬在大白塔下。

---

① 笔者对康朗叫的访谈,勐混,2009 年 10 月。

（2）沙满念从7岁起跟随佛祖学习，以佛祖为师。在他继承王位之后不久，他的师父也死了。

（3）沙满念将佛祖的头发和骨灰也埋在大白塔下，和他父亲葬在一起。

（4）沙满念死后，被葬在小白塔下；他父王帕雅嘎图的遗体被从大白塔移至小白塔，与他合葬。

帕雅嘎图是一个巫王合一的形象，他本人有法术，能够上天入地，在他统治时，勐混处在一个黄金时代，占有土地亦占有河流，能保证丰产。沙满念将其埋在大白塔之下，这使大白塔获得了神圣性，也是后来王权与之建立关系的基础。沙满念后来将佛祖的遗体与帕雅嘎图埋在一起，表明佛与巫的并存；之后佛祖的遗体与帕雅嘎图分开，表明佛与巫的分离。最后，沙满念与帕雅嘎图合葬，表明王权世系的最终确立。

对照勐混的年度周期图式，我们将看到，神话实际讲述了年度周期的钟摆运行逻辑。第一步从巫王的死亡开始，对应于傣历12月的勐神祭祀仪式，在仪式上杀死的圣物公牛，也是勐神的化身。第二步佛祖的死亡，对应于傣历9月至11月的关门节，此时僧侣禁止外出，佛寺成为一个与死后世界相连的空间，切断了与世俗生活的关联。第三步佛与巫的合一，对应于傣历12月底或1月初的赕塔仪式，在这个仪式中，佛与巫通过白塔这个渠道实现了"马纳"的沟通。第四步佛与巫的分离，以及王权世系的建立，对应于傣历6月的傣历新年。从这个新年仪式开始，佛与巫进入对反的时间摆动，同时又互相牵制对方。

然而，王权世系的建立并不需要每年都重温一次，也就是说不必进入这个时间周期，因为事实上，它是通过土司诞生之时的人生礼仪来体现的——前述小王子的满月礼中，在小王子诞生的时候就要举行祭祀勐神仪式，那时候已经确定了他与祖先之间的纽带。①

王权神话叙述的其实就是勐混的年度周期，将这个神话与勐混年度周期仪式图相对照，两者关系则一目了然，如图8所示：

---

① 黄金有：《"召景哈"的春天》，5~6页。

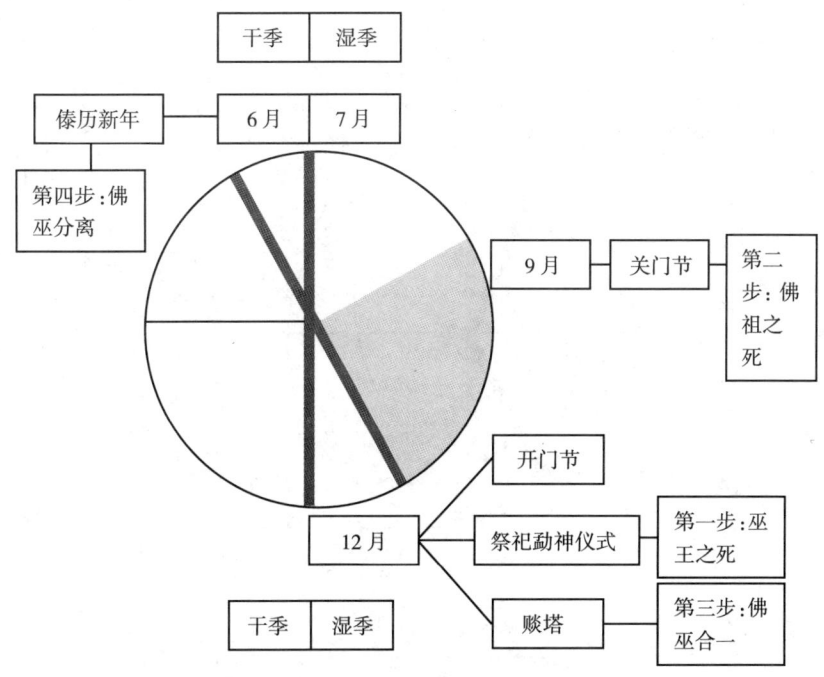

图 8　勐混镇年度周期仪式（按傣历月序）

也就是说，由于佛与巫双重时间体系的影响，勐混的宇宙观念可以视为年度周期的钟摆运动，大约从傣历12月摆向傣历9月，再回摆至12月或1月，最后摆至6月，它不会在佛或巫某一个极端真正停止。作为勐混社会的逻辑，它通过神话讲述这样摆动的意义。巫给予社会最初的神圣性，生产力的本源，然后社会必须接受佛教的道德规训，而佛教又需要给巫留下空间，社会需要两者沟通和协调才可成为整体，这种整体性恰是在保持佛与巫各自的相对独立性基础上才可能。这个时间钟摆运动如图9所示：

佛与巫作为外来的宗教，为内在于文化图式的这种双重结构提供了源泉，这种文化图式通过社会的方式作用于个人，如此一来，我们方能从个体的生命周期中窥见文化这种精巧的、令人叹为观止的构思。

在佛爷、土司和巫官三者关系中，土司作为社会的整体表达，他必须在佛与巫之间不断穿梭，其王权的神圣性来自于这两种主要宗教的结构性关系。这种结构性的关系又是在长期的中印文明碰撞中形成的。一方面，

128　文化复合性

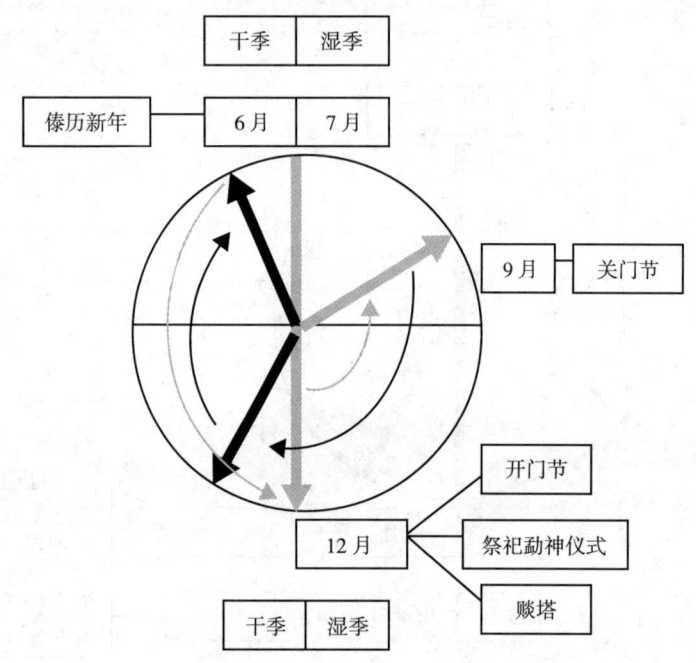

图9　勐混镇年度周期钟摆（按傣历月序）

　　来自中华帝国的封建体系试图将王权的宇宙观与土地、丰产联系在一起，在社会体系上要求确立父系继嗣原则。在这一封建体系下，王权要依靠皇权才能有所保证。

　　另一方面，来自印度文明的宗教挤压构成了与封建体系不同的关系。在前佛教时期，印度教中对土地和丰产的追求使之容易被本地化为一系列与土地相关的祖先、谷神等，亦可以转化为中华帝国对当地进行封建所仰赖的宗教基础。佛教的进入带来了强烈的文明冲突和文化冲突，作为一种普世宗教，佛教本身难以像勐神那样本土化为具有当地社会特色的神灵崇拜，而且佛教追求的社会形态是要建立杜梅齐尔所发现的印欧王权模式——祭司—武士—生产者三重功能结构，它要求教主具有至高无上的地位，这与中国封建体系中皇权所追求的社会形态相冲突。在后者那里，皇权并不像教主那样至高无上的权威，它的宇宙观在本质上不是要造就自身成为某种唯一至上神的化身，而是成为约束多种宇宙观的机制；①这更类似勐混的大白塔，是使得多种神圣性得以交流并约束它们的交流的通道。由于中国与印度两种文明形态都在历史中已经发育得充分成熟，这种冲突是根本的，极难调和。这就影响到诸如西双版纳这种中间地带的王权形成。

在勐混赕塔的仪式中，大白塔被视作对皇权同一性质的搬演和想象，王权通过地方神话来构建自己与它发生关联的历史，以此获得了对赕塔仪式的掌握，也就是对佛与巫双重时间体系的容纳统一，整体的社会才变得可能。笔者在访谈中获知，过去赕塔日期需要申报土司批准才能举行，并且仪式中土司也要在场，现在土司没有了之后，就改由当地最有威望的康朗代表。同时在大白塔周围，建有 11 个小型神龛，里边供着"丢瓦拉"——当地传说中帕雅嘎图之后掌权的 11 位召片领祖先。神话中帕雅嘎图被从大白塔移走了之后，通过他所建立的王权世系却获得了在场"监控"佛教的资格。赕塔仪式中土司的在场，再度强调王权现身观看这场盛大的展演之必要性，惟有在此条件下，社会的象征意义和实体都得到充分呈现，而文化和个人通过社会的集会均实现了自身。

基于陶云逵田野的延伸，我们看到对双重时间体系的理解提出了一个不同于神圣王权理论的解释模式。萨林斯在他的"陌生人-王，或者说，政治生活的基本形式"一文中，曾试图从文化理论给予神圣王权一个新的理性的基础。他认为，一个社会的权力总是来自社会外部的"陌生人"，本地占有着土地和宗教，"陌生人-王"占据着权力和政治，前者通过向后者提供女人，获得了后者的世系，在这个世系的确立中，本地社会开启了文明化的历史，外来者得到了本地的永久居住权。这种宇宙观的并接预示着文化以不断包含他者的方式进行自体生产，那么"这种他性的政治学"，"在不同文化形式中，为了攫取

---

① 张亚辉：《萨满式文明——从巫的延续看'多元一体格局'》，载王铭铭主编：《中国人类学评论》，第 17 辑，87 ~ 132 页，北京：世界图书出版公司，2010。张亚辉在文中探讨中国是一种萨满式文明，在这种文明结构中，皇权之上实际允许宗教作为帝王师存在，各种具备通天能力的知识阶层得以构成皇权的道德限制，同时在现实中又要接受皇权统治。这实际暗示，在这个知识阶层从皇权之下（人性）到皇权之上（神性）的通道之中，皇权成为联结这种宇宙论的管道和节结。

潜在的外部物品，达到繁荣本土社会的相同目的，人们采取了各种类似的、超越边界的实践形式。"①如何能够发现抑制这种文化扩张的机制？萨林斯在他紧接的另一篇文章"整体即部分：秩序与变迁的跨文化政治"中提出了一种文化区域的政治动力学主张，他认为存在这样的文化区域，其内部构成是等级式的，它们聚焦于一个或数个文化权力、财富和价值的中心，因此又可称为"文化顶峰"，它们的精致性可以称为边缘民族渴望或讨厌的对象。当然，典型的文化顶峰乃是由那些支配型的国家所充当的，它也常与文明中心重叠。出于对这些文化顶峰的向往，不同社会在相互关系中各自采用了不同的文化策略，以求相互区别和竞争。然而这种竞争似乎是无穷无尽的，因为每个社会总想联系更高的超宇宙的力量来增强自己的合法性，这就意味着要追求万王之王，王中之王……文化将永远发现另一个更大自我等待吞食。②

萨林斯似乎是想把涂尔干的实体的社会与观念图式的社会分开，一个放在内部，一个放在外部，外部的叫文化，内部的叫社会，但他并没有成功解决"民族精神"的困境。如果说在涂尔干那里民族主义可以表现为某种"社会主义"，在他这里民族主义就化身为神圣王权。

而在西双版纳的"双重时间体系"中，土地与王权都是本土的，宗教才是外来的，本土的王权要接受外来宗教对它的社会驯化，这点萨林斯说得没错。但是王权并不直接受外来宗教的政治统治，它也不是在寻找一个更大包含，而是从其内部形成了结构划分，一头维系着佛，另一头维系着巫。王权与宗教之间是互相限制的，王权既满足于佛与巫对它的双重限制，同时，它也竭力维持它对佛与巫的约束，使其在社会内部得到并存和沟通。作为中印文明的碰撞地带，西双版纳的这种王权模式可能在整个东南亚更为普遍。萨林斯的"陌生人－王"在根本上仍旧并未脱离印欧模式的影响。

---

① 萨林斯："陌生人－王，或者说，政治生活的基本形式"，刘琪译，黄剑波校，载王铭铭主编：《中国人类学评论》第9辑，北京：世界图书出版公司，2009。
② 萨林斯："整体即部分：秩序与变迁的跨文化政治"，刘永华译，127～139页，载王铭铭主编《中国人类学评论》第9辑，北京：世界图书出版公司，2009。

四、结论

美国人类学家郝瑞（Steven Harrel）在1995年用"文明工程"（civilizing project）一词来形容某个文明中心向外进行文化同化或文化融合的扩张过程，在这个过程中不同人群发生互动，但是这种互动参照一种特殊的不平等来开展。他认为在中国，自清代以来中央政府对边疆民族的"文明工程"至少开展过三个：儒家的、基督教的和共产主义的"文明工程"。[①]郝瑞所说的"文明工程"背后要有一个政治、经济、军事和文化意识形态上都强有力的国家作为推动，与"殖民"情境相关。他批评1950年代以来的民族识别本质上也是一种国家意识形态对地方认同的重新塑造，其"文明工程"通常有三种隐喻，分别是把边缘民族的形象妇女化、儿童化和古代化。[②]

在郝瑞主编的这本文集中，收录了一篇关于西双版纳傣族族性的研究，作者谢世忠通过从历史上"傣泐"的称呼到新中国民族识别后创造的"傣族"的名称变化，揭示背后存在着国家对地方民族的统治和同化。由于他的研究集中关注土司制度在本土社会与国家之间的勾连，辨析土司（召片领）作为傣泐王国的首领如何通过封建制度，成为接受中央政府册封的非汉族首领，后来被视为一种负面的民族特征在民主改造中被消灭。郝瑞认为这项研究指出了傣族在"文明工程"中被迫从一个原本自己即是独立的王国，变成为一个更大的政治体系中的一支族群。但是郝瑞并不了解，其实谢世忠并没有处理土司制度在西双版纳具体运作的问题，甚至没有关注到明清两朝车里宣慰使在国家官僚体系中的变化，只是将土司个人拎出来作为抽象的民族精神的象征，本身已经颠倒了事实。因为没有朝廷的封建关系，土司制度不可能存在，当地的政治结构以及土司在其中所处的位置都不会是谢世忠所看到的那样。也就是说，所谓土司作为地方化的象征，很大程度上恰得益于中央政府对地

[①] Steven Harrel, "Introduction", in his eds. *Cultural Encounters on China's Ethnic Frontiers*, Seattle and London: University of Washington Press, p.18.

[②] Steven Harrel, "Introduction", in his eds. *Cultural Encounters on China's Ethnic Frontiers*, pp.10~17.

方的封建。从这个角度而言,"文明工程"本应该承认所谓"文明化"既试图造成一体化,又进一步推进地方化。

郝瑞的"文明工程"意在对民族国家的国家权力和意识形态宰制进行批评和反思。不过他批评的角度同样是从权力出发。他所讨论的"文明工程"是基于族群理论提出来的,其实是以某一族群的文化观念为政治主导的意识形态,对其他族群进行统治和同化。问题在于,其一,清代国家是否如他所想象的一样,是以儒家为主导意识形态的文明体系,还是儒家仅是其治国意识形态中的一元,这个问题郝瑞并没有充分考虑;其二,在他所说的以儒家为主体的文明工程之前,佛教在边疆地区的传播亦可视作另一种"文明工程";其三,因此西南边疆民族社会的多元性本身可能是多次文明工程的结果,而未必是原生本土性的个体历史之表达。

中国国内社会科学界早在1939年曾经针对边疆民族研究和国家观念进行过讨论。历史学家顾颉刚在《益世报》发表"中华民族是一个"的长文,认为"五大民族"一词是中国人自己作茧自缚,授帝国主义者以分裂我国的借口,所以我们应当正名,中华民族只能有一个,在中华民族之内不应再分析出什么民族。①此文发表后,引起费孝通的关注,撰文回应顾颉刚,认为事实上中国境内不仅有五大民族,还有许多人数较少的民族,谋求政治的统一不一定要消除民族以及各经济集团间的界限;顾颉刚所说的民族是指同一政府之下,同一国家疆域之内,有共同利害、有团结情绪的一辈人民,实际并不能充分定义民族。②对此,顾颉刚连续回复两篇文章,表明自己并非主张强迫同化,认为,民族的构成是精神的而非客观的,构成民族的主要条件只有一个"团结的情绪";一个民族里可以包含许多异语言、异文化、异体质的分子(如美国),而同语言、同文化、同体质的人们亦可以因政治及地

---

① 转引自费孝通:"顾颉刚先生百年祭",见其《费孝通文集》第13卷,29页,北京:群言出版社,2000。
② 转引自周文玖、张锦鹏:"关于'中华民族是一个'学术论辩的考察",载《民族研究》,2007年第3期。

域的关系而分作两个民族（如英、美）。历经朝代更迭、种族融合，汉人中已经包含满蒙回藏苗等多种族的血统，因此它是一个民族而非种族，更确当地说应该用"中华民族"指代之。①

费孝通并不能充分理解顾颉刚，也对他"疑古"的动机感到不解。实际上顾颉刚所说的"中华民族"大约等于"中国人"，构成一体的这种"团结的情绪"本身是一种精神，这种精神来自他所设想的作为一个道德共同体的国家观念。"疑古"本质上不是考证古人创作的伪历史，而是要说明贯穿这种伪历史的真实心态，能够使中国人维系在一起。因此重点并不在于"民族"的划分或定义，而在于费孝通和顾颉刚设想的"国家"有所不同，此时费孝通所设想的"国家"主要来自他在现实经验中接触的边疆民族，其地理边疆和复杂的人文生态是清朝留下的帝国遗产。在他看来，这些部分在现代转化为"民族"，而"一体"则更多近似一种国家制度的表述，他并没有进一步将其落实在心理同化层面。②

时任中央研究院历史语言研究所所长的傅斯年在这场论战中旗帜鲜明地支持顾颉刚。他反对费孝通及其老师吴文藻在云南做边疆民族研究，认为他们的研究将会刺激国族分化，在当时救国存亡之际容易导致政治上的不良后果。③傅斯年在1933年所作"夷夏东西说"一文中，考察《诗经》所记载"天命玄鸟，降而生商"的神话与东北满族流行的佛库伦食朱果而生满族始祖布库里的神话，认为这两个相似的神话背后预示着殷商与后来的满族存在历史关联。他通过对各东夷地望和迁移的历史考察，来论证这一点。④傅斯年的研究通过满族为桥梁，来看萨满教在中国文明结构中的延续性，论证了清朝对中国的统治合法性，也为民国接受帝制中国的遗产提供了合法性，尤其是针对当时敏感的蒙古和西藏问题，表明中国在向现代国家转型之时，仍旧可

---

① 转引自周文玖、张锦鹏："关于'中华民族是一个'学术论辩的考察"。
② 杨清媚："最后的绅士——以费孝通为个案的人类学史研究"，184～185页，北京：世界图书出版公司，2009。
③ 转引自王明珂："由族群到民族：中国西南历史经验"，载《西南民族大学学报》，2007年第11期。
④ 傅斯年："夷夏东西说"，见其《史学方法导论》，雷颐点校，211～221页，北京：中国人民大学出版社，2004。

以有效地继承原有的国家基础。

顾颉刚和傅斯年都通过上古史和边疆研究来接续国家传统，实际是从历史的角度提出了一种前"文明工程"的精神基础或说是"文明工程"潜在的精神结构。作为国家的这种内在精神，通过神话、历史的书写传续下来。不过，顾颉刚和傅斯年所探讨的这种精神既不是儒家独占，也不是为其他某一知识体系所独占的，他们没有进一步讨论这一精神结构与这些主持文明工程的知识体系之间怎么在历史中实现接触和沟通的。

倘若从这个考虑出发，西双版纳的这一个案例具有明显不同于郝瑞"文明工程论"的特点：它的双重性来自两个文明工程的交叠，既有儒家的也有佛教的，其本身是两种知识体系结构关系的结果。而包容这种双重性以及可能的多重性，是清代帝国的显著特点，也是顾颉刚和傅斯年所讨论的国家的内在基础。作为西双版纳社会的生存之道，年度仪式周期的钟摆运动是在周期性地重现这种结构关系形成的历史。反过来的问题是，对于这些多重性的社会治理，是否才是帝国正常的状态；那些知识体系（宗教意义上的）更为单一和独立的社会，也许才构成了这个文明真正棘手的问题？从目前这个研究来说，我们对这些问题的讨论，仅仅是开始。

嘉绒藏人的神山与家屋

在神圣历史中生成的社会结构*

张 原

随着近年来人类学西南研究的兴起，关于中国西南社会人文特质的讨论越发深入。在国内学界，这类讨论似乎形成了两类主题。一是从对所谓"文明"的整体考察推演出来的一种"关系主义民族学"的西南研究，一是从对所谓"地方"的内在把握延展出来的一种"社群建构方式"的西南研究。在前一类研究中，学者们试图从一种人文关系格局的角度出发，来认识中国西南的区域人文特质。特别当王铭铭提出了以"中间圈"这一概念来认识这一区域所具有的一种"关系主义"[①]特征之后，相继出现了一批基于山川和物的历史人类学研究，这些研究试图说明，西南作为一个文化接触地带，是如何历史地实现不同文化观念甚至文明体系之间的关联，从而在这一区域成就一个"超社会体系"，或生成一种"复合形态宇宙观"。如赵丙祥对云南丽江玉龙雪山的历史考察[②]，汤芸对黔中山川的地景分析[③]，以及舒瑜对云南诺邓的盐业的研究等等。[④]在后一类研究中，学者们试图从社群建构形式的考察出发，来认识中国西南少数民族地区的社会特质。特别当"家屋社会"的理论被引入之后，空间与社会关系的再生产成为西南少数民族研究的一个重要主题。

---

* 本文的写作得到王铭铭教授、彭文斌教授、张亚辉副教授、褚建芳副教授、杨清媚博士等人的帮助，特此致谢。
① 如王铭铭在"文明在周边——'藏彝走廊'、'中间圈'与关系主义民族学"一文中指出："藏彝走廊作为一个意境，昭示着一种基于关系主义民族学而重新构思人类学的可能。这个意境富含的'中间性'，为我们体会、理解和认识横向连接与纵向差序之间的纽带提供了机会。"见其《中间圈："藏彝走廊"与人类学的再构思》，148~192页，北京：社会科学文献出版社，2008。
② 赵丙祥："舆图虽尽天犹广：丽江雪山与木氏土司之盛衰史"，见其《心有旁骛：历史人类学五论》，北京：民族出版社，2008。
③ 汤芸：《以山川为盟：黔中文化接触中的地景、传闻与历史感》，北京：民族出版社，2008。
④ 舒瑜：《微"盐"大义：云南诺邓盐业的历史人类学考察》，北京：世界图书出版公司，2010。

如翁乃群对摩梭人家屋空间中性别象征的分析①，何翠萍对中国西南少数民族的家屋与人观的研究②，张江华对广西侬人的家屋及其象征的考察③，以及陈默对西藏农区的家屋空间及其意义的调查。④这类研究似乎在说明，相对于在社群关系建构中更重视继嗣关系和时间绵延感的汉人社会，西南少数民族地区的社会建构逻辑更为关注的是联姻关系和空间凝聚力。

在当代人类学的西南研究中出现了这样两种新的研究取向，这在一定程度上表明了为深入地把握西南地区的社会文化特质，学者们均试图在理论视野和分析工具上有所突破。"关系主义民族学"的视角倡导要求我们对"社会"这个概念有所超越，在一种历史过程中看到一个"超社会体系"的形成，这类西南研究偏向于一种比较视野，具有一种普同论的取向；而"家屋社会"的理论借鉴则要求我们对"家庭"这个概念有所超越，在特定的亲属关系之中看到社群的一种构建形式，这类西南研究专注于一种地方视野，具有一种特殊论的取向。尽管在学术旨趣和考察路径均有较大差异，但对于"宇宙观"研究的强调，以及对象征人类学方法的运用，则又构成了这两类西南研究在视野上的一种交集。

正是在这样一种学术背景之下，嘉绒藏族的研究正成为当代西南研究的一个焦点。在笔者看来，嘉绒社会的研究价值不是要进一步构成上述两种西南研究的分化隔阂，而是要实现一种对话可能。曾经，"神山信仰"的研究与"房名制度"的考察构成了当前西南研究在嘉绒地区视野分化的重演。但是，如果我们注意到神山和房屋在空间象征上所具有的一种深层同构性，以及二者的这种同构关系是在一个充满了"关系主义"的历史过程中被形塑的这样

---

① 翁乃群：《女源男流：从象征意义论川滇边境纳日文化中社会性别的结构体系》，《民族研究》，1996年第4期。
② 何翠萍：《人、家屋与阶序：从中国西南几个族群的例子谈起》，"云贵高原的亲属与经济"讨论会论文，2000。
③ 张江华：《侬人的家屋及其象征》，载王铭铭主编：《中国人类学评论》第3辑，北京：世界图书出版公司，2007。
④ 陈默：《西藏农区的家屋空间及其意义——以西藏曲水县茶巴朗村社区调查为例》，《中国藏学》，2009年第1期。

一些事实的话，那么当代西南研究出现的上述区分将会自动地消解，而西南的人文特质则会得到进一步的阐明。

作为一个地名和族群的名称，"嘉绒"的所指具有极大的模糊性。如果说化约式的分类能够实现清晰化的认识，那么那些爱好对语言和族群进行分类的学者将会在嘉绒地区开始一场"混沌"的噩梦。在藏语中，嘉绒一词可被扩展为"夏尔嘉尔莫察瓦绒"这一地名，其意思为"藏区东方墨尔多神山周围气候温暖湿润的河谷农区"。①藏区东方、气候温暖、河谷农区这些描述都表现了一种对照关系，因此嘉绒这一地名本身就是一种复杂关系的呈现，而这一复杂的地名所指涉的则是一个更为复杂的区域，其范围主要包括以墨尔多神山为轴心而展开的大渡河的两大主要源流大金川河、小金川河，以及岷江的主要支流梭磨河、杂古脑河、黑水河等流域的谷地，其地跨今四川省的阿坝和甘孜两州。这一区域正位于藏区的安多下部（南面）与康巴上部（北面），恰处于藏彝走廊的中段，也是东部汉区通向西藏各地的要冲。在藏汉两个文明体系的互动过程中，这些河谷农区一直处于极为重要的位置，是西北和西南各民族"交流掺杂，你来我往"的舞台。今天，生活于嘉绒地区的人群来源颇杂，他们的历史、语言、文化等等方面都表现出"藏彝走廊"地带那种独特的流动性和模糊性。而夹在汉藏两大文明体之间的嘉绒地区，正处四方要冲，其地方政治的历史态势受到各种外来势力之影响。②因此，作为一个"接触过渡地带"，嘉绒地区在与不同文明体系的接触过程中，其观念体系和社会制度的表现与生成值得关注，这正是我们把握民族走廊地带历史人文特点的关键前提。而"神山信仰"与"房名制度"则为嘉绒社会文化特质的一种实在表现，本文对于嘉绒社会人文特质之考察也将从二者的关系来切入。

---

① 参见白湾·华尔登：《嘉绒藏族历史明镜》，刘建、谢芝编译，1页，成都：四川民族出版社，2009。
② 马长寿："嘉绒民族社会史"，见周伟洲编：《马长寿民族学论集》，123～164页，北京：人民出版社，2003。

山有灵则显：神山信仰与山神崇拜

在嘉绒藏区，神山信仰与山神崇拜非常普遍。且因为当地苯教传统保持较好，所以比之藏传佛教而言，山神信仰在当地所突显的文化意义和发挥的社会作用也更为显著。而流行于整个藏区的神山信仰与山神崇拜，作为一种与藏传佛教传统有较大不同的信仰体系，其对我们理解藏文明特点之意义也很早就引起了学者们的关注，与之相关的考察研究也极为丰富。

首先，在前人学者对神山信仰的文化意义之解释中，可以看到这一信仰对于理解整个藏区文明的特质而言具有一种"文化内核"的本质意义，更是我们理解当地宇宙观的关键。恰如图齐（Giaseppe Tucci）所指出：在藏区，一方面山与神或灵之间有着一种等同关系，从而使得山获得了某种特殊的神圣性，而某些关于宇宙起源论、神统世系或那些需要从哲学方面进行的解释都与神山相关；另一方面也正由于神山的神圣特征，这类大山在某种意义上便成了该地区的灵魂，它们可确保其持久性，成为该地区的主神来保护居住在山脚下的居民。①在一定程度上，嘉绒人的世界意义是由神山所开启的。这些神山是嘉绒人的宇宙图式、社会结构、文化观念和历史心态的现实集合体。作为伊利亚德（Mircea Eliade）所言的"显圣物"（hierophany）②，嘉绒人的神山正是宇宙的神圣秩序得以显现的中心，围绕着这个中心，神圣秩序的结构得以展开。据笔者观察，嘉绒地区的神山祭祀活动虽然纷繁复杂，但大致都遵照着一套由三种祭仪部分组成的基本祭祀形式：一是以煨桑熏烟的方式祭祀一块象征神山之巅的白石，这种活动是日常的，具有向上转递崇敬的意义；二是以插箭立竿的方式树立一个"通天柱"，这个杆子具有宇宙之轴的象征，这种活动与年度周期的开启相关，表示着宇宙的重生；三是围绕着由白石和旗杆构成的圣地逆时针绕圈，这是在转动宇宙之轴，以激发世界的生机。上述三类活动可简单地归纳为：祭白

---

① 图齐、海西希：《西藏和蒙古的宗教》，耿昇译、王尧校，310页，天津：天津古籍出版社，1989。
② 伊利亚德：《神圣与世俗》，王建光译，2~23页，北京：华夏出版社，2002。

石、插神柱、转圣地，三者共同展现了神山、宇宙秩序以及生活实质的关系。这些神山祭祀仪式也是对嘉绒人苯教式宇宙观的再现，这个宇宙被垂直地分为天、地、水三界，分别用白、黄（或杂色）、黑（或蓝）来表示。而在苯教观念中，山、天、神、灵可相互等同，所以联接三界使其成为统一体的则是作为通天柱的神山。因此，在嘉绒人看来，这些神山本身就是宇宙之中轴、世界的中心，并且还是王者和祖先显世的地方。

其次，在学者们对整个藏区神山信仰与山神崇拜的社会功能之解释中，可看到这一信仰崇拜形式对藏民社群关系的整合和构建具有重要作用。如格勒等人的研究表明，在藏北牧区，神山除了有一定的地域性外，神山的序列还与部落的结构有一定的内在一致性。①而海德戈德则指出在中尼边境的喜马拉雅山区，山神崇拜的祭祀活动与社群内部的政治结构有着密切联系，其特殊的宗教宇宙观和祭祀仪式构筑了社区内部，以及社区与国家间的秩序和传统。②索端智进一步阐明，藏区体系化建构的山神与社会结构具有紧密的相互映照关系，且守护神信仰体系的不同圈层隐喻的是藏区大小不同的地域社会，因此藏区所谓的四大或九大山神的说法，在一定意义上正是藏区不同区域社会的象征。③从这些研究可以看到，神山信仰对藏民实现社会空间分类和社会关系建构有着非同寻常的重要意义。嘉绒地区情况也是如此，以墨尔多神山为核心，整个嘉绒地区形成了一个具有等级性和地域性的神山体系。在当地我们可以清楚地观察到，从家户屋顶上的白石，到村落祭坛上的白石，再到部落山神和地域主山神，特定组织范围内的人群会供奉特定类型的山神。这些围绕着山神的信仰与祭祀活动已经成为了一种社会制度或社会结构的再现方式，隐含着嘉绒人对家户、村落、部落和邦国这些人群组织概念的分类范畴之社会意识。实际上，山神祭祀活动可视为划分地方边界与整合人群关

---

① 格勒、刘一民等：《藏北牧民》，267页，北京：中国藏学出版社，1993。
② 海德戈德："山神、祖先的姓氏及神圣的武器——评位于中尼边境上的宗教圣地及其社会特征"，载《西藏研究》2003年第1期。
③ 索端智："藏族信仰崇拜中的山神体系及其地域社会象征——以热贡藏区的田野研究为例"，载《思想战线》，2006年第2期。

系的一种手段。如在垭口或路口上建"敖博"(玛尼堆)祭坛并举行"拉则"(插箭立竿)的仪式就带有很强的边界性,这种仪式活动是一个部落确认边界,沟通神灵激发领地内万物兴旺力(fertility)的重要仪式,而越界开展此类祭祀山神的活动所带来的结果往往是战争。[1]但若将一个地方性的山神祭祀活动提升至区域性的,使其涵盖一个区域内的所有地方祭祀时,那么随着这种祭祀圈的扩展,地方的边界则会被消弭。如嘉绒人对墨尔多山神祭祀礼仪的升级与转山路线的扩展,则可视为当地区域统合进程的经验性反映,它通过彰显这个山神在这一地区的等级,消弭了区域内各神山之间的边界区隔,从而在一定的地域内实现一种区域性统合。

最后,在学者们关于神山与山神的神话学考察之中,可看到与神山相关的神话往往与王权的神圣性紧密相连,而与山神相关的传说则呈现了当地文化对抗和文明统合的历史过程。如伊利亚德所指出,在藏区"人的宗教"传统中,赞普作为下凡的天神,其神性与神山密不可分。[2]谢继胜也指出,藏族神山神话其实是与天绳神话相联系的,而天神顺着天绳降到神山之巅成为世间先王的这类神话传说,则往往成为藏区君主构筑自己王统的神圣权威和历史谱系的普遍方法,并被《敦煌本吐蕃历史文书》《王统世系明鉴》等史书所记载。[3]此外,一些著名的山神,往往还经历一个"祖先神灵——地方保护神——战神——佛教护法神"的身份转变,而这些传说本身也是对当地历史过程的反映。如西藏山南地区的雅拉香波山神,由于崇拜该山的雅隆悉布耶部落从6世纪开始就不断地壮大扩张,并最终建立了统一藏区的吐蕃政权,如此一来山体并不宏大的雅拉香波就从雅隆部落崇拜的山神一跃成为统

---

[1] 如《格萨尔王传》中就讲述了这样一场战争:霍尔国为祭祀玛卿邦日雪山,在山上立了一个"鄂博"(蒙语,山口的玛尼堆)并举行了拉则仪式,而在岭国人看来玛卿邦日是他们崇拜的神山,霍尔国擅自建鄂博则是对岭国的侵犯,于是格萨尔王出兵封锁了通往雪山的道路,并摧毁了霍尔国建的鄂博,由此引起两国的交兵相恶。见金迈、吴均译:《格萨尔王传·霍岭之战》,14~20页,西宁:青海人民出版社,1984。
[2] 伊利亚德:《宗教思想史》,晏可佳等译,1162~1165页,上海:上海社会科学院出版社,2004。
[3] 谢继胜:"藏族的山神神话及其特征",载《西藏研究》,1988年第4期。

领藏区众山神的"斯巴大神",其地位与冈底斯山相当,甚至在公元8世纪的敦煌文献中还提到"雅拉香波乃最高之神灵"。①然而伴随着藏地的佛教化,雅拉香波雪山则成为印度密宗大师莲花生到吐蕃传教时首要降服的神山,最终它又获得了佛教护法神的身份,其形象也由一头白牦牛变为白色神人。若深入解读嘉绒人的山神神话,可以看到作为一个神话传说体系,其叙述的故事以及围绕这些神话而展开的相关仪式活动也在表达一种历史的和现实性的关系。比如从当地的神话传说和仪式活动来看,围绕墨尔多神山,嘉绒地区就曾经出现过一个地域性的等级整合过程。如在当地常见的家户和村落的祭祀活动中,如人们在煨桑祭神时,会念出一连串山神的名字,这些山神之间构成了地方保护神的一种等级性谱系。在神话传说中,墨尔多山首先被人格化,其本尊以一个脸色黑青面目威严、骑青色神骡、身披铠甲的武士形象显现。然后嘉绒地区的一部分神山作为墨尔多山神的家庭成员,如兄弟姐妹与妻子儿女被统合到他的身边,构成了一个神圣家族;另一部分神山则作为隶属于墨尔多的臣民被吸纳进一个有封号等级的体系之中。②在嘉绒地区传颂着很多故事都在讲自己村落的山神和墨尔多山神之间的关系,这里面有爱护、征服、联盟和背叛。这些传说故事在很大程度上是对地区之间、部落之间种种现实关系的一种隐喻性的说明。如在当地最著名的一个传说是,墨尔多山神的姐姐在墨尔多外出作战时,卷挟着墨尔多的财宝箱向她的夫家康定逃跑的故事。当墨尔多山神发现姐姐的这种背叛行为时,便果断地丢出一块白石将他姐姐的腿打残,而他的姐姐再也没有回到他的身边,最终成为了康定的日擎女山神(即今日康定的跑马山)。嘉绒人通过这个故事来讲述嘉绒与康定的暧昧关系,并解释为什么康定的经济比墨尔多山神所辖的地区繁荣之原因——墨尔多山神的财宝箱被她的姐姐偷到康定了。

作为一群生活在山中的人,神山信仰与山神崇拜显现了嘉绒人生活世界的意义图式,也是其社会建构与历史过程得以展开的文化背景。因此,考察

---

① 王尧、陈践译:《敦煌本吐蕃历史文书》,164页,北京:民族出版社,1980。
② 雀丹:《嘉绒藏族史志》,126页,北京:民族出版社,1995。

嘉绒人有何种关于山的观念，也就是在理解他们有何种宇宙观念和世界图式；而关注嘉绒人有何种关于山的仪式，则能从中看到他们社会生活的形态与特质有何特点；最为重要的是基于嘉绒人关于山的神话，我们能够深入地理解他们是以何种观念逻辑来展开自己的历史，在一种纷扰复杂的关系格局中构筑自己生活世界的意义。

房有神则名：房名制度与家屋观念

如果说神山信仰作为一种集体意识是嘉绒地区社会整体事实的一种表现的话，那么房名制度则是这一社会整体事实在现实生活中的具体表现。对于嘉绒人房名制度的系统研究，最早可追溯到林耀华先生的"川康嘉戎的家族与婚姻"一文。[1]林先生准确地指出，嘉绒人的房名制度"为其社会组织的中心"，且这一制度体现了嘉绒社会三种基本关系的组织原则[2]：

1. 继嗣原则。"戎人家族没有姓氏，但每家住房必有专门名号。这名号含义甚广，代表着家屋承继人的一切权力与义务，举凡住屋财产，屋外田园土地，粮税差役，家族世系以及族内人员在社会上的地位等，莫不在住房名号之下……质言之，房名概括家族团体的物质方面与非物质方面的两重内涵"。因此"（家屋）名号一经创始，既由子孙永远承继。假如家族绝嗣，或因故他徙，后继之人经土司头人承认，仍用旧名号。甚至别人在旧屋基之上修建新屋，旧名号亦不可改变。戎人之重视房名，由此可见一班"。在嘉绒社会中"房名承继与家族承继相配合，实际上乃是二而一的东西。承继方法为双系制，男女皆可传代，但每代只传一人"。

2. 社会等级。"阶级不同，家屋名号的含义也不同。平民居住的房名包

---

[1] 这篇论文系作者1945年执教成都燕京大学时，赴川康北界交界的嘉戎地区考察后写作的论文，原载《燕京社会科学》1948年第1期，现收录在林耀华：《从书斋到田野》，北京：中央民族大学出版社，2000。
[2] 林耀华：《从书斋到田野》，487～488页。

含了这一家族团体的物质与非物质方面的两重要素；头人家屋或官寨之名则可扩大代表头人所治的沟寨，土司官寨的名号也扩大代表土司所辖的范围"。

3.联姻法则。A.同一房名之下的人员绝对禁婚；B.同一房名之下每代人只能有一人承祧房名来讨媳或招婿，其余的兄弟姐妹只能入赘或外嫁到其他房名中去；C.为保证原房名成员承继优先权可行"妻兄弟婚"与"夫姐妹婚"，即兄死弟娶其兄嫂与姐亡妹嫁其姐夫；D.同一房名之外广泛的血亲联姻，既不忌"交表婚"与"平表婚"，也不忌跨代际的血亲联姻，尤以姑舅交表婚有优先权。E.实行严格的等级内婚，同族之间等级不同不能联姻，异族之间等级相同也可联姻。

通过林耀华先生的精彩总结可知，所谓"房名"就是家屋的名号，但这个名号所指的不仅是这座房屋，还有居住在这房屋中的人群，以及相应的财产、土地、赋税、差役等权利与义务。可以说，嘉绒人的房名制度是当地的一种总体性的社会制度。对于嘉绒人的房名制度，李锦认为可引用"家屋"（house）的概念来理解，并将这种社会制度的考察放置在人类学家屋研究的脉络中来进行讨论，从而看到嘉绒社会所具有的"家屋社会"（house-based society）的某种特质。[①]在列维-斯特劳斯看来，家屋社会是一种处于基本结构与复杂结构之间的转折结构，介于以"亲属基础"（kin based）与"阶序基础"（class based）之间的混合社会形态。家屋在这种社会之中包含这样一些重要的特征：拥有一个包括物资性与非物资性之财富或名誉的领域；广泛使用"拟制亲属关系"来完成联姻与收养关系；所有财富或名誉领域（包括头衔、特权与财富）的传承是男女两可的。[②]从这些概括中我们可以看到，嘉绒社会的房名制度确实具有"家屋社会"的一般特征。列维-斯特劳斯更进一步地指出，家屋作为一种社会建制方面的创造，能超越一些群体生活中难以协调的原则，如父系与母系、继嗣和居所、远婚与近婚、血统与推选等等。

[①] 李锦："土地制度与嘉绒藏族房名的获得——对四川省雅安市宝兴县硗碛藏族乡的田野调查"，载《西南民族大学学报》2010年第5期。
[②] 转引自黄应贵：《空间、力与社会》，28页，台北："中央研究院"民族学研究所，1995。

通过一种"二合一"的办法,家屋完成了从内向外的某种拓扑学意义上的转换,从而用外部整体取代了内部二元性。[1]嘉绒人的房名制度确实也赋予嘉绒人的家屋以一种整体性,从而可以涵盖其社会关系中的各种结构性矛盾,使其成为社会总体性关系的承载物。

恰如后来的一些学者所指出,"家屋社会"这个概念更适合于描述那些有贵族而类似封建社会的阶级性社会。[2]嘉绒社会的房名制度也与当地社会阶层的等级制度相关,这种社会等级同时又与土地的占有权相关,而这套土地制度本身又包含着一系列的权利与义务的等级划分。在结构上,房名制度也是一个等级涵盖的体系。高等级的房名总体地代表了其属地上所有房名的一切社会关系、一切权利义务、一切负担麻烦,这使得嘉绒社会呈现出很强的等级性,更使得土司头人的房名在特定区域内具有一种总体性。西南民族学院民族研究所基于1950年代的调查而编写的《嘉绒藏族调查材料》显示了嘉绒社会各阶层的等级关系往往是通过房名和土地的关系来表示的。[3]

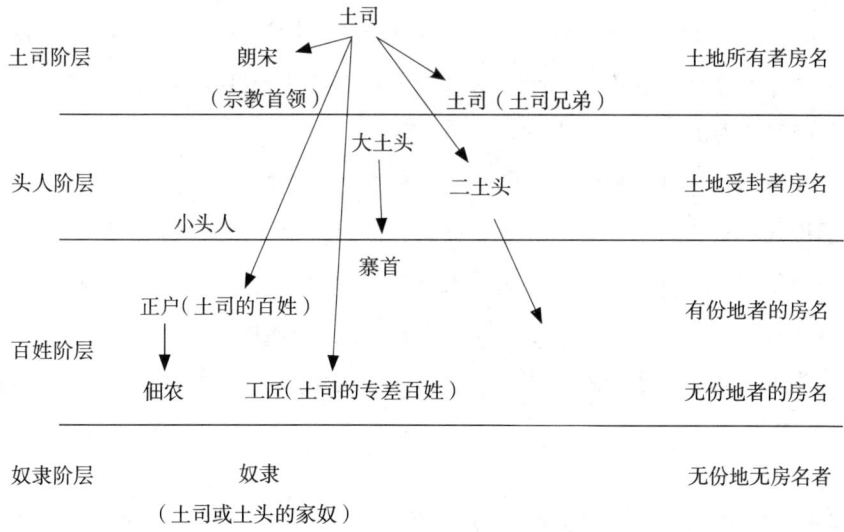

---

[1] 列维-斯特劳斯:《面具之道》,张祖建译,154~155页,北京:中国人民大学出版社,2008。
[2] 黄应贵:《空间、力与社会》,28页。
[3] 西南民族大学西南民族研究院:《川西北藏族羌族社会调查》,北京:民族出版社,2008。

基于房名制度的这些特征，李锦认为，有房名的家屋之所以是嘉绒藏族社会结构最重要的单元，与嘉绒地区土司制度确立之后形成的等级制度和土地制度相关。因此，土司制度下嘉绒藏族的房名，既是一种家族结构，也是一种基于份地制的社会经济结构。①这一论点的提出，虽然使得我们对于房名制度的理解获得了一种历史纬度和政治经济学的视角，但其解释也在一定程度上是当前学界对其他藏区房名制度研究的基本观点之延续。可以说，在为数不多的关于藏区房名制度的研究中，功能论的化约视角仍未得到真正克服和彻底超越。如美国学者阿吉兹（Barbara Nimri Aziz）在《藏边人家》一书中分析到，房名制度的产生是由人们的经济理性决定的，这种制度不仅可以保证土地和房产不致分割，同时还可以阻止家庭的劳动力不外流。②而格勒则认为，西藏传统社会的基本结构，包括家庭结构是由人与人之间围绕着土地的使用、占有、支配、分配等问题所结成的各种各样的互助和依存关系而引导的。③也恰如李锦所强调的，格勒这种看法同样适用于嘉绒藏族社会，适用于对于房名这一基本社会单元的分析。可见，在这类研究中，房名制度成为了土地分配、社会分层、经济组织和政治运作的一个结果，而非展开这些关系的基本框架。这样一来，房名制度不再被认为是一种总体性的社会制度，而只是政治经济关系的历史发展产物。

针对这样一种研究趋势，郭建勋则从嘉绒人家屋空间的象征考察出发，试图深入到对房名所蕴含的文化象征意义的讨论中，将房名产生的文化之因做一个基本的梳理。他指出，嘉绒人家屋中的碉房是其住宅空间中最为神圣的部分，特别是围绕着碉房内火塘中设立的锅庄石所展开的诸多神话与仪式，则隐喻象征地表现了当地人的三界宇宙观及文化意义，而嘉绒人关于天地、

---

① 李锦："土地制度与嘉绒藏族房名的获得——对四川省雅安市宝兴县硗碛藏族乡的田野调查"，载《西南民族大学学报》，2010年第5期。
② 阿吉兹：《藏边人家——关于三代定日人的真实记述》，翟胜德译，拉萨：西藏人民出版社，2001。
③ 格勒："西藏家庭结构和功能变迁初探"，见其《格勒人类学、藏学论文集》，北京：中国藏学出版社，2006。

祖先、神灵的信仰，以及血亲姻亲的区分都在锅庄石的信仰与仪式中被确认。①其"锅庄石信仰、房名与藏区社会组织的变迁"一文更进一步指出，房名的获得不仅与房屋有关，更与房屋中的"锅庄菩萨"即火塘内设立的锅庄石相关。锅庄石不仅象征祖先，也象征天地诸神、山神与地盘业主神（开辟基业的土地神）。房屋有了锅庄石也就有了神，如此一个房屋才可与一片土地联系起来，算为一户，有其房名。因此房名最先要处理的不是经济地位问题，也不是社会结构问题，而是房屋内的人与地盘神（土地神）的关系。所以经济地位或社会阶层都是在人与地盘神的关系基础上生发而来的。②从这种更偏向于文化象征的解释中可看到，嘉绒人的房名制度与家屋观念的形成并非是一种工具性和功能论的产物，而是一种信仰的物质表现结果。特别是家屋中最耗费工时的碉楼，其营造的目的也并非是出于战争防卫，而是如石硕所强调的为表现房屋与天地的沟通，处理的是人神之间的关系。③恰如陈波所指出的，在关于嘉绒人家屋中碉楼的起源与功能而出现的战争论、信仰论和综合论的三种解释中，信仰论才是最为接近当地建造者本身的文化逻辑。④所以遵循文化象征的解释路径可以看到，在嘉绒人的观念与实践中，家屋的营造本身是一种信仰的表达。

嘉绒家屋中所表现的神圣性并不基于人与祖先的关系，而是房屋与天地的关系。这也在某种程度上表明了嘉绒人的家屋与神山在空间象征的某种同构性。或者说嘉绒人的房子就是宇宙的缩影，是与其宇宙神山、祖先神灵、地域关系相连的一个微观世界。所以考察嘉绒人关于家屋的制度与观念，也正是我们理解其社会的结构及组织运作的关键。而前人具有启发性的考察已经对这一问题进行了较为深入的研究，现在的问题则是要回到历史的一种地方文化脉络之中，来洞悉当地的社会结构是如何生成的。

---

① 郭建勋："川西贵琼人碉房中的锅庄石及其象征意义"，载《西南民族大学学报》，2010年第4期。
② 郭建勋："锅庄石信仰、房名与藏区社会组织的变迁：以川西鱼通地区为例"，载《青海民族研究》，2011年第4期。
③ 石硕："隐藏的神性：藏彝走廊中的碉楼"，载《民族研究》，2008年第1期。
④ 陈波："作为世界想象的'高楼'"，载《四川大学学报》，2006年第1期。

命运的开启：神圣历史的重复展开

　　山有灵则显，房通神则名。如果说嘉绒人生活的空间是意义显现与再生成之场所，那么嘉绒人的神山与家屋必然有其"神圣的历史"来彰显和规定意义，并由此作为意义的原点对其社会结构的历史生成做出一种最初的说明。而对于嘉绒藏人社会结构的历史生成之考察，我们应该回到当地关于神山和家屋的神话传说中去。恰如伊利亚德所言："这种把有意义的神话在整体上聚集在一起而形成原始而神圣的历史，以它同样的论证方式解释了世界、人类和社会的存在，而成为最根本的东西。而这恰恰构成神话一度被看作'真实历史'的理由：它叙述了事物的产生和存在，提供了例证的模式，还论证了人类之所以如此言行的根据"[①]。也就是说，神话作为一种神圣的历史，它给予了历史以实在的终极意义和例证模式，从而对历史过程和生活本身给予一种意义和价值的规定。

　　在嘉绒地区,《格东特青》作为一个广泛流传的王权神话传说以"陆呷"（嘉绒藏戏）的形式，在每年的"嘉绒新年"（农历11月13日）时上演。[②]相传，嘉绒藏戏《格东特青》最早是在藏历土狗年（758年）为庆祝"然旦甲蕃"[③]建成嘉岭青王宫和雍忠拉顶寺的庆典中演出，其剧本由苯教法师顿巴朗卡撰写。[④]也有学者考证此戏为十七世纪出生于嘉绒巴底的宁玛教活佛桑吉领巴所撰写，此人也是《巡礼朝圣墨尔多神山功德》与《墨尔多山神焚香祭祀》等文的作者。[⑤]到底是谁，在何时编导了戏剧《格东特青》虽有争议，但该

[①] 伊利亚德："宇宙创生神话和'神圣的历史'"，载阿兰·邓迪斯编：《西方神话学读本》，朝戈金等译，桂林：广西师范大学出版社，2006。
[②] 在嘉绒地区上演《格东特青》戏剧来纪念阿米格东这位英雄的节日也被称为"代汝"（节日），见博诺·措斯曼、俄玛塔、格尔玛："嘉绒藏族的阿米格东文化"，载《西藏艺术研究》，2011年第3期。
[③] "然旦"为金川土司之房名称号，"甲蕃"为王的意思。
[④] 白湾·华尔登："关于嘉绒藏戏的几个问题"，仁增泽让译，载《四川省嘉绒地区藏戏问题研讨会资料汇编》，25～31页，1993。（内部资料）
[⑤] 赞拉·阿旺措成、张锦英："嘉绒藏戏的历史渊源及艺术特征"，载《四川戏剧》，1994年第1期。

剧的原型一致被认为来自嘉绒地区广为传颂的民间故事《阿米格东》(也称《猎人降地魔》)。①这个神话传说故事的版本颇多,传颂不一,但其大体情节可总结为:

  一对老夫妇年近六十未能得子,一日老妇在山上抱得一个白色大卵(白石)回家,卵内窜出一个男孩,老夫妇便收养了他,并用他们各自名字的首音为其取名"格东"。老两口虽很喜爱格东,但他饭量超大且见风就长,出生三日后父母不得已将其送到深山老林中"放生"。又过三天母亲前去探望,发现格东并没有饿死荒野或被野兽所害,反而已经长成为一个强壮青年。靠打猎为生的格东给母亲大量的猎物让她背回家与父亲同享。这件怪异的事情被族人发现后,族人因害怕能力异常的格东会吃空大家的粮食,将其驱赶流放至后山。三年后,嘉绒地区有一群黑妖兴乱,它们不仅毁坏庄稼,还吞噬百姓。正当人们无计可施时,格东从山上下来,用一块白石击退这些黑妖,将他们赶到河中去了。为感谢猎人格东挺身而出降伏妖魔拯救百姓的行为,四处赶来的农人们将格东抬到村中,愿意服从拥戴他为首领。然而格东却担心自己过大的饭量,不愿留下。这时,一位巫师做法将格东的饭量降为常人水平,格东便得以留在部落中娶妻生子建立了自己的家庭,并带着他同样具有异常本领的儿子四处降魔,为嘉绒地区带来幸福。格东和他的儿子成为嘉绒人的英雄,也有人称他们为王。从此每一年格东都要带着他的儿子和军队巡视嘉绒各地,消灭各种鬼怪,他游走战斗的各个山岭则成为当地的大山神,是英雄、祖先和王的灵魂所在。

基于这个故事而改编的戏剧《格东特青》,在演出时人们除了要戴上各种角色的傩面外,还要在舞台上挂出墨尔多山神的唐卡或墨尔多神山的山水

---

① 拉尔吾加、张军涛:"嘉绒藏戏及其代表作《格东特青》",载《四川省嘉绒地区藏戏问题研讨会资料汇编》,107~110页,1993。(内部资料)

画。而在传说中格东行军经过的地方，人们则根据他到来的时间在秋季（十月十三或十一月十三），或春季（三月十三）举行"代汝节"来纪念格东，并尊称格东为"阿米格东"。在嘉绒语中，"阿米"有祖辈、祖父之意。在节日期间，人们要重新用白色颜料重新粉刷家屋的外墙，绘上各种吉祥的图案，此时人们还要跳锅庄以示庆祝，其中最后的歌词为："胜利了，阿米胜利了；感谢啊，感谢格东啊，胜利了，白色的人类胜利了；消灭了，黑色的妖魔消灭了！"①无论是演给王公贵族看的戏剧《格东特青》，还是流传于民间的传说《阿米格东》，都可视为嘉绒地区的一个"神圣的历史"。这个戏剧与传说作为一种"永恒回归的神话"，如伊利亚德所言，是一个需要"反复的原型"，从而在这种反复之中完成"创世的周期回归"、成就"时间的年度再生"。②因而，这个神话传说要在每年通过戏剧表演与节日仪式来重演一次，以表示回归到"历史之初"。

　　解读这个神话传说中蕴含的隐秘而深层的观念意识结构，能让我们一窥嘉绒社会关于宇宙、山川、王统、家庭、社会等基本观念的意义指向。在这里，白与黑的争斗，象征着充斥于整个宇宙中的正义光明与邪恶黑暗的冲突；而卵生和胎生的对比，隐喻了异常超能和正常秩序间的张力；游走山上的放逐生活和定居山下的家庭生活之比照，则反映了嘉绒人的两种基本的社会分类，即"无根根"（无房）和"有根根"（有房）。基于类似的结构对立，这个神话传说开始深刻起来。当然要清晰地解读这个神话传说，我们应先对故事中出现的一些关键象征符号的社会文化意义进行辨析，通过分析整个神话的"浅层隐喻"（感官性的象征），从而看到其具有强烈引导性的"深层隐喻"（即规定社会秩序的关系实质）。

　　如果说，英雄格东的经历是嘉绒人王权模式的一个典型例证的话，我们首先要注意到的一组事实是：格东是从山中被捡回来的一个"白色大卵"（白石）所生，他第一次进入到人间家庭时却因为"饭量超大"被重新放回到山

---

① 张学风、俄玛塔、格尔玛："嘉绒藏族的阿米格东文化"，载《西藏艺术研究》，2011年第3期。
② 伊利亚德：《宇宙与历史：永恒回归的神话》，杨儒宾译，台北：联经出版事业公司，2000。

中，并因为能力超群被不断地驱逐，成为一个"无根根"的猎人游走于旷野大山之中。在浅层隐喻中，白色、山岳、卵生、消耗过大与能力超群，以及"无根根"等这些象征意象都在指出，"王"是作为社会的一个结构上对反的"他者"而出现的，因此神话的一开始格东被排斥在社会之外，于山中游走。接下来，王权与社会这两者之间的张力在灾难与战争中被整合。在危机时刻，格东从山上下来用"白石"（正义的武器）击败"黑妖"，使其得到了被社会重新接纳，并从山上的"猎人"转变为河谷中的"王"之机会。不过，格东因为无法控制他的超能力可能对社会的伤害，所以在山下河谷中的农人接纳和拥戴他为王之时，是将他抬在肩上，使其与土地隔绝。这时出现的一个关键情节是：巫师通过宗教法力消除了猎人格东原有的危险性，并且社会通过让格东娶妻生子让其获得"根根"。通过这一"社会化"过程，"王"得以诞生，王权也获得了其社会中的地位与意义。

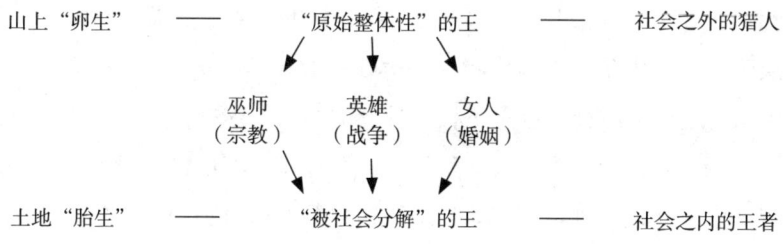

在这个神话传说的深层隐喻中，发生在格东身上的这一身份转变表明了王权的建立在嘉绒社会中的典范意义。对于社会而言，一方面"原初整体性的王权"带来的是一种潜在性的结构断裂之可能。因为"卵生"的格东否定了社会中以亲属制度为基础（胎生）的生育。虽然在第一次进入社会时，通过收养他的家庭格东得到了父系和母系并重的"命名"，但他其后在山中游走的生活则是对整个社会制度（家屋）的再次否定。此外，在灾难与战争开始之前，世界是整体未分割的，社会则是平权无等级的。而格东在用白石击败黑妖的战争中重建的世界秩序无疑是等级性的，这一秩序既是社会的也是宇宙的，即"白—黄—黑"的等级与"天（山）—地—水"

的三界。如此，作为王权的开创者，格东既是社会的拯救者，也是一个潜在的对立面，其具有一种无法控制的吞噬社会的力量。所以社会也通过对格东超常消耗力的担忧和排斥，表示了对"原初整体性"王权本身的一种否定。而社会与王权之间存在的这种深刻的排斥关系，则体现为山岳与土地在神话浅层隐喻中的对立。另一方面，"被社会分解的王权"则表现了，社会再次接纳"王"的最初时刻存在着一系列试图延续结构的努力。巫师做法与娶妻生子这两件事，表明了王的"原初整体性"在被社会分解的过程中，宗教与家庭所发挥的关键作用，前者表明了在土地之上形成的"教权"对从山（天）上下来的"王权"具有的一种吸纳灵力，这样在建立王权的过程中，"教权"在社会中的地位得到了延续；后者则体现了婚姻与亲属关系这样的社会制度对于王权的"他性"具有一种转化能力，也就是说曾经作为"卵生"的王权必须通过婚姻，在亲属关系（胎生）中得到延续。经过巫师与女人的分化之后，大山上的猎人最终被土地上的百姓所接纳和拥戴为"王"，而王权则为社会塑造了秩序和带来了幸福。此时，在神话的浅层隐喻中，山岳与土地也相互嵌套在一起。

　　山岳与土地的结合，也是王权与社会的结合。这样一个具有典范意义的结合赋予了嘉绒人社会生活以一种神圣的存在感，所以需要以节日的形式在年度周期中不断地重复。而在节日中用白色颜料来重新粉刷家屋，这是让家屋重新回到其原初起点的状态——神山的白石，如此家屋与神山本身也成为了表现这一神圣结合的显圣物，而作为山上下来的英雄神王，阿米格东也成为家屋的保护神。如果说家屋和神山是山岳与土地神圣结合的象征性产物，那么房名与山神则是王权与社会神圣结合的制度性后果。因此，通过《阿米格东》这一神话传说，作为嘉绒人"社会组织的中心"的房名制度与作为嘉绒人"文化观念的核心"的神山信仰，均获得了其意义的原型和典范的历史。当嘉绒的王族们观看戏剧《格东特青》时，当嘉绒的百姓们流传神话《阿米格东》时，嘉绒"甲蕃"（王）的命运也在这个神话故事中被开启，历史由此展延开来……

法轮的转动：社会结构的动态生成

猎人、巫师、女人在《阿米格东》这一神话传说的浅层隐喻中，指向的是神山（天）、土地和家屋的关系，而在其深层隐喻中则指向的是嘉绒社会中的王权、教权与房名制度之结构。这种结构关系也成为嘉绒各个王系在对自身来源的交代中，要极力论证和总结的"历史"。如在雍忠苯教经典金川版《八品般若经》中，其对金川"然旦"王系所谓的"历史来源"之记载，就是在这样的结构关系中制造出来的。在这个具有强烈神话色彩的"历史"记载中，有几个"核心情景"（key scenarios）[1]，其发展序列是理解嘉绒地区王权产生模式的关键：

（1）嘉绒然旦王系是由象雄威尔王系衍生出来的；（2）带着白光的王从天上降到墨尔多神山之巅；（3）王在思嘉天母的神湖得到天母的指引来到他的臣民面前；（4）王受到当地居民的顶礼膜拜，却被当地的苯教法师故意盘问其身份；（5）自称"天神之子"的王接受了苯教法师的洗礼，并被其命名为"南卡甲蕃"（天王）；（6）在苯教法师的指引下，王娶妻生子，并在其辅政下完成各种功业，嘉绒地区的然旦王系也由此开启；（7）王成为苯教施主的首领，从此嘉绒地区政教兴隆。

《八品般若经》将然旦王族视为嘉绒王系之源，是因为自称"南卡甲蕃"的金川土司正是刻印这本经典的施主，而且这部经典的印经板就收藏供奉于金川土司然旦王族修建的雍忠拉顶寺中。[2]将此作为特定的历史场景来看这

---

[1] 所谓"核心情景"，是指在特定文化中被预先组织起来的行为图式，它是为标准的社会互动之形成与运作所设定的象征程序，也是为实施文化上的典型关系与情境而组织的图式，见 Sherry B. Ortner, "Patterns of History: Cultural Schemas in the Foundings of Sherpa Religious Institutions", in Emiko Ohunki-Tierney, ed., *Culture through Time*, Stanford: Stanford University Press,1990, pp. 57 ~ 93.
[2] 见赞拉·阿旺措成、夏瓦·同美主编：《嘉绒藏族的历史与文化》，43 ~ 44 页，成都：四川民族出版社，2008。

个所谓的历史记载,可注意到这 7 个核心情景其实主要交代了两件事:一为王的天子来历和得到苯教法师的认可是嘉绒王权的产生基础,二为王得到苯教法师的辅政并在人间娶妻生子则是嘉绒王权延续的根本。而这最终带来了一个历史的后果就是,王与苯教法师最终都具有同样的根根,来自于同一个房名家族中。如在当地另一本历史书《王朝宝珠链》就详述了该王系的每一位"甲蕃"(王)都有一个护身"辛波"(苯教法师)为其国师来辅政,并在一起共同修宫殿建寺庙的过程。①所以,历史上嘉绒地区的苯教寺庙大多原为土司或头人的家庙。虽然苯教寺庙中的最高领袖也称"活佛",并也有转世之说,但却多按血缘世袭相承,且常将活佛、寺主、祭司、头人多种身份集于一身。值得注意的是,苯教寺庙与当地社区之间不是佛教的供养施舍关系,而是一种认捐纳贡的关系,当地一些势力较大的家族可借围绕一个苯教寺庙设立分庙或脚庙的方式,来掌控一个地区的信仰祭祀与经济财政。因此,苯教寺庙惯行的是血缘脉系传承制度,寺庙的教主常为土司头人家族的成员,甚至就是土司本人。

在嘉绒地区,土司兼有地方的政治首领与宗教领袖之双重身份是非常普遍的现象,如在所谓"嘉绒十八土司"中,其中有 13 个在中央王朝最初授封时与宗教有直接或间接关系。②甚至可以说,在被中央政府册封为土司之前,这些所谓的"甲蕃"(王)其身份就是"辛波"(苯教法师)。如嘉绒地区最著名的甲蕃之一,小金川土司在最初获得中央王朝的土司封号时,其实际的册封名号为"演化禅师"。此称号首见于《明实录》,正统十三年(1448 年),"金川演化禅师雍仲监坚桀遣番僧……等贡铁甲、氆氇、佛像等物。赐钞锭、采币有差。"③顾炎武的《天下郡国利病书》则记载:"永乐初,黄毛鞑犯界,金川僧招麻刺防御有功,事闻,赐号演化禅师,及敕命、银印,俾其徒世受焉。"《清史稿》亦载:"川之南有金川者,本明金川寺演化禅师哈伊拉木之后,

---

① 白湾·华尔登:《嘉绒藏族历史明镜》,刘建、谢芝编译,26 页,成都:四川民族出版社,2009。
② 邹立波:"从土司封号看嘉绒藏族土司与宗教的关系",载《西南民族大学学报》,2010 年第 2 期。
③ 《西藏研究》编辑部编辑:《明实录藏族史料》,499 页,拉萨:西藏人民出版社,1982。

分为大小金川。顺治七年，小金川卜而吉细归城，授原职。……康熙五年，其酋嘉纳巴复来归，给演化禅师印。"①可见，嘉绒地区的大多数土司其实是得到了中央王朝册封名号的"辛波"，并由此转变成为当地的"甲蕃"。如按金川促侵然旦王族的藏文《家谱》所记：其四十七世祖哈伊拉木原为苯教大师，是雍忠拉顶寺的大喇嘛，在明初被封为"演化禅师"，统领嘉绒地区政教。由此雍忠拉顶寺及其寺主家族促侵然旦成为整个嘉绒地区号令群雄的政教中心，在当地获得"成王之势"。

从嘉绒地区广为流传的关于土司来源的"卵生甲蕃"神话来看②，王、巫师和女人三者隐喻的结构关系是理解嘉绒人的王权观与政治制度的关键。通过比较学者们所收集记录的不同版本的"卵生甲蕃"神话传说，③可总结这一神话的大致情节为："远古之世，天下有民而无王，天上降一虹，虹出一星射于嘉绒，其地有一女感而有孕，生黄、黑、白三卵于琼部山上，僧巫取置庙内，诵经供养。后三卵产三子，长大分至嘉绒上中下部各地为甲蕃（王）。"此则神话除交代王之始祖系"卵生"之主题外，也还明确了巫对于卵生的王之"孵化"作用这一深层主题。只是这则神话中的女人所扮演的角色不再是妻子，而为母亲，但这也为卵生的甲蕃（王）与胎生的辛波（巫）最终合流，提供了基础。所以嘉绒的王族在现实的统治中，常采用兄任甲蕃（土司）弟为朗宋（教主）的方法。

从所谓的历史记载，再回到神话传说之中，可以看到嘉绒社会中的王权、教权与房名制度之结构关系是动态生成的。首先，"卵生"的猎人与"胎生"的巫师和女人之间构成了一种结构上的对立；其次，在巫师与女人的帮助之下，猎人转变为"王"；再次，通过巫师的法力，王与女人结合在了一起（家

---

① 赵尔巽、柯劭忞等撰修：《清史稿》卷513《土司传一·湖广传》，北京：中华书局，1977。
② 关于此则神话在嘉绒地区的流传范围和产生影响之分析参见曾穷石："'大鹏鸟卵生'神话：嘉绒藏族的历史记忆"，载《学术探索》，2004年第1期。
③ 马长寿："嘉绒民族社会史"，见《马长寿民族学论集》，北京：人民出版社，2003；西南民族大学西南民族研究院编著："嘉绒藏族调查资料"，载《川西北藏族羌族社会历史调查》，北京：民族出版社，2008。

屋）；然后，因为有了女人的生育，王和巫师成为了同一个"根根"（房名）；接着，在王和巫的共同努力之下，家屋的房名得到延续和扩展。最后，在完成了上述步骤之后，王权在嘉绒各地建立起来。

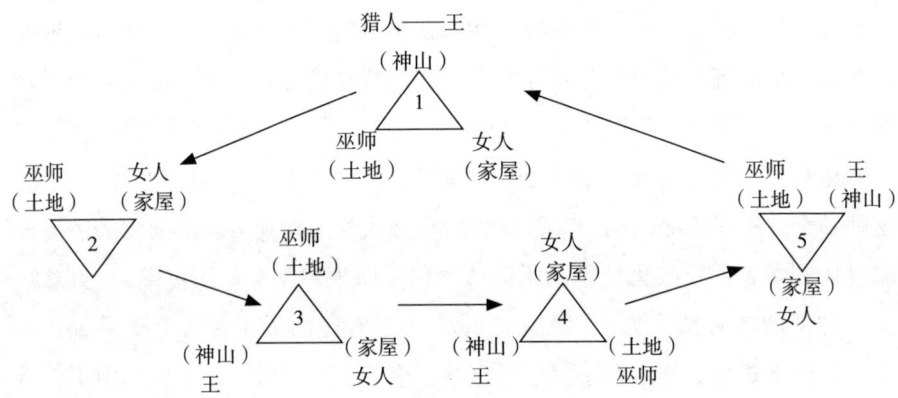

基于这样一种动态生成的社会结构，嘉绒地区的各个甲蕃获得了一种历史的行动框架与价值体系。当他们置身于一个更大的历史空间场景时，其命运之法轮则开始了转动。

两金川之乱：山神之名与房名之号

如果说，明朝以"演化禅师"（金川）、"崇教扤善国师"（瓦寺）、"静慈妙智国师"（沃日）、"都纲司"（巴底）等这样一些具有强烈宗教色彩的封号来授予嘉绒甲蕃们，可视为对他们命运之轮的开启，那么，清朝出于政教分离的原则，不再以宗教封号授职，转而以"安抚司"、"宣抚司"等封号册命嘉绒甲蕃之政策措施，①则开始了嘉绒甲蕃们命运之轮的一次关键性的转动。因为在嘉绒人的王权体系和社会结构中，当巫师的价值被弱化的

---

① 邹立波：《从土司封号看嘉绒藏族土司与宗教的关系》，载《西南民族大学学报》，2010年第2期。

同时,英雄的功能则会被强化。由此,作为嘉绒地区最大的神山,墨尔多山神也强化了其战神的形象,其本尊常以一个脸色黑青面目威严、骑青色神骡、身披铠甲的武士形象,显灵于中国各地的战场,如抗击廓尔喀入侵西藏的沙场、抵抗英军侵扰东海的上空。这些显灵传说印证了嘉绒各个土司受中央王朝之调遣,屡次西征东讨的历史。①

在战争中获得各种功绩与褒奖,不仅成为了嘉绒甲蕃们扩展其家屋房名的一个手段,也是他们的神山获得名望的一个途径。墨尔多山神的名号前面常冠有"斯巴嘉尔"之前缀,据考证"斯巴"有世间、生、存在等意,"嘉尔"则有大、神、王等意。②这些称号其实显现的是嘉绒整个地区的一种荣耀与辉煌。在传说中,墨尔多山神显灵的这些战争其实没有一个是关于嘉绒人拓土扩疆的,均是一些帮助西藏地方政府或清朝皇帝进行的征伐。但正是这些看似与嘉绒的甲蕃们利益无关的战争,促成了嘉绒人的墨尔多山崛起为"山神之首"。也由于嘉绒人在历次征战中勇猛非凡的表现,墨尔多山神也渐渐从一个地域保护神转变为一个显赫四方的大山神,并在整个藏区获得了极高的威望地位。今天,嘉绒人津津乐道的一个神话传说讲述了墨尔多山神"一举成名"的过程:

> 在喜马拉雅山神的主持和发起下,藏区各大山神举行了一次群神大会,以讲经说法、比试武艺的方式来定坐次。从东方赶来的墨尔多山神由于迟到,没找到合适的座位,便擅自坐到了为最后夺魁的山神准备的首座之上,于是引起众神的不满,然而经过七七四十九天的讲经答辩与九九八十一天的武功比试,墨尔多山神最终将群神一个个击败,众神也不得不服,只好让他坐首席为头。从这次比武夺魁后,墨尔多四周的山神也都臣服于墨尔多山神,授其册封,为其保驾。

---

① 关于清代嘉绒各个土司受中央王朝调遣四处征战的历史,见雀丹:《嘉绒藏族史志》,717~732页,北京:民族出版社,1995。
② 格勒:《论藏族文化的起源形成与周围民族的关系》,455页,广州:中山大学出版社,1988。

这一传说表现了嘉绒人的自信。故事中，他们的山神在智慧与武艺方面都压倒群神，甚至超过喜马拉雅和冈底斯山，成为藏区"山神之首"。我们完全可以将这个神话视为一个在广阔的民族关系史之背景下，展开的一个关于嘉绒"中心史"的叙述。因为正是在墨尔多山神的护佑显灵下，嘉绒人成功完成了各种征战并保证了藏区和清朝的安宁。所以嘉绒人为自己的墨尔多山神增添"斯巴"（世间）与"嘉尔"（大、神、王）这样的前缀是有历史依据的，这座山已经关系到天下的太平和世界的福泽了。

然而，随着墨尔多山神战神地位的强化，地方王权和中央皇权之间的矛盾也被激化，随之而来的是清乾隆年间的两次漫长持久且消耗巨大的"金川之战"。对于嘉绒地区各个甲蕃而言，对其命运影响至深的历史事件当属"两金川之乱"。而在清乾隆皇帝的"十大武功"中，在嘉绒地区进行的两次大小金川之役是耗时最久、耗资最巨、损失最多的战争，常被后人诟为这是一场"得不偿失"的战争。今天看来，两金川之乱与大小金川之役的起因怪诞、发展曲折，各个当事人也是行事乖张，常让人无法理解这场发生在嘉绒地区的战争为何会演变为一个对中国历史颇有影响的事件。

乾隆十二年（1747年）第一次金川之役事起，时大金川土司莎罗奔侵袭小金川土司之地，夺小金川土司泽旺的印信。此两土司均同属然旦王系，却分立于雍正元年（1723年），当时雍忠拉顶寺的寺主莎罗奔因随大将军岳钟琪从征廓尔喀有功被授封为"金川安抚司"，自立为促侵（滨河大川）土司；而然旦王系原在康熙五年（1666年）被重授的"演化禅师"封号则由其弟泽旺承继，称为赞拉（天子山神）土司（小金川土司）。这一家族纷争经四川巡抚纪山调解平息下来，莎罗奔释放了泽旺，并归还印信，两土司重结兄弟之好。但到了第二年，金川土司又攻革什咱及明正土司辖地，纪山领兵前往弹压，反为所败，遂命征苗有功的云贵总督张广泗统兵3万进剿金川，此为清廷一征金川之始。战争之初，小金土司泽旺及土舍良尔吉佯服清军，暗中向金川土司莎罗奔泄露军情，致使清军大败，总兵任举战死。战事失利后，乾隆怒斩张广泗，并赐讷亲死，改派岳钟琪和大学士傅恒分兵合击进剿金川。乾隆十四年（1749年）清军直攻金川土司心脏勒乌围，致使莎罗奔被迫投降，耗时三年的一征金川终告结束。此战清廷调动七省兵力八万余人，耗银一千万两，几乎是倾全国的力量与金川一隅抗争，但最后不过得一所谓的"受降"名声而已，就连乾隆皇帝自己也承认"上年劳师动众，实为不值"。①对于这场"实为不值"的战争之善后工作，清廷更是不得要领。嘉绒地区的这些土司为何偏偏会在"十全老人"乾隆皇帝在位时给正处盛世的天朝带来如此大的困扰和麻烦，对于这个问题的理解，清廷负责善后的策楞、岳钟琪等人认定，嘉绒的土司历来不安分守己，彼此争斗不已，互相掠夺兼并，特别是金川土司，最为桀骜不驯，不断侵占邻近土司领地，所以要劝谕邻近各土司和好，联络声气，欲以合纵之计弭衅。策楞、岳钟琪传集晓谕杂谷、革什咱、沃日、小金川四土司，让他们顶经发誓，联为一气，还以沃日女土司泽尔吉与小金川土司泽旺结为夫妻，以加强联合，而对于挑起事端的金川土司基本没有实施任何实质性的打击。②那么为何嘉绒的土司们在纷纷归附清廷获得各种封号后，他们之间的冲突还如此的频繁，不仅牵及朝廷在其中调停周旋，甚至还要大费周章地兴兵动武？这除了与清廷采用"多封众建"以使嘉绒各部"互为钳制"的国家政策有关外，还与嘉绒土司的"家事"相关。也就是说，这些战争具有一种内部动力和本土逻辑。

以一种内部视角来理解"两金川之乱"，我们首先要看到嘉绒人的房名制度与地方政治之间的关系。嘉绒人的房名制度作为一种总体性的社会制度，也使得在嘉绒社会中围绕着房名世系而起的争端常演变为一场总体性的战争。大致而言，嘉绒人的这种总体性战争可分为两类，一为房名世系之间的势力竞争，一为房名世系内部的承继之争，有时二者合一就演变为一场地方混战。当然，嘉绒人之间真正总体性的战争是围绕着土司或头人的房名来展开，这是因为土司或头人的房名具有真正的总体性，它不仅指涉自己的家族团体，还包括其管辖的土地及土地之上的一切，所以任何一种微小的侵犯，都可被视为对土司及其所领人民的总体侵犯。因为，房名制度是一个等级涵

---

① 西藏研究编辑部编辑：《清实录藏族史料》，2763页，拉萨：西藏人民出版社，1982。
② 李涛："试析大小金川之役及其对嘉绒地区的影响"，载《中国藏学》，1993年第1期。

盖的结构体系,高等级的房名总体地代表了其属地上所有房名的一切社会关系、权利义务、负担麻烦,这使得嘉绒社会呈现出很强的等级性,更使得土司头人的房名具有一种总体性。这种制度也深刻影响着当地社会纠纷的产生与解决。

其次要注意的是,房名的扩张也成为土司之间争斗不息的一个社会动力。生活在高山河谷地带的嘉绒人,为适应当地生计资源垂直分布且总体匮乏的自然条件,其经济生产充分体现了多种资源交互利用以减少生活风险的原则。所以在一个沟域内,垂直分布的高山林业、草场牧业、半山台地和沟口谷地的农业,以及到沟外去从事搬运或抢劫等等经营活动共同构筑了嘉绒人多元的经济生活。而生计方式的多样性与生计资源的总体匮乏,导致了一种等级性的竞争与共享关系,并产生出与这些关系相对应的社会单位。这样,平民房名、头人房名、贵族房名成为人们在不同场景中确认这种关系的单位。如平民房名代表了对一块位于村寨周围的田地耕种经营的权利与义务,而一个头人房名则不仅包含了其所统领的所有平民房名之一切权利义务,更涉及他及其属民经营使用村寨周围的草场与林地的权利义务,如此层层向上,土司房名就包含了所辖地域之上各房名的一切权利义务,特别是守护领地边缘的草场和林地的义务。虽然这些地方可能并无多大的经济价值,但却常因边界不明或归属难辩引起纠纷,一旦这些边远的林地和草场受他人侵犯,就意味着该地域之上的土司房名受到侵犯,并连带着侵犯了其所辖地域之上的所有房名。如此只要土司或头人振臂一呼,每户房名均会派出一位全副武装的壮丁去讨伐侵犯者,这就是一场总体性的战争。有时这样一场兴师动众的战争之起因可能只是为了几头走失的牛,或几个流窜生事的平民。但如果获得一场总体性战争的胜利,哪怕只是抢到了几头牦牛、虏了几个奴隶或占了一小片林地草场,获胜的土司房名都会因此而总体性地扩大,这即为嘉绒人战争的一种文化逻辑与社会动因。所以,一些好战逞强的土司总是乐此不疲地不断制造事端发动这样的战争,以扩张其房名的社会总体性的影响范围。

如果说战争的胜利能为一个土司房名带来更多的属民,那么联姻的成功则可为一个土司房名带来更多的盟友。由于实行广泛的血亲联姻与严格的等级内婚制，嘉绒各土司房名之间的联姻关系可谓是盘根错节，因此嘉绒土司之间的联姻可视为窥探嘉绒本土政治学的一个路径。①但必须注意的是，嘉绒社会的联姻原则是隶属于房名制度的文化逻辑，所以如要真正基于当地的观念来理解嘉绒土司的联姻关系，最好的视角是将这些联姻放置在房名承继的关系中来考察与理解土司之间的联姻动机。在嘉绒社会中，即使是亲密的两兄弟，当婚后各自隶属于不同的房名时，他们就已经站在不同的立场上来代表着不同的利益。因此，在嘉绒本土的政治逻辑中，"血浓于水"之情结与"同一屋檐"之忠贞是必须平衡的一个矛盾，而让自己的屋檐容下更多的盟友、让他人的屋檐下流淌自己的血脉则是土司联姻的深刻动机，这里面上演的故事，既有联盟也有背叛，既有承继也有篡夺。嘉绒土司之间交错的联姻关系与频繁的战争冲突，常让人们误解为这是一群血脉相连的亲戚为了一些蝇头小利或地位承继而进行的明争暗斗。但在当地观念中，这些联姻与战争实为各世系悠久的房名为维护和扩大自己总体性的代表能力而进行的一场场殊死较量。

在"一征金川"之后，善后的四川总督策楞、提督岳钟琪对嘉绒各土司之间争斗不已的原因未能有深入的洞察，反而先灭了嘉绒北部唯一能抗衡金川土司的杂谷土司，将其分为梭磨、卓克基、松冈、党坝四个互不统属的弱小土司。杂谷一灭，稍能钳制金川土司的只有绰斯甲土司和小金土司，而策楞和岳钟琪却又不度时势地促成了大金土司与这两土司的联姻关系。如此，原本就属同一房名的大小金川土司合为一力，又有绰斯甲暗中相助，清廷苦心营造的"合纵之计弭衅"之局面尽失。②这时，小金土司泽旺一面倚仗大金土司之军事势力，一面以策楞、岳钟琪所促成的其与沃日女土司泽尔吉的联姻关系，来逐步侵吞沃日土司之地。如此一来，一场土司间的纷争不可避免地爆发。乾隆二十九年（1764年），因财产纠纷和婚姻不和等家庭矛盾而

---

① 嘉绒土司之间联姻关系的相关研究见马长寿：《嘉绒民族社会史》、林耀华："川康北界的嘉戎土司"、曾穷石："清代嘉绒地区土司的婚姻初探"，载《西藏大学学报》2004年第4期等文。
② 李涛："试析大小金川之役及其对嘉绒地区的影响"，载《中国藏学》，1993年第1期。

交恶日久的沃日（鄂克什）土司与赞拉（小金）土司各自以苯教法咒诵经互斗做法相害。两土司家族皆为苯教大师世家，双方难分雌雄，斗法愈演愈烈，最后沃日土司亲自出阵，他扎成两草人作赞拉土司父子之像用弓箭穿射，并公开念大经下毒咒，向民众扬言要咒死二人，还要让赞拉土司家绝根断苗。①在嘉绒地区，这样公开地施行黑苯法术，无疑是在向对方宣战。事有凑巧，赞拉土司泽旺的三代单传之孙恰在沃日土司公开施法下咒后夭折。气急败坏的赞拉土司发起疯狂的报复，出兵攻打沃日，一路夺寨占地，企图灭沃日土司全族。乾隆三十五年（1770年），清廷见赞拉土司及其宗亲促侵土司日益势大，恐其二者勾结雄踞一方难以治理，故以调解土司纠纷之名，出兵弹压，引起史上著名的"第二次金川之役"。此战历时6年，清廷耗银7000余万两，先后出动兵力20余万，包括大学士温福在内的732名文武官员和25000余士兵阵亡，乾隆在其"御制平定金川勒铭勒乌围碑"上所言："我朝用兵从无此挫败者"。战争期间，嘉绒各部全都卷入此战，战后，大小金川地区的嘉绒人幸免于此战的仅万余人，不足十分之一，而赞拉与促侵两土司所属的世系悠长、威震一方的然旦王族被"毁房灭族"、全部覆灭。

尽管嘉绒所有的土司都存在着密切的联姻关系，然而在导致促侵与赞拉两土司覆灭的第二次大小金川之役中，他们均站在了朝廷的一方跟随官军围剿大小金川，就连与大小金土司关系紧密的绰斯甲土司也在积极地帮助官兵攻打他的这两个女婿和外甥，并在金川被攻克之前将其嫁给促侵土司的女儿接回家。这样的抉择也全非是这些土司慑于朝廷之威而"亲者不敢引为亲，族者不敢系为族"的权宜之计，而是一个符合他们扩展自己房名总体性的必然路径。金川之战后，从征有功的土司多被加封，特别是巴旺从原未授封的土舍一跃为朝廷授封的土司，获"宣慰司"（从三品）印信号纸。可以说，经历了金川之役后的嘉绒土司们都明白了，效忠皇权、立功受赏是他们的房名获得总体性扩展的最好方式。此后百年，嘉绒番兵在其土司的率领下活跃于中国的各大战场之上，在第一次鸦片战争中他们抗英，在太平天国战争中

---

① 雀丹：《嘉绒藏族史志》，124页。

他们"灭匪",在台湾、贵州、湖南、广东、浙江等地均有他们征战的身影。而嘉绒人的墨尔多山神,也逐渐以其战神的形象来显现于世间,并在19世纪的中国各大战场显灵。如果说,战争与联姻是嘉绒土司拓展其房名总体性的策略的话,那么在金川之役结束之后的百年时间里,嘉绒土司的战争越来越与中国的近代命运发生紧密的关系。这些战争的性质在现代历史的书写中各有不同,有的是镇压农民起义的非正义战争,有的是维护祖国统一的正义战争,有的是反抗西方帝国主义殖民入侵的民族战争,无论这些战争在我们看来具有何种性质,在嘉绒的甲蕃们看来它们都具有同一个性质,即这些均是拓展房名总体性与增添房名荣耀的战争。

历史的总结:神山之志与家屋之实

嘉绒地区的"两金川之乱"可以说是一场"前民族-国家"时代的世界大战,当时清廷调动了半个天下的军队,从云贵川的夷兵,到甘鄂湘的汉营,再到东北吉林和索伦的满蒙兵马,还有西洋人的炮队,以及嘉绒当地各土司率领的士兵,全都集中在大小金的河谷山岭中相互厮杀,而且远在承德的格鲁派国师章嘉活佛也多次设坛与金川苯波教的辛波们斗法相咒。[1]在嘉绒人看来,这场起因于土地和婚姻纠纷,发端于土司斗法与互攻,结束于朝廷大军弹压的二次金川之役,从一开始就是嘉绒人的一场"总体"的战争,只是这场战争的总体性过于极致,夹杂着太多复杂的关系,如嘉绒土司之间亲属关系的结构冲突、中央与地方的政治误会、西藏与戎区的教派冲突等等矛盾,以至于大小金川地区经历此战后再无可能引发一场与此类似的总体战争,"大小金川两百年内太平无事"。[2]

---

[1] 关于章嘉活佛施法咒大小金川之事迹,见土观·洛桑却吉尼玛:《章嘉国师若必多杰传》,陈庆英、马连龙译,335~337页,北京:民族出版社,1984。
[2] 西南民族大学西南民族研究院编:《川西北藏族羌族社会调查》,53页,北京:民族出版社,2008。

"两金川之乱"不仅导致了促侵然旦王族的覆灭,也导致了清廷对当地苯教的清剿。由于雍忠拉顶寺与促侵然旦一族的亲密关系,并且在两金川之乱中其大喇嘛多次施法助大小金川土司抗清,因此雍忠拉顶寺在战争结束后受到严厉打击,其堪布大喇嘛五人被押解至京处死,其庙宇也被阿桂等人拆运至北京,择地照式建盖,以纪武成盛绩。因两金川之乱中苯教喇嘛传授咒语,暗地诅咒官兵,乾隆皇帝斥其为"本布尔邪教",决定禁绝。最终在清廷"兴黄灭苯"的政策下,嘉绒地区最大的苯教寺院雍忠拉顶寺被改为格鲁派寺院,更名为"广法寺",乾隆还亲书"政教恒宣"四字匾额悬挂于大殿之中。①由苯教寺庙雍忠拉顶寺摇身一变的格鲁教寺院广法寺,被列为清朝四大皇庙之一,直隶清廷管理,并被授权统领嘉绒十八土司政事和在当地广兴格鲁教。与之前苯教寺庙的大喇嘛为血缘世袭相承的方式不同,广法寺的堪布直接由清廷派遣,由北京雍和宫或拉萨色拉寺派来,这些堪布的任期一般为三年,任期满后或换或留均要上报四川总督具奏北京。之后,嘉绒其他地方的苯教寺庙也大多经历了被改为黄教寺院的命运,且这种转变充满了暴力。如马尔康寺原为"马尔康雍忠林",意为"苯教恒固",是嘉绒地区除雍忠拉顶寺外最大的苯教寺庙,但该寺在1885年最终被格鲁派组织的僧侣武装攻占,改名为"马尔康达尔基林",其意"佛法永昌"。格鲁派寺院在嘉绒地区如此迅速的兴起,可视为"皇权"的渗入。通过"兴黄灭苯",将苯教从嘉绒地方政治中剥离,并用格鲁教派取代之,这对嘉绒地方的王权体系与社会结构带来了深远的影响。

而嘉绒的神山也将以一种独特的方式,来总结着历史上的种种变化。1911年是值得进行历史总结的一年,辛亥革命推翻了中国两千多年的帝制,从此开启了一番"民族-国家"的实验。远离革命风暴中心的嘉绒地区,则在这一年通过《墨尔多神山志》来重新对这个世界进行一次总结。当年春天,一个自称为"持明祥邱多吉活佛"的法师在墨尔多神山主峰的一个秘密修行的岩洞中掘出了这一伏藏经典。犹如《墨尔多神山志》这本志书所提示的,

---

① 李涛:《试析大小金川之役及其对嘉绒地区的影响》。

当这一伏藏被后人掘出之时，嘉绒地区将出现这样的征兆：

> 届时无定的苯教虽然会兴盛，也会出现诸多佛殿与碉堡相混杂，此时人们只知修习佛法。战争、饥馑、灾荒不时会爆发，一半的人口将因此而命归黄泉，白色的石雕会变色，世袭的王国会解体，每个村寨会出现一个头人，内战、毁誓、罪孽、诅咒犹如乌云翻滚。

这段话与其说这是一个关于嘉绒地区的预言，还不如说这是对当时社会情景的写照。伏藏现世之日，正是乱世到来之时，"白色石雕变色"意味着宗教神圣性被玷污；"世袭的王国会解体"暗示着土司的末世已经到来；而"每个村寨出现一个头人"则指的是当地王权体系瓦解后的政治后果。如此，嘉绒之地充斥着内战、毁誓、罪孽、诅咒。虽然现实的政治无力挽回这一切，但是神圣的神山却开始重建嘉绒的历史。在此书中，再不见"嘉尔墨尔多山神"的叙述，墨尔多山被称为"东方嘉摩绒圣地墨尔多雍忠崩资神山"，成为莲花生大师"伏藏四地之一"。此一转变意味着墨尔多的战神形象被隐去，并突显了神山作为一个神圣的家屋之意义。特别在该书"神山的形成"一章中交代了，这一神山体系的中央是墨尔多大神山，为主座执事；东方执事为占巴朗卡，即莲花生大师的父亲；南方执事为俄旦班玛，即莲花生大师和泽汪仁增的母亲；西方执事为莲花生大师；北方执事为泽汪仁增，即莲花生大师的兄弟。此外，莲花生大师的妻子空行母益西措杰也不断地在神山各处留有圣迹。如此，墨尔多山的四方执事均为莲花生的家人，这样的安排暗示着墨尔多神山本身就是一个家屋，里面居住着莲花生大师一家。

以"墨尔多雍忠崩资神山"替代"嘉尔墨尔多山神"，这意味着社会与王权关系的一种改变。此时，不再是由山上下来的"王"来创造形塑河谷中的房名制度，而是河谷中的家屋给予了神山一个实在的意义。因此，《墨尔多神山志》为嘉绒的地方历史做出了这样一个总结，"出家了"的山神不再是权力的起点，而成为"家屋"的神山则重新为嘉绒人的生活提供了一个更为广阔的空间及其神圣的意义。该神山志描绘了以墨尔多为主神山，四方分布的 8 条河流和 65 座大山峰的封称大神名号，及统率所辖数以百计的小神山上的圣景与圣迹，从而勾勒出墨尔多主峰坐北朝南、高耸入云，四周群山面向墨尔多而呈现的"千峰共捧，万山齐朝"的壮观景象。神山志以"大自在天（东方护法神）圣众辉煌的佛国"来命名这个神山体系，并以"曼荼罗"（坛城）的方式来将这个世界之本质呈现出来。在这辉煌的佛国里："八条山沟犹如盛开的莲花，八条河流好似莲花的茎根，位于中心的墨尔多玉札崩资，酷似重迭堆积的如意珠宝；山顶峰峦叠嶂十三层，呈现着本尊白色虚空的本色。山顶四方各有一石像，东边似如来，北边似无量寿佛，西为莲花生，南边为无量光佛。"这就是世界的中心，为一百二十一座佛塔所环抱。其周围分布的 65 座神山，成为这个世界延展开来的部分，以东、南、西、北四个方位分为息、增、怀、诛四业圣地，每组圣地共十座神山；此外，在外围还有八大圣地位于墨尔多玉札崩资的八面。《墨尔多神山志》对这个"一点四方八面"的世界有详尽描述，按空间、颜色、修行者、生肖年、山形特色等指标，我们可看到这样一个世界体系：

《墨尔多神山志》中的世界体系

白马岗圣地	仁青活佛居住	福德圣地 北面	北方牧民居住	祥瑞山朗
尼乌纳佛莲花山	西北隅	泽汪仁增 绿色 北方 龙蛇 象雄空行成道者	东北隅	日丁邦神山
西面骑驴佛尸山 夏日祖登圣地	莲花生大师 红色 西方 鸡兔 邬坚空行成道者	墨尔多神山	占巴朗卞 白色 东方 虎猴 泽地空行成道者	拂尘州 东面九边神山 罗刹国
扎日列吉旺青山	西南陆	俄旦班玛 蓝色 南方 牛羊 藏区持明成道者	东南隅	克什米尔岩洞
碧玉沟、水晶岩	生长粮食财富的要地	南面三枯主神山 印度玛拉雅山	世人谋求福祉的要地	雄日雍作

从上图可知，嘉绒的墨尔多神山作为一个世界中心，围绕着它的是汉、藏、印度、象雄等文明。如神山志所言："在这不分边区腹地的世界上，特具加持力的圣地、寒林和雪山上，会集着象雄、大食（波斯，在今之伊朗）和邬坚（古印度因陀罗菩提王国，莲花生大师的出生地，在今之阿富汗）、克什米尔、

印度和尼泊尔、汉地和藏区等世上所有地区，三世诸佛和持明空行等部众。"由此，嘉绒这一边地因为有了一个被各种文明所包裹的墨尔多神山成为了世界的中心，而这个中心其实是文明的缝隙。文明之间的那座山是中空的一个法座，神山志中的这种意境显现了嘉绒社会在这个世界上的一种中间心态，而非中心状态。对嘉绒人而言，这个世界体系既是一种生活空间的拓展，包含着嘉绒人思考自身世界的经验与视野；也是一种文化接触中的"原型结构"之再生产，它将嘉绒人编织世界关系的基本结构经验化与历史化。如此，墨尔多神山作为整个嘉绒地区最为神圣的家屋，其房名"雍忠崩资"总体性地代表了这里的一切。最终在这莲花生大师一家常驻的圣境中，人们生活的世界被重新展开。嘉绒地区的家屋社会也在墨尔多神山对这段乱世历史的拒绝中，获得了种种实在的特征。

余 论

　　如果说山岳与土地分别代表着两个世界，那么嘉绒藏人则是将他们生活世界的意义焦点置于更为自然化的山岳之上，而非更为人文化的土地之中。从中我们看到了，社会如何借用社会之外的力量来形塑自身的可能路径。在这里，山岳不仅是文化自我界定的他者，也是社会秩序生成的来源。因此山最终是不能被文明化的，而只能作为一个中空的法座，或作为各种文明交错的缝隙获得其永恒存在的价值，从而成为文明神圣性的源头，而非文明本身。

　　在神话传说中，从山上来的猎人在当地的巫师和女人之帮助下转化为这片土地上的王，这似乎是一个嘉绒版"陌生人－王制"（stranger-kingship）的论述。但这里要注意的是，嘉绒人的王权神话中除了强调联姻关系是社会与他者产生联结的重要形式之外，还特别强调了宗教对"外来人－王"的指导、约束和帮助的意义。所以这些神话所表达的主题是，接纳陌生人为王的关键乃宗教的感化作用，而非联姻关系和亲属制度。萨林斯在对"陌生人－王制"的总体观察中过于强调了联姻的作用，即"通过婚姻的形式，人们的确涉入并管理了这些外在生命力量,并且在这些婚姻所生的孩子中,他们将外部世界吸收进自己的生命之中"。所以他认为:"亲属制度、政治、宗教的基本形式是同一的,他们无非是关于'权力的他性'这一问题的同一结构性和语义学领域中不同的表现形式。"①然而在嘉绒人这里,外来的"陌生人-王"是基于当地巫师所拥有的一种教化力量,才可能在当地娶到妻子。并且在经历了这一"社会化"过程之后,他才成为秩序的建立者和维护者。因此,王如果是一个文明的传播者的话,其在来到地方之时首先要被地方文化所"涵化",否则他们将作为一种破坏性的力量被当地社会所否定和排斥。如此,嘉绒的神山创造了一种从"山上"来的文明形态,而这一本土的"文明观"则呈现了文明的一种外在社会的起源特征,及其内化社会之动力机制。当其与那种将生活世界的意义焦点置于土地之中并强调文明的内在起源和外化机制的社会接触遭遇时,这种"文明观"的差异,也使得在不同的社会之间得以构建一种等级关系。作为"超社会体系"的文明则能在这一等级关系的基础上,将各种社会人文类型关联在一起。通过神山信仰,嘉绒人与外来文明之间形成的这一等级性关联机制,正是王铭铭所指出的藏彝走廊的那种充满了"关系主义"特征的"中间性"的一个重要表现。②

将神话中的猎人、巫师和女人,及其对应的王权、宗教和亲属制度,进行一种社会科学的概念翻译的话,我们应该看到的是,这个神话给出了嘉绒人生活世界中政治、文化与社会三者的意义原型与关系模式。恰如人们需要神山,以及神山上下来的王,来建立和维系宇宙和社会的秩序一样,文化需要的是"他者"来赋予意义,社会也须将其神圣性投向外部的"陌生人",这样神圣的王权政治出现了;同时,神山上下来的王需要在当地的巫师和女人的帮助才能建立神圣王权,这又表明政治本身需要置于文化与社会所规定的框架下才能发挥作用。而在特定的历史情景中,当王的政治与家屋的权利

---

① 萨林斯:"陌生人-王,或者说,政治生活的基本形式",刘琪译,载王铭铭主编:《中国人类学评论》第9辑,北京:世界图书出版公司,2008。
② 王铭铭:《中间圈:"藏彝走廊"与人类学的再构思》,148~191页。

过于紧密结合之时,王也就成为社会的代表,在失去宗教对王的限制之后,王对世界扩张的欲望也将失控,最终嘉绒的政治、社会与文化都遭遇了类似"两金川之乱"那样的总体性危机。在这"乱世"之中,外来的巫师(莲花生大师及其家人)来到了神山之巅,一方面以家屋的形式来表明自己的社会化,一方面则以宗教的价值重新对政治与社会进行神圣性的规定,从而构建新的文化价值,赋予生活崭新的意义。人们也借助宗教与文化重新发现了外在于政治与社会之上的超越性和神圣性,生活世界得以重生。

探讨神山与家屋在嘉绒人的生活世界中有何意义,这不仅能帮助我们在一个动态生成着文化价值与社会结构的复杂历史场景中深入地把握嘉绒社会人文之特质,也能促进我们进一步地反思现代社会科学的种种困境局限与突破可能。而当代社会科学的一大困境,恰如杨清媚所指出的,是因为诸如"文化"、"社会"、"国家"、"文明"这些概念之间的关系没有获得深入的理清,特别是"文化"这个概念还没有从"国家"、"社会"这样的权力体系下解放出来,因而使得我们讨论无法真正地超越"政治权力"的视角来认识世界。所以她强调,"我们的努力是要重建一个文化、国家-社会与文明相互包含、相互约束的动态体系,构建一种更为均衡、宽容的社会科学,以同时保全文化、社会、个人与文明。"① 实际上,嘉绒人的神话与历史也在进行类似的努力。围绕着他们的神山和家屋,嘉绒人实践着一种强调政治、文化、社会互为前提又相互限制的社会理论,并为其生活世界的维系,营造了"一个文化、国家-社会与文明相互包含、相互约束的动态体系"。这些就是嘉绒人的神话所要讲述的道理,这些神话既是一种赋予其生活世界永恒回归原型的"神圣历史";也是一种"社会理论"规定着政治、文化与社会之间结构关系的动态生成过程。

---

① 杨清媚:《作为精神科学的人类学——陶云逵与中国人类学的德国因素》,92 页,中国社会科学院博士后出站报告,2011。

从神判看西南中国的"礼治秩序"

以一个黔中屯堡村寨的降乩仪式为例

汤 芸

2007年秋，我陪同丈夫在贵州安顺的鲍屯村调查时，寻得当地鲍氏家族刊印于民国20年（1931年）的《鲍氏族谱》，该族谱共计十一卷，其前十卷内容与普通族谱无异，主要是详细地列出了家族源流和支系繁衍的情况，而第十一卷则显得极为特别，开卷即书"乩著源流"，并注明是"降仙笔"，为"列仙共撰"，详细记录了从1912年到1914年间，鲍氏家族部分成员在鲍氏宗祠、善夫堂等地先后所做的16次降乩仪式。位于贵州省中部安顺西秀区的鲍屯村，是一个屯堡村寨，居住其中的主要是鲍姓（约占70%），以及汪姓等其他姓氏。其先祖鲍福宝为军户，原籍安徽，于明初洪武二年时，受命带家户来到贵州安顺一带，并渐在今鲍屯一地安顿下来繁衍后代。[①]《鲍氏族谱》中的这卷《乩著源流》，开篇便介绍了鲍氏家族请乩的缘由：鲍氏始祖来黔后，家族渐渐壮大，然而因历经数次战乱，尤其是咸同年间的苗乱，使得家族各支系离散数年，除始祖坟外，多位先祖之坟因无碑且杂乱而无从辨认，导致家族关系混乱，纷争不断。为厘清家族源流并平息争端，鲍氏家族合力请仙下凡判明各先祖之坟所在，使家族重归秩序。家谱中这样"另类"的一卷显得如此意味深长，也引出许多值得关注的问题：面对家族内部无法调解的纠纷，鲍氏族人为何诉诸神判之方式来平息之，而这其中又折射出当时当地的何种社会生活之图景？神判作为争端平息与仲裁之方式，与具有同

---

* 本文系2009年度中央高校基本科研业务专项资金项目："多民族杂居地区基层宗教组织的社会稳定性研究"（项目编号：09SZYZJ16）阶段性成果。在撰写过程中，得到王铭铭、陈进国、张亚辉、张原等学者的帮助，特此感谢。

① 关于屯堡人的研究可参见孙兆霞：《屯堡乡民社会》，北京：社会科学文献出版社，2005；张原：《在文明与乡野之间：贵州屯堡礼俗生活与历史感的人类学考察》，北京：民族出版社，2008。

样功能之官司之间有何关联？神判与官司之关系，对于法律人类学与宗教人类学又有何启发？面对这一系列问题，本文并不打算仅仅从宗教信仰与仪式研究角度对神判进行一番解析，更是要将这一神判放在其发生的特定历史与社会背景之中来理解当时当地的社会生活图景，并且借鉴法律人类学的视角，对神判作为裁决机制的这一特性进行分析探讨，以期对法律人类学进行反思。

一、人类学法律研究的宗教视角引入

经过数十年的学术争论与知识演进，法律人类学（legal anthropology）正逐渐演变为人类学的法律研究（anthropology of law）。或者说，前者成为了法学研究的一个专门领域，而后者则是一个具有人类学学科属性的研究方向。[1]今天的人类学虽然仍关注着与法律相关的问题，但通过这一关注，人类学学者所要理解的实为社会生活的样式，以及形塑这种生活的世界观。经过了从早期"以规则为中心的范式"到后来的"以过程为中心的范式"之不断修正与补充之后，当代西方人类学的法律研究主要集中于探讨"纠纷的文化逻辑"（the cultural logic of dispute）。[2]特别是在格尔茨的《地方性知识》出现之后，西方人类学对纠纷解决过程中的权威形态、道德体系、世界格局等问题的讨论，呈现了多元化视角倾向，并且基于对"法律"的不同理解，形成了不同的研究路径。

早在 20 世纪 30~40 年代，当西方法律人类学研究由于无法摆脱对西方"法律"（law）这一概念之限定，仍纠缠于寻找非西方部落社会中类似法律的规则之时，瞿同祖和费孝通则基于中国社会的文明特质，分别从大传统与小传统角度给出了对中国法律之理解的典范：中国的法绝非抽离于中国社

---

[1] 侯猛："导论"，见朱晓阳、侯猛主编：《法律与人类学：中国读本》，1~14 页，北京：北京大学出版社，2008。

[2] John Comaroff & Simon Roberts, *Rule and Processes: The Logic of Dispute in an African Context.* Chicago: Univestity of Chicago Press, 1981.

会文化的一套规范,它与儒家文化关系密切。瞿同祖于《中国法律与中国社会》一书中指出,在对社会秩序的维持中,儒家所推崇的"礼"深深地融在了中国的法之中①;而费孝通在《乡土中国》中则指出了,乡村生活中"礼治秩序"的特征。②二人都强调,古代中国法律之特征为"以礼入法",这与现代法有本质不同。③因此,不论是"法"或"俗",均因渗透着"礼"而相互交织。在两位学者的论述中,"礼"作为对人的规范并非均质的,而是因人在社会中的地位角色有不同要求。这种融入了礼于其中的法,强调的是一种"差序的正义"④,并非现代法律规定的"同质的权利"。可以说,早期中国人类学学者的上述立场,已经突显了当下人类学法律研究的核心旨趣,对于理解中国的法律具有极大的启发性。

然而到20世纪80年代,这样一种以"礼"释"法"的立场,却被来自海外学术界的一场争论所掩盖。这场争论来源于法律史学界对帝国晚期民事纠纷领域的考察,形成了"礼俗"与"礼法"的两种研究取向。以日本学者滋贺秀三为代表的研究更多关注于对法文化的考察,认为中国传统社会在面对讼争时采用的是一种"教谕式调停"⑤,并且依照着"情—理—法"之逻辑来进行。⑥以美国学者黄宗智为代表的则更偏重于法律实践的研究,指出传统中国社会民间之"细事"的解决,主要是在社区调解与法庭干预间互动的"第三领域"进行的,且主导司法实践的是"实用道德主义",即道德性表达与实用性行动之结合。⑦尽管观点相左,但从出发点来看,两位学者并

---

① 瞿同祖:《中国法律与中国社会》,北京:中华书局,1981。
② 费孝通:《乡土中国 生育制度》,北京:北京大学出版社,1998。
③ 王铭铭:"威慑的艺术:形象、仪式与'法'",见朱晓阳、侯猛主编:《法律与人类学:中国读本》,171~188页,北京:北京大学出版社,2008。
④ 赵旭东:《法律与文化:法律人类学研究与中国经验》,北京:北京大学出版社,2011。
⑤ 滋贺秀三:"中国法文化的考察——以诉讼的形态为素材",见滋贺秀三等:《明清时期的民事审判与民间契约》,王亚新等译,1~18页,北京:法律出版社,1998。
⑥ 滋贺秀三:"清代诉讼制度之民事法源的概括性考察——情、理、法",见滋贺秀三等:《明清时期的民事审判与民间契约》,王亚新等译,19~53页,北京:法律出版社,1998。
⑦ 黄宗智:"中国法律的实践历史研究",见黄宗智、尤成俊主编:《从诉讼档案出发:中国的法律、社会与文化》,3~31页,北京:法律出版社,2009。

无二致。他们虽关注纠纷解决之过程，却又重新掉入西方法律人类学早期强调"规则"之路径，从而不断在中国找寻法律的"实定性"。滋贺秀三认为，中国法律有实定性，但不在于由习俗发展而来的"形式法律"，而在于"情—理—法"这一逻辑的实定之上；而黄宗智则认为中国法律的实定性表现在一种将经验与理论以一种独特方式连接的思维方式之上，并以实用道德主义为原则。于是，一方面，滋贺秀三等人将中国法律的特点识别为非实定的"俗"与实定化的"礼"所结合而产生的重情理之"礼俗"；而另一方面，黄宗智则引向了一种将"礼"价值化后，又将"法"工具化，并认为二者结合所产生的重实用之"礼法"为中国法律之指导。然而，不论"礼俗说"还是"礼法说"，都在将"礼"抽离于"法"与"俗"，使其相互割裂，并且这些论说无非是基于现代社会所定义的"法律"概念之上，来框定中国社会的法律及其实践。所以在中国引起的争论虽然激烈，但似乎又与中国无关，对中国人类学的法律研究启发有限。

今天，中国人类学的法律研究要突破现有研究的误区，找到更具整体性的视角，则需寻找一些新的研究路径。当然，如要回到瞿同祖与费孝通所开创的那种人类学法律研究的传统，则需要思考二人论点之间的切合。一直以来，在二人分别论述的大小传统之间，到底有着何种历史性的"上下关系"，学界却未有触及。[①]而这种关系却正是我们理解"礼"、"法"、"俗"是如何互动互为从而构成一个整体之关键。

瞿同祖的研究中，不仅分析中国法律自身的体系与社会的关系，更有专门章节论及宗教与巫术的问题，而这正是当代研究中所常忽略的部分。瞿同祖指出，中国的法律虽然并非源自神授法，但巫术与宗教（如神判、福报等）对于法的观念以及实践而言，却是重要的辅助。[②]当下，关于中国社会的宗教与法律之关系的论述，康豹（Paul Katz）的《神判》（*Divine Justice*）一书

[①] 王铭铭："从'礼治秩序'看法律人类学及其问题"，载《西北民族研究》，2010年第3期，76～92页。
[②] 瞿同祖：《中国法律与中国社会》，250页，北京：中华书局，1981。

值得关注。康豹批评，如今的法律史研究，假定明清时期中国人对法律的认定只是通过"知县衙门"来实现的，故在研究中总将目光投向法典或"习惯法"，且只关注传统中国的法律行为的两种途径：一是调解或者说私了；二是依照正式的法律，即是到衙门打官司。然而，在中国的"司法统一体"（judicial continuum）中，其实还包括第三种法律行为，即进庙，也就是借助于宗教及其仪式进行仲裁。属于同一个统一体中的"调解"、"官司"和"神判"三者，在法律行为中其实是相互掺杂运用的，不可割裂来看。①这也就意味着，中国法律及其实践，并非只涉及"人事"，且不仅与"鬼事"或"神事"有着特定关联，也与一系列超自然的力量相关，包括对阴间的终极审判与最终公正的敬畏之心、福报的观念、青天的诉求等。在这其中，城隍庙是中国法律与宗教两个领域相互叠加的最好例证。一方面，城隍庙庙宇这一象征空间正是对神、鬼、人世界的结构性连接；另一方面，当人们将争端诉诸城隍庙时，所遵循的一套礼仪，与打官司的程序有着同构关系。于是，通过城隍庙及神判等仪式，"公正"（justice）观念与司法仪式（judicial ritual）的展演交错其间②，在一定程度上，这正是大小传统之互动互为的结果。位于城乡之间的城隍庙，通过造就"阴阳关系"，以及培育费孝通所说的"令人服膺"的"敬畏之感"，以一种"礼的结合"勾连与维系着大小传统之间的上下关系。③而正是这样一种关于"礼的结合"之考察，应该成为超越"礼法"与"礼俗"之争，从而成就真正理解中国法律及其实践的新视角。也正如康豹所指出的，宗教实践与法律实践之间其实并不能划出一条明确的界线，而将二者连为一体的，也正是"礼"。④因此，人类学的法律研究，不可忽视"礼的结合"，而在这一结合的研究中，若忽略了宗教层面，将只会如同盲人摸象，终不能获得一种整体视野。

---

① Paul Katz, *Divine Justice: Religion and the Development of Chinese Legal Culture*, London: Routledge, 2009, p. 3.
② Ibid.
③ 王铭铭："威慑的艺术：形象、仪式与'法'"，171~188页。
④ Paul Katz, *Divine Justice: Religion and the Development of Chinese Legal Culture*, p. 3.

在具体的地方之上，能否通过一些生活之中的案例，来观察到这样一种历史性的"上下关系"，以及"礼"、"俗"、"法"三者之间的关联？这样的研究又能给予人类学之法律研究以何种启发？带着这一思考，本文首先将《乩著源流》放在当时当地之社会生活场景中，解读其发生的历史文化动因，然后进入文本关于仪式的记载，从仪式过程、乩仙诗文、乩仙身份等方面，解读其解决争端与进行裁决的机制，进而尝试回答上述问题，来对中国人类学的法律研究进行一些补充。

二、《乩著源流》中的讼争图景

《乩著源流》记录的是一个"降乩判坟"的过程。对于黔中乃至西南中国许多地区而言，"坟茔"向来不只是一个埋葬祖先与清明祭祖之地，还有着特定的社会功能，甚至超自然的灵力。正如当地人所说"以坟管山"，宗族支系先祖的坟墓位置作为一种地标，不仅标识了该支系所拥有的相应土地（特别是祖坟周围的山地），也因坟茔作为贯通先祖灵力之物而成为这一土地所有权最具效力的凭证。在当地，"以坟管山"这种约定俗成的所有权确认方式不仅得到官府的承认与维护，更因受到超自然的力量之保护，使得破坏与侵占有坟"管"着的山（土地）的行为在受到官府严惩之外，还总被认为要遭"报应"。①可为什么鲍氏宗族的先祖坟地在持续多年的混乱之后，却在1911年前后突然成为一个重大事件，需要整个宗族花费如此多的精力与物力来厘清坟地与具体房支间的关系？这则与当时的社会转型与道德重塑相关。

作为明朝屯田政策下促生的屯堡村寨，稻作经济曾经是其生计支柱。由是，在以稻谷为核心的农业生产中，水田在人们生活中的重要性是不言而喻

---

① 汤芸：《以山川为盟——黔中文化接触中的地景、传闻与历史感》，102～117页，北京：民族出版社，2008。

的，而山坡旱地的开垦不仅是较晚期的事，且因种植其上的粮食谓之"杂粮"（多以玉米、番薯、土豆为主），而显得比水田等级更低。①这一状况至晚清则随着鸦片的种植而改变。为堵住鸦片进口造成的白银外流，清代末期对于农民种植鸦片开禁，并提供许多优惠。②在鸦片丰厚的利润下，占有山地种植鸦片比占有水田种植水稻能获得更高的经济收益，这使得山地的价值大大提高。特别到了清末民初之际，经历了多次匪乱而受到重创的黔中村寨人口渐渐恢复，而人口的增加所带来的经济压力也使得当地依托山地种植鸦片而获利显得尤为重要。尽管民国政府多有禁毒措施，然黔中等地种植吸食鸦片者仍甚多。③在这一背景之下，从清末直至民国的这段时期，在贵州的黔中地区因山地占有权与耕作权的争夺而引发的冲突纠纷越发激烈，甚至一个宗族内部的支系之间为山地所有权而起纷争也是常事。如此一来，在当地风俗习惯中拥有确认山地所有权最高效力的"坟"，其重要性更为突显。因此，虽如《鲍氏族谱》中强调的在当地"无人不知"鲍氏始祖与众先祖葬于此地已有五百年之久，但因为除始祖坟茔所在位置是明确的，鲍氏其他先祖坟茔却混乱难辨。坟地的混乱对应着山地归属的不明，使得鲍氏家族内部在处理确认自己家族所属山地，以及于家族内部划分山地等关涉到家族整体权益和族人具体利益的事务上出现了严重的危机，亟需借助一次神判来解决问题。

　　值得提及的是，鲍氏宗族通过神判来厘清坟地的 1912 年至 1914 年，也正处于帝制中国向现代民族 - 国家转型之际。此时的黔中村寨鲍屯面临着双重压力：一方面，村落本身和宗族内部的社会关系需要重新确认与重组；另一方面，社会的转型也导致人伦关系与道德体系急需重建和确认。在这双重压力之下，宗族内部因坟地不明而起的山地纠纷，其根源不仅在于山地经济

---

① 张原："礼仪与民俗：从屯堡人的礼俗活动看日常生活的神圣化"，载《云南民族大学学报》，2012 年第 7 期，6 ~ 13 页。
② 《贵州六百年经济史》编委会：《贵州六百年经济史》，81、256 页，贵阳：贵州人民出版社，1998。
③ 何观洲："贵州现状"，载《西南研究》，1932 年第 1 期，52 ~ 54 页；《贵州通史》编委会：《贵州通史 3：清代的贵州》，558 ~ 563 页，北京：当代中国出版社，2002。

价值的提升,更在于传统道德观遗失而导致的一种失范的危机感。而鲍屯村并非只鲍氏宗族单一家族构成的村子,鲍氏、汪氏及其他小姓共居于此,都共同供奉黔中屯堡村寨普遍信奉的地方神:汪公神。[1]同时,鲍屯村正处于安顺大西桥汪公祭祀圈的范围之内,每年正月十八,鲍屯村都要举行"抬汪公"仪式,远近村落都会来此参加朝贺。[2]鲍氏家族与鲍屯村内部的失范,也极大地削弱了鲍屯村在仪式中的号召力,甚至影响了其所属区域的仪式圈体系,以及村寨间的关系结构。因此,通过神判,借助超自然力量来厘清祖坟,从而明确家族支系源流,这不仅是在动荡时局下一个宗族重塑人伦和道德的重要方式,更是一个区域重塑仪式圈与村寨关系的契机。在这一意义上,厘清祖坟不仅有工具性的现实利益之考量,也有价值性表达的深刻道德动机。

在大致呈现了《乩著源流》中的讼争图景之后,也引出更多思考:家族内部无法平息的纷争,为何不通过提交家族外的官府取证断定来平息,而要借助社会现世之外的神明来判定?缘何降乩仪式以及超自然的乩仙能令众人信服从而平息讼争?繁复的仪式过程及神判程序所折射的处于时代转折之际的屯堡乡民们解决讼争方式是什么样的,这又有何意义?而这样一个"非常规"的讼争解决过程,对于我们理解中国法律形态之特点又有何启发?对这些问题的回答,还应从解读《鲍氏族谱·乩著源流》中降乩仪式之记录开始。

三、降乩仪式中的官司程序

在《乩著源流》的记录中,每一次的请仙降乩仪式都得到极为细致的叙述,并不亚于衙门文书对官司程序步骤的记录,从而为我们展现了一百年前那次神判的整个过程和诸多细节。

---

[1] 万明:"明代徽州汪公入黔考——兼论贵州屯堡移民社会的建构",载《中国史研究》,2005年第1期,135~148页。
[2] 张原:"黔中屯堡村寨的抬舆仪式与社会统合",载《西南民族大学学报》,2009年第9期,39~43页。

1912 年八月初一之夜，鲍氏族人在来自安顺旧州潘姓与叶姓两位道士的帮助下，于祠堂中隆重设坛扶乩请仙。一开始，众仙始终不降，乩笔未动一毫。甚至族人鲍云开"书符再请"后，仙仍不降。临至午夜，族人鲍成贤"沐浴焚香，虔心书符"再度恭敬地请仙，降乩方才成功。此次降乩请来了一小仙，他按乩仙临坛出场时的惯例自道了身份与来意：

> 吾乃游方土地田子清是也，因云游到此接得赤文，来与尔等说明：文帝同诸仙在桂官考校册籍，未暇前来。要使灵官来判，先着吾来教尔诸生伺候，尔等既念先光，何不竭诚结彩焚香，稍停各宜肃静。

降乩仪式首次出现的这段乩文，实际上是将鲍氏族人的这次神判所要涉及的核心神明的角色和分工，以及神判的程序进行了一个概括性的介绍。通过这段扶乩文字的记录，可以看到在整个神判的过程之中存在一个上下有别、分工有序的乩仙阶序。在这一阶序里，"文帝"（文昌帝君）如同帝王，位于最顶端，统领着所有事务，是整个神判机制的代表，因而也是人们上诉的最终对象。不过，文帝并不直接受理具体事务，有关讼争之事乃是由专门负责判案审查的"灵官"（纠察灵官）负责。地位较高的灵官如同官衔较高的官员，请他判案自需依循相应礼仪和程序。此时，游方土地便扮演着执达员的角色，这个位于较低阶序的小仙首先出现在乩坛，一是负责通报鲍氏族人，文帝已经接到他们的申诉，并令灵官受理案件；二是前来查看鲍氏族人是否知礼，并传授鲍氏族人要继续这次神判需要的相应礼仪程序。由此可知，这一乩仙阶序正是民间大众对现实生活中的官僚体系的一种具有象征意味的搬演①，所以在这一作为神判的系列降乩仪式中，其隆重恭敬的礼仪背后实为对正确合适的程序过程的一种强调。

参与仪式的鲍氏族人按游方土地的交代完成了相关礼仪程序之后，当晚纠察灵官很快也降下乩坛，乩笔书下一段告白："吾乃纠察灵官是也，尔等

---

① 王斯福：《帝国的隐喻》，赵旭东译，南京：江苏人民出版社，2009。

追念先人各宜至诚，默祝俟去查明，前来判示。"说罢纠察灵官便即离去，此时这场神判得到了实质性的受理，进入了审查阶段。不久之后，纠察灵官又重新降下，开始判示。而在宣布判示结果之前，灵官先表明了自己判示依据由来：

> 吾非土行孙、亦非杨救贫，不会下地穴，又无审坟经，为此一桩事，丰都遍游行，查考孤魂类，执鞭受众灵，制伏多时日，一身汗滴淋。示曰：为尔等祖坟之事，使吾历遍丰都，尔等知之乎？要不判明，还说吾神不晓，今当查明之际，吾前来示清，先判尔始祖妣牛氏太君之墓。

在此，纠察灵官强调了自己本不通鬼事，但为判示公正他煞费苦心专门前往鬼城丰都查访考证，由此表明接下来的判示是有依据且可信的。然而在强调了判示的灵验之后，灵官却又说自己要先回宫办事，特别嘱咐鲍氏族人先去辨明各坟茔是单数还是双数（即是单葬还是合葬），留待下次来判。

八月初二晚，在第二次降乩中纠察灵官并未降下，而是派了另一个乩仙"粤西城隍"前来。与纠察灵官为族外人不同，粤西城隍名为鲍起波，为鲍氏之十三世先祖。他在乩文中介绍自己此番前来是奉了纠察灵官之命，专事解明灵官的判词，以确保鲍氏族人明白无误。虽是解说判词，粤西城隍却以劝善教化作为开始，夸赞族人乃是有诚心有善心才能获得灵官对此案的亲判，接着便抛出一段判示解说："二世妣之墓乃在半字间，四世列两旁。"给出这段模糊的判示之后，粤西城隍又开始进行说教，令族人鸡鸣时再自思能否作善，且还强调，灵官所判需得鲍氏族人的铭记执行方显至善至诚，由此才能感动仙人降临乩坛，继续判明其他坟茔。粤西城隍嘱托完后便离去。接着，乩笔又开始书写，此次降临的乃是"控驭仙"。控驭仙并非具体某仙人名字，而是专管受理奏章的"九府"级别中的主管仙，或相当于"知府"这类官职。控驭仙写下一段诗文表明身份后，赞扬鲍氏族人请仙降乩断祖坟乃善举，并表示若想断明其余坟茔，还需先照粤西城隍所示，鸡鸣时分自思，然后转而说，"夜已残，返故园。要判未来事，解日又临坛。"得知判示又要推后，心情急迫的鲍氏族人追问下次判示的日期，控驭仙回复"中秋月明方来再示"，然后离坛而去。由此可见，降乩仪式中的神判如同现实中的官司一样，有着复杂的审查程序与冗长的判示过程。并且乩仙还通过不断地强调"劝善教化"，来表明神判的灵验公正乃是建立在鲍氏族人"文明"程度之上的。

待到 1912 年八月十五中秋之际，鲍氏家族第三次聚集在祠堂之中虔诚请仙。很快降下一位乩仙，自白："吾乃桂宫奉道弟子清神，加封侍奏灵通控驭仙愚伯廷楹是也。"这位自称清神的乩仙亦是鲍氏宗族中的一位先人，系粤西城隍鲍起波的儿子鲍兴渤。紧接着又有一位仙人降临，自称"朱帝王驾前追魂押役使者"，而此仙亦非外人，其名鲍儒，乃清神鲍兴渤之同辈，是粤西城隍鲍起波的侄子。清神鲍兴渤和追魂押役使者鲍儒此次降临乩坛，是代粤西城隍鲍起波查看鲍氏族人是否依其前次临坛前所要求的"于鸡鸣时自问其心是否能作善"。一番审查后，他们感叹鲍氏族人"果虔心自省"，然后清神鲍兴渤对族人解释说，乩著判示"文词非浅识者所能喻"，需有人解明方不生疑议，其父随即便将来解明。一会，粤西城隍鲍起波再次降临乩坛，他先给出一段诗文进行一番带有亲情感召的说教，说他作为族中先人，见到后人因祖坟不明之事"干戈动不宁"，因而"一忧万民遭劫运，二忧魂鬼多闹声"。再述他不辞辛劳前来为后人判明先坟，后人需铭记判示结果，不再争议，由此方对得起灵官及先祖之良苦用心和万般辛劳。接着粤西城隍给出的判示解明依然是诗词，并令清神鲍兴渤和追魂押役使者鲍儒前去查明坟茔是单葬还是合葬，以便细判。等二仙查明后，粤西城隍的判词即以各种玄句及数字来进行推算，比如"王子去求仙"一句，指的是四世祖及五世祖的号数，然后逐字解道："王与斗十三，考妣共一棺，此即璁祖号，独占顶魁元。子字为一五，此乃是珉祖，一五即六号，指明是单数。去为十七号，玘祖单葬妙，妣氏另有着，何必乱谈笑。求为十八八，珩祖号无差，亦是单葬茔，妣乃各一家。仙字是山人，琇祖在边城，虽然无籤记，亦有晕常存。"这样的判示解明虽显玄妙，但对于鲍氏族人的暗示已经明确许多，因而更显得灵验明晰。粤西城隍鲍起波在离去时，再次赞扬族人有寻祖探源之心，并称此次神判要先判重要之坟，小事务勿急。这样的赞扬和安慰使得整个神判指示更具有一种"人情味"和"亲近感"。

随着这三次降乩仪式的结束,这场神判的第一阶段也大致完成了相关的受理申诉、程序解说、审查判示、判示解明等程序步骤。当然,纠结于这些降乩判示是否灵验可信,并非本文所需辨析的。在此需要探讨的是这次神判出现的各个乩仙的身份特点,及其判案依据中"礼"、"法"、"俗"并行的特质。首先,如游方土地所表白的那样,文昌帝君所率的诸仙之所以要受理此案,一是因为鲍氏族人心诚恭敬设坛请仙,二是因族人乃知书达礼之人,是能理解乩仙诗文的妙慧的,此外,也因此案具有彰显孝道之礼教意义,所以这次神判本身就是一场劝善教化的事件;其次,判坟之事对负责审查此案的纠察灵官而言,乃其"专业对口"之外的鬼事,但通过灵官亲自前往鬼城丰都查访,此次神判的审查与判示获得了一种经验证据的可信性和权威性,表明了神判本身具有一种明辨是非的司法实体性;最后,作为判官的纠察灵官虽尽职尽责地进行了相关的审查判示,但如同现实中官府断案一般,案件的察明和判决需"体问风俗"从而通晓人情事理方才令人信服,因此由鲍氏族人的十三世先祖粤西城隍鲍起波出面来解明判词,这让判决具有了一种亲民性,而且城隍本为辨识人心善恶之神,由成为城隍之先祖来为鲍氏族人判示,这也表明了判示结果之公正不偏与近乎人情。显然,地方之上的"风俗人情"、内化于乡间的"礼仪教化"与作为外部权威的"法理公仪"杂糅于此,共同支撑着这次降乩判示的可信度与合法性,且缺一不可。而这正构成了降乩仪式程序中的形式实定性,当然这种实定性不是针对司法形式和法律理念本身而言的,而是基于礼教自身的"劝善教化"所突显的一种实定形式。

四、神判过程中的教谕调解

通过前三次降乩仪式,神判第一阶段的程序基本完成。在这一阶段的神判过程中,鲍氏家族得到了一些抽象模糊而又充满权威的判示。如同所有的司法宣判都需要生动明晰的明示和具体有力的执行一样,接着鲍氏家族举行的降乩仪式将要进一步落实的是神判之后的具体执行。由此，这场神判开始了第二阶段的程序。

据《乩著源流》所记，在八月十六日夜里的第四次降乩仪式中，乩坛请来的仙人数量是最多的。首先临坛的是一位叫熊朝海的土地公，他称因文帝等神皆忙，令他先来查看。土地公熊朝海强调判示坟茔之事若非族内成神之先祖，绝不可能断得件件明白，因此鲍氏族人应叩首迎接鲍氏宗族中的众位成神先祖，共同来解明判断。鲍氏族人依此照办，很快鲍氏宗族中已经成神的先祖们纷纷降临，并乩书来意：成为"散人"的先祖鲍成名，称来监督判示；成为"斗坛使者"的鲍一行，前来待命；另有专事记录功过是非的"三曹簿记"鲍五敷（别号克昌），对于此次神判他的角色很重要，如其告白："吾乃五敷，因为人正气，蒙天主特命为神，主三曹簿记，今尔等预分支派渊源，故与控驭仙商酌议定，谨书明示，则家传有根底，而称名无紊乱，斯之谓有谱矣。"此外，之前曾降临乩坛的清神亦再次降下，"清神来禀命，请吾把派定，此为大关节，何可乱谈论。"最后，粤西城隍鲍起波来了，他介绍了此次请众神降临乩坛之目的为：

> 此定派之事非可任一己之私，还要合族共同会议，则永久可行。如吾族自始祖来黔，成仙者虽不多见，而为逍遥散人者有之，更有为土地神、为山使，以及为水府王宰、为清闲道真，或作司典，或主玉衡也间有其人也。今夜会同公评众论，定派之后各自报名，尔等认真详办。

这一夜，在降下的鲍氏家族众位成神先祖的共同督促与协作下，鲍氏多位先祖及祖母之坟茔又得以判明，鲍氏家族的后人房族支派的划定也获得了依据。八月十六日的此次降乩是神判执行程序中的关键步骤，很明显，此次神判的执行基本是由鲍氏先祖中已经成神的各位乩仙来主导，作为鲍氏家族外人的土地公熊朝海只是奉文帝之命在旁观看监督而已。由此我们可以看到，家族外部的乩仙在此次神判中进行了审查并给出判示，然后由家族内部等级最高的乩仙来具体地解明判示，最终这些判示解明得到了家族内部众乩仙的合议执行和监督落实。

八月十七日，第五次降乩。此次先是"魁斗星官"与"武魁"前来扫坛，接着"玉衡主宰"（同为鲍氏族人之先祖，但未交代具体为何人）也降临乩坛。但玉衡主宰此次已不再为判示坟茔所属而来，他转而向鲍氏族人强调了三件大事。一是关于坟茔修葺以兴风水之事，他令鲍氏家族各支派修葺自己各支先祖坟茔，但二世、三世、四世祖的坟茔应合族共修葺，以振家族之文运。二是定下吉日令族人恢复在咸同之乱中被损毁的宗祠，并降乩笔恢复了鲍氏宗祠原来的几副对联。三是就鲍氏族人修复毁于咸同之乱的汪公庙之事，并在第六次降乩仪式中给出动工开土的吉期与殿堂悬挂的对联。重修宗祠对于鲍氏家族而言，其意义是显而易见的。至于汪公庙的回复则另有深意，该庙供奉的汪公乃安徽土主，号"忠烈汪王"，他不仅仅是鲍屯的村神，也是黔中屯堡居民的重要地方保护神。汪公庙及汪公对洪武年间因"调北征南"而入黔的屯军后人而言，具有重塑迁徙记忆和伸张身份道德的重要意义。[①]而鲍屯村并非只鲍氏宗族单一家族构成的村子，同居于此的汪氏家族亦为当地大族，且另有几个小姓，他们都共同供奉汪公神。此外鲍屯村正处于安顺大西桥汪公祭祀圈的范围之内，因此修庙祭祀汪公对于地方关系的整合和村落间的互动也具有积极意义。[②]可见此次降乩中出现的判示，对于整个鲍氏家族和鲍屯而言是一次针对社会关系调整的重要教谕。此次请神的效果是显而易见的，此后鲍氏族人遵照指示，揣摩乩笔所书之判决，渐渐将坟茔所属明确，也平息了族中争端。到了当年十二月初四、初五，重归齐心的鲍氏家族，共备祭品，在宗祠两次请乩谢神。初四这日，先谢的是文帝、灵官等大仙，众仙齐欢并赞鲍氏家族即将兴旺，而鲍氏先祖鲍孔昭亦降下，夸族人果然齐心——完成修坟、建祠、复庙等事，鲍氏家族能如此重新团结一心，定将重振家声。初五则主要是告慰先祖，鲍氏先祖

[①] 万明："明代徽州汪公入黔考——兼论贵州屯堡移民社会的建构"，载《中国史研究》，2005年第1期，135~148页。
[②] 张原："黔中屯堡村寨的抬舆仪式与社会统合"，39~43页。

们亦纷纷降乩笔以示欣慰,并告诫族人需将判示结果铭记,莫再生争端,继续行善,振文风,兴家业。这里出现许多诗词,显示仙人与先祖的妙慧,以及后人的聪颖。至此,通过八次降乩仪式,直接关系到整个家族内部关系的主要坟茔已判明,大的讼争业已平息与杜绝,以整个家族为名的降乩仪式也告一段落。

《乩著源流》所记录的后八次降乩仪式,仍以断定坟茔为主。但这些坟茔主要为鲍氏家族十世祖之后的先祖,其关涉的是鲍氏家族各支系具体房派的划分,因而不再是合族在祠堂中请乩,而是在需要乩仙断定之支系的某个具体家庭中进行。[①]有趣的是,若从这后面几次神判所出现的乩仙之身份来看,会发现他们大多为山关土地、斗弦司香、善缘童子、水府神曹之类的小仙,并多为鲍氏家族中成神的先祖,且主要为十三世祖与十四世祖。如主持后面神判的最大乩仙粤西城隍鲍起波,为鲍氏第十三代,号腾云,普定县学庠生。据《鲍氏族谱》记载,鲍起波在世时"为人公平、温柔敦厚、持身涉世、毫不妄为",亦是颇有才华之人,但因咸同之乱,并无一字遗留。相传他83岁时,梦中两童子手执红柬(即任命书)前来,称他被上帝任命为回龙关土地。至1912年鲍氏家族请乩之时,鲍起波已然成为粤西城隍。而其他的乩仙则多为鲍氏十四世祖,其生前事迹在家谱中也有记载。他们是当时鲍氏家族在世且主持修谱与降乩仪式的十六、十七世后人最为熟悉的先祖,其在世生活的年代在"咸同之乱"之前,所以对五世祖之后各先祖的坟茔情况也较为熟悉。可以说,后面的神判与其说是在判决,还不如说是一场家族内部的调解,因而其展开过程之反复,所费时间之漫长,关涉细节之琐碎,降下的乩仙之繁多,以及乩仙品级之低下,足以让外人迷失。然而对于鲍氏族人而言,后面八次降乩的庞杂判案结果与之前合族请乩神判相比,却是最为利益相关的,这直接影响到每个具体家庭在整个家族中的地位归宿,以及对于相关山地的占有和使用等权益。因此,后面八次请乩神判,更注重的是判示执行的有效可行,而非权威合法,其在形式程序上类似于在黄宗智所言的"第三领域"中进行

[①] 但也有三次请乩判示因情况错综复杂,亦交错在祠堂及家宅之中多次举行降乩仪式。

的一种"实用道德主义"的实践①而在精神内涵上则具有滋贺秀三所言的那种"教谕式调停"的色彩。②

从《乩著源流》中记录的整个降乩仪式的过程来看，针对这场神判的具体执行是充满了教谕色彩的，且其效果也非常直接和明显。而且这次神判作为一次具有戏剧性色彩的礼教展演，其"劝善教化"的效果不只针对鲍氏家族，也是面向他们的邻里。因此，其重塑的社会秩序，不局限于鲍氏家族内部，还适用于地方。这次神判的仪式过程与现实中的官司程序虽有着一定的相似之处，但无论从其动机和结果而言，都不能将其视为一次工具性的和实用主义的司法操演，而应该视为一种具有仪式感和巫术性的教化过程，因而其所表达和明示的那种具有实定性的精神内涵并非针对的是司法本身，而是面向礼教的实质。

五、神判中的"礼治秩序"

综合百年前这场神判的全部 16 次降乩仪式，可以看到讼争的上诉与解决是沿着"审判"与"执行"两条脉络交错进行的，两条脉络缺一不可，其大致程序与关系结构如下页图所示：

这样一个降乩仪式，生动地呈现了神判与官司的同构性，也使我们能观察到礼、法、俗三者是如何勾连在一起呈现为一个整体，并构建了一个依托于"礼治秩序"而实现的社会秩序。首先，从程序上来看，神判与官司在形式上是同构的：断坟茔这一家族内部事务，因无法依靠族内力量来进行评判调解，需诉诸外部权威，而诉诸官府亦无法获得服人心之判决，于是人们便转向神鬼之灵力，向文帝提起诉讼。不过，文帝并不直接受理此事，而是分

---

① 黄宗智：《清代的法律、社会与文化：民法的表达与实践》，上海：上海书店出版社，2007。
② 滋贺秀三："中国法文化的考察——以诉讼的形态为素材"，见滋贺秀三等：《明清时期的民事审判与民间契约》，王亚新等译，1~18 页，北京：法律出版社，1998。

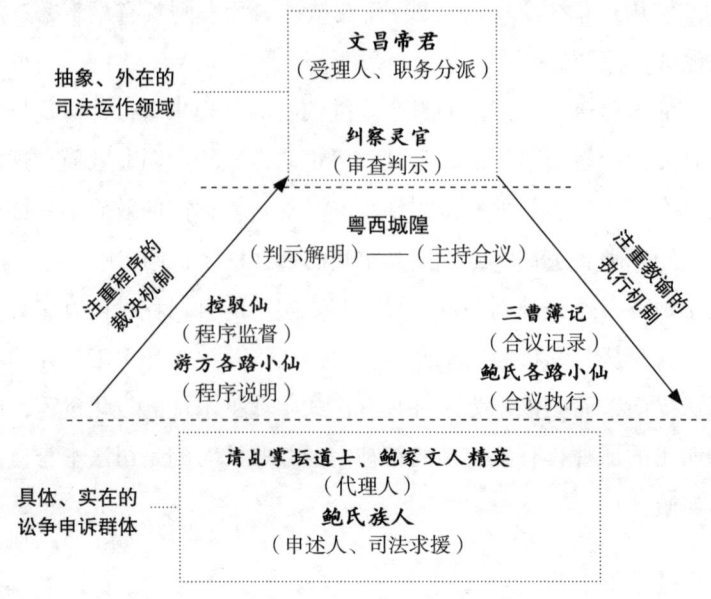

派给管理纠纷的纠察灵官受理,而在纠察灵官前来断案之前,类似执达员的游方土地会先行临坛,解说降乩神判的相关程序与礼仪。第二,判示的公正性与权威性的获得,既合法,也依俗:纠察灵官受理案件后,因不通鬼事,故专程前往丰都查阅典籍后,方来判示了几个坟茔,以表明判决有依据且具权威性。接下来,升任粤西城隍的鲍起波前来,身为城隍的他本身就是公正的象征,而他同时又是族中先祖,更是熟知族中事务与当地风俗,他来解明判词并继续断坟,自是无可置疑。而在接下来的判示中,基本上都是由熟悉家族事务的先祖来进行,但由家族之外的控驭仙来监督,这使得判示结果因符合家族实情而可信,又因有监督而具有权威性。并且在最后的小规模降乩仪式中,族外之神也基本退出,族内调解的色彩则越发明显,乃是依托神判来令坟茔断定结果可行且具说服力。这些都充分展现了基于礼而掺杂在一起的法与俗。第三,不论是判决过程或是执行过程,乩仙都强调着教化:审查判决和判示解明过程中,乩仙不断考察鲍氏族人是否有教化(是否向善,是否懂诗文等)。而判明并不代表整个诉讼的结束,恰如监督程序的控驭仙和主持合议执行的粤西城隍等乩仙所强调,祖坟判定系全族之事,亦需众人合议并执行方有效力,且由鲍氏家族中各已得道成神的先祖来共同合议执行判示并监督执行。在所需执行的事务中,除却家族坟茔重修、宗祠恢复之事,还强调了汪公庙的重建,更是体现了其对村寨及地区的责任,而这同样是教化之一部分。

基于上述分析,一方面可以看到,存在着一种礼、法、俗相掺杂的"礼治秩序",它正是中国社会秩序达成的根本,也决定着官司或神判的文化逻辑;另一方面,也能看到礼教、司法与巫术的杂糅正是维系传统中国社会秩序的方式,这也正是官司或神判的展开形式。《乩著源流》所记录的降乩神判,本是一种具有巫术性质的民间风俗,但同时又具有显著的法律裁判程序和道德教谕色彩,而成就这种法律文明的,正是文字书写和乡绅阶层。从乩仙之谱系、神判过程与降仙笔的内容表达上,很容易确认《乩著源流》是地方乡绅创造的一个文本,但它却被所有的宗族成员所认可。应该说,人们所认可的实质上是礼教维系社会秩序的方式,或者说是神判中,借助于巫术将风俗、礼仪与法律相糅合的这种再现秩序的方式。由此,我们可以看到,在中国的基层社会创造和维系这种秩序的关键人物,其实是那些拥有书写能力的乡绅,他们以及他们所书写的文字,正是达成大小传统之"上下关系"的关键。因此,可以这样理解:在西南的乡村中神判即是官司,官司即是调解,调解即是教谕,而教谕即是具有仪式感和巫术性的文明教化过程。

在这样一个复杂的过程中,可以看到,如戏剧一般的神判,其判案形式呈现了官方科层制的礼仪化表演与家族关系的道德性展演在地方的混合。在神判中,人们能充分调动生活世界中各种真实存在的,以及被想象出来的关系情景和秩序模式,以一种充满了价值判断与道德隐喻的修辞方式,展演了生活的实质,从而形塑着人们真实的生活心态和实践动机。可以说,神判本身就是社会生活的一种真正实在的呈现方式,它作为一个整体,杂合着康豹所说的调解、官司、宗教仲裁三种仲裁途径。并且,从神判的裁决与执行过程来看,与其说审判是其目的,不如说反复出现与强调的教谕与劝善才是其宗旨。而这样一种教谕,不论是在瞿同祖所说的大传统的"法",还是在费孝通谈及的小传统的"俗"中,都是实现"礼"的一种方式:以礼入法,以教化变人心，使人心善良，知耻而无奸邪之心①；或从教化中养成个人敬畏之心，使人服膺于礼。②这样一种"礼治秩序"，有着如下一些基本特点：礼治规范的实质是社会关系，而非权利；礼治规范的形式从内部作用于人，或者说作为一种外部的社会秩序内化于个人；礼治规范的特点是弥散于整体生活之中，因而是整体而又具体的，而非个别而又抽象的。③

仍需强调的是，"礼"虽是一种实现社会秩序的工具，但却并非功利性的，它与受儒家影响的一整套的道德、观念体系相关，并且包含着福报、阴判、最终的正义等宗教观念。然而尽管对宗教有所提及，瞿同祖仍与费孝通一样，主要谈的仍是"人事"，而未触及"神/鬼事"层面。在对中国宗教特点的论断中，普遍认为，"人"的世界与"神/鬼"的世界之间的结构距离为零④，这也就意味着，在基于法律探讨传统中国大、小传统之间的历史性"上下关系"时，不可能不将宗教因素纳入进来，因为这正是实践所包含的思想之重要部分，否则将以一种新的面貌掉入前人的误区。这一点于法律人类学有着同样的启发。正如格尔茨所批评的，如今法律人类学的研究，总将思想抽离于"法律"，将之降低为实践，是对社会生活的反映，从而忽视了法律是一种积极的地方性知识。要跳出这一雷区，就应转而探讨"法律感知"（legal sensibilities）这样一种深度的观念，并且必须将之放在文化这一整体中进行考察，将之与道德、艺术、宗教、历史、宇宙观等相关联来研究。⑤在这其中，宗教非常重要，因为宗教象征符号合成了一个民族的精神气质（ethos）和世界观（world view），亦即一个民族最全面的秩序观念。⑥这样一种最全面的秩序，必然不只是一种只包含人在其中的社会秩序，而是包含着整个人、神、鬼及各种超自然灵力在内的宇宙秩序。而宗教则在调整人的行动，使之适合

---

① 瞿同祖：《中国法律与中国社会》，310 页。
② 费孝通：《乡土中国　生育制度》，51 页。
③ 王铭铭：《从'礼治秩序'看法律人类学及其问题》，76～92 页。
④ 如葛兰言："中国宗教之精神"，载阎纯德主编：《汉学研究》，第二集，马利红译，北京：中国和平出版社，1997。
⑤ 格尔茨：《地方性知识》，王海龙等译，222～322 页，北京：中央编译出版社，2000。
⑥ 格尔茨：《文化的解释》，纳日碧力戈等译，103～104 页，上海：上海人民出版社，1999。

头脑中假想的宇宙秩序,并把宇宙秩序的镜像投射到人类经验层面上。①

基于上述思考,结合《乩著源流》所记录的这场神判给我们的启发,我认为,当下中国人类学之法律研究的突破,或不在于对"规则"与"过程"之范式进行辨析与补充,而在于一种更为整体视角的获得,在于超越人的世界,基于世界观与宇宙秩序的达成来把握地方的法律感知。在这一努力中,借助宗教人类学的视角来重新理解"法律",将大有裨益。

---

① 格尔茨:《文化的解释》,103~104页。

第二部分

两种他性

有关南诏、大理国文献中的陌生人－王与宇宙统治

梁永佳

最近，萨林斯写了两篇有关陌生人－王（Stranger-king）的文章，提出"亲属制度、政治和宗教的基本形式都是一个"，即获取和吸收"他性（alterity）的力量"。由于存在死亡，所以，"社会需要与外在于它的东西联系起来"。萨林斯据此提出，政治权力都来自他性，而陌生人－王则是这种"他性的政治"的表现：

> 最一般地说，在社会意义上整合与分配外部的生命力量，此乃政治生活的基本形式，联姻是这种形式的经验原型。更具体地说，陌生人－王政体正是这些原则的表现形式，陌生人－王对土著人来说，相当于姻亲对血亲。①

与此同时，萨林斯又提出，存在另一种王权，他称为"cosmocracy"，大致可以翻译成"宇宙统治（制度）"。他认为："宇宙王（cosmocrator）综合了存在于陌生人－王政体中的、本体论和神学上的二元论，产生了一种总体的和中心性的独特体制。"②在"宇宙统治"的制度下，王声称拥有世界，乃世间唯一统治者，当地人不再具有特权，二元论变成了一元论。萨林斯还说，在不同的宇宙统治制度之间，会滋生陌生人－王。他以泰国的"星系政体"和中国的"天下"之间的西南地区为例，主张诸葛亮这一符号，赋予西南各渠

---

① Marshall Sahlins, "The Stranger-king or, Elementary Forms of the Politics of Life", *Indonesia and the Malay World* 36: 105, 2008, p. 184.
② Ibid., p. 190.

帅、鬼主等以陌生人－王的合法性。可以看到，萨林斯认为宇宙统治与陌生人－王不同，它是一种"顶点国家"（apical states），国都即宇宙中心，"朕即天下"。

萨林斯的思想极具启发，无疑为理解广义东南亚地区的王权问题提出了重要线索。但是，既然区分了"陌生人－王"和"宇宙统治"，就需要说明两者之间存在差异。因为，如果这种差异是根本性的，那么就不能说只有陌生人－王是政治的"基本"模式。虽然陌生人－王与宇宙统治都要获得他性，但是两者之间的差异，萨林斯却未加阐明。在本文中，我将通过分析从9世纪到17世纪有关南诏－大理国王权的历史文献提出，南诏－大理国的王权模式既存在陌生人－王形态，也存在宇宙统治形态。两者建立在对两种不同他性的吸收和整合的基础上：陌生人－王的他性是一个反社会的和野蛮的客人，一个姻亲；宇宙王是一个超社会的和有道德的主人，一个血亲。

本文的目的不是追究历史过程，也不是解决文献之间的关系，而是提出有关南诏－大理王国的文献中重复出现的两种王权模式。根据萨林斯的说法，这些模式是历史和实践的生产和再生产过程。

有关南诏－大理国的文献，主要有三种来源：南诏－大理国的官方文献，主要是两幅图卷；中华帝国对南诏－大理的著述；元明以来大理成为化内之地后，有关南诏－大理的文献。三个类别仍可以从不同的角度加以分类，但这种细分的意义不大，因为它们都按照陌生人－王或者宇宙王的模式写作，有时两种模式甚至同时出现在一份文献中。

陌生人－王之他性：反社会、客人、姻亲

很多文献认为南诏－大理国的开国国君是一个弑兄和乱伦的凶徒，一个陌生的野蛮人，但是他却以"不合规矩"的方式与当地人结婚，而且娶的是一位尊贵的公主。有的文献说，这个国君并非亲自完成了这种联姻，而是这种联姻的后代——一个土著女子被一条龙强迫成亲所生的后代。只有这样，他的力量才是外来的，不同于任何土著，这种力量"就典型的情况而言，它

是建立于一种野蛮的行为之上的——谋杀，乱伦，或二者兼有"①。

陌生人-王的模式经常在民间故事中出现，但这些故事大都可以找到文献源头，主要是明代作品，其中一个就是闻名遐迩的"火烧松明楼"。倪辂本《南诏野史》这样说：

> 蒙灭五诏，先是蒙氏恐三十七部不服，选亲族为五诏。未久，五诏抗命。王赂剑南节度王昱求合六诏为朝命许之，使人谕五诏：六月廿四日祭祖，不到者为罪。建松明楼，敬祖于上。至期五诏至，惟宁北妃止夫行，夫不听，妃以铁镯穿夫手而别。二十四日五诏登楼祭祖祭享用胙食生至晚酒醉，阁独下楼焚钱放火，兵围，火起五诏死。报焚钱失火烧死，请各妃收骨。各妃至，难辨，惟宁北妃因铁镯得夫骨，至今滇人以为火节。王灭五诏，取各诏宫人，闻能甸妃美，遣兵取之。妃曰：誓不二夫。即自死。

此处的"蒙"，指南诏蒙氏第三代王皮罗阁。他弑亲（叔、兄、侄），与他们的"宫人"乱伦，并垂涎他血亲的妻子，即使考虑到可能存在转房婚制，皮罗阁仍然是一个狡诈、贪婪、暴虐、野蛮的人物。他通过弑亲而否定了亲属关系，因此掌握了超出人类的力量，这种力量"揭示和界定为人们自身道德秩序的断裂，确切地说，就是抗拒亲属关系的最大罪恶：同根相煎，父子相残，母子、父女、或兄妹乱伦"。②他被正史认定为统一六诏的南诏之王，并得到朝廷的赐姓和册封。③就像诸葛亮对南中蛮王的赐姓和册封成为"文明"的标志一样，朝廷的这一授权成为"地方酋长崛起的战略资源和陌生人-王的出现理由"。④

---

① 萨林斯："陌生人-王，或斐济人中的杜梅泽尔"，111页，见萨林斯：《历史之岛》，蓝达居等译，105~141页，上海：上海人民出版社，2003。
② 萨林斯："陌生人-王，或斐济人中的杜梅泽尔"，111页。
③ 方国瑜："唐封皮罗阁为云南郡王"，119~136页，见其《方国瑜文集》（第二卷），昆明：云南教育出版社，2001。
④ Marshall Sahlins, "The Stranger-king or, Elementary Forms of the Politics of Life", p. 184.

还有些文献认为统一洱海的南诏国王不是皮罗阁，而是他的祖父罗晟。统一的方式也不是征服其他五诏，而是得到了洱海地区的"白国"（或称"白子国"）国王的青睐，并与白国公主成亲。有的文献认为这个人不是罗晟，而是他的父亲细奴罗。公元9世纪的一份南诏官方文献《南诏图传》讲，罗晟在一次由"三赕白首领大将军"张乐进求主持的祭祀仪式中，"主鸟从铁柱上飞憩兴宗王之臂上焉。张乐进求自此以后，益加惊讶。兴宗王乃忆，此吾家之主鸟也，始自忻悦。此鸟憩兴宗王家，经于一十一月后乃化矣。"①十六世纪的大理文献《白古通记》认为，这个人是细奴罗，他证明了自己是真命天子，使得张乐进求逊位与他，并"以女妻之"。清代胡蔚本《南诏野史》说：

……因社会祭柱，柱顶故有金镂鸟，忽能飞，集奴逻左肩，相诫勿动，八日乃去。众骇异，谓天意有属。进求遂妻以女，举国逊之。②

有关这次联姻的故事，显然深入南诏大理的"大众文化"，出现了很多故事版本，并在几次节庆中加以纪念，延续至今，其中就包括盛大的"绕三灵"。这个故事的基调颇为浪漫：金姑是白国国王张乐进求的女儿，白国的三公主。她被父亲训斥后离家出走，在大理坝子南端遇到猎人细奴罗，当天晚上就"以身相许"，第二天跟他私奔到更南的细奴罗老家——蒙舍。如此大逆不道的行为让张乐进求十分恼怒，细奴罗送来的礼物和派来的说客都被他一一拒绝。张乐进求的恼怒不仅来自女儿，还因为他把儿子段思平派到南方去找金姑，而这个可怜的卡德莫斯却在南方迷路，无法回家。张乐进求失去了合法的继承人，女儿又跟猎人私奔，但结局却"出乎意料"——他改变了主意，允许金姑的朋友们接她省亲。此时，细奴罗已经被推举为蒙舍诏王。最终，张乐进求承认了这门亲事，并将王位让给细奴罗。

细奴罗在故事里显然是一个外来人，他来大理打猎，他送礼物，派说客，

---

① 李霖灿：《南诏大理国资料的综合研究》，140页，台北：国立故宫博物院，1982。
② 胡蔚：《南诏野史》，9页，东京：早稻田大学数字版，1775。

他与妻子"省亲",他是"乌蛮",不同于大理地区的"河蛮"。所以,他是一名客人兼姻亲。他当上了国王后,显然认可了张乐进求家的"土著"特权:在《白古通记》中,张乐进求被细奴罗封为"国老"。[1]南诏国灭亡后三个世纪的元代,一份墓碑上记载张姓墓主乃是"国舅"之后。[2]土著显然与王室构成了主客关系,而细奴罗被故事的各种版本称为"驸马细奴罗",即大理人的姻亲。这种主客兼姻亲关系经常以文化的"高低"表达:土著人的文化高,外来人的文化低,从而突出了陌生人的"野蛮性"。

在故事里,细奴罗是一个家住深山、身穿兽皮、相貌极其丑陋的人。奇丑的相貌被夸张到了几近荒诞的程度。首先,金姑与他相见的第二天早晨,就被细奴罗丑陋的相貌吓晕了。其次,接金姑的朋友们在与金姑及驸马回大理的路上,欢歌渐少,原因是他们觉得驸马细奴罗太丑了,实在配不上金姑的美貌。第三,细奴罗自己也在大理人的比照下自惭形秽,于是在要到岳父大人的宫殿之前,偷偷溜进山里。总而言之,极其丑陋的面貌危及了他的联姻,他的客人地位,他的政治前途。近乎荒诞地突出细奴罗的丑陋,实在是突出他的陌生人地位。这种联姻过于"陌生",以至于原有的文化图式不足以让公主与猎人结婚,只能靠超乎常理的"偷情"和"私奔"实现。即使古今民族志资料显示,"偷情"后成亲并非完全违背大理人的道德规范,但在细奴罗和金姑联姻的故事中,偷情显然是离经叛道的非法行为。所以,双方都不容易接受这个既成事实:不仅白王恼怒羞惭,就连细奴罗的家乡,也要赶紧为他们补办婚礼。虽然亲事不光彩,但成为国王的条件是成为姻亲。

在著名的"九隆之裔"的神话中,南诏王室同样是土著的"姻亲",因为南诏祖先是本地女子与一个外来男子联姻的产物,这个男子往往是一条龙。"九隆之裔"出现在多种文献之中,在明代尤其盛行。其情节大致说,哀牢山下有女子名沙壹,见到河上浮木逆行。当晚,沙壹梦中遇一陌生男子强与其相交,

---

[1] 尤中:《僰古通纪浅述校注》,25 页,昆明:云南人民出版社,1989。《白古通记》已佚,此处征引为清末民初版本。
[2] 云南编写组:《白族社会历史调查(四)》,112 页,昆明:云南人民出版社,1988。

醒后怀孕，生下九个儿子。后来，浮木化其原形为蛟龙，来见沙壹和儿子。儿子们都吓跑了，只有小儿子细奴罗不怕，骑坐在龙背上，"蛮语"称骑为"九"，称坐为"隆"，是为"九隆"。9世纪的一份由唐王朝官员樊绰完成的报告《蛮书》说，南诏王室对唐朝"自言本永昌沙壶之源"[①]，不仅因此确立了"帝国边陲的合法地位"[②]，而且宣称自己是龙与当地女性结合的后代。虽然，南诏大理时期，自言九隆之裔者不只是王室，还包括贵族"名家大姓"，但宣称九隆之裔对于被统治的人来说，是宣称一种"姻亲"地位。

南诏建国者细奴罗、罗晟、皮罗阁被视为陌生人时，他们的行为包括弑亲、乱伦、通奸，他们的相貌奇丑，几乎不能与人类同日而语。他们的行为不仅超出社会，而且与社会对立，他们是"反社会的"（anti-social）。他们来自"落后"的外地，要向当地的政治领袖送礼物，并有奇迹伴随。他们像一个客人，即使他们不受欢迎（如皮罗阁）。他们要么跟当地人通婚，要么是这种通婚的后代，并借此宣布他们的王权是合法的。这种将他性表述为反社会的客人及姻亲的方式，让当地人对陌生人－王爱恨交织，态度模棱两可，因为"对他们来说，似乎非外部的就是人类的。外部具备超越生与死的力量，成为一种渴望拥有又充满危险的对象"[③]。用海默斯的话说，"通过这种认可和吸纳他性的方式，姻亲作为他者，其政治－意识形态和宇宙论的合法性及其因此获得的政治有效性，成为不可或缺的"。[④]

宇宙王之他性：超社会、主人、血亲

很多文献称南诏大理的统治者长期宣称自己为宇宙之王，代表宇宙秩序

[①] （唐）樊绰：《蛮书》，向达校注，68页，北京：中华书局，1961。
[②] 连瑞枝：《隐藏的祖先》，55页，北京：生活·读书·新知三联书店，2007。
[③] Marshall Sahlins, "Alterity and Autochthony: Malayo-Austronesian Cosmographies of the Marvelous", Raymond Firth Memorial Lecture, Verona, July 10–12, p. 10.
[④] Mary Helms, *Access to Origins: Affines, Ancestors, and Aristocrats*, Austin: University of Texas Press, 1998, p. 52.

统治。我们可以将其视为萨林斯所说的宇宙王（cosmocrator）。这种宣称大致可以分为两种："封岳渎"和"转轮王"。与陌生人-王不同，作为宇宙王的统治者不再是那种杀妻灭子、弑亲乱伦、丑陋野蛮的陌生人，而是在宇宙中心从天而降的道德楷模。他给予人间以正确的秩序，并成为被统治者的祖先。

南诏国王曾多次举行"封岳渎"仪式，或称为"封五岳四渎"。《南诏野史》说，细奴罗统一洱海后，"平地方，封岳渎，以神明天子为国步主，封十七贤为十七山神"。①《僰古通纪浅述》中，列举了各个被封的山川河流的名称，国王并"告于天地山川、社稷宗庙而即国王位"。②根据赵丙祥的研究，真正举行了"封岳渎"仪式的是异牟寻（877～897年在位），他从小在唐地为质，从那里学到了封禅的知识，并在唐人郑回的帮助下，封五岳四渎。③

封禅是中国皇帝宣称自己为世界统治者"天子"的重要手段，其实质是给人间以宇宙方位和走向。④南诏统治者借用这个手段，宣称自己为世界独一无二的统治者和拥有者。在岳渎体系中，他处于世界的中心，他的行动符合宇宙的秩序。樊绰在《蛮书》中提到，南诏王有自己豢养的动物，有一整套高于他人的器具和丧仪。在今昭觉县的博石瓦黑摩崖石刻中，有一幅南诏王狩猎图，描绘南诏王定期到野外获取力量的情景。这些材料都说明，南诏王将自己视为社会世界的中心。

晚期南诏和整个大理国的统治者多数拥有三个头衔：皇帝、骠信、摩诃罗嵯。皇帝称号显然取自中原王朝。骠信则是骠国国君的称号，意为"王"。⑤摩诃罗嵯则从梵语 Maharāja 中音译过来，"此云大王，印度及南海诸王之尊

---

① 倪辂等：《南诏野史》，木芹会证，34～35页，昆明：云南人民出版社，1990。
② 尤中：《僰古通纪浅述校注》，25页。
③ 赵丙祥："舆图虽尽天犹广"，见其《心有旁骛》，198～258页，北京：民族出版社，2008。
④ 有关讨论见王铭铭："作为世界图式的'天下'"，载赵汀阳主编：《年度学术2004》，北京：中国人民大学出版社，2004。
⑤ 伯希和：《交广印度两道考一册》，冯承钧译，28页，上海：商务印书馆，1933；方国瑜：《方国瑜文集》（第二集），624页，2001。

号也"。①伯希和认为,云南曾经有过一个梵化过程②,而"摩诃罗嵯"指的是一种转轮王的称号。③摩诃罗嵯最先仅仅指蒙隆舜,但后来大理国主都用这个称号,就连大理国被蒙古征服后,国主成为"大理总管",摩诃罗嵯也一直保留。与吐蕃和唐朝结盟的时候,吐蕃和唐曾分别赐给南诏王以"日东王"和"云南王"称号,但晚期南诏和整个大理国的统治者都放弃了这两个标志自己不在世界中心的称号(日之东,云之南),坚持使用标志自己在世界中心的称号——皇帝、骠信、摩诃罗嵯。这说明,南诏大理国主认为自己是世界的统治者。

更明显表示南诏大理国王为"宇宙王"的证据,是南诏大理国的"转轮王"王权模式。在两个王国所处的时代,佛教作为一种道德和宗教事实,已经在亚洲广为传播,如莫斯所说,"在这个意义上,我们可以说'佛教文明',更准确地说,带来文明的佛教(civilising Buddhism)。我们可以看到,在印度支那、中国、日本、韩国,佛教协调了整个道德和美学生活;佛教协调了西藏人和布里亚特人的所有生活,包括政治生活"④。"转轮王"是一种佛教的政治哲学,曾经广布于南亚、中亚、东亚、东南亚。转轮王自称"天王"(Devarāja),即国王受到菩萨或佛的护持,或自称"佛王"(Buddharāja),即国王就是菩萨或者佛。古正美认为,在大乘佛教中,转轮王是密宗思想、尤其是密宗金刚顶派的核心观念,盛行于北印度、中国和东南亚。⑤

南诏和大理正处于古正美所说的这个地区的中心,从南诏后期开始,大规模地使用了转轮王"治世传统",并持续了几个世纪。⑥其中,最有说服力的是1173～1176年在大理国王室支持下绘制的张胜温《梵像卷》。在这幅造像众多的图卷中,供养人大理国"利贞皇帝骠信"认可摩诃罗嵯蒙隆舜

---

① 冯承钧:《元代白话碑》,1页,上海:商务印书馆,1930。
② 伯希和:《交广印度两道考一册》。
③ 古正美:《从天王传统到佛王传统》,431页,台北:商周出版,2003。
④ Marcel Mauss, *Techniques, Technology and Civilisation*, edited and introduced by Nathan Schlanger, New York: Durkheim Press/Berghahn Books, 2006 [1929/1930], pp. 70～71.
⑤ 古正美:《从天王传统到佛王传统》,10～11页。
⑥ 古正美:《从天王传统到佛王传统》;侯冲:《云南与巴蜀佛教研究论稿》,2～67页,北京:宗教文化出版社,2006。

的观音供养人地位。大理国王出现在华严佛会中①，且七宝具足，俨然为转轮王。②古正美指出，图卷中各种观音形象，足以证明转轮王意识形态是大理国的主导治世传统。③其中，真身观世音——阿嵯耶观音，更是大理迄今为止最为常见的神灵形象。

作为转轮王，南诏或大理国王不是一个反社会的、野蛮的客人。相反，他"治世"的原因在于他是"超社会"的。他的道德高尚，是臣子的楷模，他作为转轮王，遵行阿育王的规范，"转轮王以十善道化四天下，悉令受持，离十恶业，行十善道具足成就，名为法王"。④一份大理国时的文献《通用启请仪轨》描述转轮王如何可以救民于水火、饥荒、战乱。⑤他给予自己的臣民以佛教的教化。实际上，南诏后期和大理国时期，佛教极盛，全民普及，其影响至今仍很大。14世纪时，中原访客郭松年曾这样描写大理："其俗多尚浮屠法，家无贫富皆有佛堂，人不以老壮，手不释数珠；一岁之间斋戒几半，绝不茹荤、饮酒，至斋毕乃已。沿山寺宇极多，不可殚记。"⑥

转轮王在世间的中心地位体现在时间和空间两个层面上。时间上，统治世界是其成佛之前的一次活动。大理的文献不仅说明国王要避位为僧（有至少九位皇帝曾避位为僧），而且可能从小就要出家修行。⑦换言之，他来自彼世又回到彼世，说明治世在他的生命中处于中心地位，而他自己则属于两个世界的沟通者。这种作为世界的征服者和世界离弃者的转轮王，已经在印度政治哲学和泰国历史中得到证明。①

空间上，张胜温《梵像卷》中，国王出现在各种佛像、观音、尊者、禅

---

① 侯冲：《云南与巴蜀佛教研究论稿》，105页。
② 相关论述见李玉珉："张胜温《梵像卷》之观音研究"，载《东吴大学艺术史集刊》，第15期，1987；李霖灿：《南诏大理国资料的综合研究》。
③ 古正美：《从天王传统到佛王传统》，426~455页。
④ 《大正藏》9：272。
⑤ 侯冲：《云南与巴蜀佛教研究论稿》，30~31页。
⑥ 王叔武：《大理行记校注云南志略辑校》，22~23页，昆明：云南民族出版社，1986。
⑦ 梁永佳："张胜温《梵像卷》中的南诏大理国王权形态"，载王铭铭主编：《中国人类学评论》第12辑，14~15页，北京：世界图书出版公司，2009。

宗大师的形象之中。罗庸曾认为，该图卷可以从中间分出双重对照，其中一项即"中原禅宗"和"大理本土佛教"。②但是这种对立说明了一种"主客"关系：国王在密教中居主位，禅宗在客位。在《南诏图传》中，也有隆舜"摩诃罗嵯土轮王担界谦贱四方请为一家"的说法，再次说明其世界的中心地位。连瑞枝曾精彩地揭示了大理国制度中的一种类似门阀制度的政治模式，即段、董、高三个家族的功能区别。段氏作为国王居于国都大理，由世袭的阿左梨僧董氏辅助，举行灌顶等各种密教仪式，具有象征性。高家则世袭"八府"，掌握"实权"，包括兵权、税务、司法等，住在大理东西，践行禅宗。段氏与董氏等"名家大姓"皆自称"九隆之裔"，起源于印度；但高氏则自称来自中原。③这种中心/边缘、象征/实权、密教/禅宗的分别，与张胜温《梵像卷》中的模式一样，是一种主/客之别。而大理皇帝骠信摩诃罗嵯，在这种区别中处于中心和主人的地位。

南诏大理国主也因是转轮王，而与观音紧密联系在一起。有关观音的文献在大理极多，他被认为曾累世降临大理，帮助国主建国，这就是一系列"观音显化"的传说。9世纪时，观音传说只有七化（七次显现），到了清初寂裕的《白国因由》，已经增至十八化。这些观音传说包括他化作梵僧授记细奴罗、负石退兵、降伏罗刹、给段思平指路等，都与南诏和大理立国有关。观音显化的故事表达了另一种主客关系。在观音的历次化身中，国王都被描述为土著人，对观音所化之形象（梵僧、老僧）礼遇有加。在《南诏图传》所记载的一次显化中，细奴罗的母亲和妻子不止一次把本来送给细奴罗的午饭施舍给梵僧，因此赢得观音授记，允诺细奴罗："鸟飞三月之限，树叶如针之峰，弈叶相承，为汝臣属"①。相比之下，其他土著对梵僧则非常不友善，

---

① 相关讨论见 B. G. Gokhale, "Early Buddhist Kingship", *Journal of Asian Studies* 26 (1) 1976, pp.15～22; Stanley Tambiah, *World Conqueror and World Renouncer: A Study of Buddhism and Polity in Thailand against a Historical Background*, Cambridge: Cambridge University Press, 1976.
② 罗庸："张胜温梵画謩论"，615～621页，载方国瑜：《方国瑜文集》（第二集）。当然，"大理本土佛教"并非"本土"，而是有来自中原、吐蕃、东南亚的各种影响。
③ 连瑞枝：《隐藏的祖先》，111～140页。

甚至多次加以杀伤,却无法伤其毫发。《南诏图传》又说,保和二年(825年),"有西域和尚菩立陁诃来至我京都云:'吾西域莲花部尊阿嵯耶观音从蕃国中行化至汝大封民国,如今何在?'语讫,经于七日,终于上元莲宇。我大封民国始知阿嵯耶来至此也。"②原来,各种奇迹皆为阿嵯耶观音所为。换言之,南诏王室与子民一样,对于观音来说都是主人。不同之处在于南诏王有德,待之以礼,寻常人待之以兵。有无道德成为两者的区分。

作为转轮王,南诏大理国国主也被认为是"范式性"佛教国王——阿育王的后代。侯冲与连瑞枝都深入研究过云南阿育王的传说,认为阿育王的确被南诏和大理国王认定为自己的祖先。③如万历《云南通志》说,"邃古之初,西海有阿育国。其王能登云上天,娶天女生三子,长曰福邦,次曰弘德,季曰至德,封长季二子于金马碧鸡,俾各主其地。次子封于苍洱之间,阿育俗奉佛教恶杂,不茹荤腥,日食白饭,人称之为白饭王,为白国之鼻祖也。"在《白古通记》和《白国因由》中,统治大理的是阿育王的第三子。倪辂本《南诏野史》展示了一个阿育王三子的统治谱系:

> 三王之后西天摩竭国阿育王第三子骠苴低,娶次蒙亏为妻生低蒙苴,生九子,名九龙氏:长子阿辅罗,即十六国之祖。次子蒙苴兼,即土蕃国之祖。三子蒙苴诺,即汉人之祖。四子蒙苴酻,即东蛮之祖。五子蒙苴笃,牛十三子,五贤七圣蒙氏之祖。六子蒙苴扎居,狮子之国。七子蒙苴林,即交趾国之祖。八子蒙苴颂,白崖张乐进求之祖。九子蒙苴闵,百夷之祖。④

虽然阿育王之子是一个姻亲,但这个儿子的九个儿子对于当地人来说不

---

① 李霖灿:《南诏大理国资料的综合研究》,49 页。
② 同上,50 页。
③ 侯冲:《白族心史——〈白古通记〉研究》,165 ~ 200 页,昆明:云南民族出版社,2002;连瑞枝:《隐藏的祖先》,59 ~ 67 页。
④ 倪辂等:《南诏野史》,17 ~ 18 页。

再是姻亲，而是"祖"。这些当地人以各种各样的国名代表，其中包括南诏。换言之，作为阿育王之后的转轮王乃是臣民之"祖"，即血亲。

大理国开国皇帝段思平也被认为是当地人的后代。他要么是白王之后，要么是南诏大军将之后，要么是南诏王子之后。在景泰元年（1450年）的《三灵庙记》中，段思平的母亲是一个外来者——一个从果实里生出来的女子。她在沐浴时，被浮木触到脚而受孕生思平。她知道思平的父亲那就是三灵之一、阁罗凤偏妃之子，即战死沙场后被封为"镇子福景灵帝"的"元祖"。[1]这里，段思平的父亲不再是外来的、丑陋的、野蛮的，而是当地的、有道德的。

有关宇宙统治的文献说明，南诏和大理国王不仅没有触犯反社会的"罪行"，如通奸、乱伦、弑亲，或奇丑无比。而且相反，他们是来自世外的宇宙之王，道德高尚。他们没有与当地女子通婚，而是当地人的祖先，他们的配偶没有被提及。他们居于世界中心，积累来自各个方面的力量，受到臣子实际的保护，得到神的加持。保护他的臣子、加持他的神灵，都是他的客人。当然，宇宙统治同样建立在对外部的吸纳上——国王来自世外。但是与陌生人－王不同，宇宙王来自天上，而不是远方。宇宙王的他性是超越性的、教育性的、道德的。他主张一种比陌生人－王更彻底的此世/彼世之分。他所代表的宇宙秩序如此抽象，以至于他在此世只是一个凡人。简言之，作为宇宙王的南诏和大理国主是一个超社会的主人和有道德的血亲。

结　论

至此，我们考察了有关南诏和大理王权的一些历史文献，分析了这些文献中有关王权的叙述方式。这些文献展示了两种王权模式：陌生人－王与宇宙王。陌生人－王是一个反社会的姻亲和客人，宇宙王是一个超社会的血亲和主人。

---

[1] 云南编写组：《白族社会历史调查（四）》，71页。

我并不是说，这是两种互相抵触的模式。相反，它们经常出现在同一部文献甚至同一个章节之中。但是，有关陌生人－王、天子、转轮王的研究，包括萨林斯的研究在内，并没有注意到：第一，陌生人－王和宇宙王存在结构上的差异；第二，两种模式不是互相排斥的。有关南诏大理的材料，可以说明这两点。

　　实际上，宇宙王作为一种不同于陌生人－王的王权模式，仍然需要大量的比较研究。两者之间是否可以按"文明"与"文化"、"轴心"与"非轴心"、"帝国"与"王国"等二分模式进行分析，仍需进一步探讨。这里可以提出的问题是：历史的生产与再生产，是否仅仅包括政治、宗教、亲属制度的基本形式？是否应该是归结为经济生活的基本形式：内与外的交换？

既是土官不为例

十五世纪龙州土司修建报恩寺的纷争

曾穷石

从小，我即生活在土司的观念世界：我的家乡四川省绵阳市平武县，在历史上是土司统治区域，"土司"以一种时而清晰时而模糊的形象浸透于我生活的方方面面。明代土司修建的报恩寺，坐落于县城东北边，是我自小玩乐之地，班上学习不好的男同学却说报恩寺是他们家的；结伴出现在县城街头巷尾的白马人，他们在历史上都是"土司老爷的人"，说起土司来，许多连汉话都不灵光的白马人称其为"王老爷、薛老爷"；甚至我家的后院，县政府衙门所在地，一处破败不堪的四合院，大人们也说，那是以前的土司官署。因此，在我的认知里，平武的历史，天然地与土司关联在一起，而土司，又与平武之外更广阔的区域有着千丝万缕的联系，比如，报恩寺即是土司前往北京朝贡后回来修建。我的小学校园里，有座"乌龟驮着的"碑，那是我自小玩耍之处，年齿渐长，也能认得上面刻有字，写着明代薛土司薛继贤率土司兵出征松州的"故事"。报恩寺的存在让我知道平武这个僻远的地方区域社会，在历史上曾经与帝国的中央"北京"发生过联系；"乌龟碑"使我清楚，今日仅仅是一个不足3万人口的县级行政机构的平武，也曾经是控扼岷江上游、涪江上游，番汉混杂的交通孔道。随着我走出家乡负笈求学，知识储备逐日增长，土司的印迹在我的生活中越来越淡，平武渐渐变成与中国绝大多数县城类似的地方，在现代化的进程中，我渐渐忘记了土司曾经与家乡密切相关。

后来，我选择历史作为专业，在了解自己家乡的过往时，我接触到了记载平武历史的地方志《龙安府志》。[①] 从地方志中，我读到了关于平武土司的种种往事以及与之相关联的各种"关系"，儿时听来的"故事"与方志呈

---

① （清）邓存咏等辑修：道光《龙安府志》，曾维益点校，平武：平武县人民政府印制，1996。

现的平武历史相对接，土司的印迹跃然纸上：土司与来自中央王朝的权力博弈，土司与番人间由战争和礼仪相勾连的关系表演，土司与龙州士大夫间的诗词唱和与婚姻联系，等等，展现出一幅鲜活的生活画卷。平武的历史，被还原为与土司息息相关的记忆。土司的历史存活于地方志、家谱和平武人的记忆中，由王土司修建的报恩寺，则成为连接历史记忆与地方志书写的空间。

报恩寺，全称为"敕修大报恩寺"，开工修建于明英宗正统五年（1440年），其主体建筑由王氏土司第10代、土官佥事王玺（1405～1456年）历时七载而成。报恩寺各大殿堂里供奉的佛像、壁画则是在王玺故去后由其子、王氏土司第11代土官佥事王鑑主持完成。与王玺、王鑑同时代的龙州宣抚使薛忠义、宣抚副使李爵对报恩寺予以捐赠，塑佛像、供香火，李爵还捐赠了山地作为义田。回到历史现场，可以知道修建报恩寺是一项由土司发愿召集、龙州各方人士参与的集体事业。①明英宗颁发圣旨，王玺奉旨修建，僧人和当地士绅参与其中。500多年前修成的这座寺庙，位于平武城的东北边，从东边的迎晖门进入平武城，首先进入视线的就是报恩寺。同样由土司修建的迎晖门和迎恩楼已然消失在历史中，只余报恩寺，古柏森森，依然暮鼓晨钟，讲述这个寺庙和这座城的故事。

王玺与报恩寺

报恩寺的修建是15世纪的边地平武的一件大事，也是龙州土官佥事王玺一生中最重要的功德。

报恩寺的修建者王玺于宣德三年（1428年）接任龙州从仕郎判官。自南宋末年王氏一族进入龙州为土官至王玺，已传了10代。南宋嘉泰三年（1203年），因龙州番乱，宋宁宗派新科进士王行俭进入龙州任判官，王行俭在任开疆拓土，兴俗化夷有功，宝庆三年（1227年）与知州薛严、副使李邕同赐

---

① 见《敕修大报恩寺功德之记》碑，参与捐赠和立碑者，除了土司阶层，尚有龙州儒学教授等。此碑现存于报恩寺内，我于2005年夏天抄录。此外，曾维益将此碑文收录于《白马土司家谱》（参见曾维益：《白马土司家谱》，322～324页，平武：平武地方志办公室内部出版，2007）。

世袭。此后,王行俭之子王堞接任龙州判官,王堞于嘉定年间流寇围城时战死。王堞之子王不疑继任。王不疑之子王坤厚,元朝时任龙州长官司长官。王坤厚之子王文质接任龙州长官司长官,后升授龙州守御千户所千户。王文质长子王祥,元至正十一年(1351年)授龙州元帅府副使,至正二十三年(1363年),改龙州宣慰司副使;明洪武七年(1374年),授悉龙州从仕郎判官。王祥之子王思民,洪武十四年(1381年)接任龙州从仕郎判官。王思民长子王真,永乐三年(1405年)袭职。王真之子王宗政,永乐二十一年(1423年)接替从仕郎判官。王宗政无子,之后从仕郎判官之职由其叔王玺接任,王氏土司转向王玺一系。《龙阳郡节判王氏宗亲墓志》记王玺:

> 节判三槐王公玺,高祖王坤厚任龙州长官司长官。坤厚传于曾祖王文质。文质传于祖父王祥,升龙州元帅府副使,至正二十三年改龙州宣慰司副使。洪惟圣朝洪武四年,大军伐蜀,率众归附。洪武七年改设龙州衙门,授从仕郎判官职。洪武十四年,传于父王思民。永乐三年,传于兄王真。永乐二十一年,真传于侄王宗政。宣德三年,玺乃荣奉口兄袭父职。①

王玺接任判官是宣德三年,在这之前,宣德二年(1427年),龙州边境发生了番乱。松潘千户钱宏不愿响应朝廷征调前往交趾,于是煽动番人闹事。②次年,朝廷派总兵官都督陈怀、刘昭,参将赵安、蒋贵等,率西军

---

① 此碑又名《奉亲山碑》,现存于平武县古城镇小坪山(奉亲山)王玺墓地。王玺家族墓地于1974年3月首次发掘,碑文收录于曾维益《白马土司家谱》(306~308页)。王玺墓地发掘报告,见四川省文管会、绵阳市文化局、平武县文管所:"四川平武明王玺家族墓",载《文物》,1989年第7期,1~42页。
② (清)张廷玉等撰:《明史》卷312《四川土司一》记载:"宣德二年,四川巡按等奏:松潘卫所辖阿用等寨蛮寇,拥众万余,伤败官军,请讨之。帝意边寇中必有激之者。既四川都司奏至,言并非番寇,实由千户钱宏因发松潘官军往征交趾,众惮行,宏诡言番寇至,当追捕,冀免调。又领军突入麦匝诸族,逼取牛马,致番人忿怨。复大军将致讨慑之,番众惊溃,约黑水生番为乱。帝命逮宏,而责诸司总玩边务,亟捕诸伤官军者。遣都指挥佥事蒋贵往,同松潘卫指挥吴玮招抚番寇,令调附近诸卫军二万人以行。时贼围松潘、叠溪、茂州,断索桥,官军与战皆败,出掠疏竹诸县,官署民居皆被焚毁,镇抚侯琏死之。蜀王遣护卫官校七千人来援,命都督陈怀与指挥蒋贵等合师亟讨之,而枭宏于松潘以徇,并窜诸将之贪淫玩寇者。"8026页,北京:中华书局,2010。

至威州入松潘。檄调龙州宣抚司宣抚使薛忠义,率同龙州子弟一千三百二十余名,同大兵策应。前至圪塔坝,遇番抢掠土民人财。薛忠义率兵奋勇冲入番阵,折获首级三十二颗,抢夺马、牛、羊匹、财物给还各民。兵进水圪垭,急救小河驿。连日大战,砍打桥梁,攻杀番贼。战五渡桥,斩夺小关子,攻取三舍,夺黑松林等关口,负命大战,直抵松潘城下。血战攻杀,番贼溃散,斩获首级二十三颗。甲鞍未解,随同都督策应叠溪、威、茂三卫所城池,斩首级一十二颗。各处解围,势如破竹,前后策应,共擒斩四十八级。呈验录功,秉奏由灌县、成都蜀府两院三司等官旌奖回州。①

宣德三年(1428年)是龙州土司响应征调为朝廷出力征伐的一年,王玺恰是在这一年继任土司,明代规定,土司"袭替必奉朝命,虽远在万里外,皆赴阙受职"②,因此,虽然史书无查其事,但根据体制可知,宣德三年,王玺第一次以土司(判官)身份进京授职。宣德六年,王玺从成都请堪舆师为王氏祖坟山选址,将祖坟山从长惠迁至奉亲山。③宣德七年(1432年),王玺再次进京朝贡。④宣德八年(1433年),番乱又起,王玺与知州薛忠义奉四川巡抚令,帅兵勇至松潘、叠溪等地平乱立功。⑤宣德九年(1434年),因平乱有功朝廷升龙州为宣抚司,薛忠义升为宣抚使,王玺为昭信校尉

---

① (清)薛大印:《三凤堂薛氏宗谱》:"宣德二年,松潘千户钱宏(洪),闻有交趾役,惮于远征,乃诱各蛮族入寇,虚张奏报,得留。不遣蛮,自煽锅不解,攻围城堡。朝廷遣都指挥韩整、高隆,调四川各卫所军五千征之。至威州土黄坝,失利,道遂不通。"《三凤堂薛氏宗谱》系清康熙三十二年(1693年)由龙安府世袭抚夷土知事薛大印延请龙州进士孙光祖等在老谱基础上辑修。现存世者为民国三十八年由薛氏后裔薛家仪手抄本。《三凤堂薛氏宗谱》收入曾维益:《白马土司家谱》,4~74页。
② (清)张廷玉等撰:《明史》卷310《土司》序,7982页,北京:中华书局,2010。
③ 王氏土司族谱早已散失,1998年,王氏土司最后一任代理长官司王信夫根据幼时所见族谱,凭记忆手写《三槐堂王氏宗亲录》,见曾维益:《白马土司家谱》,85~145页。《三槐堂王氏宗亲录》记:王玺,字廷璋,思民次子。幼习文(记得宗谱有载,躬耕于长惠),有贤名。宣德三年接任判官。宣德六年,请成都堪舆卜地于古城场后山作为王氏祖坟山,更名奉亲山。自长惠迁祖墓筑大坟三座,建祠堂二(一为供灵位,一停柩),路旁列石人石马,华表,立《奉亲山碑》以记其事。并购田土招人守之。直至解放后,王姓子孙祭扫不绝。
④ 《三凤堂薛氏宗谱》:"七年冬,同州判王玺带领各寨番牌,进马朝贡,恩赐观灯山。"
⑤ (清)邓存咏:《龙安府志》卷八《人物志·人物》记:"宣德八年,松、茂、叠溪等处番罗作乱,率兵征缴,歼厥渠魁。升授宣抚佥事。"

宣抚佥事。①

宣德八年番乱，龙州土司在镇压叛乱中立功得到朝廷嘉奖，薛忠义与王玺分别称为从四品（宣抚司）和正六品（佥事）土司。宣抚使薛忠义将其在战中最终取胜的原因归咎于梦中玄帝的启示，因此薛忠义发愿修建了祐圣宫。②宣德十年（1435年），龙州宣抚司佥事王玺着手修建报恩寺。《三槐堂王氏宗亲录》记：

> 宣德十年，玺念自洪武以来，父祖承爵，思无以报。寺南观音庙湫隘，古藏经无以安放，欲建修一刹。得僧正知等襄赞其事。乃走京师，爰具始末，具表奏闻。请准大创报恩寺宇，以为保障遐方、祝延圣寿宝地。天子念其土官，制不违例，特允所请。赐而归。正统五年（1440），卜地开基，面东座西拾材鸠工。伐石、劈陶，掘井城东。阅七年始成。③

王玺感念皇恩，思无补报，龙州又有古藏经无处安放，其想法得到了龙州僧人正知等的支持，坚定了其在龙州修建寺庙的决心。根据王信夫的回忆，王玺修建报恩寺的资金，全是自筹。王信夫记得，族内传说，王玺随同宣抚使出征松潘有功，朝廷奖银四万，以作修报恩寺之资。王信夫所说之征松潘之功，应是宣德八年随薛忠义出征之事。在得到皇帝许可后，王玺于正统五年（1440），"卜地开基，面东座西拾材鸠工。伐石、劈陶，掘井城东。越七年始成。"④景泰三年（1452年）王玺去世，其时报恩寺只完成了主体建筑，

---

① （清）邓存咏：《龙安府志》卷五《武备·土司》："宣德九年，有战功，上命锦衣卫使张善赉敕印升州为宣抚司，忠义为宣抚使，州同李爵为副使，州判王玺为佥事，均世袭。"
② 祐圣宫建成于景泰元年（1450年），已毁，今仅存遗址。《建祐圣宫记》录于《三凤堂薛氏宗谱》《世恩谱卷之二》，见曾维益：《白马土司家谱》，34～37页。《建祐圣宫记》记其事："龙州当西蜀扼险之冲，捍蔽番夷之地。是州致仕宣抚薛忠义，字仲宜，先为本州知州，厥祖世守斯土。大明宣德甲寅岁，松、叠番夷作耗。仲宜奉命，率部下民兵征剿。一旦，夜至三鼓，梦一神人引拜玄帝，谓曰：'尔当奉香火于境内，赐衣征衣，助以兵马，克敌取胜，获功进爵。'觉乃梦也。忠义遂斋戒，秉精诚，发心修建。"
③ 参见曾维益：《白马土司家谱》，89～90页。
④ 曾维益：《白马土司家谱》，89～90页。

其子王鑑（字景昭）继任土官佥事，继续其父修建报恩寺之事业，对报恩寺内的佛像进行装塑点染，"景昭既袭其荫，即以继述为事，功之未备者，咸为修葺。其七佛圣像、藏经函具、钟鼓法磬器具用之类，悉造塑铸饰"①，同时，王鑑还将其父遗像彩塑供奉于后堂万佛阁，使王玺成为报恩寺的终身供养人，"思其先人之功德，遂肖其遗像于后堂，颜其楣曰檀越，以著终身之慕"。②除了王玺、王鑑父子竭尽全力出资修建外，龙州宣抚司宣抚使薛忠义，继任宣抚使薛公辅及其子薛永隆，副使李爵及其子李胤实等土司集团，以及包括薛氏、王氏子弟在内的龙州士大夫阶层，皆为之捐资捐地，"其致仕土官宣抚薛忠义，暨今宣抚薛公辅，副使李爵等，谓兹殿宇完整，未有佛像，吾与若各捐己资，妆塑正殿大佛三尊；百夫长薛忠信，同男薛志冕，妆圣父圣母；舍人薛忠恩，妆千手大悲观音，是亦大功德也；副使李爵，复舍山地四亩，以为常住。其余贵游、宦达、士民、商贾，各捐资，妆塑有差，不可枚举。是非善心昭著，广种福田，验之于此事者乎。"③

在包括土司集团和僧纲司在内的龙州各方人士捐资之下，天顺四年（1460年），报恩寺修建完工，成为龙州自开设以来未尝有过的名刹，"金碧辉萤，琉璃光耀，使荒芜之地化为宝坊，自州之开设未尝有也。"④

从王玺在龙州的一生来看，修建报恩寺是如今最广为人知的功德，除此之外，他接任龙州从仕郎判官后，还有一件重要之事：为王氏家族搬迁祖坟。王氏祖坟原在长惠山，因风水不利子孙，"然其祖父历世继俎，卜葬于长惠山之原，其山水形状，气势违和，以致室家为之迍如焉，少长为之遭如焉。公乃日夕忧勤，思欲得其吉穴，发而迁之，竭孝子之心，积有岁时。"宣德六年（1431），王延请来自成都的堪舆师李士杰卜地选址于今古城小坪山作为王氏祖坟山，并更名奉亲山，"宣德乙酉菊月望日，锦城李公士杰，为其

---

① 见《敕修大报恩寺继葺碑铭》，立碑于天顺四年（1460年）。此碑现存于报恩寺中，我于2005年夏抄录。后文中出现的碑文，皆抄录于2005年夏。
② 同上。
③ 见《敕修大报恩寺功德之记》。
④ 见《敕修大报恩寺继葺碑铭》。

指是穴于兹。"①从长惠山迁祖墓筑大坟三座，建祠堂二（一为供灵位，一停柩），路旁列有石人石马、华表，立《奉亲山碑》以记其事，并购田土招人守墓。②

如今位于古城小坪山的王玺家族墓残基仍在，仅余残破的石马和《龙阳郡节判王氏宗亲墓志》碑，散落于农田中被农民用作地基的，尚有一些残破的石碑。古城镇小坪山的原住农户，是当初王玺招募的家族守墓人的后代，上了岁数的人，还记得早年清明会时王家人到墓地祭祖的热闹。他们记得，当年除了墓地，还有一大片的房屋，里面一应俱全，供年节祭祖时王氏族人居住。后来，都被"抄了"③。

成书于道光二十年的《龙安府志》有王玺传：

> 玺字廷璋，判官思民子，茗龄时有丈夫志。弱冠敦行力学，切切以经济自命。当承荫日，稔知番猓情形。泊袭后，子惠番民，颂声载道。宣德八年，松、茂、叠溪等处番猓作乱，率兵征剿，歼厥渠魁，升授宣抚金事。僻东南堡栈，劝民开垦，民始富饶。又为郡兴学校，聘硕儒鲁卓吾先生，涵育人才。是时差徭颇重，三州七县五坝之民，苦于输将，解囊分助，郡人德之。④

地方志对王玺的记载，可知王玺颇有人望，未任土司时，注重自身修养，因他是从无后代的侄子王宗政手中承袭判官，他并不是自幼便知晓会成为土司，因此他"敦行力学，切切以经济自命"，饱读诗书。而在机缘巧合得以

---

① 见《龙阳郡节判王氏宗亲墓志》，此墓志出土于1974年，见四川省文管会、绵阳市文化局、平武县文管所："四川平武明王玺家族墓"。《龙阳郡节判王氏宗亲墓志》现存于平武县古城镇小坪山（奉亲山）王玺家族墓地残基。墓志全文见曾维益：《白马土司家谱》，306～308页。
② 王玺家族墓于1974年和1979年历经两次发掘，共清理发掘墓葬22座，出土器物396件，石买地券、诏书、诰命符共21方。王玺墓为夫妻合葬墓，从出土情况可以知道，王玺有四位夫人，分别为孺人田氏、安仁贾氏、曹氏、蔡氏。这批墓葬的入葬年代，最早即为宣德六年。
③ 我于2005年夏、2007年夏、2013年冬数次去王玺墓地，与当地人访谈所得。
④ （清）邓存咏等辑修：《龙安府志》卷八《人物志·人物》。

为土官后，又安于土司职守，在承袭当日，即先了解番人情况，即位后对番人加以优待，故而番人对其"颂声载道"。宣德八年王玺随同薛忠义响应朝廷征调，出兵岷江上游，为明朝平定作乱的番人立下功劳。又对龙州东南无人居住区域进行开荒，为民争利。同时他在龙州兴学校教育，聘请有大学问者为龙州培育人才。而彼时龙州差役、徭役颇重，王玺又私人解囊，帮助三州七县五坝的百姓渡过难关。故而"郡人德之"。

正是这样一位得到龙州番、汉百姓拥护的土司，耗尽家中资财，历经波折，主持修建了报恩寺——这在15世纪的土司辖区龙州，不能不算是一件大事。也正因为围绕修建报恩寺所产生的纷争，使得王玺原本的"好"的形象在后世被加以歪曲，且在20世纪60年代以来，配合地方文化宣传需要，制造出了一系列王玺谋反想当皇帝的传说：

土官王玺进京朝贡，到北京后他看到了皇宫的富丽堂皇，见识了帝王生活的富裕，心生羡慕。从北京回到平武后，想着这个地方山高皇帝远，在这里也修个皇宫当土皇帝，朝廷肯定不会知道。于是王玺重金召募当初修建北京紫禁城的工匠到平武，仿照紫禁城的样式修建了一个"土皇宫"。"土皇宫"修成后，王玺将匠人尽数杀死，从此当上了土皇帝。然而王玺在平武修了土皇宫的消息还是传到了京城，皇帝派钦差大臣到平武查看究竟。这边王玺由于朝中有人，知道了皇帝派人来查，惊恐走投无路之际有人给他出主意，叫他把土皇宫改成寺庙，说是为了报答皇恩而修的寺庙。于是王玺一边派出美女前往成都，拖延钦差大臣到达平武的时间，于是钦差大臣到平武的时间花去了3年多。在这3年多的时间内，他在高人指点下迅速将皇宫改建成寺庙，按照寺庙的形制，塑了各种佛像，在每一大殿供"当今皇帝万万岁"的牌位，并为寺庙取名为"报恩寺"，彰显修寺庙的目的是报皇恩。待钦差大臣一路游山玩水到达平武，见到的是一个一心报恩的忠诚土官，而并非谋逆的土皇帝，王玺又奉上了许多金银，于是钦差大臣回到北京后，向皇帝上报，说王玺在平武修建的是寺庙，是为了报答皇恩，并非传闻的土皇宫，他是忠诚的土官，并非是谋反的叛臣。明英宗相信了钦差大臣的报告，也有感于王玺的忠诚，专门下圣旨认可这个寺庙："既是土官不为例，准他这遭"，并且赐给了报恩寺名字，叫做"勅修大报恩寺"。王玺也因此躲过了谋逆的罪名，反而还成为忠臣。①

这个传说在平武广为流传，考其这一传说产生的背景，最早出现于1962年。当年，平武县文化馆铅印了一本《平武文艺》的小册子中有一首诗歌，题目叫做"小中坝"。

> 平武小中坝，龙安北山下。相传"番王"要登基，大兴土木建官厦。"新主"登龙殿，三箭京城打；京王怒火发，统兵来征伐。哼哈二将吓慌了，背起宝珠天上爬；土地老汉怒大发，一棒打珠掉河坝。珠沉泥淤积，年年越高大。从此成州地，万古传佳话。②

这首诗，经平武县宣传部门传播后，慢慢流变成土官王玺修建皇宫造反之事。我在田野工作中，与当时参与编写《平武文艺》的文史工作者访谈后得知，这首诗歌的产生，以及之后流传开的王玺修建土皇宫是为了迎合当时反封建的思潮，平武地区最大的封建的靶子就是土司，而报恩寺这座建制恢宏的寺庙，怎么看也与破旧的平武城不协调，因此就创作出了这么一个故事。③

正是随着这样的传说的流播，王玺由一个"好"的土司变成了谋逆造反之人。现存报恩寺内，立于天顺六年（1462年）报恩寺全部完工之后的《报恩宝坊十景诗》序赞他：

> 能建是功迹于世者，龙阳宣抚司前佥抚王侯，实为其人焉。侯名玺，

---

① 这是笔者从小就耳闻的故事。在1986年12月出版的《平武民间故事集》中有《报恩寺的传说一、二》，讲的也是这个故事。见四川省平武县民间文学三集成编委会：《平武民间故事集》，1986年。
② 黄贵全：《小中坝》，载《平武文艺》，8页，平武县文化馆印，1962年12月。
③ 2008年夏天，我与平武县政协文史资料编写人员的访谈。

字廷璋,貌异而才优,行高而智广。崇儒奉释,凤植善根。且乐施不倦,好谋而成。一日谓释子正知曰:"吾受命于朝,世守斯土,与国同休,恩至渥也。夙夜感戴,未遑莫报涓埃。维欲建修一刹,令尔等朝夕祝延圣寿,以表丹诚;古遗藏经而有所安放,一举两得,不亦可乎?"正知以手加额,赞叹未有。

既而,侯值以例朝贡京师,乃具本以闻。皇上可其奏,赐敕而归。侯遂大捐己资,修寺一所,名曰报恩。俾楼阁殿宇,突兀峥嵘。广厦长廊,金碧交映。前有三桥二幢,狻猊守卫。后有碑亭、法座、轮藏、大悲。与夫禅榻、僧房、香积之所,莫不焕然一新,七载而就。其功德之高,赞莫能尽。非善念纯诚,负非常之才者,岂能建是莫大之功,以传不朽者哉?①

刘孟璿所作报恩宝坊十景诗中有专为王玺所作的诗"俨雅遗容更肃恭,凛然仪度迈英雄。宏开库藏铺祇地,大舍金珠建梵宫。准拟英名登佛典,还期灵异辅宗风。造来功德如山海,千载令人叹莫穷。"可知王玺及其修建的报恩寺,在龙州,本身即是一桩功德无量的大事。

王玺修建报恩寺历时七载,正统十一年(1447年)王玺41岁之时修成主体院落,寺内的塑像以及后续的修葺则是在景泰三年王玺去世后由其子王鑑于天顺四年(1460年)完成。

报恩寺在古代寺庙中属典型的前佛殿、后高阁平面布局,根据焦洋的研究②,与报恩寺同时期的北京智化寺也采取了这种平面布局方式。在这种布局中,位于寺院中轴线后部的楼阁处于统领建筑群整体形象的重要地位。报恩寺自南而北为山门、天王殿、大雄宝殿、法堂、万佛阁。在天王殿与大雄宝殿之间,左右对称有华严殿与大悲殿。大雄宝殿与万佛阁之间左右对称有两个碑亭,右边是"九重天命",左边为"敕修大报恩寺之记",两碑亭的北

---

① 此碑序由奉训大夫知绵州事前乡贡进士永嘉人金学所作。当时王玺早已离世,继任土官金事王鑑邀请龙州文人雅士游报恩寺,为报恩寺中绝佳之十景命名作诗,其余诗歌已散失,湘阴人刘孟璿所作十景诗保留了下来,并刻石立碑。
② 焦洋:"报恩寺万佛阁探微",载《华中建筑》,2008年第8期,217~219页。

面是万佛阁。寺中立于正统十一年（1446年）的《敕修大报恩寺碑铭》记报恩寺的形制：

> 殿宇深峻，阶墀轩敞。殿之前，则有天王殿、三桥、山门、二狮、二幢、钟楼，而极其华美。殿之后，则有万佛楼、二亭、戒台、龙神祖师之堂，而极其壮丽。殿之东西，峙以大悲殿、轮藏殿，而翼之廊庑。楼之后，则环以方丈、僧寮、斋厨、库舍，悉完整清洁。其妆塑点染，雕琢藻绘，黝垩丹漆，金碧琉璃，争光照耀，炳焕夺目，盖巍巍乎其不可及也。①

后王鑑又修了后堂万佛阁②，并将王玺遗像供奉在内。

> 今景昭既袭其荫，即以继述为事，功之未备者，咸为修葺。其七佛圣像、藏经函具、钟鼓法磬器用之类，悉造塑铸饰。思其先人之功德，遂肖其遗像于后堂，颜其楣曰檀越，以著终身之慕。③

《敕修大报恩寺碑铭》以大雄宝殿为中心，描绘了报恩寺的基本格局。如今的报恩寺保存完好，除戒台、祖师堂、僧寮、斋厨、库舍已不存外，主体建制俱全。

大明正统十一年，王玺在报恩寺立《九重天命》碑，碑上刻有圣旨：

> 奉圣旨：既是土官不为例，准他这遭。钦此钦遵。修理报恩寺一所，转轮藏一座，完备安放藏经，祝延圣寿，具本谢恩外。
>
> 大明正统十一年十一月吉旦

---

① 《敕修大报恩寺碑铭》，与刻有圣旨的《九重天命》碑为一碑之两面。此碑现存报恩寺内，我于2005年抄录。
② 焦洋认为，万佛阁在报恩寺中建制形制最隆重，报恩寺这样的前佛殿，后高阁平面布局中，处于寺院中轴线后部的阁楼，处于统领建筑群整体形象的重要地位。而万佛阁外观为两层三重檐的楼阁，这是等级较高的形制。见"报恩寺万佛阁探微"。
③ 见《敕修大报恩寺继葺碑铭》。

土官佥事王玺建立

王玺将圣旨特意刻碑，从圣旨内容看，当时年仅9岁刚继位的明英宗，对报恩寺的定位是，安放藏经和祝延圣寿。而"既是土官不为例，准他这遭"，又表明了背后尚有隐情。

根据卜正民的研究①，明代为了强化儒学的独尊地位，不允许在民间修建新的寺庙，例外是皇帝授权。明初，洪武时期，归并天下寺院，保留的多为大寺院和古代寺，也有各方需要新修一些寺院，总体看来所修寺院比所禁寺院多。宣德皇帝对寺院修建限制尤为严格。宣德四年，僧志了请化缘重修京城西万安寺，宣宗谕曰："化缘者，巧取诳夺以蠹吾民，不可听。"宣德六年（1431年），行在工部尚书吴中请修山西代州圆果寺塔，宣宗不从。同年，户部请蠲免宛平施舍崇国寺园地税，宣宗令以其地还民。不过，宣宗朝也特赦部分寺庙，并对这些寺庙赐给敕书护持。赵轶峰认为，这类"赐给敕书护持的寺院地位仅次于朝廷敕建的寺院，都是与朝廷有直接关系的寺院,体势高于民间一般寺院。"在到正统时期，有许多寺院废坏，朝廷亦申令不得重修。②在明初严苛的宗教控制政策之下，王玺能够能取得皇帝的授权修建一座形制张扬的寺庙，恰恰是因为他是"土官"。

王玺因其土官身份，得到皇帝的特许授权修建了报恩寺，其如何取得圣旨的过程，龙州地方志和官修史书皆没有记载。不过，不同时期立于报恩寺内的碑文，却能告诉后人，其间经历的波折与纷争。

碑文隐藏的历史

《九重天命》圣旨碑背后镌刻有《敕修大报恩寺碑铭》，道出了王玺修

---

① 卜正民：《为权力祈祷：佛教与晚明中国士绅社会的形成》，张华译，南京：江苏人民出版社，2005。
② 赵轶峰："明代宗教政策合论"，载《古代文明》，2007年第2期，68~85页。

建报恩寺的过程。

敕修大报恩寺碑铭

物之大者,莫有过于天地。惟圣人之心,为能包括焉。是故日月星辰,天之文章也。春夏秋冬,天之刑赏也。风雨霜露之交互寒暑,草木鸟兽之荣瘁生育,举不能出于方寸之表。

自吾宣圣参乎两间,其道甚尊,其教易行。所以集群圣之大成,无有拟伦之者。

厥后,西方有大圣人者,名曰佛。其道尚清净寂灭,以明心见性为宗旨,以谈空入定为闻奥,说三百五十会之妙法,运八万四千座之浮图。而西乾诸国推为世尊,其名号之大概可知矣。

及乎东汉明帝,梦金人长丈余,其教遂骎骎遍于中国。中国沙弥于名山胜地,建立寺宇以奉供之。若精舍、招提、宝坊、金刹、丛林、梵宫、庵院之类,名虽不一,而所以事之者,同一诚也。故后世称颂佛者,谓天地之至大,不足以等佛之法身,谓日月之至明,不足以拟佛之毫相,谓尘沙之至广,不足以数佛之功德。噫!诚若斯言,则佛之方寸包括天地而无外矣。其信也欤?其弗信也欤?

龙阳旧治青川,洪武中徙今乐平。古有观音院,在今寺之南,规制湫隘,无以容众。土官佥事王玺思无补报,欲大创寺宇,保障遐方,乃与土僧正知叶同开山。遂请于朝,皇上允之。纶音既下,卜其美地。水环以流,山拱而秀。抡材鸠工,伐石陶甓。经始于正统庚申,龙人之趋事赴功者,罔敢或后,越七祀而告成。殿宇深峻,阶墀轩敞。殿之前,则有天王殿、三桥、山门、二狮、二幢、钟楼,而极其华美。殿之后,则有万佛楼、二亭、戒台、龙神祖师之堂,而极其壮丽。殿之东西,峙以大悲殿、轮藏殿,而翼之廊庑。楼之后,则环以方丈、僧寮、斋厨、库舍,悉完整清洁。其妆塑点染,雕琢藻绘,黝垩丹漆,金碧琉璃,争光照耀,炳焕夺目,盖巍巍乎其不可及也。

于以祝延圣寿,于以护国保民,非特为观美而已。乃走书京师,谒余为铭,将勒诸石,以传示永久。

夫有绝伦之才器,斯能成莫大之事业。有莫大之事业,斯能护无量之功德。故作之于昭昭之际,而报之于冥冥之中。矧佛圣之心,以慈悲为本。人有纤芥之善,颠罔不俾之如意。初不计其智,愚贤不肖,而咸囿于化化之天。

今王公,才田如此其高,事业如此其大,功德如此其广,佛圣之心当何如哉?其报施之效,必显于后裔,而垂裕于无穷也。

铭曰:龙城之内,地平以丰。一水萦带,四山穹窿。开基创寺,坐西面东。伊谁檀越,佥抚王公。奏于帝廷,帝曰准从。敕赐寺额,永示褒崇。危楼大殿,法门有容。祝延圣寿,普化愚蒙。祥云绚采,慧日当空。资费无算,福德在躬。有僧正知,赞襄同功。阐明三学,振扬宗风。我铭贞石,传之无穷。

大明正统十一年岁次丙寅春三月　上浣
赐进士出身翰林院检讨金川李本　撰
儒士吉水黎綖书丹并篆盖
是岁冬十一月吉旦　立石

碑铭由翰林院检讨金川人李本所撰。王玺在报恩寺建成后,"走书京师",请李本为其作铭文。李本从佛教教义本身出发,论证了王玺修建寺庙是出于对佛法的信仰,又指出王玺修建报恩寺基于三方面的考虑,一是当时的龙州州治所在地乐平(今平武县政府所在地)①旧有的观音院地势低洼,且不能满足龙州人民的宗教信仰需求,"古有观音院,在今寺之南,规制湫隘,无以容众";二是王玺身为土官佥事,希望通过修建寺庙实现护国保民,"思无补报,欲大创寺宇,保障遐方,乃与土僧正知叶同开山";三是为了"祝

---

① 洪武四年,朱元璋在元旧青川县建青川守御千户所,属四川都司管辖,因此青川一地,既有卫所,又是土司衙门所在地。卫所归四川都司管,龙州安抚司归兵部管,两个机构互不统辖。洪武二十年,青川发生"军民相犯"之事。洪武二十二年,时任龙州土知州的薛继贤退出青川,让给守御千户所,新的行政中心往涪江上游推进,平武成为龙州新的州治。

延圣寿，普化愚蒙"，也即是实现文明教化。王玺修建报恩寺得到了龙州地方各阶层人士的支持和积极响应，"龙人之趋事赴功者，罔敢或后"，尤其是得到了僧纲司正知和尚的支持。在李本看来，王玺修建报恩寺是具有无限功德之事，于佛法上，能"阐明三学，振扬宗风"。

在报恩寺中还有一块与《敕修大报恩寺碑铭》同时的《敕修大报恩寺之记》碑，立于正统十一年（1446年），这块碑也记载了王玺修建报恩寺的过程，较之李本所记，更为详尽。

敕修大报恩寺之记

忠君爱国，人臣之本心也。建寺奉佛，人心之至善也。然势有可为而不为，理不可为而为之，均之不得为忠君爱国。不忠君爱国，必孤君恩而罔之所报，则福亦何至而生哉？余尝伏读御制大诰有云：民知报，获福良有以夫！

龙州宣抚司土官佥事王公玺，字廷璋，以明敏之资，绍箕裘之业。自皇明奄有六合，厥曾祖讳祥，效忠归附，拜本州判官，护守兹土，享有爵秩，延及子孙，恩至渥也。宣德间，西戎犯边，公率民兵策应，累著奇功，朝廷升州为宣抚司，遂阶今职。心虽一饭不忘，未有明著其念，以昭示于人者。

故以势之可为，惟建寺以祝延圣寿为允当，又惧拂乎理而为之，则亦非所宜也。爰具始末，请之于朝。圣天子念其土官，特允所请而不为例。岂非廷璋忠君爱国之心，有以感动帝心，而致然欤？寺既落成，乃走书京师，征余为记。

夫忠君爱国之诚，出于天性之自然。不以地之偏正而有异，不以人之贤愚而或殊。然所以不能忠爱者，以其溺于人欲之私，而昧乎固有之善。天理民彝，由是泯没，其不混于非类者，几希。或者诘余曰：佛本西方圣人，自东汉永平间，始流入中国。厥后蔓延派衍，弥满天下。上至王公贵人以及黎庶，罔不敬信其道，而事之若君王父母。然传其教者，必剪发剃须，往往外君王父母，而曰方外上人，是安能尊君亲上，有益于忠爱者哉？余曰：不然。天竺、身毒、舍卫诸国，俱有城郭、君民，其法度教令，亦必奖忠孝而禁悖逆。且佛即是心，心动则觉。以此觉彼，彼自觉之。觉之不已，则十百千万亿兆之众，同乎此觉。是以方寸之中，虚灵洞彻，而万虑平息，绝无纤尘之翳。放之则弥六合，卷之则退藏于密。人而知此，则于忠君爱国乎何有。

今土官佥事王公，真知灼见，创寺而皈依象教焉。所以祈国永宁，而祝圣寿于无疆也。殆见子子孙孙钟奇毓秀，绳其祖武，护福流庆，食报于未艾也。或者唯唯而退，遂书以为记，俾勒诸坚珉，用传不朽云。若乎殿宇之崇卑深广，则具梓人之书，余不伸喙。

大明正统十一年龙集丙寅春三月之吉
赐进士及第翰林院编修长宁周洪谟　述
儒士吉水黎綖书丹并篆盖
是岁冬十一月吉旦　立石

《敕修大报恩寺之记》由翰林院编修周洪谟所撰，同样也是王玺写书信请其为之做碑记。与李本从弘扬佛法的本位出发记此事不同，周洪谟首先强调王玺修建报恩寺是其"忠君爱国"的体现，更多地记录了王玺为朝廷所作的贡献。他写道，王玺自其高祖王祥归附明朝以来，屡屡帮助朝廷立功，尤其是宣德年间帮助朝廷打退西戎，得到封赏，升为佥事，王玺对皇恩一直思"补报"，于是想修建寺庙，以"祝延圣寿"。但修建寺庙在明代不是随意的行为，故王玺也甚是纠结，"故以势之可为，惟建寺以祝延圣寿为允当，又惧拂乎理而为之，则亦非所宜也"，后来，王玺将其修寺庙的想法上奏到朝廷，明英宗因土司的特殊性，故而准其修建，但也声明，这是下不为例之事。"爰具始末，请之于朝。圣天子念其土官，特允所请而不为例。"周洪谟认为王玺得以修建报恩寺，是因为其衷心诚意感动了明英宗，故而才得以在龙州修建寺庙。"岂非廷璋忠君爱国之心，有以感动帝心，而致然欤？"

周洪谟详细记下了王玺得以修建报恩寺的经过，在明朝严格控制寺庙数量、规模的情况下，王玺得以取得英宗授权，不仅在龙州，在整个明帝国范围内都是一件不可多得之事,虽说明朝也不乏有特许修建寺庙的特例①,但王玺以一边地土司能获得这样的特权,仍是极为罕见。周洪谟将此归结于王玺的忠君爱国之心感动了英宗。周洪谟的认识能代表士大夫阶层对此的普遍看法。但王玺得以成事的原因,还有待继续深入探讨。

报恩寺的全名,为"敕修大报恩寺",英宗赐的匾额,由杨升庵②所书。景泰三年王玺去世后,其子王鑑袭任土官佥事,继续修建报恩寺,历时八年,至天顺四年(1460年)完工。

王鑑借前往京师朝贡的机会,延请礼部郎中孙茂撰写《敕修大报恩寺继葺碑铭》,刑部郎中李宽撰《敕修大报恩寺功德之记》,天顺四年立石于报恩寺中。③

敕修大报恩寺继葺碑铭

赐进士奉议大夫礼部郎中安岳孙茂撰文

赐进士前翰林院庶吉士行人司行人仁和张瑄篆盖

赐进士承德郎户部主事成都桂□书丹

德及于人者,必生继述之贤。孝存乎己者,必以继述为事。此天理为有在,而人道之不泯也。然作之于前固有其人,而述之于后匪得其人,则德日损而孝弗彰。求之细微之事,且不足征。况宝坊之大,而能修葺者哉?必也拔萃群伦,超迈庸辈。念先人克艰创造之勤,踵昔日已为未为之志。俾德之及于人者,日益盛。孝之存于己者,日益纯。则名实相孚,

---

① 见赵轶峰:"明代宗教政策合论",引俞汝楫:《礼部志稿》卷34,影印文渊阁四库全书,第597册,639页,正统六年(1441年),"令新创寺观曾有赐额者,听其居住。今后再不许私自创建。"赵轶峰据此认为,"这个说法,虽然表示朝廷仍在申明禁止私自创立寺院的政策,但明明透露出,私人所创寺院有因请得朝廷所赐门额而合法化者。"

② 王玺的曾孙女,即其孙王溥之女嫁给了杨升庵。因此,在王玺过世之后,杨升庵成为王氏土司的姻亲。

③ 王信夫:《三槐堂王氏宗谱》记王鑑:"乃入觐京师,竭请礼部郎中孙茂撰写《敕修大报恩寺继葺碑铭》,刑部郎中李宽撰《敕修大报恩寺功德之记》及两文篆盖。归将两文刻石两面。天顺四年(1460年),立石于报恩寺中。"

前后一辙。揆其可以克当此者，余于龙州宣抚司土官佥事，王公乔梓足征矣。

公名鉴，字景昭，尝从晋阳鲁宗勉先生游，讲求群书子史及居官为政体要。其先君子讳玺，字廷璋，世守兹土，才雄志大，德政俱优。其信向佛道，出于天性。知佛法慈悲，普化颛蒙而耆残暴。其五戒十善，可以辅行王化，可以祝延圣寿。但未有壮丽梵刹以兴像教，而启昏昧，使一州之人无所信向，靡沾佛道之利益。

因旧有大藏全文一部，无所收贮。乃以己之园地一区，深广如度。遂与土僧正知具本以闻，时廷臣以例执之。皇上嘉其土官，能以保障遐方、祝延圣寿为请，故不为例而允之。

既奉敕旨，爰竭资产，鸠工积材，出心修造。正知及普恩、海祥，赞襄其事。始创于正统庚申，落成于丙寅之岁。正殿绘十二圆觉，殿后塑观音大士，两庑绘释氏源流并圣僧罗汉。左右二殿，有大悲千手观音圣像，华严十会，转轮宝藏，七佛诸天楼阁，祖师龙神之堂。前殿天王、山门、明王、金刚、圣旨赐额、二亭、三桥、二幢、二狮、钟楼、戒台、方丈、禅室、库舍、斋厨，无所不备。金碧辉蜚，琉璃光耀，使荒芜之地化为宝坊，自州之开设未尝有也。功德仅完，公遽即逝。

今景昭既袭其荫，即以继述为事，功之未备者，咸为修葺。其七佛圣像、藏经函具、钟鼓法磬器用之类，悉造塑铸饰。思其先人之功德，遂肖其遗像于后堂，颜其楣曰檀越，以著终身之慕。而朝钟暮鼓，梵呗飞扬，祝延圣寿，宁有既乎。

夫以廷璋作之于前，景昭述之于后，父子之心同归一揆，所谓趾美克肖，肯堂肯构，信不诬也。非德之及人，孝之存已，能如是乎？况景昭之季父廷玉，积善植德；二弟钺、钥，俱输粟冠带；孙枝尤盛。其德及后人，又可征矣。景昭以入觐留京，谒余寓舍，备道其详。且干为铭，谊不可辞。为之铭曰：

王氏先世，其德难名。及乎廷璋，积善尤增。创造寺宇，奏于帝廷。危楼大殿，金碧辉明。勤力七载，功德完成。未几即逝，景昭继承。

补其未备，笃信力行。芝兰拥砌，槐阴满庭。慈悲利益，德荫后人。永垂千古，著乎斯铭。

天顺四年岁次庚辰春二月初吉辛巳岁冬十月良旦立石

龙州宣抚司土官佥事　王鑑

叔王璧

弟王钺王钥

男王瀚

王鑑借到北京朝贡之机，亲到奉议大夫礼部郎中孙茂家中，告知孙茂他修建报恩寺的原委，请孙茂为其作碑铭。"景昭以入觐留京，谒余寓舍，备道其详。且干为铭，谊不可辞"，孙茂提及王玺修建报恩寺所经历的一番波折，大致可以还原正统五年王玺修建报恩寺时所遭遇的阻扰：王玺因为信仰佛道，想通过佛道来影响龙州百姓，以达到教化之目的，"其信向佛道，出于天性。知佛法慈悲，普化颛蒙而詟残暴。其五戒十善，可以辅行王化，可以祝延圣寿。"但是龙州没有一所寺庙作为实现文明教化的场所，"但未有壮丽梵刹以兴像教，而启昏昧，使一州之人无所信向，靡沾佛道之利益"，故而龙州当地佛教不昌盛，未能达到开启民智的目的。在王玺所立的两处碑中提到的修建寺庙缘由之外，孙茂第一次提到了龙州旧有一部大藏经，无所安放，"因旧有大藏全文一部，无所收贮"，于是想在自己家的土地上开辟出一块修建寺庙，"乃以己之园地一区，深广如度"，一来存放经书，同时祝延圣寿，于是与土僧正知将这一事件原委"具本以闻"朝廷。孙茂还原了当时遭遇的反对，"时廷臣以例执之"。廷臣所执之"例"，即是民间不得私自修建寺庙之例。明初，朱元璋规范佛教，设立僧正司管理佛教事务，王玺与僧正知将要修建报恩寺之事，首先呈报的，即应该是僧正司，再由僧正司提交圣上。介于朝臣们的争议和否决，明英宗认为，王玺为龙州土官佥事，其通过修建寺庙来教化远近番汉人民，保障一方安稳，且以此来为皇帝祈祷，是可以不拘泥于"例"而给予授权的，"皇上嘉其土官，能以保障遐方、祝延圣寿为请，故不为例而允之。"

与《敕修大报恩寺继葺碑铭》同时立于报恩寺内的，还有奉议大夫刑部郎中李宽所撰《敕修大报恩寺功德之记》。

敕修大报恩寺功德之记

赐进士奉议大夫刑部郎中叙南李宽撰

四川布政使司右参议江夏王彦成篆盖

蜀府纪善迪功郎吉水黎綎拜　书丹

天道之福于人者，在乎作善。善心之感于人者，在乎立诚。盖诚者，作善之本。而善者，感人之本。以善感人，人心自化。则大功德由斯而著，大福田由是而广。其福祚之来，自有不容已者。故曰：天道无亲，常与善人，此之谓也。大雄氏之道，广大无极。此感彼应，普利有情，约而言之，善之一字而已。

自其教入中国，禅宗寖盛，三尺童子皆知其慈悲利益。故可以化冥顽，抑强梗。羽翼乎帝王，无为之治，然非有宏大寺宇以兴像教，则人无所瞻仰，而向善之心或几乎息泯。天下郡邑，名山胜地，往往皆有寺院庵塔，无非欲人向善，大作功德，广种福田。使人人皆兴起其向善之心，而悖逆作愿者渺矣。

先龙州宣抚司土官佥事王玺廷璋，发心修造梵刹，奏于帝廷，经营七载，始克完成。其大殿危楼、廊庑僧舍、轮奂一新，金碧交辉，琉璃争耀。若地涌灵鹫，天降兜率。西山之外，见此宝坊，诚为一大功德也。龙人瞻仰，莫不啧啧称叹。是非善心开明，欲种福田，兆之于此者乎。

其致仕土官宣抚薛忠义，暨今宣抚薛公辅，副使李爵等，谓兹殿宇完整，未有佛像，吾与若各捐己资，妆塑正殿大佛三尊；百夫长薛忠信，同男薛志冕，妆圣父圣母；舍人薛忠恩，妆千手大悲观音，是亦大功德也；副使李爵，复舍山地四亩，以为常住。其余贵游、宦达、士民、商贾，各捐资，妆塑有差，不可枚举。是非善心昭著，广种福田，验之于此事者乎。

佥事王鉴景昭，思先君子所作功德，薛李诸公所种福田，不可湮没，因之觐京师，征余记其事，将归而刻石，以彰厥善，以启后人，辞之不获。

乃告曰:"昔者迦文出世,亦有给孤施园祇陀,施树以为精舍。而优陀延王,最初造像遂成三百余尊,大阐空法,以流圣教。其给孤祇陀、优陀延王之功德,历千万年而尚存也。"

今薛公忠义等种此福田,真若灵山一会,俨然未散也。然非王公廷璋造寺于前,有感其善心,则亦莫能兴起以趋于佛日之中,无获成就此大功德也。将见种此得彼,传之后裔,沐天恩,享天爵,绵延流庆,当与佛海之波同流而不尽也。是为记。

天顺四年岁次庚辰春二月初吉　辛巳岁冬十月良旦　立石
龙州　宣抚司　宣抚　薛公辅　荫嗣　薛永隆
副使　李爵　荫嗣　李胤实
佥事　王鉴　荫嗣　王瀚
经历　区成
随司　办事长官　薛忠翊
把事　王思聪　杨子文　岳海
管工人　任□　王□　任进通　康兴永
李福结　赵才之
知事　康进忠　阴阳　正术　任凤
僧纲司　都纲　惠凯　副都纲　智钦　开山住持　土僧　正知
匠人　卢瑶　严普灯　朱福　何济　文敏　洪实　曾伯□　工福
儒学教授　井源　训导　何玘　义官　李胤宽　王钺　王钥
冯和　驿丞　许彦章
匠人　郭鼎　赵志忠　李子贵　贾大隆　龚先　雍文书
强林　雍文谅　易永进　蒲景安　强永林

王鑑同样利用进京朝贡之机,请刑部郎中李宽为之撰写的《敕修大报恩寺功德之记》,"佥事王鉴景昭,思先君子所作功德,薛李诸公所种福田,不可湮没,因之觐京师,征余记其事,将归而刻石,以彰厥善,以启后人,辞之不获。"李宽没有过多记载王玺如何取得英宗授权修建寺庙,他只特别提到王玺发愿修建寺庙后,"奏于帝廷",寺庙修成后,规制辉煌,"先龙州宣抚司土官佥事王玺廷璋,发心修造梵刹,奏于帝廷,经营七载,始克完成。其大殿危楼、廊庑僧舍、轮奂一新,金碧交辉,琉璃争耀",这样规制的寺庙在龙州是第一次见到,故而"龙人瞻仰,莫不啧啧称叹"。他尤其提到,报恩寺的修建是一项集体事业,房屋主体建筑由王玺王鑑父子完成,殿内的佛像则是由龙州土司集团和士大夫们合力捐赠,前后两任宣抚使薛忠义、薛公辅和宣抚副使李爵捐资塑大雄宝殿的三尊佛像,"其致仕土官宣抚薛忠义,暨今宣抚薛公辅,副使李爵等,谓兹殿宇完整,未有佛像,吾与若各捐己资,妆塑正殿大佛三尊";百夫长薛忠信及其子薛志冕,出资塑了大悲殿的圣父圣母,"百夫长薛忠信,同男薛志冕,妆圣父圣母";舍人薛忠恩出资塑了大悲殿的千手观音,"舍人薛忠恩,妆千手大悲观音";宣抚副使李爵还捐出四亩土地给报恩寺,"副使李爵,复舍山地四亩,以为常住";龙州的士大夫们,也都为了报恩寺各尽其力,"其余贵游、宦达、士民、商贾,各捐资,妆塑有差,不可枚举。"

王玺所立的两块碑,是他通过书信往来请李本与周洪谟所写,而王鑑所立的碑文,则是他进京亲自与孙茂、李宽会晤而请得。相比较李本与周洪谟提到修建报恩寺的必要性,孙茂尤其提到,由于龙州旧有古藏经无处安放,报恩寺修成后,使古藏经得其所在,更是合理化了英宗圣旨里提到的"修理报恩寺一所,转轮藏一座,完备安放藏经,祝延圣寿"。考虑到明朝对佛教的严苛政策和对寺院严密监控,加之王玺请修寺庙的奏书上至朝廷之时,遭遇了反对,这些肯为弘扬佛法多说好话的朝中重要官员,是有一定风险的。然而王玺父子能得到朝廷的高级文官为之美言作铭文,想必与朝中大臣交情不浅。除了私人交情之外,这些深谙官场规则的官员能在朝廷明令严控佛教发展、缩小僧侣数量、控制寺院规模的时期,为王氏父子在远离京师的龙州修建寺庙而美言,无非是因为皇帝给予其特许授权。

虽说明代不乏皇帝特许授权修建寺庙的例子,但那些寺庙大都位于京师,在皇帝的直接监控之下。类似龙州这样的蛮夷番汉混杂之地,明英宗究竟出于哪些考虑而同意王玺违例修寺庙,其在圣旨中已然吐露原因。"既是土官不为例,准他这遭",原因即是,王玺是土官,他的作为或可在"例"之外。

这就需要回到历史上的龙州，去了解龙州这一位于"中间圈"的地方区域社会，在土司统治之下与中央朝廷之间的上下、内外关系。

土司与龙州

龙州①早在西汉纳入了中华帝国疆域之内，汉武帝时期设为刚氐道，属广汉郡。《汉书·地理志》记，广汉郡下有十三县，刚氐道是其中之一，刚氐道有"涪水出徼外，南至垫江入汉"②，言其在涪江上游。西汉末，王莽代汉建新，刚氐道为公孙述所据。《华阳国志·汉中志》记"莽时，公孙述据蜀，跨有汉中，当秦、陇之径，每罹其害"。东汉前期，刚氐道仍属广汉郡，后期汉安帝别置广汉属国都尉，刚氐道改属广汉属国都尉。三国时属阴平郡地，其时，蜀汉设有江油戍。西晋初，设平武县。③此后，西魏废帝二年（553年）置龙州，始有龙州之称。唐代初为羁縻州，属茂州。垂拱年间升为正州。宋时，仍为龙州。④嘉泰三年（1203年），宋宁宗派新科进士王行俭进入龙州任判官，理宗宝庆二年（1226年），王行俭被赐世袭龙州三寨长官司。⑤理宗端平三年（1236年），龙州因战争而"兵乱地废"，南宋帝国放弃了龙州。理宗淳佑二年（1242年），余玠出任四川安抚制置使。余玠对龙州做出的一项举措是迁州治。当时龙州州治在蜀汉江油关（今四川省绵阳市平武县南坝镇），宝祐六年（1258年），余玠指挥建造了雍村（今四川省江油市大康乡）新城，将龙州州治与江油县县治迁往雍村，就在迁州治的当年年底，龙州再次被蒙古军占领，龙州守将王知府受蒙古军招降，龙州没于蒙古。景

---

① 龙州这一名称到西魏才出现，为了表述方便，提到这一地域时，皆以龙州称呼。
② （汉）班固撰，颜师古注：《汉书》卷28《地理志上》，1597 页，北京：中华书局，1975。
③ 《龙安府志》记："晋武帝太康元年，更名平武，宋属北阴平郡，齐因之。"
④ （元）脱脱等撰：《宋史·地理志》，北京：中华书局，1977。"龙州，徽宗政和五年改为政州，高宗绍兴元年复为龙州。"
⑤ 《龙安府志》记："（王行俭）在任开疆拓土，兴学化夷，创建城垣有功，敕赐世袭，授龙州三寨长官司之职"。

定三年（1262年），南宋朝廷任命进士薛严为龙州知州。①度宗咸淳元年（1265年）朝廷赐薛严世袭龙州知州，龙州成为土司统治地区。

早在朝廷任命薛严为龙州知州、赐世袭以前，南宋宁宗嘉泰三年（1203年），龙州境内番人作乱，朝廷派江南进士王行俭任龙州判官，并于理宗宝庆二年（1226年）赐其为世袭龙州三寨长官司。龙州境内的蕃部从龙州分划出去，由土官专门统治。36年之后，薛严世袭龙州知州，意味着龙州由中央管辖的地方行政建制转而成为土司辖地。龙州从此进入土司统治的历史。

历经元、明两朝，薛、王两土司在龙州建立了相对稳定的统治，形成了薛氏为龙州土司正职、王氏土司为副职的政治格局。王氏土司传至王玺，在龙州已经统治了10代。②从宋宁宗嘉泰三年（1203年）至明宣帝宣德三年（1428年），龙州由土司统治了200多年，这200多年中，薛、王两姓土司及其家族，作为帝国在龙州的代理人，成为龙州的番、汉人群的最高统治者。他们一方面作为帝国的代理人统治着境内番汉人群，响应朝廷征调与邻近地区的番人进行战争，实现着土司应尽的义务；通过兴学化夷，实现着帝国的文明教化；通过朝贡礼仪表达着对帝国的依附关系。另一方面，薛王两土司由汉人身份进入龙州，在漫长的历史时间中也实现了"在地化"过程，在龙州的番汉人群和帝国直接控制之间获得了生存空间，使外来的土司成为地方的世袭统治者。此外，两姓土司之间通过婚姻关系实现了政治团结，家族的子弟除嫡长子继承土司职位外，其余子弟多有通过科举制度进入帝国官僚系统，并通过结交官场同僚、婚姻联系，使土司家族的影响力拓展于龙州之外，从而使因土司身份、活动空间限制于龙州的土司具备更宽广范围的政治操纵能力。③

---

① 宋代的知州是中央官员，全称是权知军州事，意思是暂时代管该州军事、行政事务。见周振鹤：《中国地方行政制度史》，70页，上海：上海人民出版社，2005；以及钱穆：《中国历代政治得失》，上海：上海三联书店出版社，2004。
② 王氏前11任土司世系：王行俭、王墣、王不疑、王坤厚、王文质、王祥、王思民、王真、王宗政、王玺、王鐩。
③ 关于龙州土司的婚姻关系及其与朝中官员的交际与应酬，见曾穷石："土司世界的政治图式：一项中间圈政治过程的历史人类学研究"，中央民族大学博士论文，2009。

回到明初情形，能更清楚地了解龙州土司和朝廷之间的关系。明朝对四川的征服，始于洪武四年（1371年）。洪武四年春正月，朱元璋派颖川侯傅友德为征虏前将军，济宁侯顾时为副将，率步骑由秦、陇伐蜀，经过半年的时间，到秋7月，傅友德攻下成都，平定四川，明朝置四川等处行中书省。

傅友德攻成都的路线是经文州（今甘肃文县）、渡白水江、江油（今平武县南坝镇）、绵州（今绵阳市），再进入成都。①傅友德取道龙州攻成都，导致了龙州土司率先归附。薛氏土司族谱《三凤堂薛氏宗谱》②记："洪武四年（1371年）四月初一日，颖川候傅友德帅师平蜀，由阴平入蜀。文胜首先率众归附，供给军储，指引道路。总兵官录其事仍令在职，镇守边方。"龙州归附明王朝，比明王朝收复成都尚早了数月，而龙州土司在率先归附明王朝以后，对后者收复四川其他地方，立有大功。傅友德大军进入龙州的时候，龙州宣抚司同知薛文胜不仅不反抗，反而"供给军储，指引道路"，给明朝军队提供了极大的方便，很坚定地站在明帝国一方，这与朱元璋在征服其他土司地方时，遭到的强烈抵抗情况有天壤之别。根据朱元璋于洪武十七年（1384年）颁发给薛文胜的铁券的记载可以知道，明王朝在对西南地区的土司辖地进行改旗易帜的时候，遭遇了前朝土司的抵抗，唯有龙州土司态度主动、积极归附："洪武初，朕命将西征，所在虽有降者，不见旌旗，则为肯附。独尔文胜，心悦诚服，建桥修路，接济军饷，首先率众归附。"③由此可见，傅友德之所以能够在不到半年的时间平定四川，龙州土司"建桥修路，接济军饷"功不可没。根据王氏土司最后一任土长官司王信夫的记忆，早在洪武二年，龙州尚处于明玉珍的统治之下的时候，薛、王两土司曾经共同商议在即将到来的变动中，龙州的去向，最终决定由祖籍扬州府的王氏土司（王祥）以回籍探亲为由，亲赴南京，与

---

① （清）张廷玉：《明史》卷129《傅友德传》记："洪武四年，蜀人断白龙江桥，友德修桥以渡，破五里关，遂拔文州。渡白水江，趋绵州。""友德破阶、文，捣江油。"3801页，北京：中华书局。
② 薛大印：《三凤堂薛氏宗谱》，康熙三十二年夏制。
③ 同上。

朱元璋暗通款曲，达成一致。①由于龙州土司的积极配合给朱元璋平定四川提供了极大的便利，在明初龙州土司受到了明帝国的种种优待，朱元璋不仅没有取消土司的世袭，反而还特别地对土司的身份加以确认。洪武四年（1371年）傅友德经略龙州以后，没有立即着手对龙州进行治理，而是对龙州既有的生存状态予以保持，对薛文胜"总兵官录其事仍令在职，镇守边方"，仍沿袭明玉珍大夏政权时期的职务"龙州等处军民宣慰司同知"，洪武六年（1373年），朱元璋改龙州宣慰司为龙州。②对于薛文胜的主动归附，朱元璋相当满意，称赞他"识时务者，谓之俊杰。"③龙州土司在局势变换和政治动荡中以敏锐的眼光站对了立场，因而获得了朱元璋的首肯，也在新的政权中获得了生存空间。

龙州土司受到朱元璋的首肯和优待，除了土司作为代理人身份的历史原因和其杰出的个人能力（善于审时度势）外，在很大程度上还取决于明朝对龙州的近邻松州的态度。龙州因其与松州之间在族群和地理空间上的依附关系，使其成为朝廷控制松州的喉舌。

毗邻龙州的松州，自古就以民族成分复杂和地理位置险要而成为兵家必争之地，唐朝于贞观二年（628年）置松州都督府，其地"南至翼州一百八十里，东至扶州三百三十八里，东至茂州三百里，西南至当州三百里，西北至吐蕃界九十里。"④知其刚好处于唐朝和吐蕃之间，当松州西部的吐蕃强大起来，需要东向扩张势力的时候，松州不可避免地成为吐蕃进入中原首先要占领的地方。唐贞观十二年（638年）唐、吐蕃双方展开争夺战，

---

① 王信夫，名生杰，1916年生，是王行俭的直系后裔，于1950年1月～1951年5月曾任黄羊大部落代理土长官司世职。据王信夫老人说，他曾经抄写过王氏的族谱，上面就记载了这件事情。王氏的族谱《三槐堂王氏宗谱》现在已经失传，笔者无从考证王信夫记忆的准确性。另据道光版《龙安府志》记载傅友德经过龙州平定四川的时间是洪武二年，这和王信夫的记忆时间相吻合。无论王信夫所记事情是否真实，龙州两姓土司对明王朝的主动归附却是事实。
② （清）张廷玉：《明史》卷310《四川土司一》记："初，龙州薛文胜于洪武六年来降，命仍知龙州。"8030页。及《三凤堂薛氏宗谱》"洪武六年十二月，钦奉改文胜世袭龙州知州，诰命奉训大夫。"
③ 薛大印：《三凤堂薛氏宗谱》，康熙三十二年夏制。
④ （后晋）刘昫等撰：《旧唐书》卷41《地理志四》，1699页，北京：中华书局，1975。

首先就是由争夺松州开始，即新旧《唐书》记载的"松州之战"，此后唐朝与吐蕃进行了长达200余年的战争，松州一直被席卷其中，松州之于中央王朝的重要性由此可见一斑。有唐一代，松州下辖104个羁縻州，人群成分复杂，加上战事不断，这些羁縻州的设置不常，所辖诸羌、番等也叛服不常，因而松州一直是中央王朝西北边境上的一大难题，松州安定与否，直接关系到朝廷能否阻挡吐蕃的进入。明代，朱元璋很早就认识到了松州的重要性，但是直到洪武十二年（1379年）才遣平羌将军丁玉平定松潘，这个时候，明朝已经统治了四川八年。在平定松潘的过程中，龙州土司的重要性表现得淋漓尽致，朱元璋优待龙州土司的做法收到了成效。朱元璋在松潘平定之后，敕曰："松潘僻在万山，接西戎之境，朕岂欲穷并远讨，但羌戎寇边，征之不获已也。"①可见在洪武十二年平定松潘之前，松潘的羌戎已经多次给朝廷造成困扰，征讨数次，只是"不获"。在明朝对松潘多次征讨未果的情况下，紧邻松州的龙州土司，对朝廷征服松州做出了巨大贡献。

龙州土司在帮助朝廷平定松潘的过程中，首先招谕了松潘境内的少数民族酋长，从而对松潘境内的西番起着分化作用，使他们逐步纳入中央王朝的朝贡体系。《明实录·太祖实录》载："洪武七年四月戊戌（1374年5月14日），龙州宣慰司同知薛文胜等，招谕西番曲节山角、阿节男者力等来朝，贡献方物，命赐文绮、袭衣，以文胜为龙州知州，以中书参政丁玉为右丞。"在薛文胜的努力下，松州西番前往朝贡，归附朝廷。除了招抚西番之外，薛文胜还夺取龙州至松潘沿线少数民族占领的区域，开通了从龙州到松潘之间的道路，"洪武十一年（1378年），奉总兵官耿忠，调文胜征进松潘。安抚、招抚雪栏关、白马路十四处番牌，招降生番数众。夺得番地数段、更名太守坝，安葬阵亡弟文广等四座坟在焉，勒石于今。"②《薛氏功烈记》记其事为："洪武戊午年（1378年）奉总兵官檄文，率部属为前锋，开通道路，攻取松潘、

---

① （清）邓存咏等辑修：道光版《龙安府志》卷五《武备·边防》。
② 薛大印：《三凤堂薛氏宗谱》。

叠溪、茂、威等处西番部落,丑虏闻公威德,率众归附。"道路开通,为明朝收复松潘扫清了障碍,这个功劳是相当巨大的,薛文胜也付出了代价,其弟薛文广在战争中丧身。

在薛文胜的帮助下,明帝国平定松州才算是初见成效。到洪武十二年(1379年),置松州卫指挥使司,御史大夫平羌将军丁玉遣宁州卫指挥高显"城其地",请立军卫,至是,降印设官,领军镇守。明朝在平定松潘后,置松州卫指挥使司,派兵进驻。然而由于松潘是羌、戎生活之地,在管理上存在着极大的困难,加之路途遥远,驻军的供给都成问题,因此洪武十三年八月戊寅(1380年9月19日),松州卫仅仅设置一年的时间朱元璋便"以松州远在山谷,屯种不给,馈饷为难,命罢之"。朝廷罢黜松州卫后,很快松州又恢复到洪武八年以前为番夷割据的局面,指挥耿忠奉命经略松潘,在松潘实地居住考察其形势以后,向朱元璋奏道:"松州为番、蜀要害地,不可罢。"后朱元璋"命复置"。松州卫置与不置,皆存在着困难,但又为形势所迫不得不置。因此在重置松州卫指挥使的同时,朱元璋进行了重新的考虑,意识到需要一个朝廷的代理人来统治松潘。这个时候,代理人的人选就显得尤为重要了,他既要对朝廷忠诚,又要具备个人的统治才能,还要对当地各方面的情况有相当程度的了解。正在朱元璋找寻统治松州代理人的时候,洪武十四年春龙州知州薛文胜前往朝贡,如前所述,薛文胜在明朝平定松潘过程中起到的作用相当重要,而薛文胜也表现出了对朝廷的忠诚,无疑薛文胜是统治松潘的最佳人选。因此,在朝廷没办法直接统治松潘的情况下,不得不借助于龙州知州薛文胜,分担明朝统治松州的重任。洪武十四年春正月乙未(1381年2月3日),朱元璋"置松潘等处安抚司,以龙州知州薛文胜为安抚使,秩从五品。又置阿昔洞等十三簇长官司,秩正七品:曰勒都簇、阿昔洞簇、北定簇、牟力结簇、蛤匝簇、祈命簇、小洞簇、麦匝簇、者多簇、占藏先结簇、包藏先结簇、班班簇、白马路簇。以土酋傅益、雪南等为各簇副长官"。①这一时期是龙州土司统治区域最广阔的时期,直接统治松州、

---

① (清)张廷玉:《明史》卷310《四川土司一》,8025页。

龙州两州。

在薛文胜归附了明帝国以后，龙州土司的所作所为已经十足表现为一个心无二志、忠心耿耿的土官，薛文胜甚至死在赴京朝贡回来的路上。①朱元璋颁发给新继位的薛继贤（薛文胜长子）一道铁券，上面列举了薛文胜的功绩"克服松潘、降番数众，面朕获冠奇功馨蜀诸州，俱载表文。蜀境安民，得非识时务者乎"。并且说"曩者事务繁冗，有失抚顺之道，致文胜职微，有负初归之诚。今特命尔知州之职，使尔禄位延于悠久"。②这是在薛氏土司归附了明王朝十多年以后，朱元璋感觉"有负初归之诚"，因此而给薛继贤以特别的恩赐，以使其"禄位延于悠久"。从朱元璋颁布的铁券可以看出朱元璋对龙州薛氏土司的态度，是经过了长时段的体验以后才确认其贡献的，而明初天下初创的局面，对于松潘的治理还需仰仗于龙州土司的力量，因此朱元璋对龙州土司采取了认可的态度，不仅没有瓦解龙州土司的既有权力，还扩大其统治范围，并且明文规定对其权力予以保障，这主要还是出于借助龙州土司统治松潘的考虑。

因此，基于历史和现实的原因，到明宣宗时期薛王两土司及其家族在龙州基本完成了"在地化"，并建立了强大的统治基础，土司掌握的军事力量及其在帮助朝廷平定岷江上游番人作乱时所表现出来的不可替代的作用，使龙州土司与明帝国之间形成了相互依存的关系，明帝国不得不对其采取弹性统治，给予其足够的权力空间，以维护帝国统治的完整性。

因此，在龙州土官佥事王玺以感恩图报、"祝延圣寿"为名，提出合乎情理的请求，希望在龙州修建寺庙时，尽管不合体例，却最终得到了英宗的许可。这是报恩寺得以修建成功的地方性知识。而王玺得以成事，尚有一个看似偶然的时间契机，这需要回到明初年的官僚政治运作上来考察。

---

① 薛大印：《三凤堂薛氏宗谱》："洪武十七年，又赴京朝贡，回至成都锦官驿。本年三月，病故。土民号泣，不绝于路。"
② 同上。

明代早期政权运作与修报恩寺的时机

王玺于宣德十年前往京师为修报恩寺之事请旨。王玺为报恩寺修建之事请奏的时间,史书缺载,但报恩寺内铸造于正统十一年的大钟铭文记"大明宣德十年,龙州宣抚司佥事王玺,切念自洪武开国以来,父祖相承,此享天爵于龙阳。切思无任而补报,乃立心奏闻,准建大报恩寺为祝延圣寿宝地。"可知时间是宣德十年。王信夫《三槐堂王氏宗亲录》记:"宣德十年,玺念自洪武以来,父祖承爵,思无以报。寺南观音庙湫隘。古藏经无以安放,欲建修一刹。得僧正知等襄赞其事。乃走京师,爰具始末,具表奏闻。请准大创报恩寺宇,以为保障遐方、祝延圣寿宝地。"奉训大夫绵州知事金学所作的《报恩宝坊十景诗序》写到"侯值以例朝贡京师,乃具本以闻。皇上可其奏,赐敕而归"。可知道王玺是按例进京朝贡之时,请奏修建寺庙的,其回到龙州之时,是带着皇帝的圣旨而归。考虑到宣德皇帝驾崩于宣德十年初(1435年1月31日),当时处理王玺请奏之事的,应为英宗。

这里需要对明初的政治运作方式有所了解。朱元璋建立明朝后,通晓前朝政治得失,废除了宰相制,由内阁总理事务,与之同时,宦官进入到中枢行政管理体系之内,与内阁政治双轨并行。到宣德皇帝时,内阁政治程序化,形成了"票拟"的办事程序,即凡中外奏章在送呈皇帝批示以前集中内阁,由内阁学士"用小票墨书,贴各疏面以进",这实际上就是"票拟批答",代拟好"御批"的稿本供皇帝采纳。"世宗后,内阁之票拟不得不决于内监之批红,相权转归之寺人。"[1]而制衡内阁的司礼监,掌握了"批朱"之权。《明史》载他们的职务是"掌印掌理内外章奏及御前勘合。秉笔、随堂掌章奏文书,照阁票批朱"[2]。在司礼监太监代表皇帝"批朱"的过程中,很明显大有文章可做。"略为改正"是很隐晦的说法,实际上司礼监完全可以滥用他们代表的皇权来对内阁的票拟按照他们自己的意思进行篡改,改过以后,

---

[1] (清)张廷玉:《明史》卷72《职官志二》,1730页。
[2] (清)张廷玉:《明史》卷73《职官志三》,1819页。

不交内阁，径自发出。

了解到这样的政治运作过程，可以知道，朝廷中的实际掌权者取决于内阁与司礼监抗衡之胜出者，在英宗朝，司礼监独大。这就表明，龙州土官王玺将修建寺庙这一请求达于朝廷，最终能决定其可否的，毫无疑问是皇帝，而能左右皇帝的判断的，则是司礼监宦官。

明英宗朱祁镇即位之时尚是7岁幼齿小儿，宣宗朝即为英宗伴读的王振在朱祁镇成长过程中扮演着师、父、友的角色，已有人注意到这样的亲密关系对政治运作产生的影响，"这些宦官和皇储长期相处而形成的亲密关系，成为他们以后擅宠专权的政治资本"。①英宗朝朝政为司礼监宦官王振所把持，正统年间王振修建家庙智化寺即是违例之事。这期间他是如何做到让英宗准予其修建寺庙的，不得而知，但王振佞佛，却是有史可考："初，王振佞佛，请帝岁一度僧。其所修大兴隆寺，日役万人，糜帑数十万，闳丽冠京都，英宗为赐号第一丛林。"②

智化寺现位于北京市东城区禄米仓东口路北，为北京现存的唯一仍保持着明代风格的佛教寺庙。仿唐宋"伽蓝七堂"规制而建，初为王振家庙，"即其闲旷高朗处，垣而寺之"。英宗赐名为"智化禅寺"。目前智化寺山门上汉白玉横匾即上书"敕赐智化寺"。据智化寺内《敕赐智化禅寺之记》和《敕赐智化禅寺报恩之碑》两碑，所记智化寺的建筑时间"盖始于正统九年正月初九日，而落成于是年三月初一日"。

智化寺沿三条平行的南北纵深轴线布置，在中间一条轴线上布置了全寺的主要建筑，东西两条轴线上建筑较少，且大都集中在北部，并于中部的建筑密切结合。中轴线上的建筑分成几组。南部以智化门、智化殿为主，形成两个院子。智化门前立《敕赐智化禅寺之记》和《敕赐智化禅寺报恩之碑》。中部为二层高的如来殿，它是全寺最高的建筑，且左右不设配殿。后部以大悲殿、万法堂为主，组成两个院子，周围大小房屋紧凑，建筑密度较高。

---

① 欧阳琛："明代的司礼监"，载《江西师院学报》，1983年第4期，12~19页。
② （清）张廷玉：《明史》卷164《单宇传》，4457页。

东侧轴线上的建筑,由山门东边的东侧门开始门内是深长的甬道,尽端是方丈院。西侧轴线上的建筑也由山门西边的西侧门开始,门内亦为深长的甬道,尽端是后庙。

已有人注意到地处偏远的平武报恩寺与北京智化寺在建筑形制上的相似之处,①尤其是两座寺庙内皆有存放经书的转轮藏,智化寺智化殿的西配殿藏殿有转轮藏,下部为八角白石须弥座,上部用木制作,每面皆做佛龛,上部雕金翅鸟。报恩寺的大雄宝殿西配殿华严藏有转轮藏。

远离北京城的龙州,有着与当朝权臣家庙如此类似的寺庙,且都为"报恩"而为皇帝特批修建,这其间的关联,不由人不想深入探求。

两座寺庙修建时间接近,智化寺"盖始于正统九年(1445年)正月初九日,而落成于是年三月初一日";报恩寺动工于正统五年,主体工程完成于正统十一年(1446年),其后经多方集资,妆塑点染,至天顺四年(1460年)方最后完工。从时间上看,智化寺的动工时间和完工时间正是在报恩寺的修建过程中完成的,不过,关于前者的修建时间,前后仅仅2个月,这显然是不合常理之事,已引起古人注意。②

如此,根据明初政治运作情况,大致可以还原王玺请奏修建寺庙的过程:宣德十年王玺奏请修建寺庙,此事落于王振手中,王振本为佞佛之人,此时正主持修建京都第一丛林大兴隆寺,当时批朱之权为司礼监掌控,因此王振能左右英宗的判断。在此之后王振在北京修建了家庙"敕赐智化寺",或许其左右明英宗授权王玺违例修建"敕修大报恩寺",即是为其"敕赐智化寺"打下伏笔。

宣德十年王玺得到了英宗皇帝的特许授权,在龙州修建"敕修大报恩寺",

---

① 焦洋:"报恩寺万佛阁探微",载《华中建筑》。
② (清)《天咫偶闻》认为智化寺是王振舍宅而建,黄云眉《明史考证》也持同样的看法。近代的朱启钤颇疑振改旧第为寺,借建寺之名,另营新宅,记中所云,乃故弄虚玄,为避免言官弹举耳。然而《明书》曰:"振族党并诛,第宅没官,改京卫武学"。由于智化寺之西就是武学胡同,如果此记载可靠,那么智化寺近旁的宅第就一直在使用。换言之,即王振舍宅建寺的可能性就很少了,至多只是舍一部分宅第。见北京智化寺官方网站。

因圣旨得来不易，寺庙落成之后，王玺将英宗的圣旨刻碑立石，在寺庙内每一座佛像贡上"当今皇帝万万岁"的供奉牌位，使其"报恩"的意图更为彰显，以为自己修建寺庙的合法性谋求更大程度的保护。

龙州土司的交际与应酬

报恩寺主体工程于正统十一年完成，王玺于景泰三年病故，由其子王鑑继任土官佥事，并继续修缮报恩寺。天顺四年（1460年），报恩寺完工。天顺六年（1462年），龙州土司及其族人和士大夫们在王鑑的邀请下，进行了一次文人雅集：为报恩寺内的景观起名、作诗，时任绵州奉训大夫金学为报恩寺内的十景诗作序，并刻石立碑。

《报恩宝坊十景诗序》碑

建莫大之功，著不朽之迹者，此非常之人也。有非常之人，必能为非常之事；能为非常之事，必有非常之功。之迹昭著乎天地之间，显于当时，贻诸后世，愈久而愈彰也。苟无善念存于中，善行著于外，曷能建是莫大之功，著是不朽之迹于悠久哉？

能建是功迹于世者，龙阳宣抚司前佥抚王侯，实为其人焉。侯名玺，字廷璋，貌异而才优，行高而智广。崇儒奉释，凤植善根。且乐施不倦，好谋而成。一日，谓释子正知曰："吾受命于朝，世守斯土，与国同休，恩至渥也。夙夜感戴，未遑莫报涓埃。维欲建修一刹，令尔等朝夕祝延圣寿，以表丹诚，古遗藏经而有所安放，一举两得，不亦可乎？"正知以手加额，赞叹未有。

既而，侯值以例朝贡京师，乃具本以闻。皇上可其奏，赐敕而归。侯遂大捐己资，修寺一所，名曰报恩。俾楼阁殿宇，突兀峥嵘。广厦长廊，金碧交映。前有三桥、二幢、狻猊守卫，后有碑亭、法座、轮藏、大悲，与夫禅榻、僧房、香积之所，莫不焕然一新，七载而就。其功德之高，赞莫能尽。非善念纯诚，负非常之才者，岂能建是莫大之功，以传不朽者哉？

于是荫嗣王侯景昭，克绍其志，有所未完，悉能补葺。不宁，惟是又恐严翁所建之功久而湮没，因其宝刹所有，立意命名，分为十景：曰二幢凌云，以其高耸接云而不可抑也；曰三桥石洞，以其造作精奇而不可泯也；狻猊雄镇，观其势有可壮也；蒲牢晓音，听其声有可警也；以至克栋盈函，塑形绘像，非轮藏全文，香山壁记乎；画栋嵯峨，龙章辉映，又非宝阁冲霄、双亭勒石乎；遗像凛然，此功德王氏之貌，凛然有可想也；报恩胜概，此祝厘梵刹之境，概然有可观也。虽然尤虑其斥名之未尽，复命善诗者揄扬其美，欲不坠先君子之志，猗欤盛哉。于是住持正知，睹斯善美，踊跃欢欣，持香币诣予官舍征文，请勒于石，以志其永久云。

天顺六年岁次壬午冬十二月八日

奉训大夫知绵州事前乡贡进士永嘉金学序①

奉训大夫绵州知事金学，为这些景观诗作序，湘阴人刘孟璿为景观题名并书写，前文中出现的《敕修大报恩寺碑铭》，是由赐进士出身翰林院检讨李本为其撰写，儒士黎綎为其书丹并篆盖；《敕修大报恩寺之记》由翰林院编修周洪谟所作，儒士黎綎为其书丹并篆盖。后两块碑文中提到，是王玺与他们有书信往来，恳请二人为之作文。这是王玺回到龙州，报恩寺落成后之事。没有记载告诉我们王玺这次朝贡有没有与二人有所交际，但考虑到人情往来的一般规律，王玺与这二人的交情定然不仅靠书信往来而得以建立。事实上，王氏土司家族与朝中官僚多有交情。

王玺子孙后代除了世袭土官佥事外，多通过科举出仕，进入帝国官僚政治核心，并通过婚姻关系，拓展土司家族的交际范围。王玺自己有四位夫人，有子三人，王鑑、王钺、王钥。王鑑继任土官佥事，王钺之子王瀅弘治八年中举人，初为汉川令，后补光化令。《三槐堂王氏宗亲录》记他"公正廉明，

---

① 此碑立于天顺六年，碑上文字由诗前之序与序后十首诗组成。现存于报恩寺内。

两邑仕民俱建祠祀之"。王钥之子王溥，明成化八年乙酉科进士，知完县事。《三槐堂王氏宗亲录》记他"在任慈祥，每竭学，进诸生，讲求经传，务明大旨。土人化之。正德中升礼部主事。与宰辅杨廷和友好，结为姻亲。以女妻杨升庵"。王溥之子王子和，娶宣抚使薛绍勋女为妻。

因此通过科举考试进入官僚政治，通过联姻与朝中权贵结成姻亲，这样两条路径使得王氏土司及其家族的影响力，以龙州为核心，外向辐射到了官僚政治阶序之中，使王玺能够具备超越土司之外的权力和活动半径。

正统十一年（1446年）报恩寺铸造了一口钟，与成化八年所铸造的钟相比，其形制较大，称为大钟。

大钟铭文[①]

造钟疏语

恭维：兴作之道，必本乎太平之盛时。大明宣德十年，龙州宣抚司佥事王玺，切念自洪武开国以来，父祖相承，丕享天爵于龙阳。切思无任而补报，乃立心奏闻，准建大报恩寺为祝延圣寿宝地。然无制治之隆盛，则不能无兴作之从容，以光圣治之广运。盖曰有是化而有是应矣。尝闻天德自上而降，地以是德而伸。天覆地载，非器不鸣。迄于正统乙丑岁，梵刹将完，无名物以振远。公之禅悜。白马寺成，真个是达摩之境界。是以宝地名器，非良师以难成。故兹敦邀金府之师，忽迩蒲牢之成就。韩子有云：善鸣者，必得金器而振之，此所为钟者。若悬于景阳之上，则能使百官肃正于丹墀之内；若振于梵王之静界，唤醒多少之禅心。愿愿昭明，肃清万世。谨题。

　　大明正统十一年　岁次丙寅　正月吉旦　晋阳鲁斋宗勉述
　　同僚官宣抚司致仕宣抚薛忠义　宣抚薛公辅　副使李爵
　　修造信官　龙州宣抚司佥事王玺一家　善眷　母　周氏安人　室

[①] 大钟通高220厘米，口径155厘米，上铸有"大明正统十一年岁次丙寅正月吉旦铸造"，"钟磬云板共重一万斤"字样。铭文我于2005年夏天抄录。

曹氏安人　蔡氏安人有子二人　王鉴室薛氏　王钺次室田氏　有子一人
王钥　贾氏　弟　王璧室薛氏　养男　刘永清　王氏　史应隆　王氏
　　住持土僧　正知　铸匠　谢谏　李先　冯海　李松祖　冯永清　朱伯先
　　管事人　周友富　冯清　李文刚　任思贤　王纪　任思和　彭祥
李福原　杨荣山　康兴永　党锦忠　张永清　蹇俊　李进永　杨计祖
任立　李仲贤
　　刊字人　杨进昭
　　钟磬云板共重壹万斤

大钟铭文由晋阳鲁宗勉撰写，这位鲁宗勉是王玺聘请到龙州为龙州"涵育人才"，继任土官佥事王鑑多跟随鲁宗勉游学。铭文提及龙州土司阶层参与其事之人，有前任宣抚使薛忠义，现任宣抚使薛公辅，宣抚副使李爵；土官佥事王玺一家，其母周安人，其妻曹安人、蔡安人，子二人，王鑑及其妻薛氏，王钺及其次妻田氏及其子王钥、妻贾氏。王玺之弟王璧，其妻薛氏及养子刘永清（及妻王氏）、史应隆（及妻王氏）。有报恩寺住持土僧正知，手工匠人有铸匠谢谏，李先，冯海，李松祖，冯永清，朱伯先。有管事人周友富，冯清，李文刚，任思贤，王纪，任思和，彭祥，李福原，杨荣山，康兴永，党锦忠，张永清，蹇俊，李进永，杨计祖，任立，李仲贤。刊字人杨进昭。龙州本地众多人等参与其中，知王玺具备相当的交际能力，且与报恩寺有关之事是一项能聚集人情的集体事业。

天顺四年，报恩寺全部完工后，由龙州宣抚司宣抚使薛公辅率龙州官僚集团为报恩寺立功德碑。碑文记录了当时参与其事的龙州人士，"先龙州宣抚司土官佥事王玺廷璋，发心修造梵刹，奏于帝廷，经营七载，始克完成。其大殿危楼、廊庑僧舍、轮奂一新，金碧交辉，琉璃争耀"，前后两任宣抚使薛忠义、薛公辅和宣抚副使李爵捐资塑大雄宝殿的三尊佛像，"其致仕土官宣抚薛忠义，暨今宣抚薛公辅，副使李爵等，谓兹殿宇完整，未有佛像，吾与若各捐己资，妆塑正殿大佛三尊"；百夫长薛忠信及其子薛志冕，出资塑了大悲殿的圣父圣母,"百夫长薛忠信,同男薛志冕,妆圣父圣母";舍人薛忠恩出资塑了大悲殿的千手观音,"舍人薛忠恩,妆千手大悲观音";宣抚副使李爵还捐出四亩土地给报恩寺作为供养,"副使李爵,复舍山地四亩,以为常住";龙州的士大夫们,也都为了报恩寺各尽其力,"其余贵游、宦达,士民、商贾,各捐资,妆塑有差,不可枚举"。

此外,碑文的最后列出了与之有关的人名。除了龙州宣抚司宣抚薛公辅,其子薛永隆。副使李爵,其子李胤实。土官佥事王鑑,其子王瀚。之外,还有经历区成。随司办事长官薛忠翊。把事王思聪,杨子文,岳海。管工人任□,王□,任进通,康兴永,李福结,赵才之。知事康进忠。阴阳正术,任凤。僧纲司都纲,惠凯。副都纲智钦。开山住持土僧正知。匠人卢瑀,严普灯,朱福,何济,文敏,洪实,曾伯□,王福。儒学教授井源。训导何玘。义官李胤宽,王钺,王钥,冯和。驿丞许彦章。匠人郭鼎,赵志忠,李子贵,贾大隆,龚先,雍文书,强林,雍文谅,易永进,蒲景安,强永林。①

成化八年(1472年),王鑑主持铸造了另一口钟,即是如今报恩寺内的小钟。

小钟铭文②

佛日增辉,法轮常转。

皇图巩固,帝道遐昌。

龙州宣抚司忠义侯景昭,念惟大报恩寺乃其先君廷璋请奏奉敕建。乃祝圣寿,并于兹有年。寺旧铸铜铁钟三口,晨昏若击,音弗大振。兹特摅诚捐资倡导,募得重铸洪钟一口,凡五千斤。炉□□本□属予铭勒铸于上,以纪其事。并为之铭曰:

圣教化人,夷众聿彰。鸣钟警众,遐迩孔章。尊者先君,佥抚龙阳。

---

① 见前引之《敕修大报恩寺功德之记》。
② 小钟通高166厘米,口径127厘米,上铸"大明成化八年岁次壬辰秋七月之吉",和"募得重铸洪钟一口凡五千斤"字样。铭文我于2005年夏天抄录。

上疏请敕，肇建宝坊。以厘锡福，镇靖遐荒。广铸法乐，务赡储祥。贤嗣继述，殚厥忠良。重集祥金，博施孔方。金刚藏倒，容成侯忙。营就大器，应穹鸣霜。岑楼高揭，巍巍堂堂。鲸音吼啸，蚁梦醒将。檀那长福，兰若增光。愿祝圣寿，地久天长。边尘肃靖，民物阜康。我作铭诗，永振上方。

大明成化八年岁次壬辰秋七月之吉。

乡贡进士龙州宣抚司儒学训导廷南陆铭识。

书丹生员王章。

龙州宣抚司佥事王鉴，室朱氏安人，母蔡氏安人。伯母贞节任氏。男王伦、王广、王维。叔王璧。弟义官王钺、王钥。侄王渤、王溥。

龙州宣抚司宣抚薛绍勋，副使李胤实　义官李胤宽、李胤宏　百夫长薛志冕

舍人：薛志春、薛公铭、薛志成、薛志隆、鲁明宗、薛志海、薛志业、薛志辅、李系宁、薛永辉、雷济生、王统、王靖、薛志清、田俊、康业永。

成都右南舍人：朱帛、朱靖。

僧纲司都纲：惠睦。

国子监生：杜晟。

成都商人：刘天林、王浩、王汉。儒学生员：刘俊、李景辉、李本德、鲁林。善士：刘芳、王海、母志平、张俊、宋端、翟志千、任本道。

开山住持：正知。额住持：觉性、智奎。领献僧：智玄、智行、智惠、智奎、惠林、惠忠、智能、惠晶、智曜、惠忻、惠觉、惠启、惠曾、海坚、允月、海和、海月、惠月。

董工人：任进通、冯骥、酒朝甫、文明、杨荣山、何希、仇仲贤、邓思降、杜茂。匠人：范兴善。刊字人：白敬美。

赞曰：昔我先君，诚孝忠勤。爰陈疏请，开创祇园。圣明垂允，赐额报恩。庸铸钟磬，逸响久闻。警彼迷瞆，盍种善根。维予小子，叨荫世勋。仰承先君，能永著存。洪钟载铸，以衍源庆。载扣载击，深省晨昏。悠扬远韵，光振山门。祝延圣寿，保□谷元。惠日增辉，福我子孙。

绍述三槐,以应慈尊。

大明成化八年,岁在壬辰,秋七月中浣之吉。

龙州宣抚司土官佥事太原王鑑拜赞。

小钟铭文是报恩寺完工后,王鑑主持所成,铭文由龙州儒学训导陆铭所写,生员王章书丹。参与其事的有龙州宣抚司佥事王鑑及其妻室朱安人,母蔡安人,伯母贞节任氏。子王伦、王广、王维。叔王璧。弟义官王钺、王钥。侄王渤、王溥。龙州宣抚司宣抚薛绍勋,副使李胤实,义官李胤宽、李胤宏,百夫长薛志冕。舍人薛志春、薛公铭、薛志成、薛志隆、鲁明宗、薛志海、薛志业、薛志辅、李系宁、薛永辉、雷济生、王统、王靖、薛志清、田俊、康业永。僧纲司都纲:惠睦。此外,还有龙州以外的人士参与,有成都右南舍人朱帛、朱靖,国子监生杜晟。成都商人刘天林、王浩、王汉。儒学生员刘俊、李景辉、李本德、鲁林。善士刘芳、王海、母志平、张俊、宋端、翟志千、任本道。还有开山住持正知,额住持觉性、智奎。领献僧智玄、智行、智惠、智奎、惠林、惠忠、智能、惠晶、智曜、惠忻、惠觉、惠启、惠曾、海坚、允月、海和、海月、惠月。董工人任进通、冯骥、酒朝甫、文明、杨荣山、何希、仇仲贤、邓思降、杜茂。匠人范兴善。刊字人白敬美。

小钟铭文反映出,以报恩寺为中心的事业,拓展到了龙州以外。随着修成之后影响力的扩展,报恩寺将越来越多不同阶层的人卷入其中。明正德年间郴州进士范辂,官拜御史,因直言被贬谪至龙州任经历,居住在报恩寺中,致力于讲学,受到龙州当地土司和士大夫们的尊重,外地经过龙州之人,也会到报恩寺来拜访他。他在报恩寺内打一井取水,龙州宣抚使薛子晋,宣抚副使李子吉,佥事王子枋,儒学司教揭子升、卢子俸等为井立碑"范公遗爱"[①]。可知,随着历史进程,敕修大报恩寺不仅是弘扬佛法的中心,渐渐成为具备公共空间性质的儒学传导之所。在龙州所起的作用远远超过一般寺庙的弘扬佛法的功能。在土司政治统治区域的这样一所历

[①]《范公遗爱》碑现存报恩寺中,范公井犹存。

经纷争建成的寺庙,是土司政治运作范围的最大限度的体现:土司想在龙州修建寺庙,连同当地僧官,借朝贡之际上奏京师,在朝中引起争议,有朝廷的高级官员卷入其中,最终取得皇帝特许授权。

王玺于景泰三年(1452年)去世,他和他的先祖们以及后人,为守护朝廷疆土所做的贡献,在历史长河中已经被淡忘。曾经的军事要塞龙州,在现代化进程中演化成为今日之偏远县城,远离平武的世界发生着巨大的变化,只余王玺历经纷争修建的报恩寺。

结　语

发生于15世纪的龙州土司修建寺庙的纷争,相比较报恩寺修建完成的既成事实,已经不那么重要了。我用大量碑刻铭文,部分地还原了王玺修建报恩寺的情景,基本能了解到报恩寺修建的过程,以及这项原本是"好"的事业在20世纪60年代被想象编造为"坏"的典范,以迎合时代的需要。

围绕报恩寺的合法性的纷争,只是这个寺庙能否存在的基础,这篇文章已基本回答了这一问题。这里,尚有一个更重要的问题需要回答:土官王玺,为何要在其辖地之内耗费财力,费尽心思修建这样一座寺庙?换言之,报恩寺,作为一座寺庙,其背后有何隐喻?要解决这个问题,仍然要回到龙州土司政治过程来。

景定三年(1262年),南宋任命进士薛严为龙州知州,自此,龙州正式开启土司政治时代。

王行俭和薛严的后人,历经宋、元至明初,实现了在龙州本地的本土化过程,既做到了对朝廷忠心耿耿,也护卫了一方番汉百姓,由外来的士大夫转换为本地的土司,这样的身份转换过程,两姓土司将士大夫"修身齐家治国平天下"的人文情感隐没于龙州的山水之中,世袭的土司身份并没有消磨汉人土司政治理想,龙州土司通过姻亲的网络使其后代进入帝国官僚政治之中,也让嫡长子之外的族中子弟通过科举,进入官僚政治序列,并通过与朝中同僚的联姻而更加扩大其交际范围。这些，都是身在"中间圈"的龙州土司为保持与核心圈的关系而做的努力。龙州土司与同时代其他区域的土司有着较大差异，即是在享受朝廷世袭身份之外，族中子弟自幼习诗书，接受儒家传统教育，土司修建义学供族中子弟学习，王玺便是聘请了大有学问的鲁宗勉教习子弟。因此，在这个意义上而言，龙州土司的文化内核，仍然是士大夫政治，这就导致了龙州土司的政治取向与蛮夷土司是完全不同的发展路径。因而，可以这样理解：龙州土司是以士大夫的政治心态在龙州边地进行着政治实践。因其在士大夫文化之下，其处理与朝廷、番人的上下内外关系，谙熟官僚集团的各种规则，同时也了解番人地区的文化习俗乃至文化心理，因而龙州土司在政治进程中能找准自己的位置，一方面作为朝廷的代理人，对龙州番汉人群实行软性统治，另一方面尽可能地实现其士大夫的政治理想。

对龙州土司的心路历程有了如此的了解，如此一来，王玺修建报恩寺，也可以得到理解了。

报恩寺位于平武城的东边，东边是帝国的核心所在区域。在平武县城的空间分野上，东边是汉文明进入之处，西边则是与蛮夷文化的交融点。龙州的汉人身处番汉杂居之地，与番人有着近距离的接触与交往，对于帝国的文明想象，则是通过学校、文庙等公共空间实现。龙州地区有学校，始于宋真宗时期，《四川通志》记："吴济〔旧通志〕，大中祥符五年为龙州知州，始兴学校，教授生徒。"知大中祥符五年（1012年）龙州即有儒学。南宋时，再兴学校，《四川通志》记："史祁〔旧通志〕，乾道七年（1171年）知龙州，重修学校，尤多题咏。"后龙州儒学废于兵乱，直到朱元璋时代，土司薛继贤再兴，《龙安府志·职官·政绩》记："薛继贤，知龙州，勤慎爱民，修学校，建桥梁，州人咸颂之。"同书《学校志》记："龙安府儒学，明洪武间土官薛继贤迁建乐平镇北山下。"正统年间，土司薛公辅重修学校，《薛氏宗谱》记："五十八世祖薛公辅，字元弼，志升之长子也。正统六年，承袭父爵。莅任勤慎，爱民如子，文武足备，尽心夙夜，保障地方。重建学校，添修城池，补葺桥栈，整理驿堡，工完两院旌励。为人沉静，不矫情以干虚誉，务本业以荣文学。自先世以来，忠孝名堂。慨然曰：'祖宗之所以报国家，事父母者，率由此道。故忠垂信史，孝著家乘，光前代之余休，昭将来之令绩，岂可不自振拔。'"

可以知道，龙州地方，无论是南宋末年之前的流官，还是之后的土司，只要条件允许，皆在进行着文明化的努力，而一个"好"的土司，为人所称道的品质，仍然是儒家伦理所推崇的忠与孝，因此可以认为，龙州土司在边地进行儒学的推广，与作为土司应当在军功战争方面的作用，是等同重要的。在这个意义上理解土司修建报恩寺，可以有更清晰的认识。

报恩寺位于平武城的东边，正是文明进入龙州的首要之地，而寺庙名称为"敕修大报恩寺"，是以感恩帝国对于土司在边地的恩福，以远离龙州的皇权作为象征，为龙州土司在龙州的政治实践寻找合法性。而明英宗圣旨中准许修建报恩寺的一个原因，即是由于佛经无处安放，这是出于对"文字"的尊崇，这同样与土司的士大夫政治情怀相契合。实际上，在王氏子孙眼里，报恩寺是王家的家庙，并且在曾经做过龙州州治的江油大康乡也曾经有一座报恩寺[①]，可以知道，土司用"报皇恩"涵盖寺庙的宗族性，实际上是用帝国的话语体系书写土司家族的历史。

报恩寺修成后，作为公共机构代替文庙成为平武宣讲儒学的场所。需要指出的是，明代以来，平武出现了儒释道三教合流的趋势。《三凤堂薛氏宗谱》记第10代龙州土司薛绍勋："崇儒重道，博文能武，三教九流，无所不精通……亦有神助，显云瑞众，仰视弃盔卸甲，跪拜投降……将殁，良以醒曰：吾与五道神同游报恩寺。告曰：'吾家事未明，稍缓，待神从。'曰：'不去黑田为事业，却从明火又归来。'语毕。又次日，归终。时人至三盘山，见骑白骡已去。盖翁素好道，正理专人买白骡，游名山大川，临终果如是耶。"

薛绍勋成化年间继任龙州宣抚司，他"崇儒重道"，梦中与五道神同游报恩寺，可知到这一时期龙州地方出现儒释道三教合流。报恩寺的修建者王玺亦是"崇儒奉释"，他发愿修建了报恩寺，身后的葬仪则是既有佛教的因

[①] 我在与王氏族人的访谈中，数位王氏子孙提及此事。

素，也有道教的形制。①因而，在庙堂之上争论不休的援佛入儒、援道入儒，在龙州这样的边地则是自然而然之现象。

因此，报恩寺具备着复合型的政治、文化意义，在龙州地方，既是帝国文明的象征——寺庙供奉"当今皇帝万万岁"的牌位、寺庙中立碑镌刻皇帝圣旨、请帝国的高级官员为寺庙写碑铭、请科举的成功者状元（杨慎）为寺庙题字——又是龙州文明教化的核心。报恩寺修成后，成为龙州的公共空间，清代，龙安府衙门、平武县衙门皆在报恩寺内公示大小事宜。②这是在边地用礼仪来合理化帝国统治，换言之，合理化土司政治的表现。

正如卜正民的研究："从王权的观点来看，寺院坐落在国家认为有必要实施控制的机构的框架之外，而从地方的观点来看，寺院并不公开地行使对当地社会的再生产必不可少之服务。""国家从上面垄断了政治权力，但日常生活的社会经济现实是在地方。"③

土司政治模式之下，土司的权力是固定的，并不能向上流动进入官僚政治的上层，因而土司的应酬与交际就更多地和维护其在地方的统治相关联，但其子孙则多通过科举考试进入朝廷主流的官僚政治，外在于土司政治，从外部影响着土司在龙州的权力。

土司的政治舞台限定在地方事务，但又必不可少地与帝国发生着各种关系：通过战争、礼仪、朝贡，帝国实现着对土司区域的控制。土司的生活场域限定在土司辖区，除了战争时期土司出兵岷江上游，以及前往京城朝贡，除此之外，作为理想中的安于职守的土司，都应该在辖区内守卫疆土。但龙

---

① 见《四川平武明王玺家族墓》，以及王玺墓出土之《龙州宣抚司土官佥事王玺买地券》。
② 报恩寺内有光绪二十年的府正堂杨示：报恩古寺，朝贺重地。宵小行窃，案几酿巨。本府垂慈，保全非细。谕尔军民，不准盘踞。闲杂人等，禁止游戏。倘敢故违，立拿惩治。枷示庙门，以为儆惧。自谕之后，遵守勿替。光绪二十年三月二十八日饬刊寺门。同年五月还有县正堂陈示：城东古寺，厥名报恩。二百余年，自明迄今。柱檩椽桷，楠木修成。古色古香，宵小生心。岁在癸巳，酿讼公庭。由县而府，拖累非轻。府宪仁慈，明察如神。大局既全，示后谆谆。朝贺重地，理宜肃钦。防微杜渐，不准容情。违者枷示，言出法行。并谕勒石，一体凛遵。光绪二十一年五月初一日饬刊寺门勿损主持昌顺。这两个公示都刻碑，现存于报恩寺内。
③ 卜正民：《为权力祈祷：佛教与晚明中国士绅社会的形成》，20页。

州土司是汉人出身，为儒学所化，土司政治的内核仍然是官僚政治。因此，龙州土司的子弟通过科举进入官僚体系，更通过子孙的婚姻，缔结更广泛的权力网络，使其在朝中能够与身居高位的文官得以交际，从而超出了土司的权力空间。报恩寺的修建过程，正是土司与帝国之间各种关系的体现，地处偏远的土司能够机缘巧合得到皇帝的准许，在边地修建寺庙，又能借朝贡的机会与朝中大臣们交际，取得朝中大臣为寺院碑铭作序写诗，还能团结当地的士大夫集团进行捐赠，这样广泛的交际，远远超出了一地土司应有的权力范畴。因此，恰恰正是龙州土司能安守土司制度、行土司之外的事业，使其获得超越地域性的权力空间，这与帝国对土司的设想——安守一隅，控制其与外部空间的联系从而实现对当地的软性统治——背道而驰，使得土司要在龙州修建寺庙，成为15世纪龙州的一件大事，土司与帝国之间的权力空间博弈一直延续到20世纪60年代，在新的时期被改头换面成土司造反，并通过政治宣传传播至平武各地。

  如今，那段纷争已烟消云散，唯有敕修大报恩寺，仍然坐落在平武城的东边，以其恢宏的建制，和早已变得与中国大多数内地县城一样的平武城共存——这是漫长的土司政治时代留给平武的唯一印记。

超越的幸运,抑或悲哀

对一个地方人物之死的历史人类学研究*

刘　琪

2008年夏，我来到了滇、川、藏三地边境的一个小镇——德钦，从事民国政治史的调查。翻开历史的篇章，让我没有想到的是，这样一个偏远的弹丸之地，在历史上却充斥着各种兵家争斗。时至今日，年代久远的那些争斗已经鲜有痕迹，然而，对于民国期间的混乱，人们仍旧记忆犹新。在田野调查的过程中，每当我问起解放前的德钦历史，当地老人的第一句话毫无例外都是："乱得很"，"天天都在打"，似乎这些打斗，成为了他们对于那段历史唯一深刻的记忆。打架必然会流血，会有人胜利，也会有人死亡，而其中有一个人的死，是当地人最热衷于讲起的事件，这个人，被称为"海司令"。

不得不承认，在第一次听到这个头衔的时候，老人的讲述便引发了我浓厚的兴趣：在这么一个小地方，怎么会有一个"司令"？他是怎么死的？为什么会死？后来，当我逐渐通过档案与口述史接近这位"海司令"的时候，我越来越发现，他的一生充满了传奇。海司令，原名海正涛，藏名恭布泽仁，生于1905年，死于1946年。他出生在德钦的回民家庭，年少时曾外出闯荡，跟国民党与共产党的一些官员都有过接触往来，后来，又回到德钦，一方面挂着国民党的头衔维持地方秩序，另一方面又秘密地干着自己的（与共产党有关的）事业。第一炮还没打响，就被莫名其妙地打死在家中，死后，又带来了一连串的故事。对于德钦人而言，海司令显然是一位地方的"大人物"，而这种"大人物"之死，无论是对于当时的历史，还是我们今天对于历史的回顾与思考，都可以起到重大的作用。

---

* 本文在我博士论文的基础上修改而成，参见刘琪：《命以载史——20世纪前期德钦政治的历史民族志》，北京：世界图书出版公司，2011。内容与该书第四章有部分重复。

传统人类学对死亡(death)的研究,往往并不是将死亡作为一个历史事件,分析前因后果本身,而是关注死亡对个人心理或社会群体造成的消极影响,以及社会如何通过各种方式消除这种影响,恢复正常的社会秩序。[1]这种思路,并不是我在这里所要关注的。美国的结构主义人类学大师萨林斯在《历史之岛》[2]与《向修昔底德致歉》[3]两本著作中,从结构与个体的关系出发,详尽讨论了两起死亡事件的前因后果,为我理解海正涛之死提供了极大的启发。在接下来的行文中,我将首先介绍德钦的社区背景,之后描述海正涛的生平事迹,并着重讨论围绕着海正涛之死发生的故事。我将借用萨林斯的理论对海正涛的死进行理解,但我也将指出,萨林斯仍旧将个体的生与死局限在结构的框架之中,这种理解具有一定的局限性。在某些时候,正是对结构的超越,才使个体成为与众不同的人物,也造就了或幸运或不幸的命运。

一、社区背景:民国时期的德钦

德钦,位于云南省西北部横断山脉地段,青藏高原南缘,西南与维西县、贡山县接壤,西北部与西藏的芒康、左贡、察隅县接壤,东、南与四川的巴塘、得荣县及云南省的中甸县隔金沙江相望。德钦西汉为越嶲郡姑复地,蜀汉属云南郡姑复地;7世纪,吐蕃崛起之后,将德钦纳入版图之中,直至9世纪中叶王朝崩溃时止。在此后的很长一段时间,德钦一直处于无人管辖的状态。明清时期,显赫一时的丽江木氏土司曾与蒙古的和硕特部落在中甸、维西、德钦等地展开过长期的拉锯战,并最终以和硕特部落的胜利与五世达赖的胜

---

[1] 如赫尔兹(Robert Hertz),《一项关于死亡的集体表象的研究》,见罗伯特·赫尔兹:《死亡与右手》,吴凤玲译,上海:世纪出版集团上海人民出版社,2011; Maurice Bloch and Jonathan Parry, *Death and the Regeneration of Life*, Cambridge University Press, 1982.
[2] 萨林斯:《历史之岛》,蓝达居等译,刘永华、赵丙祥校,上海:上海人民出版社,2003。
[3] Mashall Sahlins, *Apologies to Thucydides: Understanding History as Culture and Vice Versa*, Chicago: The University of Chicago Press, 2004.

利告终。1719年，在平定准噶尔叛乱的过程中，副将岳钟琪路过巴塘，招抚了原巴塘"第巴"，封为土司，管辖巴塘、得荣、盐井、中甸、阿墩子等地。1725年，德钦被划归云南，隶属维西厅管辖。虽然此时德钦在名义上已经有了设治，但由于地处偏远，中央政府无法对其进行有效的管辖，地方秩序仍旧依靠传统制度加以维持。德钦的传统制度，可以用"三大土司，三大寺庙"来加以概括，每家土司与寺庙均有其划定的势力范围，在这个范围内收取租税，管辖人民。1802年，德钦最大的土司禾家（家名绕仁）由于奉调平乱有功，被赏戴蓝翎，封为世袭土千总；同年，另外一家土司桑家（家名康贡巴）被封。1861年，另一家土司吉家（家名羊贡巴）也由云南总督府授予五品顶戴。①

1905年，巴塘教案爆发，川滇边区陷入混乱。1906年，为了管理川滇边务，清廷设川滇边务大臣，由赵尔丰担任。同年，在德钦设阿墩子弹压委员。几年内，赵尔丰推行了一系列"经边"措施，但基本局限于四川与西藏芒康县境内，没有涉及云南藏区。②很快，清政府垮台，国民政府成立，设立"川边特别行政区"，撤裁原有府、厅、州，一律改为县。③1915年，设阿墩子行政委员，德钦境内首次出现了由中央委任的流官。1932年，改设阿墩子设治局（县级）。1935年，改名为德钦设治局。无论是行政委员还是设治局长，均为三年一任。然而，由于民国期间德钦的地方局势颇为动荡，国民党委派的官员经常不满任期就被迫"下课"回家。当时的地方国民政府，除了偶尔充当衙门给老百姓断案以外，没有起到太多的实际管理效果。

与混乱的政治局势形成对比的，是德钦繁荣的贸易与经济。由于地处茶马古道由滇入藏的最后一道关口，德钦自古以来一直是贸易兴盛之地。民国期间的一则史料记载："滇茶为藏所好，以积沿成习，故每年于冬春两季，藏族古宗商人，跋涉河山，露宿旷野，为滇茶不远万里而来……概

---

① 云南省德钦县志编纂委员会：《德钦县志》，昆明：云南民族出版社，1997
② 芒康县地方志编纂委员会：《芒康县志》，成都：巴蜀书社，2008；任乃强：《西康图经》，拉萨：西藏古籍出版社，2002；参见徐君："清朝末年川藏边路之'新政'"，载《西藏研究》2007年第2期。
③ 王川："近代民族关系史上的西康建省及其历史意义"，载《西藏大学学报》，2008年第1期。

藏人之于茶也，非如内地之为一种嗜品而成为逸兴物，而为日常生活上所必需，大有'一日无茶则滞……三日无茶则病'之概。自拉萨而阿墩子（今云南德钦），以至滇西北转思茅，越重山，过万水，历数月络绎不断于途中者，即此故也。"①除了茶叶以外，当时运往西藏的物品还有红糖、干酒等。而从西藏运下来的物品中，盐巴为大宗，此外，还有从印度运来的布匹、虎皮、猞猁皮、枪支等奢侈品。根据当地老人的回忆，民国期间，升平镇被称为"小香港"、"小上海"，只要有钱，"什么都能买到"。刘曼卿在20世纪30年代路过德钦的时候，也曾经感叹德钦市面上货物的丰富："各商店中商品，以及沿街摊卖者，除滇产茶糖、布匹、铜铁器、杂物外，余多洋货。如洋火、纸烟、样蜡、洋钉头、洋瓷器、洋袜、毛巾、手电、胰皂等……无一非外人生产过剩之品。且价格奇昂，劣等纸烟一小盒，售价半元，问之令人咋舌。"②

  聪明的德钦人，利用天时地利，谋求自家的生财之道。茶马古道上的货物完全靠马帮运输，这些从外地而来的马帮到了德钦之后，既需要休息，又需要从事货物交易，由此，一项职业应运而生——"经纪人"。根据当地老人的回忆，当时德钦有好几家比较大的马店，为马帮提供水、柴、灯等补给物，并帮助客人完成生意。在交易的过程中，马店主人可以从交易金额中抽取一定的"牙用"，这成为了当地人非常可观的一笔收入。③此外，由于藏区八大神山之一的卡瓦格博（今梅里雪山）位于德钦境内，每年农闲季节，前来朝圣转山的人们络绎不绝，也为当地带来了繁荣的景象。曾担任国民党党部书记的黄举安写道："此雪山名震康藏，为西藏八大山神④之一。每到冬季，康藏善男信女来朝雪山者极多。藏俗不朝雪山者，死后无人抬埋。此时德钦商

---

① 谭方之，"滇茶藏销"，载《边政公论》第3卷第21期，1943。
② 刘曼卿：《国民政府女密使赴藏纪实——原名〈康藏轺征〉》，148页，北京：民族出版社，1998。
③ 同上。
④ "八大山神"，应为"八大神山"之误。在当地，对神山和山神有着明确的区分，神山指山本身，山神则指居住于神山之上的神灵。——笔者注

业因而繁盛。故当地人云'作十冬腊三个月的生意，其利润可以维持一家一年生活'。朝山人之多，生意之繁盛可以想见。每属'羊'年，即隔十二年一次，康藏人来此朝山者尤数十百倍于平时。"①

需要指出的是，这里所提到的德钦，并不包括今德钦县全境，而仅仅是指德钦县治的所在地——升平镇。升平镇位于县境中部，其中心区域被当地人称为"街子"，海拔约为3400米。根据《德钦县志》的记载，由于气候寒冷，升平镇的居民几乎无法从事农业生产，收入主要来自商业及手工业。民国期间，在"街子"上常住的居民不到1000人②，其中，藏民、回民与汉民占了绝大多数。德钦的回民，主要来自于清雍正年间前来开采马鹿厂银矿的人群③，还有一部分是杜文秀起义之后的逃亡者，在咸丰年间来到德钦定居。根据当地人的回忆，最初，回民与藏民之间的关系并不十分友好，还曾经爆发过战争。在输掉战争之后，回民开始寻求一些文化上的兼容，其中以通婚最为普遍。在德钦，回民与藏民之间的通婚极为常见，而当地人也形成了一个不成文的规矩，即嫁方（无论是女还是男）随从娶方改变自己的信仰与风俗习惯。回民没有单独的居住区域，在一年一度的重要节日，回民会在清真寺中举行庆祝活动，除此之外，回民与其他人一样，做生意赚钱，闲暇时间则烤烤太阳④、打打麻将。升平镇，就像接纳来自四面八方的其他人一样，用包容性的胸怀接纳了他们。由于地理环境的限制，德钦往外走的人并不多，大多数德钦人都乐于守着自己的土地，面对源源不断的物品与人流，赚点养家糊口的钱，过点平静安逸的小日子，祈盼不要被土司间的争斗或土匪的突然袭击所波及。如果这种生活也是海正涛的"人生追求"，那么，接下来的故事便不会发生。

---

① "太子雪山"（或"雪山太子"）为民国时期普遍流传的汉人对卡瓦格博的称呼。据当地人介绍，这个称呼来源于清末任阿墩子弹压委员的夏瑚，但我没有找到相关史料证明。
② 根据一份民国37年的档案，当时升平镇总户数为290户，总人口为890人。迪庆州档案馆档案，案卷号34-205-2。
③ 黄举安："云南德钦设治局社会调查报告"，载云南省德钦县志编纂委员会编：《德钦县志》，360～380页，昆明：云南民族出版社，1997。
④ 升平镇地处高原，紫外线强烈，阳光非常毒辣，因此，当地人不说"晒太阳"，而说"烤太阳"。每天下午，各家各户的老年人都会坐在自家门外，或者聚居在县城的中心区域，烤太阳，顺带闲聊。

然而，他却恰恰是不同寻常之人。

二、海正涛的一生：外出[①]

海正涛，字平波，藏名恭布泽仁。与其他德钦的回民家族一样，海正涛幼年的时候，学习的语言、穿戴的服饰都是藏族的；同时，也要去清真寺里做礼拜，过一些重要的伊斯兰节日。根据当地老人的回忆，海正涛曾经在当时的升平镇小学上过学。事实上，早在民国四年，德钦就曾经设立过劝学员，此后，陆续有学校开办，但"读者甚少"。[②]为什么都不愿意去上学？当地人的解释是，觉得读书毫无用处，更有人告诉我，当时有一种传言，说等到汉语学会了，就要去当兵，于是，更加没人愿意送孩子去上学。根据一位老人回忆，民国初年去上学的孩子，不仅不需要交学费，学生还要"开工资"。即使待遇如此优厚，学生仍旧为数寥寥。

在升平镇，情况略为复杂。升平镇的居民大多来自外地，思想比周围农村更加开放，也更加容易接受来自"汉地"的新事物。根据当地老人回忆，除了"纯粹的藏族"[③]，其他居民对学校并没有强烈抵制。海正涛的家族身为回民，并没有藏族的保守观念，愿意让海正涛接受教育。20世纪20年代的小学，设施与师资都还非常简陋，也没有正规的毕业证，然而，无论如何，

---

① 关于海正涛的生平事迹，本文在写作过程中，参考了三篇当地学者的文章。三篇文章分别为："藏区革命先驱海正涛"，载中共迪庆州党史研究室编：《迪庆州爱国主义教育读本》，云南民族出版社，2005。据笔者询问，该文由张子英所写；阿图、洛桑永平："海正涛烈士传略"，第二次全国《回族简史》座谈会论文资料，蒙李忠义老师（即洛桑永平）慷慨赐稿，作者中的阿图，即为海正涛的二女婿，也是李忠义老师的叔叔；杨增适，"涛声"，载《香格里拉》2007年第1期。三篇文章写作的先后顺序如上所述，其中内容有不少重复之处。三篇文章均不是严格意义上的学术著作，而是带有文学色彩的纪实类作品。下文在引用的时候，分别称为"张文"、"李文"与"杨文"。
② 迪庆州档案馆档案，案卷号34-205-93。
③ 所谓"纯粹的藏族"，指的是在升平镇设街立市之前就定居在这里的藏族。这样的人家为数很少，大概只有4、5家。在升平镇繁荣起来之后，他们也开始与其他人群通婚，不再拥有"纯粹"的血统，但仍然保留一些传统风俗与观念。

学校的教育,使海正涛接受了外来的、新鲜的思想。根据当地人的回忆,当时小学的老师都来自内地,会给学生讲很多内地的事情,因此,读完书之后,很多学生就很想出去。海正涛,正是"走出去"的学生之一。

海正涛共有兄弟姐妹五人,海正涛为长子,下有两个弟弟和两个妹妹。成年之后,海正涛娶了升平镇同为回民的蒋家女儿为妻。蒋家,在当时也是比较大的家族,政治上也有一定的影响,两个回民大家族的联姻,对于双方无疑都是一件好事。很快,海正涛有了两个女儿,大女儿海阿姆[①],二女儿海桂英(藏名阿茸)。在有了家室之后,海正涛本可以安守本分,一方面照顾妻儿,一方面谋求家族事业的发展。然而,他却没有走这条路。

1927年,国民党设立蒙藏委员会,着力拉拢蒙藏上层人士。1931年,曾任蒙藏委员会委员的格桑泽仁来到中甸,召集滇康边区会议,一方面为了解决历史遗留矛盾,推动滇康地区的地方建设,另一方面,也设法物色可用之人,为国民党培养边疆地带的军事人才。当时,在德钦,有十几个人受到格桑泽仁的推荐,前往大理参加"大理干训团"。所谓"大理干训团",是当时的云南省省长龙云整顿滇军的组成部分,目的在于训练少数民族军官,储备未来的军事力量。根据当地老人的回忆,当时格桑泽仁推荐的十多个人听说可以当军官,就高高兴兴翻过雪山去了大理。结果到了那边,发现训练非常苦,天不亮就要起来稍息立正,稍有不对,教官就要用鞭子抽。很快,那些人都受不了,不到一个月都跑掉了,只有海正涛坚持了下来。一位当地老人讲到,跟海正涛一起去学的人里面,有个人坚持不下来,跑回德钦,在那里卖豆腐。人家看见,就都笑他,说你学了半天白学了,只能卖豆腐。

当海正涛跟着这些人一起出去的时候,与他们一样,他或许也并没有想过前方等待他的会是什么。然而,三个月的训练,他却一个人挺了过来。由于学习优秀,海正涛被选派到了云南陆军讲武堂。如果说,大理干训团还只

[①] 今天,德钦的老人都能准确说出海正涛二女儿的汉名,但却不记得他大女儿的汉名。对这件事,老人们的解释是,他的二女儿上过学,所以有汉名,大女儿则没有汉名。从"海阿姆"这个名字来看,"海"为姓,"阿姆"为藏名,也是藏回结合的产物。

是初级的军事学校,那么,赫赫有名的陆军讲武堂,则足以让人引以为傲。云南陆军讲武堂,成立于 1909 年,曾先后举办 19 期,每期学习时间一年半至两年半,分步、骑、炮、工四个兵科,步兵占学生总数的 80%。陆军讲武堂曾先后培养了近 4000 余名军事人才,其中,朱德、叶剑英等都是此后叱咤风云的人物。①陆军讲武堂第 19 期,本为唐继麟时期招生,后因内战暂停,龙云接管后,重新举办至该期学生毕业。②海正涛参加的,正是这一期的学习。在今天的德钦街子上,仍然流传着一些关于当时的训练如何艰苦的故事。例如,一位老人讲到,在讲武堂的时候,饭里面要故意撒上沙子,如果吃得慢了,就要把沙子吃进去。只能把汤倒在上面,赶紧刨着吃完,然后偷偷把沙子倒掉。据说,讲武堂的训练完全是按照作战的方式,甚至常常赤脚爬山,因为打仗的时候可能连鞋子都没有时间穿。在远离家乡的地方,海正涛能够独自撑过强度如此之大的训练,直到今天,仍旧让当地人佩服不已。根据当地老人回忆,海正涛从陆军讲武堂毕业的时候,学校颁给他了一把短剑,名为"中正剑",作为毕业留念。③

对于当时的德钦人而言,"走出去",无疑需要极大的勇气,尤其是走到他们熟知的世界之外,走到某个未知的地方。从古时到民国,德钦惯于迎接远道而来的人们,将"外人"吸纳到"内部体系"之中,却很少出现"从内到外"的人物。清末民初,随着国家的进入,德钦人逐渐意识到,山的那边并不一定还是山,山的尽头,还有一片广阔的世界。当很多人还在头脑中想象这片世界的时候,海正涛已经勇敢地走了出去,亲身经历了旁人难以想象的挑战与历练。在我的访谈过程中,曾有数位老人告诉我,海正涛"不是一般的人",放弃家业,扔下妻儿,孤身一人在外闯荡,正是"不是一般"的体现之一。在这个动荡的年代,机会对于每个人而言都是均等的,然而,能否把握来之不易的机会,决定了每个人不同的人生走向。回到德钦"卖豆腐"

---

① 参见素庵、适生:"云南陆军讲武堂的概况",载《云南贵州辛亥革命资料》,北京:科学出版社,1959;吴达德:"论云南陆军讲武堂",载《四川理工学院学报》,2004 年第 1 期。
② 谢本书:《民国劲旅滇军风云》,昆明:云南人民出版社,2004。
③ 一位老人告诉我,他小的时候曾经见到过这把剑,但现在下落不明。

的那些人，只能炫耀他们在外面学来的那一点点新鲜玩意，只能作为茶余饭后打趣的聊资；然而，海正涛学到的，却是真刀真枪的本事。从陆军讲武堂毕业之后，海正涛的漂泊生涯还没有结束，很快，他又闯出了一片新的天地。

1935年，海正涛来到了四川巴塘一带。这段时间，恰逢红军长征路过巴塘，在各种机缘巧合之下，海正涛投靠了红军，并在波巴（又称博巴，意为藏族人民）人民共和国中担任了自卫军司令，并认识了在藏区近代史中赫赫有名的人物——邦达多吉。邦达多吉，1906年出生于芒康县邦达乡，与海正涛大致同岁。邦达多吉所属的邦达家族，是西藏近代史上有名的大家族之一。邦达多吉之父邦达列江一直经商，并以"邦达昌"为名，在印度、拉萨、康定等地设有商号。1904年，英军进攻西藏，十三世达赖喇嘛出逃蒙古，后辗转到达俄国、印度等地。在印度的时候，达赖喇嘛曾受到邦达列江的供养。1913年，达赖回到西藏之后，为了感谢邦达家族，封邦达列江为"商上"（商务官），为达赖私人与西藏地方政府经营商业，成为利润极为丰厚的西藏羊毛贸易的唯一代理人。1933年10月30日，十三世达赖喇嘛圆寂，在此后发生的权力斗争中，邦达多吉受到了牵连，转逃巴塘等地，后转投共产党，担任波巴中央政府的财政部长。① 1936年7月，红军继续北上，波巴政府解散，海正涛又跟随邦达多吉四处辗转，在后者的藏族骑兵大队中担任副官，俗称"海副官"。

此外，值得一提的是，根据李文的记载，在这段时间，海正涛曾经见过朱德总司令。李文中写道：

> 当时，海正涛还曾一度和云南陆军讲武堂毕业的前辈、敬爱的朱德总司令住在一起。朱总司令曾亲切地教诲海正涛，对他讲解了中国共产党的性质、任务，红军的历史使命，讲解了党的民族政策及博巴政府纲

---

① 中共四川省甘孜藏族自治州委组织部、中共四川省甘孜藏族自治州党史工作委员会、四川省甘孜藏族自治州档案局：《中国共产党四川省甘孜藏族自治州组织史资料：四川省甘孜藏族自治州政军统群系统组织史资料》，成都：四川人民出版社，1991。关于邦达多吉的介绍，参见芒康县地方志编纂委员会编：《芒康县志》。

领,红军北上抗日及国内外形势,并赠送给他许多革命书刊,鼓励他为中华民族的解放事业而奋斗终身。博巴政府时期的斗争实践、朱总司令的谆谆教导、革命浪潮的影响,使海正涛逐步树立起了一个坚定的信念:中国共产党领导下的中国革命一定会取得胜利!

这段略微带有意识形态的话,其实不无深意。海正涛在巴塘期间,应该见过朱德,但是否真的曾与朱德"住在一起",是值得怀疑的。在《历史三调:作为事件、经历和神话的义和团》中,柯文曾经区分了三种历史叙述方式,即事件、经历与神话。柯文指出,历史学家在写作历史的时候,都是在知道此后事态发展的情况下,这会让他们的叙述中带有神话的成分。[①]在这段关于海正涛的叙述中,即可以看到某种"神话"的色彩。对于德钦人而言,海正涛外出的这几年,充满了神秘色彩,连他的家人,都不清楚他到底去了哪里。根据一位老人的回忆,当时,德钦议论纷纷,人们都不知道他是活着还是死了。在某种意义上,这种神秘,恰好为神话的塑造提供了丰富的素材。前文已经提到,对于当时的德钦人而言,"内地",意味着一个充满了机遇,同时也充满了危险的地方。在那段时间,大多数人宁愿待在习以为常的世界中,守着自己的家业,只有很少一部分人有勇气出去闯,在这部分人里面,真正闯出了一片天地的,更是为数寥寥。海正涛,正是其中的佼佼者。海正涛与朱德的接触,就像他在陆军讲武堂的生活一般,成为了德钦人家常饭后的谈资。在聊天的过程中,故事被不断地渲染。讲述是否真实,已不再重要,重要的是,海正涛已经成为了一个符号,一种神话,成为了那个年代(包括今天)的德钦人对外部世界想象的载体。

---

① 柯文:《历史三调:作为事件、经历和神话的义和团》,杜继东译,南京:江苏人民出版社,2000。

三、海正涛的一生：回归

1937年底，海正涛回到了德钦。很快，又奉命前往中甸协助驻防；再回到德钦，大致应该在1938～1939年间。这个时候的德钦，与海正涛离开的时候相比，地方格局已经发生了重大变化。此前，德钦的地方势力几乎由当地最大的禾氏土司一手把持，虽然几家土司之间进行着时断时续的械斗，国民政府也试图从中分一杯羹，却没有人可以动摇禾氏土司的地位。1938年末，禾氏土司被国民政府阴谋杀死，此后，德钦出现了群龙无首的局面，地方势力之间开始重组，各自寻求各自新的靠山。

对于立足未稳的海正涛而言，这样的局势，无疑是很好的机会。前文已经提到，在海正涛离开的这段时间，德钦甚至传出他已经死了的谣言。然而，这个被认为死了的人不但回来了，还带回来了很多外面的见闻，以及一个"海副官"的头衔。从时间推算，当时，海正涛大概三十出头，正是可以做一番事业的时候，各位"地头蛇"们，自然乐意结交这位新朋友。在国民政府眼里，海正涛是一位可用之才，与德钦那些"蛮民"不同，他既见过世面，又接受过正规军事训练，如果可以拉拢，肯定能够发挥不小的作用。1941年，在一次地方纠纷的调解中，海正涛小试牛刀，但由于重重关系的障碍，并没有起到决定性的作用。真正让海正涛登上地方舞台的，是两年后一纸薄薄的委任令。委任令全文如下①：

> 第十一集团军总司令部　命令　民国三十二年四月
> 自　大理
> 兹委海正涛为德钦独立自卫支队司令，王文选为该支队副司令，仰即遵照编组，并将成立日期与部队驻地及战斗实力分别列表造册，一并具报为要。
> 右令

---

① 德钦县档案局档案，案卷号22-28-3，标点为笔者自加。

德钦独立自卫支队王支队副司令文选
总司令　宋希濂
副总司令　黄杰

1942年前后，正值日军入侵滇西、国民军队全面抵抗的时期。1941年11月，宋希濂任第十一集团军总司令兼防守司令，随后，率领部队开进滇西。1942年5月，宋希濂在大理成立"滇西战时工作干部训练团"，收容部分因战争四处流亡的滇西青年，组织政治与军事训练。次年，又成立"滇康缅边境特别游击区总指挥部"，旨在发动地方群众进行游击抗战。[①]"德钦独立自卫支队"与"海司令"，即在这样的背景下诞生。事实上，所谓"独立自卫支队"，只是换汤不换药，成员是此前德钦义务团的那拨人。义务团，成立于20年代，是非正式的地方武装组织，由王文选控制。既然是王文选手下的人马，为什么会委任海正涛当司令？关于这个问题，有两种说法：根据杨文的记载与杨增适老师的回忆，之所以委任海正涛，是因为宋希濂知道他在陆军讲武堂读过书，也知道他在骑兵大队当过副官，有一定的军事才干；根据王家后人的回忆，当时本来可以委任王文选，但王文选与海正涛有亲戚关系，后者是前者的表兄，又有文化，王文选就把司令"让给他了"。从后面发生的事情来看，前一说法显然更接近事实。笔者曾经访谈过海正涛随从的后人恩主[②]，根据他的回忆，他父亲曾经跟随海正涛一起去过大理，当时，正逢日本飞机轰炸，警报响个不停，人们都不敢住在家里。按照时间推断，海正涛这次去大理的时候，有可能见过宋希濂或是他的部下，给后者留下过印象，因此，顺理成章地获得了"司令"的头衔。

成立独立自卫支队以后，海正涛首先做的一件事，是接管了德钦的盐税事务。当时，德钦的盐税实行包商制度；然而，又有哪一个包商，能够比掌

[①] 宋希濂：《鹰犬将军：宋希濂自述》，北京：中国文史出版社，1986；参见齐赤军、梁茂林："滇缅会战中的黔籍军人"，载《贵阳文史》2008年第1期。
[②] 这位海正涛的随从叫李善厚，藏名伍久。名为"随从"，其实也是海正涛的亲戚，即海正涛妹妹的丈夫。在德钦期间，我对他的儿子恩主进行了访谈。根据恩主的回忆，他父亲是"相当老实的一个人"，或许是因为看中了他的老实，海正涛无论去哪里，都喜欢带着他，让他当马夫。

握地方武装的海正涛拥有更好的监督和控制能力？接管盐税之后，海正涛只需每年向设治局上交特定的数额，剩下的便归自己。这是一笔不小的收入，很快，海正涛便积累起了自己的财富；这些财富，为他购买武器、扩充更多的人马提供了经济基础。

海正涛的"封官"，在德钦引起了不小的震动。在此前，虽然海正涛已经崭露出与众不同的才华，但除了似懂非懂的称谓，并没有什么实权。然而，这一次，他不仅获得了"海司令"的头衔，还获得了武器①，以及调动德钦兵丁的权力。有趣的是，当我问起海正涛在担任司令的几年间做了什么，当地人通常会陷入尴尬的思考，想了半天之后，告诉我的答案几乎一致——"没有做什么事情"。另一方面，虽然"没有做什么事情"，但他们又会带着崇敬的语气告诉我，海司令"很威风"。我曾经见过一张海正涛的照片，容貌比较清秀，个子不高，比较瘦，单从相貌和身材上，看不出来有什么"威风"之处。为什么当地人会觉得他很威风？为什么人们在谈起他的时候，都带着敬仰的神情？先来看几段叙述：

> 老人A：海司令早上出来的时候，毛呢大衣披起，狼犬领起，威风凛凛的，出去半天的路程还带着警卫员，佩起长枪短枪。老百姓都怕他，连三岁小娃娃都怕，都要让，见着海司令话都不敢讲。②

> 老人B：海司令很高，干瘦，很有威风，没有警惕。有时候，我在镇长蒋茂春家，给他和他的老婆倒酥油茶，海司令突然就来了，也没有提前说。随便讲讲白话（当地方言，指随意聊天——笔者注）就又走了，没有警惕。身上不说枪，连把刀子都不带，就领起一条狼狗，手上套一个手电筒。表面上好，其实心里面，国民党那些人和王副司令都恨他。③

---

① 根据杨文的记载，海正涛被委任的时候，宋希濂为独立支队提供了一批武器弹药，包括马克沁重机枪1挺、捷克式轻机枪5挺、步枪53支、美造79步枪弹14000发。这个数目可能有夸大之嫌，从后来发生的事情来看，很难相信海正涛手里拥有这么强大的武器装备。
② 访谈LHW，2008年11月1日，家中。
③ 访谈YJF，2008年11月15日，德钦礼堂广场石凳上。

海桂莲[①]：他（指海司令——笔者注）以前经常去徐家看她外公。他路过街子上的时候，那些老奶奶在家门口坐起，看见他都要站起来，他让她们不要站，她们非要站。后来，他就说，去他家不能在白天去了，要晚上去，等那些老奶奶回去了再去。他早上出去转一圈回来，然后就自己在楼上，搞什么晓不得，可能在看书。

从这几段带有传奇色彩的叙述中，可以看到海正涛与众不同之处：第一，他的穿着打扮与普通老百姓不同，出门的时候也很讲排场；第二，他与"官方人士"有着良好的私交；第三，他做事带着几分神秘色彩，甚至连他的家人都不清楚他到底在做什么。如果把王文选和海正涛对比，后者的特点会表现得更为明显。例如，根据当地老人的回忆，王文选个子不高，身材很胖，一般都穿藏装；而海正涛则从来不穿藏装，一般穿着国民党的军官服，天气冷的时候，就在外面披一件长袍；老百姓见到王文选，会亲切地打招呼"哥哥，去哪里"，而见到海正涛，则是恭恭敬敬的，甚至"娃娃那些一听见他来，就跑去躲起"；王文选每天早上都会在自己家里的屋顶上烧香念经，声音很洪亮，隔壁邻居都能听见，而海正涛从来不烧香，早上很早起床，就骑马到山上去晃一圈，然后才回来吃早饭。问起这种区别出现的原因，当地人通常用海正涛"出去读过书"、"文化程度高"来解释。换句话说，虽然名义上海王二人的官职只是正副之分，并没有很大的差别，但在当时，王文选仍旧属于"自己人"的范畴，海正涛身上则带着外来的"官气"，让人既敬又怕。根据一位老人的回忆，海正涛担任自卫支队司令以后，每天早上，都组织手下那些兵出操。德钦没有什么大的地盘，他们就在街上"跑上去跑下来"，海正涛自己却骑着马独自上山，不跟他们一起跑。这些跑来跑去的兵，给当地人留下了深刻的印象，也再一次让他们相信，海正涛是"与众不同"之人。

回到德钦并被任命为"司令"，使海正涛有了足够的基础做自己想做的事情。然而，好景不长，1945 年，由于云南政局的变动，德钦独立自卫

[①] 海桂莲：海正熙之女，1936 年出生。访谈海桂莲，2009 年 1 月 16 日，昆明家中。

支队奉命裁撤。此后，海正涛便成为了名副其实的"空头司令"，只能赋闲在家。像海正涛这样的人物，又怎能闲得住？一次偶然的机会，让他开始了新的行动。

1946年初，海正涛与平措汪杰（汉名闵自成）取得了联系。与邦达多吉一样，平措汪杰在藏族历史上也是一位赫赫有名的人物。1922年，平措汪杰（下文简称平汪）出生于巴塘县，成年后，入国民党中央政治学校附设的蒙藏学校学习。1937~1942年间，平汪先后与几位同学成立了"藏族共产主义革命小组"、"星火社"、"高原共产主义运动小组"。1945年，在前往重庆与中共接洽的路上，平汪经一位朋友的推荐，路过德钦，见到了海正涛。关于这次会面，平汪写道：

> 向南到德钦的旅途走的是大路，并不艰险。当我终于到达德钦，面对面见到恭布泽仁的时候，我没有失望。恭布泽仁关于藏民族主义与建立现代化藏区（Tibet）①的想法和我很像。我们立即达成了共识。他大概有40岁。他并没有受过很高的教育，但是他可以写藏文和汉文。我们聊天，我告诉他很多关于我自己的事，包括我对共产主义理想和目标的献身承诺。我强调，康巴藏人需要将他们之间的差异放在一边，团结起来，将国民党军队驱赶出去。
>
> 我们越聊，恭布泽仁和我在重要问题上的基本共识就越来越清楚。恭布泽仁赞同我提议的那种游击队行动是有必要的，并在军事上是可行的。并且，重要的是，他说他可以从他的军事弹药库中提供枪支弹药，这样，我们就能够在巴塘开始我们的行动。②

---

① 在英文中，"Tibet"通常指的是"大藏区"，包括今天的西藏自治区，以及青海、甘肃、四川和云南四省藏区在内。为了避免误会，本文将"Tibet"译为"藏区"而非"西藏"。
② Melvyn C. Goldstein, Dawei Sherap, and William R. Siebenschuh, *A Tibeten Revolutionary: The Political Life and Times of Bapa Phuntso Wangye*, Berkeley, Los Angeles and London: University of California Press, 2004, pp. 94~95.

平汪与海正涛的这次会面，为两人之后的合作打下了良好的基础。对于海正涛而言，能在德钦这样的地方遇见志同道合的朋友，也让他非常兴奋。同年10月，两人再次在德钦会面，并秘密成立了东藏自治同盟①，以团结东藏人民，驱逐军阀势力②，提高东藏地区政治、经济、军事、文化水平为宗旨，并准备发动武装起义。在同盟军总部的工作纲要中写道：

> 根据国内和国际的情况，根据东藏的实际情形，组织我们的武装力量，在目前是一种刻不容缓的急务。因此，初期发展的总部无论政治环境、经济条件及现有的实力各方面，当以德钦为中心，但为了工作上具体的展开起见，依照目前的地理情势和许多特殊环境，在总部下应分为下江、江西、江东（以金沙江划分）三个支部，视当前具体情况，应有效地进行初步工作。（着重号为笔者所加）

"以德钦为中心"，可以看出当时海正涛在东藏自治同盟中的地位。事实上，纲要并不仅仅包括军事方面的内容，还有政治、文化等方面。除了在德钦的工作，按照工作计划，还要设法联合各地的寺庙和土司头人，将"统一指挥滇西北各地保安部队"作为同盟的下一个目标。显然，东藏自治同盟"野心不小"。正如平汪所言，当这份简章写好的时候，他们都很确信，这一次，他们能够改变藏族世界。③换句话说，当时，无论是平汪还是海正涛，对前景都是非常乐观的。④然而，他们万万没有想到，东藏自治同盟成立仅一个月，海正涛就招来了杀身之祸。

---

① 后被定性为"高原共产主义运动小组"在滇西北的外围组织。见四川省巴塘县志编纂委员会编纂：《巴塘县志·续编》，北京：方志出版社，2001。
② 这里的军阀势力主要指的是刘文辉的势力。见"东藏人民自治同盟简章"。本文引用的"东藏人民自治同盟简章"以及"东藏人民自治同盟军总部工作纲要"均出自杨增适老师的慷慨赐稿，在此表示感谢。原稿均为杨增适老师从四川甘孜州乡城县档案馆抄录所得，案卷号21-20-2。
③ Melvyn C. Goldstein, Dawei Sherap, and William R. Siebenschuh, *A Tibeten Revolutionary: The Political Life and Times of Bapa Phuntso Wangye*, p. 97.
④ Ibid.

四、海正涛之死

在今天的德钦街子上，几乎每位老人都能绘声绘色地讲出海正涛被杀那天的情形。综合各位老人的讲述，我总结出了如下的版本：

1946年11月24日（阴历冬月初一），当天，海正涛没有按时回家吃午饭。3点过，他回到家中，吃过午饭以后，一只手牵着他的二女儿海桂英（是时大约15岁），一只手牵着海正熙的大女儿海桂莲（是时10岁），刚走到门口，埋伏在对面李家猪圈里的人就开了枪。打了一枪，打中了海正涛，但没有打到要害。顿时枪声四起，海桂英、海桂莲都受了伤，海桂英的两个手指头被打断了，海桂莲身上中了6枪。海正涛中弹之后，就赶紧把披风裹上，逃回家躺在床上，盖了一床丝棉被。海正涛感觉到事态不对，就让海桂英赶紧跑到钟家去报信，让住在钟家的平汪和阿旺赶紧逃跑。听说海正涛没死，当天晚上，又有七八个人跑到海家去，对着棉被打，把他打死了。据说，那床棉被上当时全是枪眼，里面的子弹头多到可以用手捧起来的程度。海正涛死前，来打的那些人说了一句："你吃国民党的饭，穿国民党的衣服，干共产党的事。"

海正涛从被枪击到死亡，前后仅半天的时间。然而，这起"突发事件"究竟为何而起？谁杀了海正涛？为什么要杀？海正涛的死，与他的"地下工作"是否有直接关系？还是有其他暗藏的理由？这些前因后果，还需要仔细梳理才能说清。

海正涛事件发生的时候，云南省财政厅第十七区财政督导员杨培基恰好在德钦办理自治财政事宜。当时，杨培基已经召集地方头面人物开了四次会议，海正涛还被推选为德钦设治局自治财政整理委员会副主任委员。然而，正在第五次会议的筹备过程中，这起刺杀事件却忽然平地而起。在1947年初杨培基写给云南省财政厅厅长的一封书信中，记载了这件事的起因及经过：

> 查海震涛（原文如此）原系德钦土著，抗战时任自卫支队司令，支队撤销，赋闲梓里，本年五月赴昆明，至十月返里，据云已奉委要职并

奉边疆事业委员会西南支会聘为专门委员，此次又经会议共推为德钦财整会副主任委员。职达德钦后，见于海氏与地方人士颇不融洽，为维护地方安全暨推行政令方便计，对于海氏提去自卫大队之枪支，曾一再会同施局长雨霖从中调解，告海氏从速发还。直至十一月二十一日喇嘛寺跳神会请求设治局派兵弹压时，海氏仍未将全部枪支发还自卫大队。德钦向系驻军之区，此时既无驻军，而设治局仅有保卫队官兵十五员名，弗能强制执行。岂料至十一月二十四日午后四时，忽闻枪声暴作，正商由设治局派人出街调查时，李升平即赶到面报称："因海氏由其友西康省巴安人刘绍禹、闵志成二人代运枪支外出，海氏被青年解决，且自闵刘二人行李中查出异党报刊多种云云。"职与施局长当即赤手空拳飞奔前往弹压制止，海氏已中弹殒命，旋又据报称："海氏私运枪驮在钟兆祯家，请往勘验。"职与施局长暨党部主任李克昌，遂随同李升平前往钟姓家查看，见有一木箱，内藏步枪十一支，机件不全，枪身木壳已锯断，铁筒二三支扎为一束，另有茶叶九驮，经验明后，立即交由自卫大队妥为保存，事乃得暂缓，未遭扩大。回即商由设治局于二十五日召开紧急会议，饬自卫大队负责维持治安，同时推出慰问组向海氏家属慰问并查验登记海氏中伤情形。又其家属被流弹轰伤者计海氏女二人，其亲属阿永，传事巴底等四人，一面饬地方立即据实呈报诸峰核示，职以责在整理自治级财政，不在清理地方枪弹，混乱时间，尚被地方责斥再四，均弗敢强词，职形单影只，设治局又无武力可恃，临事不足以弹压，事后亦弗敢直言呈诉，边区情况，谅悉在诸峰洞鉴之中……①

这一封信，可以视为海正涛事件的"官方版本"，从我的访谈资料来看，与民间流传的说法相差无几。从这封信中可以看到，海正涛的罪名有两点：第一，提去了德钦独立自卫支队的枪支；第二，私通"共匪"。根据杨培基的叙述和当地老人的回忆，前一点是最主要的原因，杀死海正涛的那些人，

---

① 云南省档案馆档案，案卷号 57-2-58，标点为原文，笔者略有改动。

并没有想到会从海正涛家里搜出"异党报刊种种",不过搜出这些报刊,的确为他们的行动增添了更合法的理由。前文已经提到,德钦独立自卫支队于1945年奉命解散,枪支也上缴至政府,此后,由王文选牵头,又重新组织了地方自卫团体,征调壮丁,发放枪弹。这件事,可以视为权力的一次转换——对地方兵力的控制,又堂而皇之地回到了王文选手中。从"独立自卫支队"到"地方自卫团体",名称只是换汤不换药,但海正涛却没有了实权。因此,当海正涛与平汪等人"协商大计"之后,夺回本属于他的权力,用来做自己想做的事,便成了他想当然的计划。另一方面,从王文选的角度来看,既然独立自卫支队已经解散,海正涛的"司令"头衔也就不复存在,既然现在兵力已经都在他的手下,他又为什么要再次让给海正涛?在这个意义上,海正涛贸然行动,"由壮丁手内将枪弹个别收去",的确不算是明智的行为。海正涛成天在外奔波,很少在德钦停留,而一直在德钦街子上"混"的王文选,却占尽了地利人和。虽然没有文化,但王文选并非等闲之辈。借用传统的联姻模式,他为自己建立起了一张人际关系的网络。这个时候,即使王文选咽得下这口气,再次将权力拱手让给兄长,跟随他的那些人,恐怕也不会同意。

根据当地老人的回忆,当时,王文选手下的一个人①看到了他的不满,再加上自己的私利,就怂恿王文选,让他把海正涛杀了,自己当司令。很难猜测王文选当时的心情——他或许会有些心动,因为他的"司令"头衔已经被海正涛"抢去"过 次,即使现在海正涛暂时没有势力,但难保哪一天他会再受到上级的任命,到时候,自己又只能身居人下;然而,海正涛毕竟是他的兄长,海王两家的家族渊源,又让他不好贸然动手。最后,王文选想出了一个折中的办法,即让他手下的人动手,自己不出面,但在背后暗中支持。恰好,海正涛私收枪弹,又给了他一个绝佳的借口与机会。

海正涛死后次日,杨培基便联合施雨霖召开了一次临时紧要会议,召集了三十余位地方政界、商界与宗教界的重要人士,讨论善后方案。这次会议

---

① 根据德钦老人的回忆,这个人名叫李升平,是当时省立升平完小的校长。另外一种说法是他是国民党的特务,但我没有史料证实。

得出的结论是：海正涛之死是咎由自取，罪有应得。很快，王文选联合了上百位地方人士上书省府，呈报事情经过及缘由，施雨霖与杨培基也分别上书，均站在王文选一方为之辩护，并如愿以偿获得了卢汉的批复："案该海正涛擅收地方枪支，私运出境，因而激起事变，询属咎由自取，且为该局铲除特殊势力，该海正涛之死，拟于免议。"①面对一边倒的"舆论"以及情势的威逼，海正涛的亲弟弟海正熙也不得不在切结中写道："家兄海正涛不合，将地方自卫公枪私自没收，并暗申康匪闵志成刘绍禹，××私运出境。俟被地方查觉阻止，又不明真相，顽抗拘捕，以致负伤毙命，实属咎由自取，罪有应得。家中财物并未损失分毫，尚欠交公枪三支，弹八千发，公款敦市洋壹万元之数，此系家兄手续，现家兄已故，一时难于凑缴，请齐德钦红坡两寺管事及各乡镇专代为邀求减免尚新。俯准自此以后，自己亦痛改前非，当与地方更始合作，不敢蹈兄之覆辙及寻仇报复滋生事端。如有上项非法行动，一经发觉，甘受最严厉之处分……"②

至此，这起案件似乎告了一个段落。"咎由自取"成了所有人对海正涛的定性，就连他的亲兄弟，都不敢为他说一句话，甚至还说"不敢蹈兄之覆辙"，更不敢起报仇的念头。平心而论，在德钦街子上，海正涛的确没有多大的势力，独立自卫支队的"兄弟们"，大多也是唯王文选马首是瞻，即使有为海正涛击鼓鸣冤的想法，也没有这样的胆量。曾经无限风光的海司令，难道就这样不明不白地被人杀死了？历史，往往不会那么简单。

事情的转变，出现在邦达多吉身上。前文已经提到，在德钦街子上，海正涛并没有多少势力，然而，在外部，他却有着后盾与同盟。海正涛当年即在邦达多吉手下当过副官，与后者交情不浅；此外，这个时候，邦达多吉已经投向了共产党，对于海正涛做的事，他多少应该有所耳闻，帮海正涛报仇，成为了他义不容辞的责任。根据海家后人的回忆，海正涛被杀之后不久，邦达家便有八九个人来到德钦，前往海家慰问，并提出把海家的家属全部接到

---

① 迪庆州档案馆档案，案卷号 34-206-84，标点为原文。
② 迪庆州档案馆档案，案卷号 34-206-100，标点为笔者所加。

芒康，然后放把火烧掉德钦街子。海正涛的妈妈站出来表示反对，说不要伤及无辜，邦达多吉才没有采取行动。

虽然邦达多吉并没有做什么，但他带着一帮人来德钦，这件事本身就引起了不小的骚乱。对于海家而言，孤立无援的他们终于发现自己还有靠山，而且还是很有实力的人物；对于王文选、李升平等人而言，本来以为这件事已经了结，却没想到又横生意外，自然会有些惴惴不安；对于设治局而言，如何维持地方安定，避免事态进一步扩大，又成为了首当其冲的问题。这个时候，德钦独立连已奉命调离，德钦并没有军队驻扎，一旦起了冲突，政府几乎是手无缚鸡之力。①于是，地方官员赶紧上书省府，描述德钦已是"民心惶惶，纷向维西迁徙"，请求调派军队支援。省府很快做出批复，令驻扎在丽江的保安四总队抽选一中队"迅速驰往德钦镇慑"。②

1947年1月2日，陆军整编第9师76旅228团1营杨营长率领两排兵力来到德钦。此前，由于没有足够的实力，海正熙面对兄长的死亡和女儿的受伤，只能忍气吞声。现在，既然发现有邦达家作为后盾，又招来了一批政府军队，海正熙怎会放过大好的诉冤机会。1月14日，海正熙便向省府提交了一份"血泪诉呈"③。在这封信中，海正熙将海家存有的枪弹解释为地方自卫需要，完全没有提到海正涛私收枪支的事实，只是详细描述了海正涛被杀的经过，并第一次点出了凶手的人名。此后，海正熙又将自己此前亲笔写下的切结解释为"生杀予夺"之下的冤情，请求"包青天"杨营长为海家做主。收到了这样一封声泪俱下的控诉信，杨营长立即在德钦召开会议。当时，感觉到形势不妙的李升平、何应钦等人已经闻风远逃，会议通过决议，将王文选执行枪决。

或许是王文选命不该绝，在这个节骨眼上，杨营长却收到了调离德钦的命令。已经颁布了的命令，杨营长也不好收回，然而，如果真的按照原计划杀了王文选，等到军队一走，势必又会引起动荡。这个时候，有趣的一幕上

---

① 参见勒安旺堆主编：《迪庆藏族自治州志》，昆明：云南民族出版社，2003。
② 迪庆州档案馆档案，案卷号34-106-108。
③ 信件全文见迪庆州档案档案，案卷号34-206-110。

演了。杨营长在离开德钦之前，将王文选五花大绑抓起来游街，并准备拉赴刑场。根据当地老人的回忆，当时，所有的喇嘛都跑到街上来，还有很多老人都跪下来帮他求情，请杨营长不要杀掉他。最后，就连海正涛的妈妈都出来说，她儿子死都死掉了，王文选是她妹妹的儿子，人死既然不能复生，还是不要杀了。这样，王文选便有惊无险的躲过了一劫。

回味这次游街，其实颇有深意。在德钦的时候，曾经有好几位老人在访谈中提到，虽然海正涛的官大，但在当时的德钦街子上，王文选是更受人尊敬的，甚至有人说，海正涛如果直接下命令都没有人听，必须要通过王文选。①为什么会受尊敬？当地人给出的解释是，他成立了义务团，保卫地方有功，有一位老人甚至这样评价王文选："王副司令打过仗，是很伟大的一个人。"民国期间，德钦常常面临土匪的威胁，虽然我并没有在史料中找到关于义务团与土匪"打仗"的记载，但这支团兵的存在本身，便是对土匪的威慑；当地老人也常常跟我提起，义务团曾经赶走过土匪。平心而论，海正涛已死，军队不会常驻，德钦还需要像王文选这样的人，把他杀了的确是得不偿失。另一方面，海正涛的家属即使是有心复仇，在这样的情势下，哪里还敢提出要求？从表面上看，德钦几家有势力的家族与海正涛维持着良好的关系，但更多是出于对他的地位与权力的"巴结"，而没有良好的私人关系与联姻体系作为后盾。这种表面上的巴结，无疑是非常脆弱的。一位老人提到，当时，海正涛的妈妈曾经说过，海家以后还要在德钦生存，不想结下冤仇。这句话，点出了问题的关键。海正熙自己也写道："……将王文选绑赴法场执行枪决，但是，执行之后，杨营全部即拔队离德，未逃者蠢蠢欲动，在逃者距德匪遥。该等同党之犯概系穷凶极恶之流，一旦作乱，必定糜烂边疆。家母以边关安宁第一计，又为举家生命免除××计，故此，应请杨营长一度保释……"②这段话虽然为海正涛母亲的选择加上了堂而皇之的理由，但不难看出，真正的原因仍旧是杨营长走后海家的生

---

① 这种说法带有夸张的成分。至少从能够组织他的部下经常训练的事实来看，海正涛还是拥有一定的权力。
② 迪庆州档案馆档案，案卷号 34-206-110，标点为笔者自加。

存问题。可以设想，如果在海家的强烈要求下，杨营长真的把王文选杀了，等到他的兵撤离之后，海家必定遭受灭顶之灾。在事件各方各自的"心怀鬼胎"中，这场游街，变成了一场演给人看的闹剧。

然而，即使是闹剧，王文选仍旧受惊不小。杨营长的兵力撤走之后，由德钦寺出面，联合德钦街子上一些有头脸的人物，再次组织海正熙与王文选坐下来和谈。海正熙明白，事已至此，向王文选提出一些适当的要求，以弥补海家的"物质损失"和"精神伤害"，但不要得寸进尺，是他最好的选择。对于王文选而言，捆绑游街的那一幕还历历在目，如果他再强硬下去，保不准哪一天政府又派来一支军队，到那个时候，不知道他还能不能有上一次那么好的运气。于是，王文选也愿意退后一步，接受不太苛刻的和平条件。1947年4月17日，海王二人签立了新的和约，约定由王文选出资修建海正涛的坟墓，作为对海家的赔偿。这件事，王文选并没有马虎。根据当地老人的回忆，当时，王文选修建的海正涛之墓"非常好看"，用的都是最好的石头，前面竖了牌坊，像两块华表的样子，有两层楼那么高，中间还有灯笼状的装饰。墓碑正中是国民党的党徽，下面竖行写着"国民革命军陆军第×师①少将司令官海正涛之墓"，右边是海正涛的生平，左边刻着他所有亲戚的名字。由于牌坊很高，从很远的地方就能看见，当时甚至被称为"德钦的标杆"。或许，王文选多少对表兄及其家族带有愧疚之情，修建如此富丽堂皇的坟墓，也是让他稍微心安的补偿。这座坟墓，正式让海王二家的争斗告一段落，也让德钦再一次迎来了短暂的和平。②

海正涛的坟墓，至今仍旧存在于德钦回族墓地之中③，然而，却早已面目全非。根据当地人的回忆，建国以后，20世纪60年代搞生产运动的时候，

---

① 具体数字不详。
② 从后面发生的事情来看，海王二家直接的恩怨虽然已经化解，但很快，海正涛的死，却又被作为挑起事端的理由。限于篇幅，本文不再赘述。
③ 在德钦，藏族墓地与回族墓地是分开的。根据当地人的介绍，藏族和回族坟墓之间的区别主要在于两点：第一，藏族的坟是竖着放的，回族的坟是横着放的（相对于坟边的墙而言）；第二，藏族的棺木下面有底子，回族的棺木下面没有底子，直接挨着土地。到今天，由于德钦没有火葬场，县城里的人大多仍旧采用土葬的方式。

曾经把回族的坟地全部铲掉,用作田地。后来,又有人说海正涛是地下党,是因为共产党的工作才牺牲的,就给他立了个烈士坟,在烈士陵园的碑上刻了他的名字。到文化大革命的时候,又说他是蒋介石委任的司令,不应该给他立碑,就又把他的碑铲掉。"文革"结束之后,平汪亲自来到德钦为海正涛平反,这起历史公案才终于尘埃落定。海正涛正式被追认为烈士,由德钦县委、县人民政府出资重修坟墓,并新立了一块墓碑。现在,海正涛的坟墓仍旧位于德钦的回族坟地,只是再没有漂亮的装饰与华表,如果不仔细寻找,便会隐没在荒草之中。墓碑上,写着几个简单的大字:"海正涛烈士之墓"。古人云,"入土为安",生前曾风光一世的海正涛,死后却连安稳的坟墓都没有得到。命运多舛,由此可见一斑。

五、对海正涛"生"与"死"的理解

为了理解海正涛之死,让我们暂时先离开民国时期的德钦,看看曾经在夏威夷小岛上发生的故事[①]:

1779 年 1 月 17 日,欧洲的一个航海船队到达了一个夏威夷小岛。由于船队抵达的时间与当地的波利尼西亚神话不谋而合,库克,这支船队的船长,被波利尼西亚人当成了他们世代崇拜的罗诺神。在他们的信仰中,罗诺神掌管着自然生长与人类繁衍,每年会来到岛上一次,并沿着太阳起落的方向巡游全岛。当库克恰好在罗诺神应当出现的时间,在罗诺神通常开始并结束巡游的地方出现时,岛民们立刻用隆重的礼仪和丰盛的祭物迎接他的到来。他被用嚼烂的椰肉涂抹,祭司给他喂食,祭司的助手们则吟唱起传统的歌谣。

在传统上,罗诺神的巡游既是在宣告自己的统治权,又是在把土地一块一块割让出去。而在这个过程中,神灵与国王的权力之间一直存在着张力。在巡游的最后时刻,罗诺神和国王会进行一场仪式性的战斗,国王在战斗中

[①] 萨林斯:《历史之岛》。

的胜利会为人民赢得生命,也为自己赢得至高无上的王权;而同时,罗诺神则成为了牺牲品。2月3日,库克船长作为罗诺神,完成了巡游,也完成了天衣无缝的仪式性死亡;次日,拔锚离去。国王顺利地渡过了罗诺神的造访,仪式时间结束,正常的宇宙进程也即将重新开始。

然而,意外发生了。2月11日,库克船队中一艘船的桅杆折断,他们不得不重新返回小岛以修理被损坏的船。这一次,波利尼西亚人并没有再列队欢迎他们,库克船长也受到了冷遇。此外,对于国王而言,罗诺神的不期而返成为了不祥之兆,意味着对他统治权的威胁。国王、头人和英国人之间不断发生争端,库克船队的盗窃问题也日甚一日。2月14日,库克船长采取"擒贼先擒王"的策略,带领一队人上岸擒来夏威夷人国王,以换回前一天晚上被岛民偷去的一艘小艇。在沿陆路找到国王并向海上挟持他的尊贵人质的过程中,库克被一位头人扔出的短剑击中,一头栽入水中。接着,一大群人开始围攻他,一个接一个趁机用短剑刺向他,并冲着他幸灾乐祸地狂欢,争相把他杀死。

这即是萨林斯在《历史之岛》中为我们讲述的库克船长之死。究竟是谁杀死了库克船长?萨林斯认为,凶手不是那位最先用短剑刺杀他的人,而是两种结构之间的致命碰撞。从表面上看,库克之死是一种偶然,然而,萨林斯却指出,任何一个事件都不是简单的现象性发生物,当它在文化系统中和通过文化系统被挪用时,就会获得一种历史意义。在事件中,蕴涵着事件与结构之间的关系,即萨林斯所言的"并接结构"(structure of the conjuncture)。

"我使用'并接结构',意在表示在一种具体的历史脉络中,文化范畴在实践上的实现,正如在历史能动者的利益行动中所表达出来的那样,包括关于其相互作用的微观社会学……它是一系列的历史关系,这些关系再生产出传统文化范畴,同时又根据现实情境赋予新的价值。"[①]在库克船长的例子中,头人、祭司和英国人都依据自己的文化范畴行事,构成了一个包含着

---

① 萨林斯:《历史之岛》,11页,163~164页。

联合、对抗以及某种动力的小社会系统。库克,正是死于两种结构之间的碰撞。当他在恰当的时间出现在恰当的地方的时候,他会受到人们的尊崇,而当他在不恰当的时间出现在不恰当的地方的时候,就必须为此付出代价——很不幸,他的代价是自己的生命。换句话说,库克死得很无辜,他只是很倒霉地成为了"并接结构"的牺牲品。

或许是对死亡案件情有独钟,在《向修昔底德致歉》中,萨林斯又为我们描述了另外一起"不幸的死亡"。这一次,故事发生在另外一个太平洋岛国——斐济。①

博(Bau)和热瓦(Rewa)是斐济岛上传统的两大强国,在19世纪30年代,它们分别由两个同父异母的兄弟Ratu Cakobau(下文简称RC)和Ratu Raivalita(下文简称RR)统治。按照当地亲属制度的一些规定(在此不赘述),RC与RR从生下来那一刻起就有着隔阂,但这并不妨碍他们各自统治好各自的王国,并在表面上维持友善的关系。然而,由于各种矛盾的积累,博与热瓦却在1843年爆发了战争。随着战争的深入,RC统治的博取得了辉煌的胜利——他们攻破了热瓦的边界,占领了热瓦的城池,封锁了热瓦南部通向海洋的路线,摧毁了热瓦的食物供给,甚至,已经打到了热瓦的首都附近。然而,到了1844年底,由于王国内部的原因,博停止了对热瓦的进攻。在获得喘息之余,为了扭转战争中的不利局面,RR与自己的亲戚们密谋,想要暗杀RC。

没想到,RC的动作却比他们快了一步。1845年8月5日(或大致是这个时间),RR从一次航海中回到了博,按照常规,他拜访了父亲,然后踏上了回家的路程。没有想到的是,就在路上,他被RC及其同伴擒住,用棍棒在头部重重地给了他一击,然后被勒死。按照某些版本的记载,在被擒住之后,RR曾经向RC求饶,说他只是听信了谣言,其实绝没有谋杀RC的意图。显然,RC并没有相信这些话。

RR被杀死的当天晚上,RC就开始重新向热瓦进发。1845年11月,就在RR死去之后不久,热瓦的命运走向了灭亡。幸运的RC不仅赢得了与RR

---

① Marshall Sahlins, *Apologies to Thucydides: Understanding History as Culture and Vice Versa.*

之间的战争,很快,面对热瓦的威胁和博内部叛乱,他皈依了卫理公会,这又让他得到了很多传教士的帮助。到 1855 年波利尼西亚战争结束的时候,博已经成为了斐济群岛中毋庸置疑的支配力量,而 RC 本人也成为了最强大的统治者——在当地传教士和政府官员的信件中,他被称为"斐济之王"。

在这一起"死亡案件"中,萨林斯着重讨论了偶然与必然、结构与事件之间的关系。RR 与 RC 之间由于结构性的原因存在隔阂,这是毋庸置疑的,然而,重要的一点是,这种隔阂并不必然带来 RR 的死亡。事实上,即使在 RR 被杀死的那一天,还存在着另外一种可能性。根据旁观者的回忆,在 RR 被棒击之后,一位"不知名的白人"曾迅速掏出了一把手枪,对准不远处的 RC 扣动扳机。然而,枪居然没有发火。而另一位目击者则写道,在 RR 被抓住的时候,他拿出了手枪,然而,开火的念头却被袭击者的警告吓退。无论如何,在那一天,死的人有可能是 RC。

萨林斯强调,我们已经无法假设,如果那一天是 RR 活了下去,那么,斐济的历史又会是什么样子,然而,至少可以肯定的是,会和现在完全不同。热瓦显然不会被摧毁,和平很快就会重新建立,外来势力之间的争夺和平衡也会呈现出不同的局面。历史将被重新书写。"事件是偶然的,但是,它却依照某个特定文化领域的规则展开,从这里,行动者获取行动的原因,发生的事件找到它的意义。从文化秩序的视角来看,发生什么是不可预料的,但接下来的事情却是可以理解的。文化并没有使偶然成为那样,却塑造了偶然性导致的差异。"① 无论是怎样的偶然,都仍然意味着文化上的连续性,并且是被结构所刺激。偶然事件本身的结果无人可以预料,结构时而会向偶然性敞开大门,然而,无论偶然事件走向哪个方向,它仍然是结构的逻辑结果——如果真的是 RR 杀死了 RC,那么,这整个事件仍旧可以在结构中得到解释。萨林斯指出,在某些关键性的时刻,社会可能会化身(incarnate)在某些个体身上,他们的行动,会决定社会命运的走向。当然,这种决定性仍旧是在结构的限制之内。

---

① Marshall Sahlins, *Apologies to Thucydides: Understanding History as Culture and Vice Versa*, p. 291.

萨林斯对于库克与 RR 之死的探讨，给了我很大的启发。首先，他把死亡这个事件本身带入了历史之中，用一种历史学的眼光，讨论它的前因后果；其次，萨林斯笔下的主人公，尤其是身为博王国国王的 RR，与我所关注的"海司令"有着类似之处——在他们各自的社会中，他们都是"杰出人物"，因此，他们的死，不仅仅是个体性的，还会在某种程度上决定社会的历史。我在德钦的时候，经常有老人跟我开玩笑说："如果当时海司令没死，那么德钦今天肯定会多很多离休干部。"也有老人会说："如果海司令没死，如果东藏自治同盟真的以德钦为中心成立起来，那德钦的知名度肯定比今天高很多。"在某种意义上，每件事的发生都存在着另外一种可能性，但某些重要人物、重要事件的"另一种可能"，却会为使整个社会的人为之遐想。

最后，也是最重要的，萨林斯提醒我注意到结构与个体之间的关系，并从这个角度理解"重要个体"之死。然而，在我看来，由于受到结构主义框架的桎梏，萨林斯所探讨的个体仍旧是僵化的，缺少一种鲜活的"历史感"。无论是库克还是 RR 之死，萨林斯在描述整个故事的时候，都仅仅将个体视为结构的"化身"，并将个体的行动限于结构范围之内，这一点是我所不能认同的。回到海正涛的案例，一方面，我并不否认，海正涛之所以能够展露他的才华，与他在社会中所处的结构位置有关。作为一个回民，海正涛出生于社会体系中的边缘，这种边缘位置，使他与"主流文化"保持着一定的距离，又使他能够摆脱很多传统观念的束缚。对于当地的藏族，"家"是他们生命中最重要的部分，也是做出一切决定的出发点，家族兴旺与血脉延续永远是第一位的，个人情感与事业选择则被放置到无足轻重的位置。相对于藏民而言，在回民群体中，由婚姻与家庭带来的义务要松散许多。假如海家是传统的藏民家庭，那么，身为长子的海正涛没有其他选择，留在家中执掌祖业是他必尽的责任；恰恰因为他出生于回民家庭，才让他在一定程度上拥有了选择自己生活的可能。此外，当时的国内时局是极不稳定的，各个政治派别之间的势力经常发生变化，正是在这样的历史场景下，才可能出现海正涛这样的人物。所谓"时势造英雄"，"时势"的铺垫自是必不可缺。

然而，另一方面，在同样的"时势"下，并不是每个占据重要结构位置的人都能成为英雄。海正涛之所以能够脱颖而出，也与他自身的禀赋有着密不可分的关系，这种禀赋，使他能够超越自身所处的结构，在各个不同的时空中穿行。民国以前，德钦人与遥远的"皇帝"只保持着某种象征性的联结，在他们的传说中，"汉地"就是为他们带来佛教与文明的"神圣世界"。然而，到了清末民国之际，这种对于汉地的想象逐渐发生了变化。他们开始认识到，那里不仅有公主、佛像与茶叶，还有军队、大炮，以及总是想干涉他们生活的国民政府。在那个年代，除了行走茶马古道的马脚子，德钦几乎没有人到过汉地，即使是马脚子，也只是走马观花地匆匆一瞥，不足以留下什么深刻的印象。然而，海正涛却不仅到过汉地，在那里生活了数年，还学到了那里的知识，建立了人脉，并从汉人手里获得了官职——这使得海正涛成为了"不一般"的人物，却也导致了他的悲剧命运。海正涛之所以被暗杀，在某种程度上正是因为他这个"外来人物"，抢夺了本应该属于"内部人物"的职位与权力；而更为可悲的是，在他死后，虽然轰轰烈烈的闹剧上演了不少，但没有人真正敢于站出来为他复仇，甚至连他的家人，最后都只能忍声吞气。在此前的研究中我曾经提到，德钦人的脑海中，始终存在着一种二元区分："内＝固定＝土司（或地方头人）"、"外＝流动＝汉人"。①德钦的政权曾在历史上不断更替，在这个中央帝国鞭长莫及的地区，无论是吐蕃王朝、木氏土司，还是蒙古和硕特部落，都只是匆匆而过，并没有真正实施过有效统治。真正的地方权力，始终掌握在土司或是头人的手中，这种权力的运作，有一套地方的游戏规则。事实上，在当时的德钦人心目中，杀死海正涛的王文选才是他们的"自己人"，海正涛，却更像"外人"的感觉。正如前文所述，王文选的日常生活、饮食起居都与普通老百姓没有多大区别，而海正涛却总是与一般人不同，甚至"娃娃那些一听见他来，就跑去躲起"。这种表面上的威严，看起来是风光的，却没有"根"。海正涛死得很冤，死后更冤，冤到坟墓都要一再被掘出，直到地方秩序再次得到重建之时才被盖棺认定。

---

① 参见刘琪：《命以载史——20世纪前期德钦政治的历史民族志》，北京：世界图书出版公司，2011。

一方面,海正涛是伟大的,他的伟大就在于对结构的超越;另一方面,我们也不得不问:这种超越,对于他而言究竟是一种幸运,还是悲哀?

最后,请允许我再"画蛇添足"几句,回到德钦这个地方,探讨研究海正涛这样一位地方人物的意义。王铭铭曾经指出,中国人类学在对民族地区展开研究的时候,首先应该意识到,自己所处的地方,是介于"化内"与"化外"之地的"中间圈",在这个区域内世代生活的人们,往往具有一种"文化的复合性格"——他们将自身区分于文明之外,却同时又将文明纳入己身,一方面排斥政治管理与束缚,另一方面又在文化上带有巨大的包容性。他们的社会,往往不是由单一的文化构成,而是"由不同文化构成的文化",充满了杂糅的迷人魅力。①德钦,正处于这样的一个地区。从前文的叙述中可以看到,在历史上,德钦总是带着一种"主人"的心态,将各种人群、各种物品、各种文化纳入自己的体系之内,形成了自身的"文化性格"。海正涛,正是承载了这种"文化性格"的人物。正如王铭铭所言,在这种人物的一生中,往往有着丰富的跨文化活动,而之所以他们能够获得权威,也正是由于他们有跨文化的能力与经验。他们的一生,混合了各种"类型",他们的生命,恰是"由不同文化构成的文化"的表达。对这种人物进行研究,往往能够以小见大,透视整个区域的历史流变,把握地区性的文化动态。②这也正是本文所希望达到的目的。

---

① 王铭铭:《中间圈:"藏彝走廊"与人类学的再构思》,北京:社会科学文献出版社,2008。
② 王铭铭:"民族地区人类学研究的方法与课题",载《西北民族研究》2010年第1期。

士人、土司与山川

从一本游记看士人与"他者"

李金花

清康熙四十三年（1704年），无锡的文人顾彩从山东曲阜出发，经过长途的跋涉，终于到达了一个叫做容美土司的地方。在那里，他见到了自己早已有所耳闻的容美土司田舜年。这位有着不同文化与地位的土司热情迎接了他的到来，并且亲自陪同他旅行了土司境内大部分的景观。顾彩在容美境内游览了五个半月的时光，之后重新回到山东，写下了自己的这段传奇般的旅行经过，成就了我们今天能够看到的《容美纪游》。

　　在《容美纪游》这本薄薄的游记当中，我们能够看到顾彩这位成长在江南地区的士人是如何以一个陌生而遥远的目光来看待位处于荆楚西部的土司统治的。路途经过的崇山峻岭、看到的蛮夷生活，容美土司境内的景观风物、土司的政治、经济、文化生活，土司对自身的礼遇，乃至于离别时土司的泪别，一一呈现在《容美纪游》当中。当我们在三百多年后的今天，重新拾起这本旅行游记，观望康熙年间的顾彩之时，我想要做的是分析这段旅行背后所揭示给我们的一种启示，这种启示是关于中国历史中曾存在的一个阶层"士人"以及一种政治模式"土司"关系之间所存在的思想观念。与之相关的是，我们需要分析的是，为何这位汉族的士人要到那被视为是"蛮夷"的土司境内？为何他眼中的容美土司是如此？为何他刻意描述着离别的经过？是什么导致他和土司的交往会如此？在这些分析的背后，我们将会看到的是顾彩笔下的描述构织的是一幅观念结构图，里面既包含着中国历史上的政治观念，也包含着民族观念以及宗教观念。而此些观念，呈现在顾彩的行文中，便是我们看到的他对于这片"荆州西南万山"的理解。因此，本文分析的着眼点在于作为"山川景观"的容美是如何在顾彩以及田舜年两人的眼中分别呈现出其各自的特征。

一、顾彩笔下的容美山川

在《容美纪游》的篇首,顾彩以总述性的话介绍了容美土司,而就在这最初的介绍当中,顾彩心中的容美,已经展露无遗。

> 容美宣慰司,在荆州西南万山中,距枝江县六百余里,草昧险阻之区也。或曰古桃源地,无可考证,然此地在汉、晋、唐皆为武陵蛮。武陵地广袤数千里,山环水复,众多迷津,桃花处处有之,或即渔郎误入之所,未可知也。夫其(以)地广人稀,山险(崄)迷闷,入其中者,不辨东西南北,宜为餐霞采芝者所居。避秦人择而处焉,岂复有世间甲子哉!①

顾彩在这段话中提到的容美土司,是一个野蛮之地——"草昧险阻之区也",也是一个桃花源之地——"山环水复……桃花处处有之",同时也是一个仙居之地——"宜为餐霞采芝者所居",而这三层印象,正是顾彩贯穿其《容美纪游》的主要线条。在此后的诗文当中,荒蛮之地、桃花源、仙境地这三种形象交错出现在他对容美的感观当中,成为他记载自身旅行经过的主要文笔。

(一)"蛮荒"的容美

"日午出枝江东门,渐趋西南,行无大道,皆山峡樵径,荒草茸杂,冈峦回互,道多虎迹,人家稀少。"②这是顾彩从枝江县衙出发当天所记载下的旅途景观。"山峡樵径","荒草茸杂",这些描述正展现了顾彩对于这片武陵山区的最初印象。而这类蛮荒印象,在他达到容美土司的第一个府邸宜沙别墅之前以及后来的归途当中都显得尤为突出。

"初五日早行,……路皆荒阜连亘,起伏不一。"③"初六日,雨不止,

---

① (清)顾彩:《容美纪游》,民国单行本,1页。
② 同上,8页。
③ 同上,8页。

入山渐深，路径愈窄，乱石嵯峨，瀑泉奔注，连渡溪涧六七重，水冷砭骨，人马皆惴惴……前临危崖，陡立百仞，路乃在其上，攀萝扪葛，相缘而登。及高原，野烧之后，黑如煤釜，草根如针，刺人足底，弥望阴惨，不类人境，而林风蔌蔌，设有虎豹来逼人，莫之避也。"①"初七日，雨。山路益窄，中注清泉一道，深无底……路在山腰，下皆陡壁也。"②"初八日，晴。早行，路滑几堕不测之崖，时（时）有云气来袭人，辄（轻）如入绵絮中，更不辨足底高下，最为危栗。"③

不仅仅是以上描述性的文字，同时还有他所作的诗篇，也都充满了这种山地艰险的感叹。在他投宿在一个叫做罗村的路途村寨之时，他写有一篇"宿罗村"的诗，这首诗将容美境内山川的艰险以及其旅途的艰辛表达得最为充分：

历乱云堆夕照明，梵天难过是新晴。常愁窄径驴蹄滑，安得间身鹤背轻！

野鸟啼时俱有泪，万花开遍总无名。山南涧北逢空舍，又尽崎岖一日程。④

在这首诗里，顾彩对于旅途天气的阴霾、道路的崎岖、人烟的稀少等感受全都展露出来，而这种种的感受是他对"蛮荒"这种整体印象的具体展现。

而在几个月之后，当他从容美土司的中府踏上归程之时，此样类似的描述又重新出现在他的纪游当中：

"二十六日，所行皆高荒，地宽屏，四山皆远。"⑤"二十七日，由燕子坪折而西行，复转而北，其路屈曲，碎石礌硊，（地名梅蓝坡）直下为桦皮界，自巅至底十八里。略上为红毛尖，其顶尖削，阔仅二尺，下俯千仞，

---

① （清）顾彩：《容美纪游》，10～11页。
② 同上，11页。
③ 同上，13页。
④ 同上，12页。
⑤ 同上，102页。

到山脚又二十二里……红毛、桦皮插天碍日，土人熟行者，犹望而畏之，外来客至此，无不怵然却步。"① "二十九日早行，草长于人，露重如雨，衣袜尽湿，暑气蒸郁，进石梁荒，路奇险，冈峦起伏，树阴猛恶，地无晴雨皆泥淖，殆瀑泉之所喷激，林露之所滴沥也。其坡八上八下，须疾驰而过，恐一雨则阻水不可行，凡四十里。至牛项岭，蒙翳不见天日，豸、虎、老蛇，窜伏吟啸，阴风如吼，最可骇怖。"②

而当他经过桦皮界、石梁荒以及栗子坪这样的艰险之地时，以上的描述似乎还不足以使他能够表达出自己的感情，他更喜欢用诗歌的形式来传达自己内心的感受。"下桦皮界"、"过石梁荒"、"宿栗子坪"这三首诗则分别用五言、七言以及杂言的格律来展现他自身旅行的世界。

下桦皮界③

昨来燕子陂，所历未觉高。清晨驱我马，积渐登东皋。回首望来径，惟见碧树梢，其下白云蔽，万家一秋毫。阴崖无人居，冷泉生细涛。所踏尽危石，我行无乃劳。旭日已在东，阴风犹怒号。俯视众培塿，荒林成蜎毛。喘汗方至顶，危如栖鹊巢。侧身从此下，碎石如攒茅。岂惜履底穿，所持斑杖操。失足俄顷间，还愁亓坑壕。古来山魈境，今以付我曹。诗成和者谁，使我增郁陶。

过石梁荒④

昔人窈窕曾寻壑，今我崎岖更历丘。老树巨天风谡谡，丛篁无际麂呦呦。地饶泥泞晴兼雨，山带阴凉夏亦秋。尽日不曾逢过客，虎吟猿啸使人愁。

宿栗子坪⑤

昨日下红毛尖，石痕犀利如刀镰。今日下菩提界，壁立倒悬千仞隘。

---

① （清）顾彩：《容美纪游》，103 页。
② 同上，107 页。
③ 同上，104 页。
④ 同上，108 页。
⑤ 同上，108 页。

> 缓驱疲马出大荒,林间始漏斜阳黄。斜阳黄处青一点,栗子之坪在山崦。我行百里喘未苏,望门投止可缓乎?且不望有粗粝食,奚暇更问酒可沽。解衣踞石坐当路,四壁苍苍起烟霞。仆夫遥指最高峰,道是明晨从此去。

无论是文还是诗,顾彩在其中所要呈现的是容美境内山川的险峻、景观的荒凉以及自己身处这样环境中内心的愁苦。无论是来时的初寒,还是归时的夏热,季节的变化并未能改变其对于容美的感观。这一点从其向容美土司田舜年辞行之时的描述可以看出:

> 先次余已辞行,君再四苦留,其将吏子侄皆利余久住。盖君性严厉,果于刑杀,自余之至也,日以诗相唱酬,夜得一诗,旦辄精思苦吟,刑政皆辍,委之旗鼓,劓刵者绝少,左右皆以为余盛德所化,咸愿扳留,然余念此荒缴之地,非可久居,会君欲往天泉避暑,道远路险,不欲再移,遂决计辞行。①

正是由于这是"荒缴之地",顾彩才认为"不可久居",于是他婉拒了田舜年以及容美土司其他的将吏子侄们的挽留,决计辞行。然而,值得注意的是,这种蛮荒的印象,并非仅仅是山川景观带给他的感觉,其后实际包含更多内在的意义。

(二)山水桃花源

经历了路途跋涉的艰辛,顾彩的文字终究有了变化。这一变化,最先发生在从宜沙别墅前往南府的五里坪。在五里坪,顾彩第一次忘却了前面种种的艰险,转而开始夸赞起容美的山水:

> 荒尽至五里坪,则天开一嶂,山环水绕,如十二翠屏,桑麻鸡犬,

---

① (清)顾彩:《容美纪游》,97页。

别成世界，人居疏密，竹篱茅舍，犹有避秦之遗风焉。路左一面山谿（豀），平远千里如中原。从人云：'非无山也，山俱在下，俯视不可见，故若平耳！①

在此之后，桃花源成为了顾彩诗文中出现的对容美土司的另一种深刻印象。这一印象在容美的南府达到顶峰。在南府，他看到的是：庙有楼，极弘敞，八窗洞达，清流襟其前，高峰侍其后，楼前桃树七八十株，一时开放，时见小鸟背作黄斑色，乃杜鹃雏也，尚不能鸣，始贴地学飞耳。②在南府，他还在与土司主田舜年的诗文互赠中写了一系列的诗：

九峰读书台③

春色伴幽君，名山好著书。烟岚相映带，花柳自扶疏。片席分金谷，孤亭闼石渠。客愁全为减，况乃馔嘉鱼。

题楼前桃④

不必元都观，桃花也盛开。堪迷渔夫棹，疑映美人腮。客子怜将去，游蜂喜正来。武陵千万树，都是使君栽。

峡内人家⑤

岩居幽事颇无穷，葛粉为粮腹易充。虎不伤人堪作友，猿能解语代呼童。远锄灵药他山外，近构茅亭野涧中。更喜不闻征税吏，薄田微雨即丰年。

山家乐⑥

种桑百余树，种竹数十亩。结庐傍丘壑，开门向花柳。东田新秋熟，随意酿春酒。岂徒自斟酌，还以待宾友。何用知阴雨？凉风吹户牖。何

---

① （清）顾彩：《容美纪游》，26页。
② 同上，26～27页。
③ 同上，28～29页。
④ 同上，29页。
⑤ 同上，31页。
⑥ 同上，31页。

用知晚晴？斜日挂林薮。牛羊各自下，月出大于斗。扫叶闭柴扉，扶藜送邻叟。山中虽有虎，不致伤鸡狗。岁稔俗既淳，盗贼亦稀有。田家乐此意，耕凿到白首。美彼陶潜诗，长吟过山口。

在南府的顾彩，用"武陵"、"桃花"、"花柳"、"田家"、"丰年"这些词勾画了一整幅陶渊明笔下的桃花源景象。这里的山水，不再是艰险陡峭，而是成为了田园的衬托，山成为读书台、水则在石渠中，正是山水造就了一个桃花源的理想世界。对于容美土司的这种"桃花源"印象，在顾彩的另一首未被编入《容美纪游》而收入了其诗集的诗中更能充分体现：

武陵行[①]

武陵之地广千里，今之容阳无乃是，千峰环抱万壑横，何怪昔日迷渔子，
不信试阅桃源图，风景何曾异于此，忆昔故老初避秦，天开异境留隐士，
其时桃花正满山，涧中流出桃花水，饥餐桃花渴饮泉，六百余年长不死，
岂无鸡犬与桑麻，风俗仍如古初耳，三分两晋多战争，唯此一区称至理，
是以仙源暂一开，后人欲入无由矣，如今承平寰宇泰，化作通衢人济济，
虎豹驯良盗贼无，险阻亦不伤颠趾，我来正值桃花候，猿鹤相呼不能已，
架岩叠谷争青葱，扪葛攀藤乱红紫，好山借问皆无名，恨不移来置案几，
天台雁宕知何似，武夷九曲徒夸美，寻幽未必真遇仙，风餐水宿空饥馁，
宁如我更有主人，水阁山楼更行邸，一吟一咏唱和多，留与山中偏作纪，
借问主人名姓谁，吏隐容阳田制使。

"武陵行"一诗，更将容美的山水与桃花源的历史联系起来，在现实与历史的交替中，顾彩赞美了容美土司所呈现出的美好世界。在这个世界中，人与物、人与人都处在一种和善的秩序当中。虎豹驯良、猿鹤相呼，葛藤红紫，桃花娇艳，岩谷青葱，好山遍布，在这样的山川之中，即使是天台、雁宕、

[①] 顾彩："武陵行"，见其《往深斋诗集》卷一。

武夷、九曲都不能相媲美。而顾彩和田舜年的一吟一咏，则更使得他的旅行具有意义。

在纪游的最后，编排有一些顾彩旅行期间的无名诗作，其中一篇也正是顾彩对于容美的桃花源意向的书写：园亭不用巧安排，碧水丹山面面开，闻说避秦诸父老，月明还步出林来。①

不言而喻，自魏晋时期的士人陶渊明写下《桃花源记》一文，桃花源作为历代士人对于武陵山区的一种普遍想象而成为中国思想史的一个重要范畴。顾彩对于容美的桃源想象一定程度上也正是奠基于此。然而，这并非是顾彩对于容美印象的全部，综观《容美纪游》全篇，我们发现他将容美描绘为桃花源的想象更多地是在他前往路程中的宜沙别墅与南府之地，在他更往前的旅行中，包括中府、细柳城、云来庄、平山爵府，他极少将之描绘为桃花源地。如果说桃花源是一片生活的理想境界，在之后，顾彩的主体印象已经发生了改变，表现在他的诗文中，可以看到的是，容美成为了一个更高境界的想象，或者说，其成为"仙境"所在地。

（三）迈入仙境地

三月初，顾彩到达了容美土司中府。中府是容美土司的治城，环城皆山，其背靠芙蓉山，前临八峰，顾彩和田舜年常在行署园内的楼阁"长松"会饮，在那里，顾彩写下了"集长松阁"一诗：

> 杜宇声声唤夏初，长松谡谡韵庭除。春泉细煮青稞饭，海日斜曛绿字书。志士何尝买山隐，仙人自古好楼居。晚来一望晴堪喜，拨刺溪潭有跃鱼。②

十一日，而在行署的小阁"半间云"里，顾彩作了《题半间云》一诗：

---

① （清）顾彩：《容美纪游》，94页。
② 同上，40页。

>珠帘一面俯江关，爽气遥通云汉间。独抱绮琴弹夜月，自吟新句答春山。瑞林瑞露凝鸳瓦，金谷飞泉瀹鹧斑。更比元龙高百尺，等闲人世想跻攀。①

从这些诗可以看到，顾彩的文字已经不同于先前所写，"仙人"、"瑞林瑞露"、"金谷飞泉"，山川更直接与仙境意向联系在一起，已经成为顾彩所要表达的中心。

四月初，顾彩前往容美土司最为奇险的平山爵府。平山爵府位于容美土司中府的东北部山上，是整个容美土司境内最为险固之处，其海拔高，山峰鼎立，且四面绝壁，出入都要经过极为艰险之道。在《容美纪游》中，顾彩描述了自己的上山之过程：

>早行，路由细柳城上山，（山）北麓皆奇险，舍马策杖而行，且行且憩，逶迤出峡口，石色葱茜，多竹木，流涧淙淙，湿透履底，下坂（坡）过天心桥。桥在两崖间，下临七十仞深涧，两崖壁（立）如镜面，步步凿磴，仅容足，逡巡而下，至桥面，以碎石下投，作霹雳声，久乃至底，若投轻物，则翔舞逾时不下，盖龙气所逼也。过桥，缘磴而上者四十仞，半道有石阙(关)，一夫当之(关)万人莫敢仰叩，君尝于是设守以御乱,（故平山）为司中之绝险。崖石皆如月白粉笺色，可以书大字，惜无苏米之笔，亦从无以一字污之者，殆为山灵全本来面目耳！②

经过此样的绝险之径，身处群山最高峰的顾彩，整个平山之景在他眼中，都成为了一个不与人世同的仙境，他接连写下了几首吟颂所见景物的诗歌，都是在容美成为仙境地的想象中来完成：

---

① （清）顾彩：《容美纪游》，41 页。
② 同上，58～59 页。

由细柳城上平山一路山色可玩[1]

容阳天险孰跻攀,休道咸秦百二关。一线锦江通细柳,千盘红坞上平山。丹崖碧嶂森兵气,嫩蕊秾花点豹斑。疑是蓬莱隔沧海,因风吹去又吹还。

天心桥[2]

曲磴危梯落太清,独伸仙掌劈空明。扶藜未踏神先栗,明日还从此路行。

平山和九峰来韵[3]

孤嶂周环百仞溪,星罗阛阓署东西。铜仙掌静栖丹凤,玉女窗高见碧鸡。此景只应蓬岛似,来诗尤与杜陵齐。流莺处处随游屐,故向樽前尽意啼。

早起平山客舍[4]

昨居芙蓉城,犹在人境中。今来平山墅,寝息最高峰。天鸡夜半喔咿叫,海日先从下方耀。须臾云雾涨山巅,截若剑光横出鞘。大峰小峰如泼墨,米颠颠笔画不得。化为雷雨固莫知,焕作晴明更难测。欲眠耆然门户开,晓莺杜宇飞鸣来。

拥衾自分非久计,早起无事空徘徊。徘徊且在磐石间,俯视蚕丛鸟道之危关。天心之桥入地底,猿狙童叟愁跻攀。倘失足而一堕,黑幽湫兮潺湲。知何时而到底,龙拿攫而来蟠。如今李白倘犹在,应复浩歌《蜀道难》。呜呼!蜀道难其难,未必如平山!古来游人过者尽却步,我独胡为兮寝兴饮食于其间?

"疑是蓬莱隔沧海"、"曲磴危梯落太清"、"此景只应蓬岛似"、"昨居芙蓉城,犹在人境中。今来平山墅,寝息最高峰。"这些诗句都是在展现

---

[1] (清)顾彩:《容美纪游》,59页。
[2] 同上,60页。
[3] 同上,60页。
[4] 同上,60~61页。

顾彩眼中的平山之景是如何与外世之不同。无疑，何为容美土司——对于身在平山的顾彩来说，这是一个无法用尘世之语来形容的地方，属于这片地方的，将只会是中国士人观念中那些飘渺不可及的神仙之事，只会是中国士人心中一直追求但不可触及之境界。在这一境界当中，所谓的"道"，已经升华到了俗世之人无法理解的状态，在那种状态之中，是人与天、人与自然融为一体的超脱状态。平山自然之境和天心桥、宣尉司署融合于一体，共同构成一个仙人的世界。在平山居住近一个月的顾彩，游览了位于平山上的紫山、小昆仑，在其后的所有诗篇中，平山处处都是仙境之意：

晴色①

晴色昼氤氲，连峰石皱纹。山明因白鸟，树重有黄云。人语虚空答，涛声下界闻。幽栖真避俗，孤鹤在人群。

登小昆仑②

兹山峻极比昆仑，俯视茫茫势欲吞。览胜顿开新气象，藏书别构小乾坤。楼通阆苑奇云锁，户逼扶桑晓日温。却笑下方徒拟议，不知何处是修门。

平山月夜③

素女光辉下沈瀯，仙人楼观倚层霄。岩空鹳鹤声清脆，峡怒星辰影动摇。别坞停云湘浦瑟，画栏残雨洞庭萧。狂吟已在高处寒，不觉临风袂欲飘。

宿紫山④

紫山楼观拂层霞，暑月清寒透碧纱。隔雨似闻青女佩，因风吹落绛桃花。桑田尺寸分千里，猿鸟纵横共一家。为问白云铺作海，几人乘兴泛仙槎？

---

① （清）顾彩：《容美纪游》，62页。
② 同上，65页。
③ 同上，65页。
④ 同上，73页。

紫山积雨二首（一）①

积雨萧然气似秋，山窗晨起欲披裘。如垂严子滩边钓，恍在巫娥岭畔游。石脊浓烟迷谢豹，叶心朱果唤鸣鸠。眼前有景难为赋，崔灏题诗压上头。

平山爵府之后，田舜年将行署移到了细柳城北边的沁雪园，而顾彩依旧居住在大慈阁，相距不过三里，他经常受田舜年之邀请，到园中相聚。顾彩在那写下的诗篇同样充满了仙境色彩。五月中旬，顾彩在田舜年的陪同下前往游览容美土司的云来庄行署。云来庄地处距离容美土司中府不远的东北部，因在山腰上，在渐趋炎热的五六月间，成为了较为凉爽的避暑之地。在这春夏之交，云来庄这处被命名为"乐天园"的地方，夏卉盛放，百合戎葵，灿如云锦，景色极美。顾彩在容美土司的最后的一个多月中，一直居住在云来庄行署名叫"吉祥阁"的楼阁中。因为所居地势极高，顾彩见到的乐天园是一片云雨交集之景：

乐天园二首②

乐天知命复何求，想见真人此静修。皱石影中登杰阁，异花香里上丹丘。帘光晚映三湘雨，簟色凉含一壑秋。已叹众春园绝胜，那知重入武夷游。

人言此是桃源地，不信桃源如许奇。岩静仙翁丹鼎在，峰高神女珮环移。长卿莫漫夸梁苑，山简何劳借习池。归路晚云扶上马，野蜂黄蝶乱催诗。

在乐天园的两首诗中，顾彩将容美视为仙境地的表达达到顶峰。他直接道出了自己文字书写变化的原因——人言此是桃源地，不信桃源如许奇。而

---

① （清）顾彩：《容美纪游》，73～74页。
② 同上，79页。

这种将容美视为仙境地的诗文,在他对于容美岩洞的探索中也到达一个高潮。容美境内的山洞在顾彩眼中,成为了洞天福地。

容美境内的万全洞,"在行署西南五里,其路从高而下,悬崖百仞,于中凿空,规如圆月,又似巨鳌涨口云雾中。其磴道险窄如天心桥,而长倍之,冒雨冲烟,扶栏细步,鱼贯而下,半崖有亭名喘定轩,盖由洞而上至此,未有不喘者,轩以下旷无石级,缚柳为梯,扪索倒行,莫敢下视。"①在万全洞,顾彩写下了两首诗:

万全洞②

一磴悬丝下太空,巨鳌张吻白云中。等闲雷雨无时息,万古源泉滴未穷。侧足倚栏妨鸟路,俯身燃炬瞰蛟宫。琼楼片宇知何时,兀兀来寻鹤背翁。

洞上社集③

白马深崖赋隐居,六丁天遣护仙书。名山有腹尘埃净,大地无心结构虚。过险尚须斑竹杖,驭风空想碧油车。此来十未能窥一,已叹人间迥不如。

在平山的燕子洞,顾彩看到:"两壁俱仙人、花卉、鸟兽、楼台之形,皆石乳之所绘画,其平地有石炉、石烛台、狮猴及石人聚语之状,又有石栏绕之,大小不一,叩之,皆有声如磬,俱在暗中,非举火莫见,殆造化之奇也。其泉甘冽,饮之却暑。"④而当地人告诉他:"能再入十里,当见天光,有隐士具衣冠出迎,乃古避世士得道不死者。"⑤他感叹自己无缘相见,因为烛火燃尽,无法前行。燕子洞的旅行,他写有诗一首:

---

① (清)顾彩:《容美纪游》,66页。
② 同上,67页。
③ 同上,67页。
④ 同上,69页。
⑤ 同上,70页。

游平山燕子洞[1]

仙源在人间，显豁总易求。兹谷窅千仞，亘古难穷搜。初遵樵径微，渐得溪路幽。欲缒深深底，更躐上上头。酷日在吾顶，喘汗卒未休。俄然入憩息，凉飙意飔飔。炬火导我前，灿如众星球。照见古崖壁，钟乳悬缨旒。或狞若象狮，或狡如猿猴。或翔若雁鹜，或蟠似虬螭。或森如旗鼓，或利如戈矛。或横迸泥封，挺若竹笋抽。或点滴床榻，堆若蜡泪油。或聚语一堂，恍如鬼啾啾。或相背而驰，旷若风马牛，或如众婴孩，跳浪争嬉游。或如一老叟，植杖思吟讴，或为珊瑚枝，可以挂钓钩，或为灵犀角，可以镌觞瓯。种种各异状，事事通神谋。或云有隐君，貌类黄绮俦。衣冠出速客，所谈在秦周。相引入洞天，石床列珍馐。此语属倘恍，讵知能见不？青泥何滑滑，步履难久留，常恐桦烛尽，更起欲归愁。

如果说万全洞和燕子洞因为在山上而凸显了山的神仙境地，那在低坡的万人洞则成为展现容美水之神奇处。

到万人洞，需要下坡三里，然后再登洞。万人洞最为奇特的是水："轩后即龙湫，水纯碧，上有桥可渡。今桥圮，游止于此，后洞不复可到也。水浅时出白骨如牛膊，洁白坚刚，散步（布）沙间，或曰此龙骨也，天旱取投湫中，渹然鸣，天乃雨。"[2]顾彩在此写有《万人洞观龙湫》一篇：

离奇幽窦玉泉嵌，鬼斧曾将混沌劖。界断青空施板筑，倒垂钟乳下松杉。千溪吼瀑龙埋蜕，五月凄风剑出函。此水未经鸿渐品，至今埋没在尘凡。[3]

纵观顾彩的《容美纪游》，容美土司地在他眼中俨然成为了一个多重的印象。容美既是蛮荒之地，同时又是桃花源和仙境地。容美土司这一西南山地，

---

[1]（清）顾彩：《容美纪游》，70～71页。
[2] 同上，82页。
[3] 同上，82页。

对于成长于江南的顾彩来说，成为了一个交融的矛盾体。然而，这并非是顾彩的故意而为，应该说，这双重印象是中国传统士人山川观念在其身上的体现。蛮荒之地，正是传统中国区别"蛮夷"与"华夏"的民族观念的反映，"蛮"与"荒"的结合正是"夷类"与"山川地理"相联系的印证，容美作为"蛮荒之地"，正是容美土司在中华帝国的民族观念中作为"蛮夷"的反映。而桃花源与仙境地，则代表了中国士人的"归隐"观念，"隐"在山林，山林往往成为士人的归隐之地。对于顾彩而言，容美土司恰恰是其华夏"夷类观念"与"隐士心态"的集合体。也正是这两者，既使得顾彩开始了这趟异域的旅行，也让他在五个月之后决定离开这个桃花源之地。

二、归隐与寻找——走进桃花源

出生于江南无锡、寄寓于齐鲁之地，尽管顾彩的一生是在游走中度过[①]，然而，他却从来没有到过"化外"之地，这位从小浸润在儒家精英文化中的士人，更不曾与有着"蛮夷"称呼的土司有过交集。然而，在五十多岁之时，这位儒家士人却走进了容美土司的领地，其原因，既有其心灵上的向往，又有现实中的任务。这一方面是早就听闻朋友对于容美土司的赞赏，另一方面也是受朋友之托来给容美土司传递书信。

1703年冬天当他途径邻近容美土司的枝江之时，在受到枝江县令孔毓基恐惠其亲自前往容美之后，他将自身想要前往拜访的信笺托付给了在枝江贩卖茶叶的容美茶商，请其带给容美土司主田舜年。在书信中，他附赠了两首诗，其中的一首是：

忆昔曾同蒋诩游，为言名胜足淹留。华筵每度霓裳曲，贵客皆披集翠裘。

[①] 顾彩游走的一生我们可以从其朋友在为其诗集所作的序中看到："锡山顾子天石与予订交且三十年，或之燕赵，或之楚，或之粤，或还其乡，或往来齐鲁间。"见孔毓圻："序"，顾彩撰：《往深斋诗集》，清康熙辟疆园刻本。

博望几经通绝塞，谪仙虚拟识荆州。使君尚念嘤鸣谊，许坐蓝舆到上头。①

这首诗中的"蒋诩"，并非是指东汉时期因不满王莽的专权而辞官隐居故里的蒋元卿，而是喻指自己的好友蒋玉渊。而"华筵每度霓裳曲"，也并非是指容美之地的歌舞升平，而喻意着另一好友孔尚任的《桃花扇》在容美演出。顾彩的容美之旅，正是在这两位朋友的引介之下得以形成。然而，容美土司之所以对于顾彩来说有着特别之处，并非仅只是容美土司的好客和热情，事实是，蒋玉渊的容美之游和《桃花扇》的演出都有其独特的背景。

蒋玉渊游容美，是清帝国早年试图通过经济方式进而加强对江南士人控制的结果。清初之时的"奏销案"②，使得江南大批士人遭到压迫与放逐，蒋玉渊因此案而被削除名籍，从此开始游历名山大川。当时的容美土司主田舜年和江汉之地的士人遗民们多有唱和，蒋玉渊也曾停留于此，从而结识土司主田舜年。而《桃花扇》在容美的演出变得重要，也是由于孔尚任的《桃花扇》因为触及清统治者所忌讳的南明历史，从而遭到禁演，而远在荆楚的容美土司田舜年却深为欣赏，派专人向孔尚任学戏，在容美境内日日演出。

蒋玉渊游容美和《桃花扇》在容美的演出更衬托出了一个与满族统治者相比而言更为包容的容美桃花源。对于顾彩来说，其有着尤为特殊的意义。一方面，它体现了传统中国汉族士人"夷夏之辨"观念下"礼失求诸野"的追求；另一方面，它呈现了"道治之分"观念下当占据"道统"的士人与拥有"治统"的皇帝之间矛盾冲突之时的一种追求。综观顾彩的人生，此两点是其一生所抱有的理想。也因此，在《容美纪游》中，我们能够看到顾彩这两种追求的实现。

出生在明清鼎革之际的顾彩，自小目睹了家族在鼎革之际所遭受的灾变③，同时又从小随父亲浸淫在江南遗民士风之中，他年轻时的才华就得到

---

① （清）顾彩："枝江寄赠容美田九峰二首"，见其《往深斋诗集》卷六。顾彩写给田舜年的拜见信中，所作诗文共有两首，此是第二首，然而在后来的《容美纪游》单行本中却只选了第一首。在其《往深斋诗集》中，则两首诗皆可见。
② 注：有关奏销案，详见孟森：《奏销案》，《心史丛刊》一集，上海：商务印书馆，1916年。
③ 见李金花：《士人与土司》，"第一章"，中央民族大学，博士论文，2011年。

了老一辈遗民们的赞许，而他此后一生的朋友，大都有着遗民情怀，他的诗文很多都是在与遗民们唱和。朋友蒋玉渊游容美以及《桃花扇》只能在容美演出，都将满族这一传统意义上的"蛮夷"特性凸显得更为明显。像《桃花扇》这样的礼乐，遭受到满清统治者的禁演之后，只能在容美演出，对于顾彩而言，不正是"礼失求诸野"么？

尽管顾彩一生才华横溢，却未曾致力于仕途，他选择游走一生，最后将山东曲阜孔府作为自己的停留地。他满足于成为代表着汉人儒家文化发源地的衍圣公府的老师，一生不曾变更。其中之原因，可以从他年轻时的一个事迹看出。年轻时候的顾彩，在京都"及贡成均，名噪都下"，才华横溢，名重一时，京师的公卿贵人无人不称叹。当时昆山徐乾学权倾一时，徐乾学试图招其至自己门下，并许诺以可得"进士"之言，然而，顾彩却鄙夷感叹："噫，彼不师我而欲弟我，以弟博第，吾实耻之。且徐氏安得以声利轻天下士耶。"① "师弟"之分，正是中国儒家士人心中所认可的"道统"与"治统"的关系。顾彩的话无疑表明他试图维持历代儒家士人之为"王者师"、"达者师"的理想。然而，在他生活的年代，他的这种理想似乎并未实现。在他的《往深斋诗集》中，诗文往往多愁苦，郁郁不得志。这种不得志，却完全在容美得到了消解。

在容美的旅行期间，容美土司田舜年不仅亲自迎接、礼遇顾彩，并且代之如"师"。在与田舜年的诗书唱和之中，在容美定期的集社之时，顾彩的身份，无疑是"师"的角色。在宜沙别墅之时，田舜年特意让司中的舍把也即文人唐柱臣来侯安，在宜沙别墅"天成楼"宴会之时出示给顾彩自己所写的"参郭制台疏稿"，田舜年的目的无疑是想要获得顾彩的指点；在南府之时，田舜年在自己的"九峰读书台"宴集，分韵赋诗；在中府，每月初二、十六的诗会上，在会者的众多人中，顾彩是主盟者；并且在游览得胜桥之时，田舜年邀请顾彩为桥作记刻石。当容美土司的邻近保靖土司来与其约盟之时，田舜年就邀请顾彩为会盟作记。而当田舜年用酷刑于境内之人时，顾彩则可以"夺其刀"用"文德"以劝诫，使其得以稍停。在容美，尽管田舜年是土

---

① （清）吴德旋：《初月楼续闻见录》卷九，286页，台北：文海出版社，1987。

司之主,然而,他对顾彩的种种礼遇,使得顾彩实现了自身为士的理想。

顾彩的为士理想中所包含的"道统"与"治统",经中国社会学家费孝通的延伸,成为社会学界分析中国政治的二元结构,即"皇权"与"绅权"。①而梁永佳在其基础上进一步分析,指出了另一个分析中国政治结构的二元结构:"隐逸"与"入世"。②并且认为:以代表世间的"入世"与以代表超世的"隐逸",构成了一种不离不弃的关系,并且,士的"入世"与"出世"都是"士志于道"的途径,由此完成了"道"的超越性。③也就是说,顾彩的容美之旅,首先代表的是中国传统士人中的"山林之隐",远离其自身所在的汉人社会,进入到"蛮荒之中",然而,此种"隐"并非是无为,而是一种志于"道"的"追寻"。无论是容美作为"桃花源",还是"仙境地",都是顾彩视其为"志于道"之地。

三、离别——两类山川观念的冲突

对于顾彩来说,田舜年的礼遇实在是让他倍感欣慰——作为一位包含才华与理想的儒家精英,顾彩人生际遇却是郁郁不得志:一生漂泊不定,虽才华横溢,却生活潦倒;虽成为山东曲阜孔府的老师,却因为看到现实社会而苦闷。因此,当身为从三品官员的宣慰使田舜年奉之为师、聆听其教诲之时,他无疑实现了自身作为士人的理想。然而,奇怪的是,五个月后,当作为主人的土司主田舜年哭泣而挽留他时,他虽有不忍,而仍旧选择踏上归途,他描述辞行之景况:

> 先次余已辞行,君再四苦留,其将吏子侄皆利余久住。盖君性严厉,果于刑杀,自余之至也,日以诗相唱酬,夜得一诗,旦辄精思苦吟,刑

---

① 费孝通:"论师儒",载吴晗、费孝通等:《皇权与绅权》,天津:天津人民出版社,1988。
② 梁永佳:"社会意识中的'隐'",载《社会学研究》,2008年第5期。
③ 同上。

> 政皆辍，委之旗鼓，剺刵者绝少，左右皆以为余盛德所化，咸愿扳留，然余念此荒徼之地，非可久居……①

既然"荒蛮之地"是其"得道"之地，是桃花源和仙境地，顾彩为何在其最后的描述中竟然又重提"然余念此荒徼之地，非可久居"，将容美土司重新归入到"荒蛮"之列，并且不顾田舜年的苦苦挽留，坚持踏上归程？究其原因，在于作为士人的顾彩与作为土司主的田舜年两人各自所拥有的山川观念的不同模式。此两类模式，缘起于中国封建时期天子与诸侯对于山川祭祀的差异。"天子祭天地，诸侯祭社稷，大夫祭五祀。天子祭天下名山大川，五岳视三公，四渎视诸侯。诸侯祭名山大川之在其地者。天子诸侯祭因国之在其地而无主后者。"②尽管容美这一武陵山区有着"桃花源"的美誉，但其仍然不过是天子统治之地，相对于天子所在的文明之地而言，此处不过是"荒徼之地"。而对于田舜年来说，容美山川无疑是自己的统治之地，强调自身的统治权无疑是其一直所要追寻的目标。

（一）顾彩的山川观念

士人作为帝国统治阶层一部分的观念，在顾彩的脑海中无疑根深蒂固。在《容美纪游》中，顾彩的表述处处都在强调土司是属于帝国天下的一部分。

尽管对于土司的称呼有"蛮司"、"土司"等诸多充满着不同意义的名称，然而，在《容美纪游》之中，顾彩始终将容美土司称之为"容美宣慰司"，而将田舜年称之为"宣慰使"或者"使君"、"将军"，这些称呼，并非是顾彩的随意而为，却是他在以称呼表征着容美土司和田舜年在帝国政治体系中的位置和角色，"宣慰使"的称呼代表着田舜年在帝国官品中位于从三品，而"将军"之称呼，则是土司在帝国六部之中置身于兵部的身份。此类符号的表征，实际是顾彩意图将土司纳入帝国体系的表述。

---

① （清）顾彩：《容美纪游》，63 页。
② 杨天宇撰：《礼记译注》，152 页，上海：上海古籍出版社，2004。

同时，对于容美土司的血统来源，他毫不怀疑地将其纳入华夏血统之中，认为其先世田弘正，是唐代魏博节度使。这种英雄祖先式的叙事，实际包含着顾彩对于容美隶属于帝国文明的认可。此种帝国的归属感，在他对于容美土司内部事务中多有表现。

当田舜年的忠峒大女婿田昀因其弟与之争袭无法归府而向顾彩诉说失其国土之时，顾彩专门作了一首"杜鹃行"来讽之：

有鸟有鸟名杜宇，云是蜀中之旧主。声声自唤不如归，借问君归向何处？

呜呼社稷轻鸿毛，刘禅孟昶皆尔曹。他人失国竟寂寂，尔何羽化犹嗷嗷！

如今车书大一统，尔虽归国谁尊奉？百舌过时尚不啼，劝君缄口安卑栖。①

顾彩的这首诗，借助于对杜鹃之语，来告诉忠峒宣抚不要再为爵位而引起争端。"呜呼社稷轻鸿毛，刘禅孟昶皆尔曹。他人失国竟寂寂，尔何羽化犹嗷嗷！"，"如今车书大一统，尔虽归国谁尊奉？"这些话，顾彩实际想要表明：相较于帝国的大一统，土司的内部纷争实质是微不足道，而土司也应该以天下社稷为重，不要再为爵位问题而争端不休。

而对于容美宣慰使田舜年，顾彩也处处在显示帝国与土司关系中帝国的权威性。当顾彩到达容美的宜沙别墅，田舜年在"天成楼"宴请顾彩，并且出示参劾郭姓总督的文稿，因为郭制台拘捕了忠峒、唐崖、散毛、木（大）旺四司长官。而这些长官司，都如顾彩所说"皆仰其鼻息而憚其威灵，若郑、卫、邾、莒之事齐、晋"，均依附于容美土司。于是田舜年上书皇帝，弹劾郭制台不能有帝国的怀柔精神。顾彩看了疏稿之后，"赏其文有风力，然微失恭顺之意"，于是在随后的诗中，他写下"饮天成楼"一诗，隐喻自己的想法：

---

① （清）顾彩：《容美纪游》，28～29页。

晴如初夏雨如秋，顿觉春光一半休。天下云山皆北拱，是中溪水亦东流。湘烟暝透苍萝峡，岭月寒埋古石楼。萍迹自怜何以到？只缘圣世讲怀柔。①

顾彩的这首诗，试图告诉田舜年：帝国永远都是其需要恭顺的对象。"天下云山皆北拱，是中溪水亦东流"尽管是在指山水之方位，然而，却实际是以方位来指代帝国的所在。顾彩的这一暗示，是要告诉田舜年儒家思想中的"君臣"之礼，永远都不要忘记。

这种态度，同样体现在他为容美的"得胜桥"作记当中。在中府之时，田舜年邀请顾彩及众宾客游览观赏新修成的"得胜桥"，田舜年邀请顾彩作记刻石。顾彩问田舜年"得胜桥"得名之缘由，田舜年的回答是："是年，桑植寇至，余以四十八人破其数千之众，故以得胜志之。"②顾彩听后，回答："小矣！且桑植婚姻也，胜之不可以为功，夷考是年，适值皇上征噶尔丹得胜，普天同庆，亦是名之，见不忘君父之义。不亦大乎！"③田舜年听后，大喜："吾固想不至此，先生教我多矣，此义是也。"④顾彩与田舜年的这段对话实际是两种不同观念的反映。身为容美土司主的田舜年，为桥命名，意在纪念自己在武陵山区众多土司中取得的胜利，对于田舜年来说，纵横在帝国与武陵山区诸多土司之中，无疑，能够征服邻近土司是自己在"内"与"外"的关系中极为重要的篇章，于是以桥命名，以石铭刻，就象征着自身统治的永恒与不朽。而对于顾彩来说，更重要的是，为桥命名，应该是反映帝国之大事，也即正逢帝国康熙皇帝亲征噶尔丹取得胜利，应以此事为记，从而体现君父之大义。田舜年的天下图式，似乎是以帝国为终极点的圆锥形封建式天下，他自身与武陵山区诸土司则成为了列国诸侯；而顾彩的天下图式，则是以自身帝国为中心的圆圈形的"内""外"天下，他自身则为帝国文明的代表者。

---

① （清）顾彩：《容美纪游》，12页。
② 同上，32页。
③ 同上，32页。
④ 同上，32页。

"得胜桥"命名意义的差异，则源于此一天下图式的不同。

身为帝国的代表，顾彩在容美还见证了其武陵山区各土司之间的关系。武陵山区的其他四大土司永顺、保靖、桑植、酉阳，除酉阳离容美较远、其境不相衔接外，其余与容美的关系或好或坏，时常征伐不已。到清前期顾彩前往容美之时，只有保靖土司与容美关系较好。当保靖宣慰使彭泓派遣自己的干办舍人余星，来与容美土司结盟，田舜年让儿子丙如率领司中的舍把与其一起登坛，行歃血结盟之礼，并邀请顾彩书写盟书。其盟书如下：

> 维我二邦，恭膺帝命，来守屏藩。祖宗以来，世为姻好，同寅协恭，不侵不叛。兹以苗民逆命，犯我边疆，申固我盟，告诸天朝，告之社稷，自今以往，既盟之后，保靖有难，容美救之，容美有难，保靖亦然。有渝此盟以相及也，明神先君，是纠是殛，俾坠其师，靡克有后。①

顾彩所写的盟书，同样也在强调着帝国的权威和地位。他将两司的使命和历史，说成是受帝国之命来守屏藩的历史，而两司结盟之缘由，则成为守护疆土、平定苗蛮之叛乱。此次结盟，在告诸社稷之前，先告诸天朝，实际上，天朝成为了诸土司之"天"。帝国权力来源之"天"，在诸土司之中转变成为了帝国自身。这一盟约，是写给容美、保靖两司之人，顾彩的意图，恰恰是在宣扬自身所代表的帝国文明对于诸土司所具有的权威性。

强调容美山川的帝国属性，既是顾彩对自身身份的肯定，同时也是一种对容美与帝国之间关系的宣告。这种关系正是将帝国统治回复到天子的地位，确立一种天下的一统。然而，对于容美土司主田舜年来说，却并非如此。

（二）容美土司的山川观念

葛兰言曾在其著作中描述中封建时期封建诸侯山川观念的一些特征：

---

① （清）顾彩：《容美纪游》，53页。

每个君主都会崇拜位于他领地的这些神圣力量。山脉、森林和河流的神力并不限于生子、降雨，以及保证生育以使君主能够子孙绵延，并使他们的祖先得到足够的祭品，他们还有更多的好处：正如圣地是农村和谐的保证一样，那些神圣的河流、山脉和森林也被君主们看作是祖庭旺地，他们借以汲取祖德以提供统治其领地的权威。他们通常用山脉和河流的名字为自己命名，他们认为自己除了得到山川的名字之外，还得到其特有实质（就像天子把上帝看作是皇室的起源以及权力的来源一样），即那些封地或采邑。他们认为山川都有神圣的起源，对其崇拜可以增加他们的名望，同时也是他们的权威的外在表现形式。①

从葛兰言的分析中，我们可以知道山川之地既是一种权威的来源之处，同时也是权威的表现形式。对于作为土司主的田舜年而言，容美山川并未曾是"蛮荒之地"，反而是其权威所在之处。

司中如天泉、白溢、石梁司、水泥司、椒山司、藕庄、鹿寨、铜关、二酉洞、情由洞、北府、西府，若欲遍游，经年不能尽也。九峰性喜迁移，每到一处，不数日又迁而他往，中府虽其治城，未尝作匝月留也。行则家眷及将吏宾客皆迁，百姓襁负以从……②

这是顾彩在《容美纪游》的文末对田舜年的巡游所作的描述。事实上，田舜年在容美境内的这种终年巡游的方式正是对封建社会中天子"巡守"制度的一种模仿。其巡游所到之处，都是容美境内的重要府署，对于巩固容美的统治有着重要的作用。

同时，在他仅存的几篇诗文中，我们也能看到此类对于容美之地的自我评价。

---

① 葛兰言：《中国人的宗教信仰》，程门译，50页，贵阳：贵州人民出版社，2010。
② （清）顾彩：《容美纪游》，115页。

由是而推，则求中原文献于荒裔绝徼，不有如山鸡之文彩可观、泽雉之性耿介足垂者乎。彼夫虬髯客，不肯从龙而自娱，退域者谓其一无所长，不可也……况风雅一道流行于天壤清庙明堂之上，有传书崇山大谷之间，亦有传人，其势恒足以相埒。……少陵有云"五溪衣服共云山"，此物此志耳。然则四海九州之大，此心此理之同，岂其有畛域限之耶？①

这段文字，虽然田舜年是在讲诗文之事，然而，"有传书崇山大谷之间，亦有传人，其势恒足以相埒"、"五溪衣服共云山"则足可以看出他对自身容美之地的高度肯定。尽管是崇山大谷，同样能在诗文上与"清庙明堂"相抗衡。

同时，上文所提田舜年上书皇帝，试图弹劾郭制台不能有帝国的怀柔精神，同样也显现出他对自身权力的强调。

（三）矛盾

顾彩对于帝国统治的强调以及田舜年对于容美统治的强调无疑代表着帝国统治之下土司制度的一种尴尬境地。这一带有封建模式的形式对于强调天下一统的士人阶层来说，无疑是具有危险性的。在顾彩的行文中，这一危险性可以具体体现在他多次描绘的容美境内的"虎"的出现。"虎"成为"野"的象征。在容美，对顾彩而言，其最大的恐惧莫过于来自虎的存在。在枝江之时，当他听闻署中一石姓家丁说"容美路极险远，多蛇虎，难行"之时，曾一度取消了旅行的念头。在他前往容美的路途中，虎成为他诗文中最危险之物。即使到达容美府邸之后，对于虎的恐惧也未曾消除。居住在云来庄的"吉祥阁"之时，他的此种恐惧达到了顶峰，甚至在多处都描述了寓所与虎相离之近：

寓余于西阁，名"吉祥阁"，在平坡中，围墙仅高三尺，虎从楼下

---

① （清）田舜年："《田氏一家言》跋"，见陈湘锋、赵平略：《〈田氏一家言〉诗评注》，445页，北京：中央民族大学出版社，1999。

往来无碍，寝则去梯，以板盖之。①

然而，容美本地人却不惧怕虎：

> 李虎坡长亘五十里，与桦皮界连，细柳、平山皆其胸胁也，其高上接云汉，洞穴叵测，虎穴在焉，常夜出伤牛畜，惟宣慰君在庄居则稀至，虽至亦不敢咥人。余寓阁孤悬石田中，守宿者不敢于楼下卧。一夕，众炬火逐虎，虎下万人洞，啮一犬去，君始命匠为余筑墙安门，工未毕而余行矣。尝询土人不畏虎之故。云："每出，必携纸钱，压于所过土地祠炉台下，土神辄来护之，虽鼾眠草中，无恙也。"余寓楼东北窗，斜对四五峰，恒雨夜见其上炬灯如明月，意是虎眼，又不应如此之大，讫不知何光怪也。②

只有田舜年在之时，李虎坡的老虎才不敢出来，这正暗含了容美土司与虎为一类之意味。相较于容美土司的"野"，自身的"文"才是顾彩所引以为自豪所在。

顾彩与田舜年之间的这种矛盾，正是一种葛兰言所提及的中国封建时代天子与各诸侯之间的区别所在。该一区别，在《礼记》所记载的天子与诸侯山川祭祀的差异上得到根本性体现。天子与诸侯此两类山川观念，实质包含着对神圣权威来源的理解。就如葛兰言所暗示的，除了天是以单一人格神的面目出现，从而代表着是一切权威的来源和象征而为天子所拥有外，各种圣地信仰以及各地山川神灵实际代表着一种具有地方性的多元存在，而只有在形成中央集权的帝国之时，山川之神才会归属上天的统领。③因为如此，顾彩才会在《容美纪游》中一直带着一种权威唯一性的心态来描述和田舜年的

---

① （清）顾彩：《容美纪游》，51页。
② 同上，86~87页。
③ 葛兰言：《中国人的宗教信仰》，49~51页。

交往，而田舜年也才会在身为土司的情境之下对自身权威性加以强调。正因为此，顾彩才会在对容美土司的双重印象下最终离开这片异域之地。

小　结

中国历史上对于山川观念的理解，一方面，山川是"野蛮之地"，在"夷夏之辨"的民族观念中代表着"蛮夷"之所在。另一方面，就如葛兰言所说，山川又是圣地之所在，是权威的来源之地，与神灵相联系，在宗教意义上具有神圣性。然而，无论是作为"蛮夷"之所在的山川，还是作为神灵之所在的山川，都是他者之所在。正因为处在武陵山区的容美土司成为了此两者的结合体，才使得顾彩一方面将之视为"桃花源"、"仙境地"，是士人"归隐"之地，是"礼失求诸野"之地，另一方面又将其认为是带有危险性的"蛮荒之地"，不断强调帝国统治权威的唯一性。因此，可以说，顾彩的容美之旅既开始于对他者的向往，而又结束于对他者力量的恐惧。

第三部分

清代康定锅庄

一种讨论汉藏关系的历史路径

郑少雄

一、引言：当代问题及其历史参照物

根据媒体报道，在2008年拉萨发生的"3·14"事件中，存在着一定程度藏人针对汉、回商铺的攻击现象。①"3·14"事件当然有其复杂深远的内、外因素和新、旧原因，但仅就对汉回商铺的攻击这一特征而言，它同时隐含了族群关系与经济生活两方面的意涵。"3·14"事件平息后约半年，我到四川康区②进行田野调查，有意识地观察和询问外来商户与本地藏族居民之间的互动情况，发现在康定关外某半农半牧乡，数十家各类商店几乎都是回族人开的，而本地藏族小贩们就在商店门前的空地上设案卖猪肉，有时会引发相互间的负面情绪。在日常生活交谈中，我也偶尔听到部分当地百姓排斥汉、回商人的流言蜚语。与此同时，在内地也出现了一些类似现象：如成都武侯祠周边居民对少数民族经营的旅馆、店铺带来的治安秩序问题一直颇存隐忧，该地区也成为成都重点治理、防控对象；2012年在各地发生的所谓"切糕"事件，也引发了部分人对在内地流动经营、数量逐渐增多的少数民族商贩的隐隐担心。

在民族大杂居、小聚居现象普遍存在，开放市场体系成为普遍价值追求的今天，上述现象当然绝非主流。但在社会矛盾激化时刻突显出来的这些行为、言论和心理特征，其实表征着社会内部的某种集体深层意识，向我们提出了一个具有理论及现实意义的命题：在普遍的意义上，大规模进入己方文

---

① 可参看单光鼐、蒋兆勇、于泽远："如何消解西藏事件的影响"，载《南方周末》2008年5月1日。
② 藏区传统上分为卫藏、安多、康区三部，康区主要包括今天四川甘孜、云南迪庆、西藏昌都、青海玉树等地。

化共同体内部的"他者"及其经济活动往往被视为某种危险之源。

清代康定贸易可以视为上述跨族群（文化）贸易活动的一个有益对照物。汉藏贸易从唐代官方茶马互市起，历宋、元、明几朝，到清代转入民间边茶贸易，在西南的贸易地点也先后经历黎（今汉源）、雅（雅安）、碉门（天全）、岩州（泸定），以及打箭炉（康定）之变，虽然有一个从东向西不断推进的过程，但就其共同本质而言，那就是贸易地点都是给定的且处于族群接触的边缘地带，贸易者并不能私自突破。清代康定边茶贸易较之此前的茶马互市，帝国控制的程度已经大为下降，但却出现了所谓"48家锅庄"这种由本地藏族贵族开办，集旅店（同乡会馆）、堆栈与贸易中介功能为一身的经济组织，其重要特征是，锅庄主居中为在本锅庄住宿的康藏商人出售关外土产，并代其向内地汉族茶商购买茶叶，理论上藏汉商人无需会面。这一文化制度安排使汉藏贸易关系（也意味着汉藏交往关系）既得以维持不辍，同时至少在象征的意义上彻底表明双方不需要大规模深入对方共同体内部。作为给定的贸易边镇，加上锅庄这种机构的存在，使康定颇为符合波兰尼（Karl Polanyi）等人提出的"贸易港"（port of trade）概念的特征。[①]"贸易港"是前市场经济社会中跨文化共同体间主导性的贸易制度，一方面，从这一理论进路出发讨论康定边茶贸易及锅庄机制是此前学者未曾注意过的；另一方面，也是更重要的，通过"贸易港"概念的引入，对于揭示族群互动的历史智慧，以及讨论当代民族区域自治制度将起到重要借鉴作用。

---

① 1947年至1953年，波兰尼获得美国哥伦比亚大学社会科学研究委员会的支持，1953年后又得到福特基金会联合资助，主持了一个名为"经济在社会中的作用"的大型跨学科研究项目，在其工作成果中，波兰尼和他领导下的学术团队首次使用了"贸易港"的分析概念。参见 Karl Polanyi, C. Arensberg & H. Pearson, eds., *Trade and Market in the Early Empires: Economies in History and Theory* (First Gateway Edition), Chicago: Henry Regnery Company, 1971［1957］。

二、贸易港：跨文化交易的制度化安排

"贸易港"概念原来被用以分析全世界范围内普遍存在的跨文化贸易现象，①后集中于探讨18、19世纪非洲西海岸的奴隶贸易。②维达港（Whydah，也即维达王国）是西非海岸奴隶贸易中心，原附属于其他王朝，1727年起被内陆王朝达荷美（Dahomey）征服。一方面，达荷美人固守其内陆王朝的"海忌"传统，而且作为一个成熟的内部再分配（redistribution）体系，达荷美人看不起维达人的宗教与文明，担心其对自身内部整合体系造成影响；另一方面，出于与其他内陆王朝争霸的目的，达荷美人又对来自欧洲的枪支充满渴望。基于这两个原因，达荷美虽然全面控制了维达港，但却拒绝将其纳入自己的社会体系，而是任命原头人为"维达总督"（the Viceroy of Whydah）进行间接管理，使其成为与外部共同体（如英、法、葡等国）进行贸易的一块飞地（enclave）。在维持维达港这种政治"准中立性"的同时，达荷美将维达的贸易置于严格控制之下，达荷美不但在此派驻专门监督贸易（以及监督维达总督）的官员Chacha，而且规定向维达港输送奴隶的商人只能来自达荷美（此前则来自西非各地），以便于控制贸易规模及范围。

像维达这样的贸易港是古代经济中，使共同体对外交易持续存在必不可少的一项制度安排。"贸易港"存在的目的是为了实现共同体对外交换的同时，保持共同体的内部均质性免遭他者的侵害。波兰尼指出，贸易港是一种特殊的被制度化的市场，这个市场是按照一些与邻近地区截然不同的自有规则在运行着，基于商业活动之达成所必需的"和平的性质"，也即为了保证交易和运输过程中的人身和财产安全，贸易港最重要的特征是：第一，经济活动处于国家严格的管理和保护之下；第二，维护政治上"准中立"的性质；

---

① Karl Polanyi, "Ports of Trade in Early Societies," in George Dalton. ed., *Primitive, Archaic, and Modern Economies: Essays of Karl Polanyi*, Garden City, New York: Anchor books, 1968, p. 239.
② Karl Polanyi, *Dahomey and the Slave Trade: An Analysis of an Archaic Economy*, Seattle and London: University of Washington Press, 1966.

第三，因为贸易港与先于其出现的"默契交易"（silent trade）[①]存在历史延续性，因此贸易港交易双方保留一定程度的"接触禁忌"。在贸易港贸易中，我们往往看到，一方面政府管理优先于市场竞争（或竞争只在暗中运行），贸易价格是固定的；另一方面本地居民扮演中介和财计之责，但自己并不直接从事商业。波兰尼还认为，中介者（factor）往往是基于身份动机（status motive）而非利润动机（profit motive）。[②]

三、康定何以作为贸易港？

波兰尼指出，贸易港并非仅限于海外贸易；大陆上的贸易，尤其是两种生态地区（如高原和平原，沙漠和山地）之间的贸易聚集地，也可以归结为一种"类贸易港"（quasiport of trade）[③]。从生态角度而言，康定不失为一个标准的贸易港。康定处于四川盆地与青藏高原接触地带横断山脉的核心，我们仅从汉藏人群的认知即可获得对于生态差异性的充分认识。从康定出南、北二门，向西翻越折多山被称为"出关"或"走草地"，是苦寒高绝之地，汉藏人士都相信没有藏人及其牦牛驼队的协助，汉人行旅完全无法涉足；从关外进康定城则称为"入关"，自此向东汉人凭借背伕子之力即可胜任，但对于藏人却是个严重挑战——藏人相信自己及牦牛都无法生存在比康定海拔

[①] 按照波兰尼的说法，默契贸易（也翻译为"无声贸易"）最早出现于希罗多德的《历史》一书中。希罗多德记载道，迦太基人与非洲海岸土著进行交换时，在海滩上的某个位置各自放下货物与黄金，并根据对方的反应不断增添，直至双方满意完成交易。在此过程中，双方没有打过照面也从不交谈。参见 Karl Polanyi, "Ports of Trade in Early Societies", pp. 238～239, 243。栗本慎一郎也列举了包括日本在内大量的默契交易实例，参见栗本慎一郎：《经济人类学》，王名等译，北京：商务印书馆 1997 年版，第 73～87 页。栗本慎一郎正确指出，默契交易的真正本质并非语言不通，而是不同交易群体之间的一种"接触禁忌"。
[②] 本节综合参考了栗本慎一郎：《经济人类学》，88～98 页；Karl Polanyi, "Ports of Trade in Early Societies", pp. 238～260; Karl Polanyi, *Dahomey and the Slave Trade: An Analysis of an Archaic Economy*, pp. 99～139。
[③] Karl Polanyi, "Ports of Trade in Early Societies", p. 239.

更低的地带。①在这个意义上说，康定几乎天生就是为族群相遇贸易而设——有一个起源神话说：康定原来是一片水世界，为了让汉藏之间能够进行交易，人们机智地向龙王爷借来了这块地方。②

生态差异只是提供了自然要件，康定成长为"贸易港"源于跨族群的文化政治。

（一）帝国管理和保护下的共同体贸易：从"茶马互市"到"边茶贸易"

清代之前汉藏互市地点主要维持在大渡河以东，③但康定可能也断断续续存在过一些零星的突破：如明初来自打箭炉的礼部主事高惟善即曾在一份写给朝廷的报告中提到"打箭炉原易马处"，表明元代或更早前康定可能即有茶马交易发生；明代明正土司曾向中央王朝寻求重开茶市；④明末清初康定曾处于和硕特蒙古人与西藏格鲁派势力联合政权的管理之下，汉藏民间贸易一度颇盛，⑤直至康熙中期。

康熙时期康定正式开市，可以看出是针对族群物资贸易需要、汉藏双方有意识的政治安排。三十二年（1693年）五世达赖奏请"打箭炉交市之事"，皇帝"皇恩准行"，茶叶作为以茶御番的政治商品的形象正式降临打箭炉。到乾隆年间，打箭炉官方的茶马互市逐渐式微，康定开始了汉藏民间边茶贸易的时代，直至民国末年。不管是茶马互市还是边茶贸易，清代康定贸易始终处在帝国的严密保护和管理之下，其主要标志是军政机构的设立以及城池建筑和修缮（见表1）：

---

① 藏人不能入关是传统时代的一种流行想象，他们宣称光绪年间德格土司夫妇、民国初年末代明正土司的儿子相继因水土不服殁于成都及雅安。
② 张且：《康定城的建立与变迁》，载康定县志办：《炉城风物》第8期，1984年11月。
③ 如张廷玉等：《明史》卷80《食货志·茶法》称："初制，长河西等处番商以马入雅州易茶"。
④ 如永乐十三年（1415年）明正土司奏曰："西方无他土产，惟以马市茶为业。今年禁约之后，生理其艰，乞仍许开市，庶民有所养。"见《西藏研究》编辑部：《明实录藏族史料》第1集，158页，拉萨：西藏人民出版社，1982。
⑤ 《乾隆雅州府志》载："自明末流寇之变，商民避兵祸，渡河携茶贸易，而乌斯藏亦适有喇嘛到炉，彼此交易，汉番杂处。于是，始有坐炉之营官，来往贸易诸番叠经更替。"此处营官就是西藏政府派驻打箭炉实行统治和征税的官员，并且引发了下文即将提到的"西炉之乱"。

表 1　清代打箭炉的军政设置		
时间	事件	备注
康熙四十一年（1702年）	命理藩院喇嘛、郎中、员外前往打箭炉地方设关监督贸易	炉城驻官之始，监督贸易
康熙五十七年（1718年）	满兵五百驻炉城	炉城驻军之始，后于雍正元年（1723年）撤走
雍正七年（1729年）	设立打箭炉厅，属雅州府	最早的行政建制
雍正八年（1730年）	设立阜和营，属化林协	最早的军事建制
乾隆四十三年（1778年）	升阜和营为阜和协	军事建制升级
光绪三十一年（1905年）	升打箭炉厅为直隶厅	行政建制升级
光绪三十四年（1908年）	改打箭炉直隶厅为康定府	康定名称首次出现

资料来源：四川省康定县志编纂委员会（编纂）：《康定县志》，"大事记"，成都：四川辞书出版社1995年版。

除了军政系统，康定也一直存在修筑城垣的努力。明洪武二十一年（1388年），高惟善从明正土司属地招抚归来上言道："迨今十有余年，官民仍旧不相统摄。盖无统制之司，恣其猖獗，因袭旧蔽故也。其近而已附者如此，远而未附者何由而臣服之。且岩州、宁远等处，乃古之州治。苟拨兵戍守，就筑城堡，开垦山田，使近者向化而先附，远者畏威而来归。""……（上）从之。"①可见帝国在西陲修筑城池的目的是为了实现"统制"，且使"远者畏威"，但是终明之世，朝廷设置的城池都未能越过大渡河。雍正年间西藏乱平之后，川、滇、藏勘界，七年（1729年）打箭炉设厅，遥领康定以西直至今西藏昌都的全部四川藏区，次年就正式开始了修筑城池的历史；到光绪二十七年（1901年），康定共计筑城（或大修）五次。②虽然由于屡遭地震、火灾及兵火之困，且康定地形本身并不适合修城墙，到民国年间康定城垣已经彻底无存，但是康定筑城来巩固边疆政治、兴旺商贸的努力至少延续了近两百年。

① 《西藏研究》编辑部：《明实录藏族史料》第1集，78页。
② 张且："康定城的建立与变迁"。

帝国军政、城池之建立，一方面保护了商道及贸易的安全，另一方面也是为了加强对边茶贸易的管理。帝国对茶马贸易的管理从来未曾放松，在清代之前，不同时期先后出现过诸如"茶马司"、"买茶场"、"榷场"、"茶课"、"差发马"等管理机构和制度，到清代茶马互市式微、转为民间边茶贸易后，主要采用了所谓的茶引制，"四川有腹引边引土引之分。腹引行内地，边引行边地，土引行土司。而边引又分三道，其行销打箭炉者曰南路边引。"①茶商在产茶地纳款申请"茶边引"，凭引票载明的数额向销售地输出茶叶，康定作为南路边茶唯一的出口，雍正年间每年93119引，嘉庆年间每年104424引，光绪年间每年95040引，②每引配额为100市斤。康定销售的边茶主要来自雅安、荥经、天全、邛崃、名山五县，称"五属茶"，加工后雇请"背脚（茶脚子）"背到康定，在东关（亦称茶关）凭引票缴纳茶税，方可进城。茶商在康定城内设立的茶号，据称清代乾隆年间鼎盛时期达到八十多家，到1939年西康建省时还剩下二十多家。③

（二）以土司政治系统为核心特征的"准中立性"

在前面的叙述中，已经屡屡出现土司的身影。帝国时期在南方少数民族地方，册封原部落或地方首领为土司，相比于在汉人地区实施的行省、郡县制度，土司制被认为是一种形同"封建"、相对松散的地方酋长自治形式。康定明正土司于元初即受封号，明代进一步扩大了版图和实力，清初又积极向中央王朝"输诚向化"，可以说，至少在清初之前，朝廷对于康定城及折多山以西、雅砻江以东番人世界的管理，主要赖于明正土司及其政治系统。

到目前为止，明正土司与一般西南土司无异，似乎可以被认为是帝国力量还无法深入边疆腹地而采取的羁縻之计。但是这一情况在康熙年间发生了

---

① 赵尔巽等：《清史稿》卷124《食货志·茶法》。
② 吴吉远："清代打箭炉城的川藏贸易的产生和发展"，载《中国边疆史地研究》1994年第3期，73页。
③ 参见高济昌："边茶史话"，载甘孜州政协：《甘孜州文史资料集萃》第1辑，356~383页，2008。（内部资料）

变化。格鲁派与和硕特蒙古人联合建立的西藏政府派驻在康定的营官杀死当时的明正土司,又继续侵占大渡河以东土地,史称"西炉之乱"。康熙皇帝派军进剿诛灭西藏营官,收复康定关外大批其他土司、百户地方,于四十年(1701年)以原土司之妻为首,不但复设明正土司,还使土司管理的领地及百姓较此前扩大了十倍以上,一举奠定明正土司成为康区四大土司之领袖的基础。

注意如下一连串的时间点是有意义的:康熙三十二年(1693年)五世达赖奏请康定开市,皇帝随后批准;三十五年(1696年)双方派人查勘康定地界,皇帝同意"应仍使贸易;番人之事应行文达赖喇嘛,使晓谕营官遵行管理;关系土司之事,着土司管理,勿致生事"①;三十九年(1700年)土司被营官所杀;四十年(1701年)平定西炉之乱,驱逐西藏势力,复设明正土司;四十一年(1702年)派遣理藩院官员到康定设关监督贸易。短短十年之间接连发生的事件表明,即使在帝国力量已经占据绝对优势的情况下,将康定重新置于土司管理之下仍然被朝廷认为是维持汉藏贸易的核心。这一切正如波兰尼所言及的西非海岸,达荷美人征服维达港之后,仍然将其交给原来的国王来管理,目的就是为了维持贸易港交易所必需的"和平的性质"以及"拟政治中立"的特征。在康定这里,"拟政治中立"的特征较之于维达港更进一步,这体现在土司的双重面向上:一方面土司由帝国册封,是帝国体系中的一部分,存在着政治上结盟和忠诚关系;另一方面土司及其政治系统的贵族(锅庄主)本身是藏人的一份子,与藏人在习俗、宗教上有不可分割的关系。

康定的"准中立性"不但体现在通过设立土司形成的中央王朝间接统治上,更重要的是,土司政治发展过程中的地方性制度创设,更进一步强化了"准中立性"的特征。后面我们将进一步论述锅庄之运作如何强化了"准中立性",首先我们考察锅庄与土司的关系。

虽然康定人始终固守"48家锅庄"之说,但实际上不同时期锅庄数目悬

---

① 《西藏研究》编辑部:《清实录藏族史料》第1集,53页。

殊颇大：1940年调查显示锅庄只有32家①；据解放初统计，历史上出现过的锅庄总数据称已经达到了60～70家②，原因是部分原有锅庄消失了，更多的则是"改土归流"之后新出现的，"他们虽然也各有一座院坝，人们也习惯称之为'锅庄'，但在康定群众的心目中，他们是同48家锅庄有着严格区别的"。③这一地方视野里的分类体系表明锅庄是特指的。本地传说所谓48家锅庄都是明正家的臣子，在土司政治系统里的地位和权力各不相同（参见图1）。

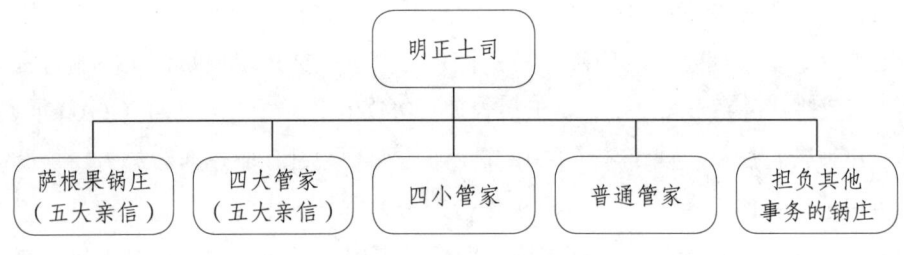

图1 明正土司与48家锅庄的关系

可见我们所讨论的康定锅庄，在其经济功能之外，真正核心的本质是作为土司政治体系的一部分而存在，承担了土司政治里的重要管理职能，体现了康定本地的贵族政治形态。④土司与锅庄的关系绵延深远，到了土司制度消亡之后仍在持续：

> 据阿桑约马锅庄女主人安静坤回忆，在她很小的时候，已是民国时期，尽管明正土司早在"改土归流"时就已将印信收缴，土司制度已经基本解体，锅庄早已不是明正土司的办事机构，隶属关系已经无形解除，但是每逢大年初一，各锅庄的男女主人都穿上规定的服装去到明正衙门

---

① 谭英华："说'锅庄'"，载赵心愚、秦和平：《清季民国康区藏族文献辑要》上册，646页，成都：四川民族出版社，2003。
② 参见高济昌、来作中："康定锅庄传闻录"，384～385页。
③ 同上，398页。
④ 关于贵族政治形态的说法，也可参见谭英华："说'锅庄'"，636页。

拜年，同时还要跳锅庄业的集体舞——锅庄，并敬献新年礼品，以表示对"甲布"的恭敬与顺诚，感激"甲布"对锅庄的恩泽。据说这个规矩在锅庄初兴时就已经形成，到民国时期已有数百年的历史。①

（三）汉藏贸易中的"接触禁忌"

关于锅庄的具体组织、交易形式及过程，可从以下几个方面获得认识：

1. 中介者：锅庄女主人

锅庄基本上是一楼一底的四合院式建筑，分布在炉城及近郊。锅庄主（或其先祖）固然是所谓明正土司家的大臣，但实际上掌管锅庄经营的多为女主人，在藏语中称为"阿佳卡巴"，原意指"能说会道的大姐"，后来也成为锅庄机构的代称，这种说法来自于拉萨方言，可能和清中期以后卫藏商人频繁来康区经商有关。②锅庄女主人也被汉人称为"沙鸦"，据说"打箭炉番女，年十五以上即受雇于茶客，名曰沙鸦。凡茶客贸易，听沙鸦定价直（值），人不敢校，茶客受成而已"。③在汉藏双方看来锅庄主人都是居中促成交易的直接关键角色。

2. 庇护者：住宿安排

锅庄是康藏商人在康定的客栈和会馆。康藏商人分为寺庙商、土司商以及私人商三种，商人带领自己的驼队，每年来打箭炉贸易一次或者数次。据说康藏商人入城之前，锅庄主人即亲自前往南门或北门外迎接。藏商在锅庄的住宿、饮食、牛马饲料，以及货物堆放等等，全部由锅庄主免费提供，每逢重要节庆，主人还要置办特别招待，同时锅庄主还必须确保藏商在炉城期间的货物安全。

藏商分成不同的地域群体，不但不丹、西藏、青海、康区之间的区别很明确，即便在康区内部，因为来自不同的土司或寺庙领地，各家"冲本"（藏

---

① 杨嘉铭：“打箭炉锅庄考略”，载《西藏研究》1989（4），17页。
② 同上，14页。
③ 周蔼联：《西藏纪游》，张江华、季垣垣点校，69页，北京：中国藏学出版社，2006。

语，指代理土司、寺庙或大商帮到打箭炉贸易的代理人）也清晰地维持着他们各自的地域认同。不同地域的康藏商人，住在固定的锅庄里，并不轻易更换：

> （就锅庄接待的）对象而言，它是固定不变，有历史的传统和地域性的……来往于某锅庄的客人的迁徙是绝少的事，要有那是阿佳们为了特殊原因，要把锅庄出典，或出卖的时候，但只要主人转来，他们马上又都回来了。①

在同一家锅庄内部，各地藏商们的相互区分也很清晰：

> 锅庄内，各家"冲本"的住房、仓库、拴牛马、缝茶、晒茶的场地，都是严格划分开的，互不干扰，谁也不能越雷池半步。若是要暂时使用，必须事先取得对方同意，否则是要受罚的。②

客商和锅庄固然结为老关系，但锅庄之间可同意转换客商的居住权，比如甲庄同意将某帮人移交乙庄，则该帮商人从此便改住乙庄。③传说中各家锅庄接待康藏商人的安排如表2。

表2 部分锅庄接待客商籍贯			
锅庄名称	版本一	版本二	版本三
咱（扎）家锅庄	/	木雅乡之驮脚娃	云南、雅江、九龙
姜家锅庄	云南帮、理塘、乡稻城	德格、理化、昌都商人	帮达昌、西藏客人
白家锅庄	甘孜、大金寺、昌都、德格	德格、绒坝岔、甘孜、理化	德格、昌都

---

① 谭英华：《说'锅庄'》，639~640页。
② 包保邓朱仁青：《康定瓦斯碉锅庄的概况》，载康定县政协：《康定县文史资料选辑》，第2辑，31页。（内部出版，年份不详）
③ 吴传钧：《西康省藏族自治州》，106页，北京：生活·读书·新知三联书店，1955。

表 2　部分锅庄接待客商籍贯

白土坎包家锅庄	德格、白玉	德格、白玉	德格
白土坎彭家锅庄	理塘、昌都	理化、昌都	理塘
衙门口陈家锅庄	理塘、绒坝岔	理化	理塘、客绒
大院坝罗家锅庄	甘孜、绒坝岔、炉霍、昌都	甘孜、绒坝岔、炉霍	甘孜
大院坝杨家锅庄	木雅	木雅娃	/
将军桥充家锅庄	道孚、甘孜、西藏	道孚、甘孜	甘孜
杨马泰锅庄	云南、西藏察瓦绒一带商人	云南、西藏察瓦绒一带商人	
上铁门坎王家锅庄	甘孜、昌都、波密	甘孜	甘孜、云南
上架烈家（王家锅庄）	木雅	木雅娃	/
下架烈家（罗家锅庄）	云南	云南	/
龚家锅庄	/	甘孜、昌都商人	/
大石包包家锅庄	甘孜、夺拖寺、绒坝岔	甘孜、德格商人	甘孜、绒坝岔、白利寺
高日家锅庄	/	道孚、瞻化	道孚
那墨蛙家锅庄	贡觉、乍丫	道孚、泰宁、炉霍	/
张（孙）家锅庄	/	道孚、德格	道孚
诸葛街王家锅庄	/	道孚	道孚
瓦斯碉包家锅庄	西藏、不丹、甘孜、炉霍、理塘	德格、白玉、西藏商人	甘孜寺、香根家、汉人寺以及东谷等地
彭家锅庄		德格	/
木家锅庄	甘孜、大金寺、白利寺、章谷等地	炉霍、青海玉树（结古）、大结、高日寺僧商	甘孜白利寺、大金寺
贾家锅庄	/	炉霍商	/
上子耳坡王家锅庄	瞻对、德格	瞻化、更钦（庆）	新龙客人
邱家锅庄	甘孜、德格、昌都	甘孜、德格、昌都	甘孜、昌都、玉树

表2　部分锅庄接待客商籍贯

彭家锅庄	/	甘孜、白利	甘孜、白利、道孚
下子耳坡杨家	道孚驮脚娃	/	道孚、玉科、色达
安家锅庄	/	/	道孚
白土坎罗家锅庄	理塘	/	西藏、昌都
甲呷家	木雅	/	九龙、雅江、木雅

资料来源：版本一据四川省康定县志编纂委员会（编纂）：《康定县志》；版本二据谭英华："说'锅庄'"，载赵心愚、秦和平（编）：《清季民国康区藏族文献辑要》上册，成都：四川民族出版社2003年版；版本三据刘仕权："康定四十八家锅庄"，载康定县政协（编）：《康定县文史资料选辑》第2辑，康定：内部出版，年份不详。

尽管上述各家版本略有不同，但反映出来的性质是一致的，锅庄既是关外藏商在康定的落脚处，同时也充当某种类似于地域会馆①的性质。锅庄与藏商的地域对应关系，据称是明正土司的安排："据瓦斯碉锅庄主人包文光讲，明正土司为了维护其统治，协调四十八家锅庄关系，对关外及西藏来康定贸易的商人投宿锅庄，当时均有分配，以后即循旧例，不争夺商客，更不许挖墙脚。民国时期虽有小错乱现象，但大体上还是维持旧例。"②表明明正土司及其锅庄一定意义上充当了康藏商人在打箭炉的庇护者角色。

3."不见面的交易"

康藏商携带关外土特产品到康定，首先都堆放在锅庄里。据说由于言语不通，康藏商人并不直接销售给康定的汉族商人，而是交由锅庄主人代为销售。康藏商需要的茶叶，也是由锅庄主人代为介绍某茶号。藏商出售关外土产，汉商销售茶叶，通常情况下双方不直接见面，而是由锅庄主代为完成交易过程，或至少由锅庄主居间翻译、撮合；发生纠纷通常也是由

---

① 任乃强亦有此说。
② 刘仕权："康定四十八家锅庄"，载康定县政协：《康定县文史资料选辑》第2辑，19页。

锅庄主调停裁决，双方大都接受，一般没有什么异议；汉商和藏商都存在赊账或远期交割货物的传统①，锅庄主就扮演了双方的债务和信用担保人。②锅庄主的收入主要来源于藏商出售土产后的抽成，称为"吃退头"，通常占销售额的 2%～4%，但抽成是由买方也就是汉族商人支付的。锅庄对藏商购买茶叶的业务不收取退头。③所谓"吃退头"，在康人的地方观念里，据说关外的差民（佃户或农奴）进城卖肉牛，他们吃住锅庄是免费的，因此杀牛之后，必须把牛头献给主人。④

所谓"不见面的交易"是隐喻意义上的。康定所有关于锅庄的神秘性说法都是为了强调锅庄在汉藏贸易中的重要性：没有锅庄，远道而来的康藏商人就缺少了强有力的庇护，甚至可能衣食无措；离开了能说会道的锅庄主，不但汉藏商人无法有效沟通达成交易，他们的远期债务也将缺乏有效担保，从而仍然导致贸易的最终崩溃。换言之，汉藏贸易究其本质来说并不是直接完成的，而是汉藏双方各自与锅庄主之间包括财富与信任在内的"总体性交换"。

四、康定之超越贸易港

基于波兰尼的界定，本文从三个方面讨论了康定的贸易港特征：第一，康定的边茶贸易是晚期帝国管理和保护下的共同体之间的外部贸易；第二，

---

① 康定锅庄后人回忆道：每年3、4月，藏商把各地货物运抵炉城后，只要锅庄主点头，藏商就把货物折成茶包或其他所要买的东西，赊销给各帮字号，各帮字号下半年陆续付茶（见包保邓朱仁青："康定瓦斯碉锅庄的概况"，31页）。而藏商赊购茶叶，待出关销售完毕后再来炉城付款，更是康定边茶贸易中的常态。藏商赊购茶叶时，需要向茶商出具"夷票"凭证（参见刘仕权："康定四十八家锅庄"，22页）。光绪末年，为了配合赵尔丰建立边茶股份公司的设想，打箭炉厅官员曾经公开呼吁四川茶商不要赊销茶叶给藏商（参见"打箭炉厅同知王典章劝告茶商演说"，载赵心愚、秦和平：《清季民国康区藏族文献辑要》上册，37～38页）。
② 参见高济昌、来作中："康定锅庄传闻录"；刘仕权："康定四十八家锅庄"；包保邓朱仁青："康定瓦斯碉锅庄的概况"。
③ 刘仕权："解放前康定商业简述"，137页。
④ 包保邓朱仁青："康定瓦斯碉锅庄的概况"，28页。

帝国实施的土司制度奠定了康定的"准中立性";第三,锅庄贸易延续并强化了共同体间贸易的接触禁忌。可以看出,在前现代时期,族群之间的贸易经济活动是嵌入在政治和社会之中的。但是,康定与波兰尼所言之贸易港也存在着微妙区别。讨论这些区别的本意不是为了反思贸易港概念的普遍合用性,而是着眼于康定贸易所体现的中华帝国晚期的文明关系和族群相处模式。

首先,康定贸易港所面对的汉藏贸易,具有外部、内部交换双意性。达荷美是个内陆小王朝,与欧洲人在维达港的相遇属于在历史的某一瞬间突然发生的殖民遭遇(colonial encounter)①。在贸易关系持续的过程中,欧洲人和达荷美之间还不存在任何形式的政治统属关系,贸易双方的关系是对等的。②与此相反,康定边茶贸易中汉藏双方的关系源远流长。自唐代起,汉藏双方即已开始战争、会盟及茶叶交换的历史;进入元代,西藏更被纳入了中原帝国的体系。康定开市,既是汉藏两个文化共同体之间的外部贸易,实则也是帝国体系里的内部交换。与达荷美人跟欧洲人之间用奴隶交换武器不同,随着清代中晚期对马匹需求的减少,康定贸易本质上不全然是波兰尼所说的"交易是一种为获取不能直接得到的财物而采取的间接手段",而表现为晚期帝国的治国术(statecraft),也即以物资交换边疆族群的忠诚与合作。如康熙四十一年(1702年)皇帝在命令理藩院派员到打箭炉设关监督贸易的敕谕中说:"其番人最贪,见小利便喜,税银不取于彼,就我国商人征之。不可专以税额为事,若立意取盈,商贾不至,与禁止何异?此项钱粮不多,勿以此注念。须图好名,稍有优处,人即称颂。"③这一套说辞申明了帝国内部的秩序观念,那就是凭借茶叶以及朝廷的慷慨,实现以茶治边。康藏商人在康定获得的所有特殊优厚待遇,放在这个逻辑里似乎都可以得到很好的解释。

---

① 我在这里借用"殖民遭遇"(参见 Talal Asad, ed., *Anthropology and the Colonial Encounter*, Humanity Books, 1995)这个词,只是为了强调文化相遇的突然性,重点不在"殖民"二字的批判属性。在波兰尼看来,欧洲殖民者与非洲土著之间的交换并不存在"剩余"和"剥削"。
② R. Arnold, "A Port of Trade: Whydah on the Guinea Coast," in *Trade and Market in the Early Empires*; Karl Polanyi, *Dahomey and the Slave Trade: An Analysis of an Archaic Economy*.
③ 《西藏研究》编辑部:《清实录藏族史料》第 1 集,54 页。

其次，接触禁忌的目的具有双向性。达荷美是个纯粹内陆国家，宗教里包含海洋禁忌。不管欧洲人本身是否乐于进入内陆地区，在达荷美人这边看来，将维达设为贸易港，目的是为了在获得武器的同时，保护达荷美内部的同质性免于外部共同体（包括欧洲人和维达王国）价值体系的侵蚀。与此相反，在康定的个案里，免于他者异质性影响的追求是双向的。五世达赖喇嘛和康熙皇帝共同促成康定开市，而非相互开放市场，加上前述清代、民国年间汉人对关外地区生态特征的描述，藏人对平原地区的文化想象，本身即都隐含着这一双向追求。更进一步说，保护"他者"免受来自中原文化价值体系影响的考量可能更重，至少在清末"改土归流"之前，康定开市以及复设土司，与帝国对边疆地区"修其教不易其俗，齐其政不易其宜"的价值追求是一致的。不同文化共同体保持各自独立的空间及其相互之间的区分是一种历史形成的状态，在一个大规模的政治体系内部，这种状态通过康定的贸易港制度安排得到确认和维持。

最后，也是最重要的，尽管康定"准中立性"特征最初是由帝国赋予的，但其最终实现却有赖于地方社会对外部体系的认知，以及基于这种认知而产生的能动的文化政治创造。达荷美人对维达港的利用是纯粹工具性的，维达总督除了获得达荷美王朝的政治授权继续维持治安以外，并不参与贸易事务，和达荷美人之间也不具备任何形式的亲属或宗教意义上的关联。①康定贸易的不同之处在于，尽管土司、锅庄主和维达总督一样都是本地土著，但是土司、锅庄主与汉藏双方都存在着千丝万缕的历史关系，或至少试图建构这些关系。其一，康定土司政治的一个重要特征是土司政权与寺庙教权的内在结合。与藏区普通家庭"一子留家余子为僧"相似，土司家族长期对兄弟"一人继承土司、一人出家为僧"的结构性安排十分执着。在康定传说中，元代土司家庙金刚寺创立时其庙主就是土司家的侄儿；清末，按朝廷规定明正土司本应由嫡子继承土司职位，但却成功瞒过厅、府及川省主官（地方官员甚至不知道土司有后），将其送往拉萨出家，最终土司职位由其弟弟继承，也即末代土司甲宜斋。基于这

---

① R. Arnold, "A Port of Trade: Whydah on the Guinea Coast," in Trade and Market in the Early Empires; Karl Polanyi, *Dahomey and the Slave Trade: An Analysis of an Archaic Economy*.

个原因，康定老话所说的土司家族"放下铃铛是土司，拿起铃铛是活佛"，即深刻表明了这种政教结盟的形式。政教结盟表明了土司对双重政治合法性来源的追求。其二，土司以及他的部分贵族大臣（锅庄主）试图在血缘意义上建立与汉藏双方的联系。在明正土司和四大管家之一的"木家锅庄"的源流叙事里，都把自己描述为康熙皇帝的儿子果亲王与某位"拉萨夷妇"结合的后裔，[①]土司家汉姓"甲"与锅庄主汉姓"木"就是从"果"字拆分而来。其三，不同锅庄与汉藏双方的关系也体现了某种微妙的汉藏平衡。如四大管家里的"包家锅庄"和"汪家锅庄"，前者据说明洪武年间，土司曾经犯了杀头之罪，皇帝追究，包家先祖自愿进京代土司领刑。皇帝嘉其忠义，用金头镶其身运回打箭炉安葬，并且赐汉姓为"包"，意思是包了土司所有的罪，又包了土司永远忠于朝廷，因此包家锅庄成为明正土司的首辅。关于后者，"汪家锅庄"在藏语里称为"效白措"，"效白"二字，原是对西藏噶厦地方政府四大"噶伦"的称呼，据说拉萨曾经派来一个噶伦参与土司事务的管理，常住在这家锅庄里，后来就在这个锅庄上门入赘并担任了明正土司的辅佐。[②]这些事例结合起来表明，康定本地的政治文化话语和制度实践充分借用了与汉藏双方长时段互动形成的历史资源，成功塑造了作为汉藏中介者的角色。这一中介角色不仅是经济的（锅庄贸易），也是政治的：民国初年的数次汉藏争端中，已经下台的明正土司屡屡被川边官员派往前线充当汉藏交涉的使节，表明土司的中间人特性获得汉藏双方的认可。

五、余论：对当代民族区域自治的一点启示

综上所述，作为贸易港，康定有效实现了汉藏文化共同体之间的外部交换和区分；但是康定超越贸易港的诸特性同时也表明：第一，这种外部性交

[①] 这一故事在康定民间流传甚广，最晚于光绪年间就已经出现，也可参见查骞：《边藏风土记》卷一，林超校点，4页，北京：中国藏学出版社，1990。
[②] 参见高济昌、来作中："康定锅庄传闻录"，384～385页。

换及区分是帝国有意识的制度性安排，目的是实现少数民族之合作与边疆安定。第二，帝国的这种制度安排获得了地方基于历史资源及自我定位的响应和进一步发挥，尤其是锅庄这种中介机构的出现。第三，文化共同体之间的区分是辩证的，区分并非意味着在共同体之间划定将双方隔绝开的明确界线，毋宁说是在其间形成界限模糊的缓冲地带。这一缓冲地带是仪式性转化的场所，目的是确保双方的交换和流通：比如茶叶从产地到康定之间，是以竹篾包装；从康定出关，则须用整张生牛皮包裹，由此缝茶（包）业也就成了康定继锅庄之后的另一大行业。在康定等待改换茶叶包装，与朝廷官员兵士出关前等待"乌拉"[①]牛马，驻藏大臣被本地活佛劝谕到藏后要"多念观音经、陀罗经"[②]一道成为一种隐喻，表明一方的物资、人员和观念进入对方共同体之前，必须经过合理的仪式性转化。第四，缓冲地带上的政治、经济和亲属制度包含了双边共同体的要素，组合成一种独特的本地形式，既有别于双边共同体，同时也可以视为分别是双边共同体的一部分，[③]因而中间地带可以理解双边的文化政治理念。从而使得不同族群既保留了相对宽松的自我空间，其基于历史和"血缘"形成的关系又始终维持不辍。

总而言之，以土司社会（锅庄是其内部最重要的组织要素之一）为中介，汉藏之间存在着包括生态、贸易、族群、宗教等众多面向在内的有机政治联系，这种有机政治联系使得汉藏文明成为一个不可分割的连续体系。近代从天下到民族－国家转变的过程中，新型国家的设计是把川、康、藏切割开来，并且希望把它们都改造成为内部同质性的原子化单位。[④]换句话说，当代思想并没有充分意识到汉藏之间复杂的多元文化特征和跨地方的历史联系。当

---

① 清代、民国时期，康藏土司、头人组织百姓及其牛马为内地官员、军队支应的驮运徭役，统称为"乌拉"。
② 有泰：《有泰驻藏日记》卷3，51页，北京：全国图书馆文献缩微复制中心，1991。
③ 萨林斯认为作为本体的社会（文化）绝不是自主和自我生成的，它们从来便处于由他者组成的更大范围的历史场域中，而且很大程度上是在彼此参照的过程中形成的，社会总是依赖于他者，自我在他者之中，他者也内在于我。参见萨林斯："整体即部分：秩序与变迁的跨文化政治"，刘永华译，载王铭铭：《中国人类学评论》第9辑，127页，北京：世界图书出版公司，2009。
④ 关于近代康区改土归流的历史过程，可参看马菁林：《清末川边藏区改土归流考》，成都：巴蜀书社，2004。

下对中国少数民族"去政治化"的政策构想,认为通过民族识别强化了民族意识,以一个族群对应于一个地理区域,以及当代少数民族精英培养体制,这三者有导致国家分裂的危险。[①]很大程度上,产生这些忧虑的原因在于,一方面没有意识到,不同文化共同体存在明确的区分且对应于各自的地理区域,是历史的本来面目以及人类心理之本性,更没有意识到在不同人群表面的区分背后,实际上隐藏着"你中有我、我中有你"的历史关联;另一方面没有意识到,少数民族精英(如土司和锅庄主)为平衡汉藏关系展开了极其多样的历史实践。上述这些历史关联和历史实践是当代落实少数民族区域自治政策时不可忽视的历史智慧。

---

① 参见马戎:"21世纪的中国是否存在国家分裂的风险"(上),来自共识网。http://www.21ccom.net/articles/zgyj/ggzhc/article_2011041333510.html,2013年12月1日访问。

无酒不成礼

对西南一个汉族寨子婚礼中"酒"的人类学解析*

尹 韬

2006年12月初的一个傍晚,天寒地冻,北风割面,我独自一人,穿着厚重的大衣,背着沉重的行李包,闯入了贵州省贵定县盘江镇的一个叫做竹林堡的地方。

这是一个有着六百人左右的汉族寨子。在这里我一个人都不认识,也没有当地政府官员的介绍。我想就这样在寨子里面先转转,随便找个当地人聊聊天,了解一下情况,然后在附近找个旅社住下,明后天再过来,找个好心的、能让我在他家吃住的人。就这样,在天将要黑的情况下,我在寨子里面转悠了二十多分钟。我这身行头,还戴着一个眼镜,我想,当地人看了一定会纳闷:怎么突然间冒出了这么一个家伙?除了路上的一两个老人家会向我点点头、微笑一下之外,更多的人是以一种疑惑和戒备的眼神看着我。

我在寻找合适的机会。当我转到寨子中心的时候,透过一个大门,我见着一对中年夫妇正在簸米。男的见我朝他家院子里探望,便主动跟我打招呼。我心里一喜,心想这下终于有人理我了,便过去跟他们说起话来。主人将我招呼到他家里火炉边坐着,寒冬腊月的,这让我感到一阵的温暖。简单的寒暄和介绍,问了一些寨子的基本情况之后,我便向主人道别。主人坚持留我下来一块吃饭,还说,这个时候到其他地方已经找不到吃的了,来了就是客。

---

* 本文来自我对硕士论文的修改。十分感谢导师王铭铭教授的辛勤指导。论文的写作,得到了张亚辉博士的大力帮助。吴世旭、张原二位博士也提供了不少有益的建议,在此一并表示感谢。另外,我要感谢我论文的答辩老师朱晓阳、潘守永、赵丙祥三位教授所提出的宝贵意见。当然,文章中存在的任何错误和问题应由我一人全部承担。

我一方面觉得不好意思，一方面又暗自庆幸。

运气很好，我刚好遇到主人家"宰"了一条狗。开饭时，首先摆上桌的不是饭，而是一瓶酒。主人说，这是他们自家烤的酒，有客人来，一定要尝一尝。我酒量有限，平时也不太爱喝酒，但这个时候也只有"入乡随俗"了。主人知道我还是个学生，也不强劝我喝酒，只是不停地叫我吃好喝好。我"受人之恩"，力所能及地喝了不少酒，喝得满脸通红。也就是在这样一种"边喝边聊"的气氛中，我们之间的关系拉近了不少。主人跟我讲了他们家里的一些事情，我也坦诚地说了一下我自己的情况。

男主人姓彭，四十左右，我管他叫彭大哥。他的父亲是当地的"老村长"，村里很多人都很尊重他。彭大哥有两个儿子，都在上中学。他说，他的两个弟弟都在外工作，自己也是经常出远门，知道出门在外不容易，所以特别能够体会我这个外乡人的处境。我和他们边吃边喝边聊，不知不觉两个小时就过去了。当我起身表示感谢、道别，并询问附近哪儿有旅社的时候，彭大哥开玩笑说，这么晚了，你去哪儿找旅社啊，怕没有地方睡的话，屋顶上有几个钩子，可以在那儿吊着睡嘛。

通过喝酒，我结识了彭大哥一家，并在他家长时间住下来。而这之后，每次在他家吃饭，和第一次一样，也总是少不了酒。"老村长"见我酒量有限，便跟我说，你都是要踏入社会的人了，应该把握好住在我们家这个机会，把酒量练好。

借助于彭大哥一家在寨子里面良好的声誉，我每次到寨子里其他人家访谈调查的时候，都会跟别人谈起我住在"老村长"家，这样便使得我的调查顺利了不少。当我在其他人家观看"请神"、"叫魂"等仪式而被热情的主人留下来吃饭的时候，也总是少不了喝酒。在这些"喝酒"的氛围中，我从他们那里获得了不少自己所渴求的材料。

一个月后的某天早晨，天气很好，当我结束调查从竹林堡回学校的时候，彭大哥的母亲——一个勤劳、善良的老人，执意给我煮了十几个鸡蛋，还装了好几瓶她酿的酒，说是带回去让我的老师、同学也尝一尝。而这个时候，我已经在寨子里面经历了不少大大小小各种各样的"酒局"。我的调查，以一次喝酒的经历得以顺利展开,巧合的是,也以"酒"结束。而我这次调查的主题,恰恰就是"酒"这种物。

酿酒的女人与喝酒的男人

在竹林堡,几乎都是自家酿酒,这是由于在当地,每年招待亲戚朋友和过年过节,需要用到大量的酒。酿酒多是在冬天这个农闲季节。随着季节的变化,他们的主要活动场地也从"屋外"转移到了"屋内",这也是寨子上"红白喜事"等公共活动最多的时候。这些公共活动,往往将那些平时走动得不多的亲戚朋友聚在了一起,将各种松散的社会关系又一次拉动了起来。而在这些场合,酒是不可或缺的。

寨子里尽管有个别会酿酒的老头,但这却主要是妇女的工作。多数妇女都是在结婚以后因为家庭需要才不得不学会酿酒的,而教授她们这一技术的,通常是她们的婆婆。

酿酒是一个极为复杂的过程。妇女们把酿酒所用之原料糯米煮熟之后,在里面细心地放入适量的"酒药",并搅拌均匀,然后将其放入一个坛子之中密封发酵。每过两三天,她们都会揭开盖子,细心地观察发酵到什么程度了,并不断地搅拌,避免发酵时冷热不均。就这样,经过这些妇女一月左右的精心照顾,当酒糟完全沉底,上面全是清水,达到"水清米白"的程度,便可以烤酒了。

"烤酒"是整个程序的关键。即使前面的酒发酵得再好,但"烤"这一关过不了,也是前功尽弃。烤酒的时候,需要在锅中放入一个红色的辣椒,据说这种"极阳"的食物,能够吓走那些前来偷吃美酒的鬼魂。

烤酒时,火色是关键中的关键。这需要烤酒的人非常有耐心,把火势控制在一定的范围内。如果火太大的话,不但酒糟会糊,酒气还会跑掉。酒烤好之后,首先舀出一杯,置于灶头边上,祭祀祖先和各种神灵,之后人们才能享用。需要看到的是,"烤酒"是在粮食被煮熟之后一个月,再一次将其置于"火"上的过程。

通常而言,刚烤出的"酒"比较"恶"、"暴躁"、"性质陡",容易醉人,需要将它们密封好存放一段时间,待其比较"随性"了,才适合饮用。①

妇女在酿酒的过程中付出了艰辛劳动,可她们却不享用自己的这一劳动成果,而是将其贡献给了男人。在此,我可以分别举私下家庭和公共酒席上的情况为例。

每次在彭大哥家吃饭的时候,只有我、彭大哥以及"老村长"这三个男人喝酒。他母亲尽管是酿酒的,除了偶尔抿一口、尝一下味道以外,从来不会像我们那样大量地喝酒。彭大哥的妻子——我的彭大嫂更是滴酒不沾。彭大哥那十四五岁左右的、上中学的两个儿子,据说酒量还可以,但他们在家里从来得不到酒喝,因为他们年龄还小,没有踏入社会,还没有喝酒的资格。

另外一个例子就是在公共场合的"酒席"上。每桌酒席上除了饭菜以外,还有饮料、啤酒、米酒这三种东西②。饮料一般是给妇女和小孩喝的,啤酒是给不太会喝酒的男人喝的,而米酒主要给会喝酒的男人喝的。通常而言,男人不会去抢小孩和妇女的饮料喝,而相反的情况也一样。只有那些十几岁的男孩介于这几者之间,既可以去喝饮料,毕竟他们还未成年,又可以喝啤酒和米酒,因为他们即将踏入社会,得利用这种难得的、对他们限制得不是那么严的公共场合来学习喝酒。

可以看到:喝酒的主要是男人,不喝酒的是女人,而学习喝酒的是那些

---

① 从当地人对酒的这些说法,可以看到,他们将"酒"也看成和人一样,是有生命力的东西,"性格各异"。从这点,我们也就能够理解莫斯所说的"事物本身原本也具有人格和品性"这句话的意义。参见莫斯:《礼物》,汲喆译,140页,上海:上海人民出版社,2002;研究中国科学技术史的李约瑟也有类似的说法。在论述中国的道家思想时,他说,"在生与无生物之间严格地区分,不仅在人类智力的发展史上是较晚的事,而且每个人在成长的过程中,也较晚才有这种能力。有生与无生物的混淆,并不是设想万物有人的特性,而是根本就把万物都当做人类"。参见李约瑟(Joseph Needham):《中国古代科学思想史》,陈立夫主译,51页注,南昌:江西人民出版社,2006。
② 需要说明的是,这三种东西的重要性是不一样的。一个酒席上可以没有啤酒、饮料,但决不能没有米酒。米酒是酒席上最为核心和重要的东西,时间也很悠久,不像其它两样,是近十年才添加上去的。

十几岁的男孩子。

俗话说"女子天生半斤酒量",这说明了,寨子里的妇女之所以不喝酒,并不是由于她们在生理上天生就不如男人会喝。有时我们也听到这样的说法,"不喝酒,还算男人吗?"人们喝不喝酒与爱不爱喝酒,实在不是一种自然和生理现象,而是一种文化和社会现象。

在著名的《烹饪三角》一文中,列维-斯特劳斯通过烤、煮、熏这三种食物加工方式的比较,让我们看到"自然之物"在"火"的作用之下如何转变成"文化之物"的过程,并且在这之中,由于加工方式的不一样,每种食物所含有的文化成分、文化意味也有所差异。①正如利奇(Edmund Leach)在对他的评论中所说:"食物是一种特别合适的'介体',因为在我们吃它的时候,我实际上在我们自身(文化)与我们的食物(自然)之间建立了直接的同一性。"②列氏对食物的分析方法和他对图腾种类的分析方法是一致的,它们都是用于"思考的事物"而不简单是"消耗的食物"③。如何理解这种"思考的事物",我觉得应该是在物与物之间看到一种关系,正是通过与其他相关之物的比较,物自身的"特性"、"生命"才能凸显出来。列氏对食物这种"文化"与"自然"二元对立的分析方法也受到了一定的批评。比如玛丽·道格拉斯(Mary Douglas)就认为他的分析过分注重二元对立,而忽视了背后具体的社会关系这一基础,并且这种分析方式也不能让我们看到当地人是如何具体运用这些二元对立的,以及它们的价值为何。④不管怎么说,在我看来,列维-斯特劳斯的分析方法是个基础。他给我的启示就在于,将关注点放在食物与食物之间的关系之上。对"酒"而言,就是要看到它与餐桌上其他食物的比较。

杜蒙的《阶序人》正是这样一部涉及食物与社会之间关系的精彩著作。

---

① Claude Levi-Strauss, "The Culinary Triangle", in Penny Van Esterik, eds., *Food and Culture*, Carole Counihan, London, Routledge, 1997, pp.28~35.
② 利奇:《列维-斯特劳斯》,王庆仁译,36页,北京:生活·读书·新知三联书店,1986。
③ 列维-斯特劳斯:"熊与理发师",见史宗主编:《20世纪西方宗教人类学文选》,金泽等译,上卷,305~321页,上海:上海三联书店,1995。
④ Mary Douglas, "Deciphering a Meal", in Penny Van Esterik, eds., *Food and Culture*, Carole Counihan, London, Routledge, 1997, pp.36~54.

在这本书中，他有一章专门讲述印度社会不同等级的人如何通过食物的禁忌来体现出这种等级关系。他的论述，让我们看到食物在一个社会中反映和维持"社会秩序"的重要性，所谓"食物的分类主要是以人的分类以及人群之间的关系为指涉基础，本身并不是由某种普遍性的洁净与不洁之分所造成的一项基本而独立的事实"①。

杜蒙对食物的分析所关注的是不同等级的人之间不能共食这一社会现象。列维-斯特劳斯则将关注点放在食物之间加工方式的差异之上，借此他想找寻隐藏在这背后人类思维的普遍性模式。结合这二者的方法，让我们回到对"酒"这一问题的思考。

让我从酿酒与喝酒这两方面分别说起。酒是粮食的精华。在酒席上，它的对立面是饭菜。相对于饭菜而言，形成酒的过程，要复杂得多。除了以男人为主、女人为辅的田间劳作才有粮食的形成以外，还得经过妇女们对这些粮食的酿制，酒才得以形成。酒这种物质就是男女、阴阳等不同关系的一个结合体。

让我们对喝酒与不喝酒的人也做一下同样的分析。在竹林堡，喝酒的主要是成年男人。他们对立面的，是那些不喝酒的有女人、小孩。男人与女人、酒与饭菜之间存在着一种结构上的对应关系。男人将其自身与酒联系在了一起，而女人、小孩却被排除在外，只能与饭菜这些似乎只能满足他们生物需求的食物联系在一起。饭菜和酒相比，是属于文化中的自然。同理，对于这些男人来说，女人和小孩也是"文化中的自然"。不仅如此，即使都是男人，当地也有"酒醉英雄汉、饭胀傻脓包"的说法。"傻脓包"是人们对没文化的人的一种蔑称，意思是指他们像动物一样，只是知道填饱肚子而已。在那些英雄汉眼里，那些只会"胀饭"的"脓包男人"与妇女、小孩一样，也是他们眼中的"自然"，更接近于一种自然状态。

对于男人来说，酒这种融合了阴性（妇女的辛勤劳动）的食物成为了他们身份和地位的一种象征。竹林堡的世界，因为酒而被分成了两个最基本的部分：

---

① 杜蒙：“有关接触与食物之守则”，见《阶序人：卡斯特体系及其衍生现象》，王志明译，卷一，215～239页，台湾：远流出版事业股份有限公司，1992。

一端是喝酒的男人，而另一端是不喝酒的女人和不让他们喝酒的未成年男孩。

杜蒙关于印度社会的研究，让我们看到，在那里，不同等级的人通过食用不同的食物尤其是不能共餐而将彼此区分开来。某种程度上，对于"男女有别"而言，竹林堡的酒也具有相似的作用。但是，中国不同的社会阶层之间，并没有像印度那样有着食物上的禁忌。从这点，可以反观"烟酒不分家"的中国社会，进而让我们对以下问题进行思考：不同阶层、身份的人经常在一起就餐、喝酒，他们之间的长幼尊卑是如何体现出来的？

从这点思考出发，我在考虑一个能够充分体现这些特点的、关于"酒"的公共活动。恰好，被称作"喜酒"的婚礼能够充分展现这些特点。

下面的论述，将会涉及我在前面有意忽略的酒的其它两个性质：水之外形（流动性）与火之内涵（刺激性）。酒作为"粮食的精华"之外的这些性质，将是以上只用结构主义的方法所分析不了的。而"无酒不成礼"的根本原因，也需要结合酒这三个方面的性质才能解释。

在婚礼中，我们可以看到有以下两种形式，"酒之礼仪"和"酒之游戏"。我将首先从"酒之礼仪"开始。

酒之礼仪：婚礼

"请酒"或"泡酒"是当地有"婚丧嫁娶"等重大事务的代名词，而亲戚朋友前去叫做"吃酒"。人生大事都离不开酒，比如有小孩的满月酒、年轻人结婚的喜酒以及给老年人祝寿的寿酒等。当地有一种说法叫做"酒往宽处落"，意思是说，酒这种东西，喜欢往人多的地方去"扎堆"。作为粮食的精华，主人家在这个时候应将它拿出来与大家分享。

"结媳妇"以及"交待姑娘"这种喜事，表面上看只是个人组成家庭的世俗活动，其实不然。瞿同祖曾言："《昏义》说：'婚姻者合二姓之好，上以事宗庙，下以继后世。'从这两句最古的，同时也是最典型的关于婚姻的定义里，我们看得很清楚，婚姻的目的只在于宗族的延续及祖先的祭祀。……我们自不难想象结婚之具有宗教性,成为子孙对祖先之神圣义务,我们更不难明了为什么独身及无嗣被认为一种愧对祖先不孝的行为。"①

祭祀祖先和礼仪有莫大的关系,"古者贤哲之士从拜祖思想而创造礼仪"②。酒在祭祀祖先的仪式中起着关键性的作用,自然地,没有酒就成不了礼仪、席面。③对婚礼中"献给祖先和神灵的酒"以及"献给他人的酒"④这些方面的细致观察,我们从中可以看到"酒以成礼"的过程。

以下所描述的,就是竹林堡这一带汉族婚礼的大致过程。⑤

(1)过礼

在"娶亲"前一天,新郎得到女方家去"过礼"。过礼需要两个"押礼先生",一正一副,一个专门负责和女方家交涉,另外一个则主管彩礼以及嫁妆的运送。除此之外,"过礼"的人,还有新郎的叔叔、舅舅等亲戚,外加十个左右的"轿夫"。

出发之前,新郎的父亲在自家堂屋祭祖。祭祖时,在神龛上点上三枝香、两枝烛,在神龛下摆一张方桌,倒上三杯酒。然后,新郎来给祖先磕三个头。表示我们要去女方家"过礼"了,走时向老祖宗通报一声。

"过礼"时需要带到女方家的彩礼,除了放在两架"合"里的新娘将要穿戴的新衣服以及金银首饰之外,最为重要的就是"牲笼礼坛"了。"牲笼"是一个四四方方用来装鸡的木架子,"礼坛"是能装一两斤酒左右的坛子。

---

① 瞿同祖:《中国法律和中国社会》,97页,北京:中华书局,2003。
② 林耀华:"拜祖",见其《义序的宗族研究》,232页,北京:生活·读书·新知三联书店,2000。
③ 从文字学的角度,也可以看到"酒"与"礼"之间的紧密关系。酉是酒的本字,酒是后起的加旁字,酉是一个象形字,像酒杯的形状。它和礼仪的关系,可以从"礼"这个字来看。繁体字的禮从示,从豊。"示"形如石质的场所,所以《说文》将其定义为"事神致福","豊"则形如两串玉器放置在豆状的器皿里,都属酒器,表现了具体的祭祀方式。参见袁立泽:《饮酒史话》,99页,北京:中国大百科全书出版社,2000。
④ 需要说明的是,这样的划分只是为了描述的方便。并不是说这几种不同类型的"献酒"之间有什么本质的区别。
⑤ 除了我自己对当地一场婚礼的观察以外,对它的熟悉和理解,主要来自于我与几个"押礼先生"的多次交谈。他们的"教育"让我受益不少。此处描述的,主要是围绕着"亲迎"即男女双方"办酒"这两天的事情。

鸡与酒都是用来祭祀女方的祖先。

"过礼"的时间在中午一两点左右。按规矩，男方家要到女方家"过礼"之后，那边才能正式开席。"过礼"主要在女方的堂屋举行。主人家（女方父母）看了姑娘的东西①以后，就用男方家带过来的鸡和酒敬自己的祖先。香烛点上之后，桌上摆好三个酒杯，用"礼坛"里的酒斟三次。敬酒的时候，需要毕恭毕敬，其他人不可以随便打扰。

祭祖完毕，女方家将两张大方桌竖着摆在堂屋中间，请这些"过礼"的去那里吃"会亲酒"。只有结了婚的成年人才可以坐上面。新娘子的爷爷奶奶、外公外婆、叔叔舅舅等亲戚会被请去陪这些"过礼的"喝酒。所坐的位置，也有一定的讲究。老年人坐上席，也就是背靠神龛的那一方。有时女方家也会请一个"押礼先生"坐上席。

新娘的父亲或哥弟等专门在这里给大家斟酒。先给上席的"押礼先生"倒，他一般会推辞，说先给女方家老人倒。那边说，你们一路来辛苦了，是客，应该的。这样双方表示相互谦让之后，倒酒的人挨着位置，从上到下、从老到幼，一个一个地斟酒。

这是一个"老亲戚"见"新亲戚"的过程。酒斟好之后，主人家会先"邀"大家一起喝酒，之后男方家的人作为客人也可以"邀"。在这种场合自己千万不能端起碗就喝，否则的话，就是失礼。

吃完"会亲酒"以后，前来"过礼"的就准备回男方家去了。此时，女方家已将新娘给男方父母、爷爷奶奶、外公外婆等缝制的布鞋摆放在两架"合"里了。同时，在"牲笼"里面放进用红纸拴着的几节"钢炭"，在"礼坛"里加满清水。"炭"和"蛋"是谐音，有早生贵子的意思；"水"也是这样，因为水生万物②。

"过礼"的人回到新郎家后，便将嫁妆在新郎家显眼的位置摆好。将礼坛里的清水倒在神龛下面，让祖先知道已经完成任务了。

---

① 现在一般是折成五千到一万左右的礼金，由"押礼先生"亲手交给新娘父母。
② 相似的风俗也可见于纳西族，以及南宋孟元老《东京梦华录》里的记载，"女家以淡水二瓶，活鱼三五个，箸一双，悉送在元瓶酒内，谓之'回鱼箸'。"参见向柏松：《中国水崇拜》，17页，上海：上海三联书店，1999。

（2）娶亲

第二天天亮不久，依旧是"过礼"的这些人就前去娶亲了。在女方家"发亲"之前，"押礼先生"得用带去的酒祭对方祖先。这里其实有一个小细节，"押礼先生"从男方家出发的时候，得用一个小壶准备些酒，以防止女方家"搞鬼"。因为，这酒是万万不能向女方家要的。

在堂屋里祭祖的时候，"押礼先生"和女方家的人一块点上香烛。然后在桌上摆起三个酒杯，斟酒祭对方祖先，同时新郎给对方祖先磕头。祭祖完毕，由新娘的哥哥或是弟弟将她背出来上车。女方家有"送亲客"如新娘的叔叔、舅舅等亲朋好友陪同新娘一块到男方家。但他们不会和这些娶亲的一块走，需要在"发亲"之后一小时左右，由新郎家的人去请他们过来。

（3）退喜神（回车马）

新人来到男方家院子时，需要举行一个"退喜神"的仪式。桌子的最前面，靠近新人来的方向，摆着一个装满米的"升子"①。在它的里面，有一面镜子②，旁边放着一把秤。秤上面有二十四宿，表示人要凭良心（量星）做事，有女方家不能对男方太苛刻之意。桌子中间，分别摆着一盘豆腐果、一盘熟肉、一盘生肉，还有三个酒杯以及一杯净茶。

道士先生念《祖师诰》"启水"将周围环境清理一遍后，便正式开始"退喜神"。他边烧香边念道：奉请东方青帝行嫁车马喜神君，南方赤帝行嫁车马喜神君……然后他往杯子里依次斟三次酒。"帮忙的"递给道士先生雄鸡一只，道士拿起雄鸡，念念有词：一张白纸白如银，退送五方车马神。娘家车马请回转，婆家车马出来迎。天地无忌，日时无忌，姜太公在此，诸神回避！念毕，他将鸡脖子割破，拎着鸡绕新娘子一圈。然后，他把鸡往边上一扔，"帮忙的"把桌子移开。道士先生在前面领路，这样新娘就跟着进入堂屋了。

之所以要退喜神，当地人的一个解释是，在娶亲回来的路上，一些鬼魂

---

① 农村量粮食的器具。
② 据说镜子是用来照妖魔鬼怪以及怀有身孕的"四眼人"。据说如果有"四眼人"在这种场合，新婚夫妇以后就会不顺，所以孕妇一般都会避免参加。

会跟着过来，如果不将他们撵回去，会对新娘子不利。

（4）拜堂

拜堂是结婚仪式的气氛达到最高潮的时候。堂屋里挤满了三亲六戚等看热闹的人，在众人以及祖先、各种神灵的见证下，两位新人得以完婚。

新婚夫妇随着司礼[①]的口令，在祖先和神灵面前磕头：一拜天地和祖宗，二拜日月与山帮，三拜叔伯与姑舅，天地日月都拜过，夫妻相拜入洞房。一对新人跟着司礼的口令，向神龛磕头或是鞠躬三次。

拜完堂后，新郎新娘二人进入洞房。进得洞房后，在司礼的安排下，两位新人坐在床上开始喝交杯酒。交杯酒只能喝一次，因为都希望一次婚姻就能圆满。交杯酒是新人之间相互敬酒的仪式，同时也是人与人之间最高层次的喝酒，代表着人世间最为亲密的关系。

（5）正酒

拜过堂之后一段时间，男方家便请前来的"送亲客"在堂屋里坐着。送亲客也叫"正客"、"外家客"，是最为重要的客人，千万得罪不得。主人家在家里最正式的地方——堂屋里款待他们，以示尊敬。

下午正式开席之前，男方家依旧需要祭祖。堂屋正中间摆一张大方桌，桌上摆满和酒席上相同的菜，并在每个位置上放一个饭碗、一个酒杯。一共"献"三次酒。祭祖完毕之后，就正式开席了。

这时，所有的"送亲客"都会被请到堂屋里去吃"会亲酒"，而男方家的叔叔姑姑、外公外婆等亲戚也会坐在上面陪着吃酒。所坐的位置按照尊卑长幼的顺序，一般是由男女双方的老年人一边一个坐在上席。如果有媒人在，就坐在两边。主人家得专门有人在这里给他们斟酒添饭。

司礼这时会领着一对新人来到堂屋，让新郎给大家斟酒。司礼给他们介绍双方的亲戚应该怎么称呼。两边的长辈也会有"封赠"，"今年吃你们的喜酒，明年吃红蛋（小孩的满月酒）"。除了堂屋以外，司礼还会带着新婚夫妇来

[①] "退喜神"的道士先生通常也兼整个婚礼的司礼。

到院子里,站在一个比较显眼的位置,给大家说:各位亲朋好友,今天是某某和某某举行婚礼的大喜日子,请大家举杯。新郎把酒干掉,新娘给大家鞠一个躬。然后,新娘拎着一个酒壶,新郎端着一杯酒,到每桌去敬。

(6)落心酒(团圆饭)

正酒当天的晚上,等着客人散得差不多了,男方家同家族的人,以及新郎这边的亲戚如姨父姨母、舅父舅母等一块坐在堂屋,吃"落心酒"。之所以这样叫,是因为新媳妇进家门了,一家人可以"落心"了。吃"落心酒"的时间是在九点左右。老年人、辈分高的坐上席,依次按照尊卑长幼的顺序从上席开始,坐到下席。

新娘用茶盘端着一个酒壶、两个酒杯跟着新郎。新郎给新娘从老到幼的一一介绍每个人,应该怎么称呼。他斟酒之后,新娘叫一声叔叔或是伯伯之类的,将酒双手递给对方。喝酒的时候,长辈还得喝双。同时,新娘敬你酒,不能端起来就喝,必须要说"四言八句",给新人一个好的"封赠"。长辈的"封赠"可以是教育性的,如希望你们夫妻恩爱、勤俭持家呀,或是祝愿性的早生贵子之类。

酒以成礼

上个世纪三十年代,杨堃曾经写过一篇叫"论'保特拉吃'"的文章,他谈到莫斯笔下的"保特拉吃"制度(即夸富宴)对于研究中国打擂台等社会现象所具有的重要意义。[①]多年后,王铭铭通过闽南山区一个农村社区的调查,也得出了大致相似的结论。他说:

> 在嫁娶的过程中,互相馈赠礼物、互相呈报、族人互认是最为显著的内容。婚礼的过程类似于莫斯所讲的"互惠",结婚的人是两个家族

---

① 杨堃:"论'保特拉吃'",见《杨堃民族研究文集》,38~48页,北京:民族出版社,1991。

之间集体的事项。随着双方互赠礼品和举办各种结婚仪式，两族的成员成为有姻亲关系的人。因此，婚礼可以说是不同家族之间达成人文资源互通有无关系的办法。①

我们看到在婚礼中礼物交换的重要性。当我们进一步观察婚礼中的各种礼物时，可以发现，酒这种物质，几乎出现在婚礼中每一个重要的环节。

按照结构主义人类学家的看法，女人是不同群体间的"流动之物"。②在将女子"流动"的婚姻仪式中，酒这种物质的"流动性"也展现得尤为明显。正是酒的流动性，使得不同群体、个人在喝酒的过程中彼此之间感觉到一种密不可分的"交融"。③

可以说，整个婚礼以"酒"这样一种物质的形式而呈现出来。在婚礼当中，根据所敬的对象之不同，我们可以看到有以下三种酒：献给祖先的酒、献给神灵的酒以及献给他人的酒。

首先，男方家去过礼以及正式开席之前，都得首先备上"清酒"祭祖，借此想换得祖先的保佑。婚礼的"宗教性"，使得它不只涉及女方家在世的人，更为重要的是它还关系到她家逝去的祖先。这就是为何在"过礼"的时候，即使男方家穷得连什么彩礼都没有，但绝不能没有"牲笼礼坛"的原因，并且还只能由新郎拿过去，以表诚心。男方家用"酒"和"鸡"对女方家祖先的馈赠，从而也获得对方祖先的"回赠"。回在这里面的"水"和"炭"，寓意他们早生贵子。男方家回来后将"礼坛"里的清水倒在自家神龛下面，就是女方家祖先对他们家祖先的"表示"，希望对方的后代红火、多子多孙。可以说，这是一个家族和另外一个家族相互之间的"整体馈赠"。同时，不

---

① 王铭铭：《溪村家族》，56 页，贵州：贵州人民出版社，2004。
② 列维-斯特劳斯："序言"，见安德烈·比尔基埃等主编：《家庭史》，袁树仁等译，北京：生活·读书·新知三联书店出版社，1998。
③ 饮酒的又主要是男人，这与他们在社会上高度的"流动性"是紧密相关的。应该看到，尽管女子是不同家族之间的"流动之物"，但从整个社会来看，她们却是比较固定地待在家里。而男子在社会上的立足，却要依靠自己在社会上的"流动"。参见龚鹏程："游民社会及其思想问题"，见《汉代思潮》，420~503 页，北京：商务印书馆，2005。

管是在男方家还是在女方家，祖先都比现世的人等级要高，每次开席，必须要让他们喝过吃过之后，作为后代的子孙或亲戚才能享用。可以看到，每一个重大环节都不可忽视祖先的存在，这也是婚礼之中最重要的仪式都得在神龛面前、在祖先的注视之下举行的原因。

其次，我们也可以看到献给神灵的"酒"，这主要体现在"回车马"仪式当中。当然，这么一种区分也并非是绝对的。因为堂屋的神龛上除了祖先以外，还有其他各种各样的神灵。在"退喜神"仪式当中，道士先生代表主人家，通过酒、鸡以及茶等，获得与神灵的沟通，得到他们的回馈，"降赴门前，降妖除魔"。

献给祖先和各种神灵的酒，同样也可以用来献给他人。和呈现给祖先和神灵时候的情况一样，给他人敬酒时，也是需要一切恭敬。

最为核心的莫过于新婚夫妇之间"相敬莫相争"的交杯酒，这乃人与人之间最为亲密的一种敬酒方式。在中国，男女之间这种阴阳结合在一起又彼此有别的方式，构成了其整个世界秩序的基础。[1]

新郎新娘各自还得向对方家族中长辈敬酒。这主要体现在新郎在自家堂屋中向女方家的亲戚敬酒，以及晚上以新娘为主角的"落心酒"。在这之中，他们以"酒"这种物质来表达对长辈的尊敬，在与对方结成亲戚或是合为一家的同时，同时又分出尊卑长幼之别[2]。

还有堂屋中的"会亲酒"，对于双方的亲戚来说，这都是一个"老亲戚认新亲戚"的过程。不管是"过礼的"在女方家，还是"送亲客"在男方家，他们都会被当成是主人家最珍贵的客人。这些"客人"在对方家里，都会得

---

[1] 葛兰言：《古代中国的节庆和歌谣》，赵丙祥、张宏明译，桂林：广西师范大学出版社，2005。
[2] 罗扎尔多（Renato I. Rosaldo）曾写过一篇关于"酒"的文章。他的描述，是以墨西哥西纳坎坦船货崇拜的仪式过程来展开的，"仪式的各个组成部分都把饮酒作为中心"。在饮酒之中，人们的各种等级关系凸现了出来。这种凸现的方式，是与人们的就座秩序、饮酒的先后顺序等紧密联系在一块的。作者描述"酒"的精彩之处在于关注到了饮酒过程中的一些细节，如上面所说的就座位置、饮酒次序等，并且将在这之中所体现的等级秩序与更大的世俗生活秩序结合起来。参见罗扎尔多：《玛雅仪式中等级制度的暗喻》，陈观胜译，见史宗：《20世纪西方宗教人类学文选》，下卷，576～597页，上海：上海三联书店，1995。竹林堡婚礼中的饮酒也是与此类似的，只不过，这里面除了等级关系之外，还有人与人之间互惠的内容。

到最热情、最周到的服务。作为客人,他们总是被首先邀请入坐。并且,堂屋中还只摆这一轮,以使喝酒吃饭的时间尽量延长。不管在男方家还是女方家,客人的地位暂时都是比主人家要高的①。堂屋中的"会亲酒"连接和见证了新的亲属关系的诞生。

坐在院子里酒席上的那些亲朋好友、街坊邻居,他们过来"送情"②,其目的也是"讨杯喜酒喝"而已。这也是为什么,如果主人家穷的话,菜可以做得少一点、差一点,但绝不能没有酒的原因。

总之,我们看到以新郎新娘为主角所进行的婚礼的过程中,酒在献给祖先、神灵以及其他亲朋好友中所呈现出的重大意义③。这当中,酒在勾连这些不同的个人、家族、祖先、神灵的同时,又在他们彼此间分出高低上下的区别④。不管是个人之间(相敬莫相争),还是两个家族之间(女方家对男方家"过礼"时的考验),都有一种"争"的关系⑤。不过,这种"争"为礼仪所涵盖,并且它还是"争"的基础。

---

① 在结婚这一天,女方家的地位明显要比男方高一点,这从女方家对男方家去"过礼的"、"娶亲的"种种考验中就可以看出。
② "送情"是当地对"随礼"的说法。
③ 需要注意的是,在婚礼中,敬酒有两种基本的形式:一种是自己不喝,敬给别人喝;另一种是双方都需要喝。这两种形式(尤其是后一种)都强调莫斯在《礼物》一书中,谈到但却没有充分展开的、比较"虚"的"礼节和行为的交换",以及他在另一篇文章里所谈到的"打交道的各种身体技术"。参见莫斯:《礼物》,7页;"各种身体的技术",见《社会学与人类学》,佘碧平译,306页,上海:上海译文出版社,2004。关于行为在中国文化中的重要性,亦可参考James L.Waston, "The Structure of Chinese Funerary Rites", in James L.Waston & Evelyn S.Rawski, eds., *Death Ritual in Late Imperial and Modern China*, Berkeley, University of California Press, 1988, pp.3 ~ 19.
④ 郝瑞曾经写过一篇关于台湾乡村地区饮酒现象的文章。在这篇文章里,郝瑞只是看到了不同人之间在喝酒方面平等的"互惠",而没有看到这背后隐藏着的等级关系。参见郝瑞(Steven Harrell):"台湾乡村地区的正常与不正常饮酒行为",柯永河、肖欣义译,见林宗义、Arthur Kleinman:《文化与行为:古今华人的正常与不正常行为》,43 ~ 50页,香港:香港中文大学出版社,1990。
⑤ 莫利斯·戈德列(Maurice Godelier)通过对《礼物》的解读,将其分为"非竞争性的"以及"竞争性的"。参见莫利斯·戈德列:"中文版序",见莫斯:《论馈赠——传统社会的交换形式及其功能》,卢汇译,11页,北京:中央民族大学出版社,2002。然而,在莫斯的书中,即使存在人与人之间的激烈竞争,这种竞争也是以礼节为基础的,比如说,关于夸富宴的竞争就是讲求谁比谁更大方。因此这个意义上的竞争,和我们今天所看到的只讲个人利益的竞争截然不同。

酒之游戏：划拳

上文所描述关于婚礼中"酒"的种种仪式，似乎都比较"正规"，从中可以看到等级、互惠等重要内容。当然，如上所述，里边也有竞争的成分，不过这一成分为礼仪所涵盖了。

这里所描述的仍然是关于喜酒的内容。有所不同的是，这里所描述的喝酒形式，似乎没那么正规和彬彬有礼，而是被一些人认为是"天南海北地狂喊一气"、"粗鲁地拔拳相向"的酒的游戏——划拳。和上一种喝酒的形式相比，划拳的游戏性、娱乐性更强，而其中人与人之间的竞争似乎也体现得更为明显。

对于"划拳"的理解，格尔茨那篇关于巴厘斗鸡游戏的文章给我以很大启发。从解释人类学的角度，他认为，斗鸡游戏既是一种对社会解释的文本，同时也是构建社会的一种方式。尤为重要的是，他将斗鸡和男性气概联系起来。在文中，他有这样一段话：

> 如格言所说，每一个民族都热爱各自特有的暴力形式。斗鸡是巴厘人对他们的暴力形式的反观：即它的面貌、它的使用、它的力量和它的魅力的反映。在巴厘人经验的各个层面上，可以整合出这样一些主题——动物的野性、男性的自恋、对抗性的赌博、地位的竞争、众人的兴奋、血的献祭——它们的主要关联在于它们都牵涉到激情和对激情的恐惧，而且，如果将它们组合成一套规则使之有所约束却又能够运作，那便建构出一个象征的结构，在此结构中，人们的内在关系的现实一次又一次地被明白地感知。①

"划拳"和"斗鸡"有类似的地方，但也有一些具体方面的差异。巴厘的男人通过赌场上的鸡来象征自己，而划拳则是竹林堡的男人"赤手空拳"地展现自己的智慧、气概。不过，这种男性气概的展演也是与一种物质——

---

① 格尔茨："深层的游戏：关于巴厘斗鸡的记述"，见《文化的解释》，纳日碧力戈等译，509页，上海：上海人民出版社，1999。

酒——有着紧密关系。

对划拳的分析，我希望从中得到以下结论：游戏所具有的礼仪性是如何作为一种表演而得以展现出来的。

划拳与男人

在竹林堡这一带，男子娶媳妇是划拳的大好场合。[①]为什么要划拳呢？当地人的解释是，这时需要一种"气氛"。确实，在这种高兴的场合，气氛的升腾需要借助一定的物质才能得以实现。没有了酒，就没有了气氛，而有酒又不划拳，气氛也会相对降低一点。对个人，"喝酒划拳"可以给人一种"潇洒气"，而对于整个婚礼而言，它可以将这种欢腾的气氛传递到每个个人。[②]

划拳的人，以二十到五十岁的中年男人居多。也有少部分喜欢划拳的六七十岁老年人，但是他们文雅得多了，动作、声音方面也没有年轻人那么猛。女人和未成年的男孩是被排除在外的。

划拳多在同辈或是同年龄段的人之间进行，这样大家都比较容易放得开。但是，也有不同辈分、不同年龄的人划拳的情况。通常而言，年轻人是不会找老年人划拳的，否则就是对老年人不尊重。如果老年人主动找到他们的时候，年轻人也不能拒绝，否则的话，也是一种不尊重老年人的行为。在划拳中，年轻人得照顾老年人，出拳的动作也不能像对同辈人那样夸张，并且，吆喝声也温和许多。

指法、口令

围绕着"酒"而进行的划拳，有一大套规则。划拳在有的地方也叫做"拇指战"，它主要是通过拇指和口令的变化来与对方进行比拼。如果双方的出

[①] 划拳游戏只限于男方家。而在女方家，因为女儿要出嫁了，整个气氛比较伤心，如果划拳的话，就与这种气氛不相协调。
[②] 涂尔干曾论述仪式的欢腾性是社会的核心构成方式。参见涂尔干：《宗教生活的基本形式》，渠东、汲喆译，275～316页，上海：上海人民出版社，1999。

指数目加起来等于只有你一人所喊的数，那么你就是赢家。

划拳的时候，必须要出右手，如果出了左手，就表示你看不起对方，别人会拒绝和你划拳。其次，除了手上的数表示零以外，划拳时"大拇指不倒庄"。道理非常好理解，伸出大姆指，表示对别人的尊重。需要注意的是，有时你只出了其他指头，但大拇指还是会计算在内的。比如你只出了一个中指，加上没有出的大拇指，那么你出的数仍然是"二"。

指数有从零到五这六个不同的数，表示不同数的时候，拇指的出法也有相应的规定。出"零"是大拇指向外，把手微微地握成一个拳头，如果将大拇指紧紧地握在拳头里面，就不太友好，弄成了要和人打架的阵势；"一"则将大拇指竖起来，其他几个弯着；"二"是用大拇指和中指表示，将食指弯着，因为用大拇指和食指的话，像是用枪在对着别人，这样对人不礼貌；"三"是用大拇指与食指中指共同伸出来表示；"四"是将食指弯着，其它几个伸出来；"五"是将五个手指一块撒开。

出拳以外，就是喊口令了，两样配合才叫做划拳。只是喊了口令或是只出了拳，都为失误，无法算出双方胜负。口令必须和出拳同时，否则就看作犯规。

口令有从零到十的数。可以只喊数字，但划拳的场合一般都是喜事，当地人就会用一些与这数字相关的传统故事、俗语来增加喜庆的味道。比如说，"三桃园"，指刘关张在桃园三结义，强调的是弟兄间的感情；"四季财"，希望你春夏秋冬四季发财，等等。口令的内容多有一定的深层含义，表示对对方的尊敬及良好的祝愿等。这种祝愿是划拳的两个人在言语上的相互馈赠。

通常而言，指数与口令是紧密关联的。不注意就会喊"包"，喊"包"的情况又分以下两种情况：

你喊的数太大，而你出的数又太小，对方毕竟只有五个手指头，再怎么出，也不会达到你所喊的数。比如说，你出的是"零"，你就只能喊五以内的数，喊六就"包拳"了。反过来说，你不能喊"小"，喊"小"了，也是"包拳"。你出"五"不能喊五以下的数、出"四"不能喊四以下的数，依次类推，出"一"就不能喊零。

较　量

　　一伙人在一块划拳，分好几种。一种是"打通关"，即一人和所有的人一个一个地轮一圈，下一个人接着也是这样。这时候有个规定，比如说，一个人和对方划六拳、八拳或是十拳，划满为止，胜负没分出来不要紧，下一个接着继续进行。这样，输了的那个人喝酒。但也有双方都需要喝酒的，这种情况就是，在规定的拳数内大家一正一负，等于彼此都有输有赢，这样，大家便扯平了，碰碗之后喝酒。但也有一种情况是，有一方觉得没有定出输赢来，不服气，将两份酒倒在一个碗中，再次较量之后，由一个人喝。

　　第二种是"帮帮酒"，人多了之后，就分成两帮。这两帮又有以下形式：第一，双方人都一样，分成两派；第二，总人数是单数，就视情况而定，酒量大的几个人数少一点组成一帮，酒量小的人数多一点组成另一帮。这样便使得双方在喝酒方面的实力相当。尽管表面上有人数少的一方，但是双方所划的拳数是相同的，实际上人数少的一方是会有人代一两个隐形的人在划拳。这种"帮帮拳"，也是一边派出一个，单对单，输了之后就退出，由其他人上去继续比拼。划到最后，哪边还有"活"的人，就为赢，让对方喝酒。

　　通常说来，两人划拳，不需要"酒司令"。三人以上，就得有一个"酒司令"。"酒司令"是指在划拳的时候，有一个可能没有参与喝酒的人，专门负责倒酒和做裁判。当双方意见不一致时，就得求教于这个"局外之人"。除了这些，他还会监督每个人是否把酒喝干净了。"罚不罚酒"最后也由酒司令说了算。划拳的过程中，当大家意见争执不下，酒司令也说服不了的时候，就会求助于边上看热闹的人，由他们来评判。

　　双方之中，有一两个跃跃欲试的最先开拳，打头阵。两人先拉一下手，然后双方将右手碰一下，表示友好。在做这些动作的同时，只听他们叫着"哥俩好啊，实在好啊"，或是"请就请啊"、"乱就乱啊"，之后将拳回到胸前。第三次就正式开拳了。其实，往往这种喊话还未开始，双方内心已经开始了彼此的较量。他们的表情，微笑中带着"杀机"，都相信自己能够把对方"干倒"。

　　划拳的人姿势各异。那种慢性的人，比较老成，拳并不收回胸前，而是就在原处不停地变换，等着对方前来"攻击"，以静制动，据说这种人最不好对付；有的则比较激动，动作的摆动幅度很大，每划一拳之后，都要收回胸前，大致是要稍微整顿一下，再度出击；而有的是划出拳之后，根本就不闭拳，而是在原处横向拉动的过程中变换指法。除了明显不同的手臂动作以外，手指的形式也是千变万化。前面讲过，出拳的形式有从零到五这最基本的六种。然而从一个数换到另外一个数，花样可就多多了，再加上和对方所出的不同指法，那真叫变化无穷。旁边人看到的是一种手的艺术展演。出拳以外，喊口令的阵势也很重要。大家都明白这个道理，"打退就不如吓退"，喊声、出拳的姿势以及表情，需要构成对对方压倒性的气势才好。

划拳所考验的是一个人的智慧、勇气以及反应能力。和陌生人划拳的时候，开始大家都不知道对方的情况，有一个慢慢地相互试探的过程。而经常在一起划拳的人，彼此之间比较熟悉，高手也就知道别人在什么情况下，会大致喊什么数和出什么拳。有的人，不管是指法还是口令方面，都比较单一，缺乏变化。而有的却很"诡"，经常性地变化，有时还很奇怪地暂时不变，让你找不着北。

双方划拳的速度会越来越快，到后来可以说其势如暴风骤雨。但即使前面是"万丈深渊"、"雷霆万钧"，也很少有人在这个时候会无故停下来，而是勇敢面对、毫不退缩。是死是活、是输是赢，都拼出一个结果来。这是一场本色的表演。没有人在这种紧张时刻还有心思去做一些矫揉造作的动作。心、眼以及手在飞速地运转，一旦稍有闪失，就会被别人抢先，仓促应战而陷入被动的局面。

有时，双方声音难免过大，有人可能没听清，或没看清。这时，胜的一方会重复一下刚才的指法和口令，以让对方输得心服口服。而有时争论的结果是，都叫对了，两个人则又重新手拉手，声音小小的"哥俩好"又开始。

与斗鸡不同，划拳并非是一场机会均等的游戏。有人是"划拳高手"，不管和什么样的人划拳，胜算的几率很大。划"帮帮拳"的时候，有时甚至不用其他同伙出手，一人就可以击败对方所有的人；有人，却是遇到谁都会输。斗鸡游戏的主人并不会意识到"游戏残酷的真实性"。然而，对于划拳的人来说，划拳绝对意味着一种"暂时性的真实"。毕竟，自己的表现完全关系着结局如何。

夸张的动作、巨大的吆喝声以及周围人随着局势的紧张而出现表情的变化，所有这些构成了"划拳"这一幕活生生的戏剧。它从来不像真实的戏剧那样，每次都重复着一样的结局，而是随时都有可能发生变化。男人的气概、智慧、勇气、反应速度等素质在这里交融，形成一幕他们相互之间较量的戏剧。它所展演的，也是一个男子在社会竞争中所必备的素质。人们在划拳中所体验的，不光是胜了之后暂时的快乐，或是失败之后的沮丧，而更多体验社会的变化无常、人生的喜怒哀乐。

总之：

一、越是辈分、年纪相当的人之间划拳，较量也就越加激烈，双方也就越加自然、越"肆无忌惮"。

二、两人越是迟迟战不出结果，围观的人心越是悬得厉害，整个游戏也就越加趋向高潮。

三、划拳的过程中，除非是"拳逢对手"，相互之间输赢的几率会差不多。其它的则可能会呈现出一边倒的情况，也就是说，两人相遇，输者或许会一直输到最后。

四、每次划拳，从开始到结束，两人之间声音越来越大、动作越来越夸张、情绪越来越激动，待分出胜负之后，局面一下子就暂时地安静下来了。

五、整个划拳场面也是这样，开始时大家声音都比较小、动作幅度也不大，而后来气氛就会变得越来越热烈。

赢了的人，通常脸上会洋溢着一种胜利的喜悦。而输了的，则比较沮丧，也明白自己接下来该干的事情，"输得起也赢得起"，端起酒，一饮而尽，并顺势将酒碗翻过来，让大家看到自己输也是输得"坦荡荡"，是个汉子。

其实，酒乃赢者的胜利品，只不过他用来敬给输者了。这和斗鸡游戏中胜利品的处置方式有着根本的不同。在斗鸡游戏中，胜利品属于赢的一方。

作为礼仪的游戏

如何理解输了的人反而能够得到别人的敬酒这种"怪现象"（当然，时下多数人说这是一种"罚酒"，但本质上却并非如此）。周作人在一篇关于酒的文章中就谈到了这个问题，但他并没有真正理解这个现象，反而认为还应该改变游戏规则，由胜者喝酒才是。①

也许，从一些中国的古籍中，我们会找到对这个问题的解释。酒之游戏最早的源头，可能得追溯到《礼记》中所描述的射礼和投壶等游戏。在《礼记·乡饮酒礼》中有这样一句话：

> 《诗》云："发必有的，以祈尔爵。"祈，求也，求中以辞爵也。酒者，所以养老也，所以养病也，求中以辞爵者，辞养也。②

这句话的意思就是说，参加射礼的人，每个人要是射中了自己身份所属的那个靶心，就能够求得一杯酒。求得一杯这种"养人"之物后，自己并不喝，而是用来敬献给输者，以表示对他的慰问。

为何要这样做？孔子曰：

> 君子无所争，必也，射乎。揖让而升，下而饮，其争也君子。③

所谓的"争"也是在"让"当中进行的。换言之，"敬"和"让"才是"争"的基础。只有有了这种基础，君子才能够正正当当地"争"。

从这点，就能理解为什么赢者将以划拳这种形式从主人家那里讨来的这杯酒敬献给输者了。同时，也能够理解为什么输了的人抵赖不喝酒是件缺德事，并且这样的事情也很少发生。输者之所以会端起酒一饮而尽，其原因也

---

① 周作人："谈劝酒"，见夏晓虹、杨早编：《酒人酒事》，178～184页，北京：生活·读书·新知三联书店，2007。
② 杨天宇：《礼记译注》，1083～1084页，上海：上海古籍出版社，1997。
③ 杨天宇：《礼记译注》，1083页。

就在于这是别人敬你的礼物，自己有收下的义务①。

从以上划拳中手势的规矩、口令的内容以及胜利品的最后归属等方面，我们看到，划拳这一"游戏"其实本身是一套礼仪的展演。它所强调的是对他人的"敬"。这需要我们从行为（划拳动作）、语言（口令）以及物品（酒）等方面去具体地表现出来。尽管难以避免人与人之间的"争"，然而，它的基础却是他们相互之间的"敬"和"让"。

以"敬"、"让"为基础的划拳，和格尔茨笔下的斗鸡有很大的区别。斗鸡更着重的是人们之间的"争"。这样一种以"争"为基础的游戏，搏斗之后，更多呈现的是"胜者感受天堂般快乐，败者体会地狱般沮丧"的状况。然而，中国的划拳向人们所展示的，却是与这种以"争"为基础所不一样的文化。

在中国划拳游戏的背后，是有一套叫做"礼"的东西在支撑着。应该更准确地说，划拳本身就是一种礼仪，其本质也是"教民敬让而不相争"②。

表面上，划拳会给人一种参与其中的人社会地位都是平等的印象，因而，有人错误地将与此类似的社会现象视为下层的人对来自上层的等级秩序的抵抗。这么一种"压迫－抵抗"的论调出现在华琛（James L. Waston）关于香港"同锅饭"③的解释中。对于这些"民间仪式"的认识，我们更多需要的是一种"深描"，要知道"它的意义世界，却没有分离于社会生活整体之外"④，而不是用一套"压迫－抵抗"模式来简化它们。换言之，我的意思无非就是应该看到"争"背后的"敬和让"、"俗"背后的"礼"，以及"乱"背后的"序"。

---

① 莫斯：《礼物》。
② 李安宅：《〈仪礼〉与〈礼记〉之社会学的研究》，68页，上海：上海人民出版社，2005。
③ James L. Waston, "From the Common Pot: Feasting with Equals in Chinese Society", in *Anthropos 82*, 1987, pp.389～401.
④ 王铭铭："从礼仪看中国式社会理论"，见其主编：《中国人类学评论》，第2辑，128页，北京：世界图书出版公司，2007。

礼仪世界与酒疯子

"度"与"礼仪"

西敏司（Sydney Mintz）在《品味食物、品味自由》（中文版翻译成《吃》）一书里，有这么一段话：

> 对每个人而言，饮食行为是人类透过行为，把事物的世界与思想的世界连接起来的基础，因此也是个人与世界建立关系的基础。食物进入每一个人体内后会如何。个中奥妙尽管难以说清楚，不过大家直觉上认为，人吃什么会影响到他变成什么样子，这种想法可以说是具有某种道德控诉。像我们人类这种爱用象征的动物，要是没有什么办法给摄食加上道德负担，那可能才更出人意料之外。①

饮食这种看似生物性的活动，是与人类的文化（象征）紧密联系在一起的，并带有某种道德意味。西敏司在此处说的，主要是关于吃什么的问题。在我看来，除此之外，还有怎么吃的问题。不管是吃什么，还是具体怎么吃，食物都有一种对人的"考验"在里面。

涉及喝酒的情况，更是如此。《说文》："酒，就也。所以就人性之善恶。"② 可见，"酒"好比人性的"试金石"，在酒的火之内涵"刺激性"③的作用下，

---

① 西敏司：《吃》，林为正译，91页，北京：新星出版社，2006。
② 段玉裁：《说文解字注》，747页，郑州：中州古籍出版社，2006。
③ 不管是酒的火之内涵（刺激性）还是前面谈到的水之外形（流动性），都是结构主义从自然和文化的二元对立来分析食物的方法所不能解释的。某种程度上，我们可以说，"酒"的这两种性质"与生俱来"，而不是在"火"的作用下才有的。结构主义所注重的"火"这一人类文明的活动，只能带给不同食物在文化意义上的差异。在中国，"酒"之所以是"礼仪"成其可能的一种根本性物质，得从"酒"作为粮食的精华、它的水之外形（流动性）与火之内涵（刺激性）这三方面结合起来才能解释。"粮食的精华"这一性质从根本上保证了"酒"可以作为人与人、人与神之间交流的一种体面之"礼物"。同时，应该注意的是，"粮食之精华"或许不只酒这一样东西。这就需要看到酒的"流动性"与"刺激性"在促使不同群体、个人之间相互"混融"所具有的象征意味和现实意义。酒的流动性，让在场的人感觉到一种彼此间的"密不可分"，正所谓"烟酒不分家"；其刺激性，让在场的人感觉到有一种相同的东西在笼罩着。"混融"，恰是礼仪的核心内容。参见王铭铭："从礼仪看中国式社会理论"。

便使得喝酒之人的不同本性都彰显出来。通过人们在喝酒过程以及喝酒之后的种种表现，便可以判断他（她）是一个什么性格的人。尽管大多数人喝酒之后表现各异，但他们都会将自己的言行控制在一定的程度即"礼仪"的范围之内。

人们常说，"喝酒要有度"。喝酒需要有"度"去维持一定的"礼"，失去了"度"的饮酒，便成为了"非礼之饮"。

在婚礼这种公共场合，对"度"的把握，就显得尤其重要。最为明显的例子莫过于到新娘家的"押礼先生"。"押礼先生"这种人，往往是寨子里面能喝一些酒的人，但更为重要的是，这种人"懂礼"。他自己所代表的，不仅仅是男方家族，更是他们所在的整个寨子。他们的作用，尤其体现在女方家堂屋里吃"会亲酒"的时候。对于女方主人家来说，这些"过礼的"是最为尊贵的客人，一定会劝你多喝多吃，甚至有人喝醉喝倒，他们最高兴，因为这样更能显示出主人家的大方慷慨。所以，"押礼先生"就需要面对这样一个并不简单的考验，怎么把酒喝到适度，既能够借助酒把席上的气氛搞活跃，又不至于喝得太多而失态。喝多了，一是完不成"过礼"的任务；更为严重的是，如果做出"失礼"的行为，就会遭到女方家那些人的笑话，从而会丢掉男方家甚至男方所在整个寨子的面子。因此，"押礼先生"都是些"会喝酒"的人。这个"会喝酒"道理很深。他们既不是一点不喝或是越喝越冷静而不讲话，也不是喝酒之后无节制，而是那种恰好在"过"与"不及"之间能找到一个合适的"度"。

男方家到女方家去过礼的其他亲戚也是如此。那种能够喝一些酒、会搞活气氛而又能够控制自己的人往往是去过礼的最佳人选。然而，喝酒没有节制，并且喝酒之后就会胡说的人是决不会让去的。同样，女方家到男方家的"送亲客"也差不多。

婚礼作为一个公共仪式，因此来"吃酒"的各种客人，都很注意，一方面能喝的会喝一点，另一方面，也是把握好"度"。毕竟，在酒席上，有不同辈分、不同年纪的人，一个人的言行与公众心目中对你的看法是紧密相关的。在这种公共场合，言行都应该与自己的身份相符才好。

由此，我联想起《诗经·小雅·宾之初筵》里面有一段描述了的人们喝酒之后的各种情形：没醉的时候，大家还懂得礼仪，醉了之后，就完全不知了,有的还在主人那里大喊大叫、有的赖在那里不走。①但作者并没有因此反对人们喝酒,而是提出"饮酒孔嘉,维其令仪",要是人们讲求礼仪的话,喝酒并不是什么坏事情。

礼仪不能没有酒的存在,它需要酒的"刺激性"以使人们能够达到一种"其乐融融"、"温情脉脉"的状态。所谓"喜怒哀乐之未发谓之中,发而皆中节谓之和",喜怒哀乐没有表现出来的时候就叫做中,表现出来都符合节度就叫做和。②这说明,强调"和"的"礼仪"并不是要人们控制住内心的情感,而是说,要将其释放出来达到一定的程度。

如何在喝酒的时候,既能把自己的情感释放出来,又不越过一定的"度"呢?《礼记·杂记下》当中这样一段孔夫子和他学生的对话:

> 子贡观于蜡。孔子曰:赐也,乐乎?对曰:"一国之人皆若狂,赐未知其乐也。"子曰:"百日之蜡,一日之泽,非尔所知也。"③

"蜡"是春秋时期国家在十二月举行的求索、会集各种鬼神并合而祭之的仪式,这个时候,人们会聚集于序(学校)行饮酒礼,子贡所看到的,就是人们饮酒之后的憨憨状④。然而,如何在这么一种人与人、以及人与自然界之间达成全面和谐状态的节庆中⑤,又能保持长幼尊卑的社会秩序呢?

孔子说子贡,是指他不懂得人们长时间的劳作,而需要放松的道理。同时,他也并不是说这种集体性的"若狂"就是没有限度的。孔子谈道:

---

① "宾之初筵,温闻其恭。其未醉止,威仪反反。曰既醉止,威仪幡幡。舍其坐迁,屡舞仙仙。其未醉止,威仪抑抑。曰醉既止,威仪怭怭。是曰既醉,不知其秩。宾既醉止,载号载呶。乱我笾豆,屡舞僛僛。是曰既醉,不知其邮。侧弁之俄,屡舞傞傞。既醉而出,并受其福。醉而不出,是谓伐德。饮酒孔嘉,维其令仪。凡此饮酒,或醉或否。既立之监,或佐之史。彼醉不臧,不醉反耻。式勿从谓,无俾大怠。匪言勿言,匪由勿语。由醉之言,俾出童羖。三爵不识,矧敢多又。"参见周振甫:《诗经译注》,367 页,北京:中华书局,2003。
② 杨天宇:《礼记译注》,899 页。
③ 同上,734 页。
④ 同上,363、734 页。
⑤ 葛兰言:《古代中国的节庆和歌谣》,151 ~ 161 页。

> 张而不弛，文武不能也；弛而不张，文武弗为也；一张一弛，文武之道也。①

人们的生活，既不能绷得太紧，也不能太放松。而关键是在张弛之间找到一种"度"。对"度"的把握，需要人们的"节制"以达到一种中庸的状态。礼仪本身就是要求人们达到这么一种状态，所以孔子才说，"夫礼所以制中也"。礼仪的中庸，就是"凡事不能走极端"，而达到一种合适的行为。②

喝酒的关键，就是对"度"的把握。尽管这种中庸状态很难把握③，因为针对不同的人，礼仪的规定都有差异性。④因此，喝酒时，不同的人，面对同样的场合，能喝到什么样的程度也是不同的。所以，我们在婚礼中会看到老年人最害怕喝醉、年轻人比较能放得开喝，而新郎则比其他人都要多喝一些的现象。

"酒"的刺激性所带给人们的，是一种"其乐融融"的场面。在这里面，人既不能"冷冰冰的，若无其事"，也不能喝得过多而"失礼"，更不能像下面要谈的"酒疯子"那样"借酒发疯"。如何把握好这么个"度"，就是礼仪的关键。

酒疯子

什么事情都有它的对立面，有"讲礼"的人，就有"不讲礼"的人。婚姻的仪式作为一个礼仪世界，就偏偏有那么一种人不讲礼仪，喝酒之后大喊大闹，"破坏和扰乱秩序"。几乎每个村都有这么一两个类似的人，竹林堡也不例外，当地人称这种人叫做"酒疯子"。

---

① 杨天宇：《礼记译注》，734页。
② 参见李安宅：《〈仪礼〉与〈礼记〉之社会学的研究》，13页；费孝通："礼治秩序"，见其《乡土中国 生育制度》，50页，北京：北京大学出版社，1998。
③ 李安宅：《〈仪礼〉与〈礼记〉之社会学的研究》，13页。
④ 瞿同祖：《中国法律和中国社会》，292～304页。

竹林堡的这个酒疯子叫刘二,四十多岁。刘二尤其喜欢在酒席上借酒发疯,有人只要稍稍惹到他,他就会和别人纠缠不清,甚至要打架。不过在这种场合,三亲六戚的这么多,多数"清醒"的人是不会和他计较的,只要不太过分,由他逞强就是。有时,他要是在酒席上没有具体的出气对象,喝酒之后就会在那里自言自语,说东家的长、西家的短,或是哪家又挖了他家土坎之类的话。反正,说的也都是一些平时邻里之间的恩恩怨怨。久而久之,人们都知道了他的习惯,也不怎么理他。大家都知道他爱在席上喝酒之后闹事,吃饭的时候也不和他坐在一起。主人家也不可能单独为他摆一桌,就等所有的客人都吃完了,让他和主人家、"帮忙的"一块吃饭。

"酒席"成为了他个人表演的舞台。他这样做,是要展示给所有在场的人看。在这种场合,"酒疯子"很容易跟村子里的任何一个人发生口角,包括他自己的家人。并且,人越多的时候,他就越是兴奋,越容易闹事。而当客人都散尽了,即使喝了酒,酒疯子也不想发疯了。因为他的那些"观众"都已经走了。酒疯子在酒席上所展示出来的,是他自己和寨子上各个人之间的大小矛盾,有时甚至是其他人家相互之间的矛盾。可以说,"酒疯子"借酒发疯的现象集中地展现了寨子中人与人之间的各种矛盾。同时,"酒疯子"在"酒席"上的出现,让人们从另外一个角度看到了"度"的界限在哪里。

从酒"就人性之善恶"这方面而言,它将婚礼中的人分成了两大类:一类是占绝大多数的"讲礼"的人,另一类是极少量的、"不讲礼"的酒疯子。①

对这种"不讲礼"的酒疯子怎么理解?对于类似的现象,在人类学界,有两位大师从不同的角度出发,得出了大致相同的结论。

第一个是特纳(Victor Turner)。在他看来,社会有着"结构",也有着"反结构",社会的反结构也有几种形式。其中一种,就是类似于"酒疯子"这

---

① 阎云翔通过他在黑龙江下岬村的调查,曾经对礼物有以下两种区分:情感性的礼物和工具性的礼物。参见阎云翔:《礼物的流动》,李放春等译,上海:上海人民出版社,2000。尽管喝酒也可以作大致相同的区分,不过这一区分,仍然逃不过"酒可以就人性之善恶"这一框架。

样的调皮捣蛋鬼,如街上的小流氓等。①特纳认为,社会并非等于英国人类学意义上的"社会结构",除此之外,还有"反结构"②的内容。对于一个社会来说,"结构"与"反结构"都是不可或缺的,并且二者之间相互依存,密不可分。结构中包含了反结构,反结构中同样酝酿着结构。

法国人类学家杜蒙在对印度遁世修行者的论述中也谈到了相似的内容。在杜蒙看来,对遁世修行者的探讨是理解印度社会的一个关键。因为正是这一群人,使得"世俗社会"的卡斯特体系才有个参照,从而得以存在。而只有在看到印度社会既是"印度教的社会,也是遁世修行者的社会"的时候,才是从所谓"整体主义"的视角认识了印度社会。杜蒙看到,卡斯特体系离不开遁世修行者,相反也是如此,并且双方都包含了其对立面的存在。③

不管是特纳,还是杜蒙,都指出了如何从更为全面、整体的角度来研究一个社会。他们所努力的,都是朝着"社会本身并不等于社会结构"这一方向。有着英国结构功能主义背景的特纳,倾向于将"社会结构"看成是一种"实体"。而有着法国结构主义背景的杜蒙,却更多的是从"关系"的角度来看"结构"。不过,英雄所见略同,在最终的问题上,他们都得出了大致相同的结论:在一个社会中,只有同时看到特纳意义上的"结构"(相当于杜蒙笔下的卡斯特体系)与"反结构"(相当于遁世修行者)才完整,并且这两者相互依存,彼此包含。

"礼仪世界"与"酒疯子"二者都是一个寨子不可或缺的。表面上,这二者是相互矛盾,相互冲突。但是,二者合在一起,才是一个完整的寨子。这从婚礼的某些方面就可以看得出来。尽管大家对酒疯子的行为深恶痛绝,

---

① 维克多·特纳:《戏剧、场景及隐喻:人类社会的象征性行为》,刘珩、石毅译,278~361页,北京:民族出版社,2007。
② 有时"反结构"这个词会容易让人对特纳的理论产生误解,因此需要注意到他以下的解释,"我也曾使用过'反结构'这一概念,但我想说明的是,在此我只是策略性地使用了'反'这个词,它并非是指绝对的反义或否定"。参见维克多·特纳:《戏剧、场景及隐喻:人类社会的象征性行为》,329页。
③ 杜蒙:"印度各宗教中的遁世修行",见其《阶序人:卡斯特体系及其衍生现象》,王志明译,卷二,451~474页,台湾:远流出版事业股份有限公司,1992。

但大家都尽量避免在这种公共场合与他发生冲突。因为，婚礼这种事情，尽管是具体哪家举办，但客人却来自四面八方。可以说，围绕着主人的人际关系，此刻建立起了一个超越村庄的更大的共同体①。也因此，那些被"酒疯子"所纠缠的同寨子的人，在有外村人的情况下，感觉到"酒疯子"和他们是属于一个共同体的，要是和"酒疯子"计较的话，就会被外人看不起，觉得他们连同个寨子的人都不团结。②

结 语

人有人性，物有物性。怎么看酒呢？它是粮食之精华，有着水之外形（流动性）和火之内涵（刺激性）。在以上的论述中，我谈到它与礼仪的紧密关系得从酒这三个方面的性质合起来看。

围绕着婚礼，我描述了两种形式的喝酒："礼仪之酒"和"游戏之酒"。在这两种"喝酒"之中，都有以下因素的存在：等级、互惠，还有以"敬"和"让"为基础的竞争。前一种喝酒方式给人的感觉是彬彬有礼的，而后一种却娱乐性比较强。然而，酒的游戏——划拳本身也是一套礼仪的展演。

不管是哪种类型的喝酒，都有一个把握"度"的问题。它就是指人们针对不同的人，在不同的场合，把握好自己的分寸，从而做出恰当、妥善的行为。喝酒是否有"度"，是与人们"失不失礼"紧密关联的。同时，像"不讲礼"的酒疯子这种人同样也是一个礼仪世界不可或缺的，并且他们与后者融为一体。

从"无酒不成礼"的现象出发，可以看到，"酒"与中国文明之间存在着至为紧密的关系。从东西方对于"酒"的不同态度①，我们可以对西方以"控

---

① 这种公共活动，也类似于葛兰言笔下古代中国的竞赛仪式。参见葛兰言：《古代中国的节庆和歌谣》。
② 从更大的社会来看也是如此，参见王铭铭：《西方作为他者》，63~78页，北京：世界图书出版公司，2007。

制"为核心的"文明论"②进行一定的比较和反思。中国的礼仪,对人并非是简单的"控制",在其中,它也给了人"释放"。在"释放"与"控制"之间,中国的文化是要达到一种"夫礼以制中"的目的。③

探索不同文化对同一关键之物的不同态度,从中可以看到这些文化的异同。对于不同文明(文化)的跨文化比较,这,或许是一个具体、可行的办法。

---

① 郝瑞在其文章中问到,"为什么西方社会认为最具伤害性的酒在华人社会居然如此温和的存在呢?"参见郝瑞:"台湾乡村地区的正常与不正常饮酒行为",43页;顾迪:"桌上怎么没有葡萄酒",见《饮食与爱情》,杨惠君译,193~205页,台湾:联经出版事业股份有限公司,2004。
② 弗洛伊德:《一种幻想的未来文明及其不满》,严志军、张沫译,上海:上海人民出版社,2007;福柯:《疯癫与文明》,刘北成等译,北京:生活·读书·新知三联书店,2003;埃利亚斯:《文明的进程》,上卷,王佩莉译,下卷,袁志英译,北京:生活·读书·新知三联书店,1998~1999。
③ 在论述礼与法的关系时,钱穆先生有这样一句重要的话,"法的重要性,在保护人之权利。而礼之重要性,则在导达人之情感。"参见钱穆:《湖上闲思录》,52页,北京:生活·读书·新知三联书店,2005。

关系中的"物"

——一个盐井村落中的盐

舒 瑜

马克·科尔兰斯基在对全世界的盐文化史进行概览时饶有趣味地分析了中国的"盐"字,他说:"古代汉字'鹽'是由三部分组成的象形文字。下面那部分表示工具,左上是一位朝廷官员,右上是盐水。所以这个字本身就表明了国家对产盐的控制。"①中国是世界上最早实行食盐专卖的国家。对盐的控制和专营,可视为一项重要的帝国治理术,但就具体的盐产地(如诺邓盐井)而言,其生产的食盐不仅被纳入到帝国的食盐专卖体系中;与此同时,盐也在当地的"关系"体系中建构着丰富的意义。本文以云南诺邓盐井的历史人类学研究为例,试图透过"盐"来考察诺邓所处的"上下"、"内外"关系。

诺邓在今云南省大理白族自治州云龙县治下②,而历史上它更多地被称为"诺邓井",是滇西著名的盐井之一。云龙在明清时期曾经实行过"土流合治"的政治形态,以澜沧江分而治之,江东的盐井(包括诺邓井在内的"五井")早在明初就已建立盐课提举司、设流官;与此同时澜沧江以西"诸夷杂处"的广阔地带却推行着土司制。"改土归流"失败之后,朝廷不得不按照"三江之外宜土不宜流,三江之内宜流不宜土"的惯例延续了土司对江外"诸夷"的治理;而历任的流官也深知云龙以盐课为要务,"统摄八井,控制诸夷,得居御驭轻之义"③。盐成为治理云龙及远至腾越一带"汉夷杂处"之

---

① 马克·科尔兰斯基:《盐》,夏业良等译,9页,北京:机械工业出版社,2005。
② 现在的诺邓村隶属诺邓镇,诺邓镇于2005年成立。我主要研究的是诺邓行政村的河西、河东两个自然村。今天的诺邓村是一个白族聚居村,白族占人口总数的99%。
③ (清)陈希芳:雍正《云龙州志》,周祜点校,政协云龙县文史资料研究委员会,云龙县志编纂委员会(内部资料),22~23页,1987。

地的关键物资。王铭铭提出的"中间圈"以及"关系主义"民族学的思路对理解诺邓的历史提供了启发。①他指出:"研究'中间圈',也便是研究在'核心圈'与'中间圈'二者之上的文明及在'民族单位'之间的互动过程"②,强调对"中间圈"活跃的上下关系、族群相互性及文化流动性的关注。

以诺邓为关注点,我们看到一个"地方",它如何面对和理解帝国,如何对待他人、如何处理自己内部的关系。在交换关系中,盐以不同的形态(形制规整的官盐、形制不规整的私盐、盐水)在远近距离不等的人群中,在帝国行盐市场、区域性贸易体系,以及社会内部阶序中流动;在象征体系中,盐的不同形制(形盐、盐米)呈现出诺邓人对神灵世界等级阶序、内外有别的认知。处在关系结构中的"盐",在交换和献祭两套体系中呈现出同构性。交换与献祭,这一横一纵的关系结构,构筑了诺邓人理解的完整世界,这是人—物—神共存的世界。

一、帝国盐神的树立:从母龙到龙王

诺邓产盐的历史,有资料推测汉代比苏(今云龙)一带已经开始产盐,或设有盐官③。作为诺邓井前身的"细诺邓井"在唐代始见诸史载,当时的云南处在南诏地方政权之下,诺邓井属于"土诸蛮自食,无榷税"④的状态。明初,诺邓盐井被收归中央,设立盐课提举司,诺邓盐业从此被纳入到帝国的食盐专卖体系之中。

---

① 参见王铭铭:《没有后门的教室:人类学随谈录》,137~140页;王铭铭:《经验与心态》,293~326页,桂林:广西师范大学出版社,2007;王铭铭:《中间圈:"藏彝走廊"与人类学的再构思》,北京:社会科学文献出版社,2008。
② 王铭铭:《经验与心态》,321页。
③ 新纂《云南通志·盐务考》记载汉代云南有二井,即安宁井和云龙井。还有一种看法认为,西汉时云龙境内已设有盐官管理盐务,参见"云龙盐矿简史",载云南省编辑组:《白族社会历史调查》(三),314页,1988。
④ (唐)樊绰:《云南志校释》,赵吕甫校释,263页,北京:中国社会科学出版社,1985。

龙王被尊为诺邓盐井的专职神灵。尽管龙王庙的修建时间不详，现已无法考证，但在诺邓人的观念中，龙王庙的建立与明代诺邓设立五井盐课提举司有直接关系，是中央在此设立盐课提举司之后才修建了龙王庙。透过"青龙吐卤"的传说，我们可以看到诺邓人如何理解和解释"龙王"的出现：

　　诺邓村南矗立着一座巍峨挺拔的山岭，从前，山上古木参天，杂木丛生，茅草密布，荫翳蔽日，野兽出没其间。山脚下的茅草丛中，有一堵青色的大石崖。

　　村中有户牧羊人家，每天近午时分，羊倌便手挥长鞭，赶着羊群走出家门。羊群一到小河旁边就一个个钻入草丛，到那青石崖下，有的站立，有的俯卧，都低头伸舌，向地上、崖上舔了又舔，吃得津津有味。一天又一天，一月又一月，羊群每次到了崖下都不肯离去，直到牧羊人扬鞭吆喝，才往前走。

　　是什么东西吸引着这群羊呢？村民感到蹊跷不解，想探个究竟。一天，有个村民扒开草丛钻进去，只见青石崖下部的一个小石洞中淅淅沥沥流出一小股水，用手指蘸了一下，放入口中，用舌头舔了舔，原来水是咸的。"村里出盐水啦！"这个好消息犹如春风吹拂大地，一下子传开了，村人纷纷前往察看。某日，有个姓徐的乡绅也随众去看，这个人平时自诩斯文，喜欢说三道四，村民都讨厌他。他到后歪着头儿向崖上端详了一下，举起手里的条子烟锅，指着崖洞说："大家看，这像什么？活像个母龙的××（外阴）啊，难看死了！"第二天，他竟然带了几个人，肩扛铁锤，手拿凿子去修凿那出水洞。喤喤几锤敲下去，把崖洞凸出的部分砸成碎片。崖上凸出的部分被敲掉了，这股盐水也销声匿迹了。村民们非常着急，纷纷加以指责。骂归骂，找回这股水才是真的。经过商量，大伙儿便群策群力从崖口一直往下挖，挖了一丈、两丈……仍不见盐水踪影，一直挖到六七丈深，才见泥石缝中冒出一股水来，大家尝尝是咸的，终于找到盐水了，村民们兴高采烈，欢呼雀跃。

　　从前，人们认为水是龙给"应"出来的，所以有"应水龙王"的尊称。当时诺邓先民们根据出水山崖原来的颜色和出水洞口的形象,即认定这条卤龙是条青色的母龙。村里人在盐井东坡上盖了龙王庙,每逢农历六月十三,龙王生日这天,灶户们都杀猪宰羊,敬献牲醴,隆重祭祀。庙里香烟缭绕,十分热闹,来感谢龙王赐给诺邓人的洪福。①

这则传说讲述了诺邓盐井的来历,诺邓先民认为盐水是从一条青色母龙的外生殖器中流出来的,涌出的盐泉被羊群发现后才为人所知,之后发生了一个突发事件,母龙生殖器被人为凿坏,盐泉随之销声匿迹,后来耗费了不少人力,人们历尽艰辛才重新寻回盐泉所在,这时人们认为盐水是龙王给"应"出来的,于是尊其为"应水龙王",并在盐井东坡上修建龙王庙,"应水龙王"作为诺邓的盐神得到人们的顶礼膜拜,故事到此结束。

整个传说以极为浓缩的形式隐晦地讲述了诺邓盐井的来历,从发现盐泉、凿井,到修建龙王庙的历史进程。传说的核心是要反映出"凿井"这一事件在当地所引发的"震撼"。传说的中心人物是徐姓乡绅,在徐姓乡绅看来从母龙生殖器中流出来的盐水是"野"的,是有伤风化的,必须进行改造,他私自凿坏出水口,这一改造行为却导致了意想不到的严重后果,盐水突然消失,人们大为震骇。传说中"乡绅"这一角色被特意强调,需要指出乡绅是介于国家和乡民之间的中间环节,在乡野之中,他们代表了国家的在场,徐姓乡绅的凿井行为背后所隐喻的正是帝国力量对盐井的开发和控制。这一事件对当地造成的巨大震荡,以盐水突然消失这一戏剧性的方式表现出来。从盐水消失到人们再次寻回盐水,这个过程中发生了一个微妙而又至关重要的变化——"母龙"的形象已然悄悄地被"应水龙王"所取代,人们不再说是母龙"流"出盐水,而认为是"应水龙王"把盐水给"应"出来的。这表明诺邓井从土著手中转到帝国控制之下以后,"应水龙王"已经成为帝国象征体系中掌管诺邓盐井的专职神灵,成为盐水的来源。该传说的深层意涵是要说明帝国盐神的树立过程。

---

① 李文笔、黄金鼎:《千年白族村——诺邓》,247~248页,昆明:云南民族出版社,2004。

龙王庙的出现，被当地人理解为是和明初诺邓盐井被收归中央的历史同步展开的，随着盐课提举司的设立，才有了龙王庙和龙王的崇拜。明朝平定云南之后，立刻把云南盐业收归中央。洪武十六年（1383年），中央在云南设置了四个盐课提举司，属地方最高盐务机构。《明史·食货志》有载："云南提举司凡四，曰黑盐井，曰白盐井，曰安宁盐井，曰五井。"[1]景泰《云南图经志书》更详细地记载了五井提举司的情况，诺邓盐课司就归属于五井提举司管辖：

  五井盐课提举司，在浪穹县西北三百里，洪武十六年建置，内有吏目厅，所属盐课司五，诺邓井盐课司、大井盐课司、山井盐课司、师井盐课司、顺荡井盐课司。[2]

"五井盐课提举司"的存在时间从洪武十六年（1383年）一直到万历四十二年（1614年）云龙改土归流，前后长达231年。"先是提举司设在诺邓，……嘉靖五年，提举司改建雒马。"[3]诺邓设立五井提举司之后，是否建有龙王庙祭祀龙王不得而知，只有史料表明雍正初年，云南盐井得到过帝国的一次敕封。"（雍正二年）巡抚杨名时以盐课充裕，民食有赖，请加各井龙神封号。奉旨：敕封灵源普泽龙王，春秋致祭。"[4]今天诺邓的龙王牌位上仍赫然写着："敕封灵源普泽卤脉兴旺得道龙王之神位"。在整个盐业时代，龙王会一直是诺邓最盛大庄严的仪式之一。

龙王会之外，孔子会是诺邓村内最高等级的祭祀。只有在孔子会上，才能看到诺邓最高规格的祭品——狮状形盐。孔庙建成于乾隆九年（1744年），

---

[1] 张廷玉等撰：《明史·食货志一》，载《明史》第7册，志53，1931页，北京：中华书局，1974。
[2] （明）陈文：景泰《云南图经志书》，李春龙、刘景毛校注，280~281页，昆明：云南出版社，2002。
[3] （清）陈希芳编纂：雍正《云龙州志》，144页。
[4] 转引自檀萃：《滇海虞衡志校注》，宋文熙、李东平校注，70页，昆明：云南人民出版社，1990。

诺邓之所以能够修建孔庙，与其曾经设立过盐课提举司的历史地位有关。龙王会和孔子会都完全按照儒家的祭祀规范，实行三献礼，并有专门格式的祭文。最初的龙王祭祀有春秋二祭，属于官方祭祀。杨庆堃在比较官方信仰和民间信仰时明确指出："官方信仰和民间信仰之间的区别是前者的祭祀总是于春秋两季开始时举行，而后者的祭祀则通常是在神灵生日之时举办。"①他进一步指出春秋两季官方的献祭具有双重意义，一方面它与生命轮回的观念相关，对于农业社会来说尤为重要，因此这种节奏一定要由官方来控制；另一方面所有官方祭祀的时间都是固定的，这对帝国的延续起到一体化和普及化的效果。②至迟到民国年间，诺邓的龙王会已为每年一祭，在龙王生日这天举行，由盐井管事会来组织。从这个过程可以看出，诺邓龙王的祭祀经历了从官方祭祀到民间祭祀的转变。

二、诺邓盐的"交换圈"

"万驮盐巴千石米，百货流通十土奇；行商坐贾交流密，铓铃时鸣驿道里。"③诺邓至今流传的这首诗展现出明清时期的繁荣景象：浩浩荡荡的马帮驮着诺邓盐巴出发，满载米粮归来，百货土产云集于此，行商坐贾往来频密，马帮在古老的驿道上穿行，将诺邓与更广大的外部世界相联通。

云龙地处横断山南段澜沧江纵谷区，地势北高南低，怒山山脉、云岭支脉由北向南延伸，怒江从西面绕境而过，澜沧江及其支流沘江则由北至南纵贯全境，呈南北走向的逶迤群山和奔流大河塑造了这一地区最基本的地理特点，形成山川并列、河床深切、高山峡谷相间的地貌形态。处在群山大川之中的诺邓，历史上并不封闭，如梳的古道沿着南北走向的山川蜿蜒盘错，马

---

① 杨庆堃：《中国社会中的宗教：宗教的现代社会功能及其历史因素之研究》，范丽珠译，144页，上海：上海人民出版社，2006。
② 同上。
③ 李文笔、黄金鼎：《千年白族村——诺邓》，4页。

帮驮运着食盐穿行在这些古道上。在这片横断山南麓的澜沧江纵谷地带，历史上就形成了民族自北向南迁徙流动的走廊。诺邓溯江北上，经丽江、香格里拉，可达藏区，顺江南下，翻越高黎贡山，经保山、腾冲可入缅境。过去诺邓有四条向外的干道延伸至村外，全是用青石板铺就。东北有一条叫"通京路"，是当时赴府、省、京的道路。西面有一条路经果郎、旧州、漕涧至保山、腾冲，是诺邓食盐的主要运道。东南方可经关坪、漾濞通往大理；南面是通向石门的古道。在今天村子附近的地方还留下"古宗坪"、"回族坪"的地名，就是当年藏族马帮和回族马帮露宿、扎营的地方，诺邓正处在这样一个古道交错、四通八达的地理位置上。

（一）流通中的官盐与私盐

从流通的角度看，诺邓盐有两种流通形式：一种是在国家专卖制度下合法流通的食盐，诺邓人称之为"官盐"或"公盐"①；另一种则是专卖体系之外非法流通的私盐。

在诺邓人看来，私盐就是交足国家之后的盈余。官盐由灶户按国家规定的盐课每月上交到盐局，经过秤、盖章、包装，最后交予具有食盐运输权利的专商进行运输。官盐按照国家的规定制成统一的形制，诺邓盐都是制成筒盐，每筒官盐上都盖有生产灶户的印章，印章上刻有灶户的姓名、灶号等信息，交到盐局过秤时还要盖上盐税已讫的公章。完税之后的食盐就作为官盐进入流通领域。而私盐虽也制成筒盐的形式，却不通过盐局验收，直接由灶户经过隐秘渠道交易进入市场。灶户在生产的时候已经有意识地区分了要上缴的官盐和余留的私盐，私盐的斤数往往不足于官盐，在市场供应充足的情况下，

---

① 清初的云南盐法不同于全国，基本是采取放任的方式，除煎盐办课、运销纳税完成之外，一任商人操办，实行自由式的商民运销，直到康熙四十三年，官运官销取代了由官吏操纵的商民运销，由官府的行政手段全面地掌握盐的产、运、销。官运官销之法，到乾隆时期已经弊窦丛生，出现"搀和灰土、溢报余盐、几倍正额"的情况，造成"官盐堆积、课无所出"的局面。终于在嘉庆初年酿成了震惊云南的"压盐政变"，同时催生了嘉庆盐法改制，就场征税、就场卖盐、灶煎灶卖、民运民销代替了官运官销的陈法。参见黄培林、钟长永：《滇盐史论》，成都：四川人民出版社，1997。

私盐的价格一般要低于官盐，买卖双方都心知肚明。大部分私盐上没有盖章，为了防止被缉私兵入户搜查时查获，灶户事先也盖好印章，但在灶户脱手出售时印章往往要被抹掉，以防在私盐偷运过程中被缉私兵缴获后留下罪证。另外，也存在灶户私刻假章以假乱真，以私盐在市场上冒充官盐销售的情况。通过口述史的调查，笔者发现民国时期诺邓私盐的流动主要采取夜间偷运，或是在官盐的"庇护"下夹运，或以假乱真、冒充官盐运销等三种方式。

私盐和官盐有着各自的流通渠道、运输力量以及市场空间：官盐基本依靠马帮进行运输，而私盐则主要依靠人背，也有少数通过马帮夹运的情况；运输官盐的都是拥有官盐运销凭证的专商，非一般百姓可以染指，而贩运私盐的多为诺邓本井的荒户①和附近乡村出卖脚力的农民；从流通空间来看，官盐有国家规定的运销范围，私盐也在长期的交换中形成了自己的市场，总的来说，诺邓的官盐主要销到今天的保山、腾冲一带，而私盐则主要运往云龙境内的漕涧、旧州。但需要指明的是，在诺邓盐业被收归中央之前，汉唐以来的区域性贸易体系已经存在，帝国官盐的行盐市场实际上是占据了原有贸易体系的部分空间。

官盐的流通是按照历史上逐渐形成的销岸来划定的。明初所设云南境内黑盐井、白盐井、安宁井以及五井四个盐课提举司辖内的盐产地到了明代中后期已逐步形成各自明确的销岸。明嘉靖年间，诺邓所属的云龙五井盐区已有专门的销岸，官方规定五井所产之盐专行永昌，嘉靖《大理府志·市肆》：

> 盐市：初白井盐通□□□永昌二郡，后开五井，始分行盐地方，台（应为"白"，笔者注）井之盐，专行大理；五井之盐，专行永昌。在官虽有定章，在民犹循旧习，盖白井课多，五井课少；大理止于府属，永昌远入诸夷；况白井盐咸，五井盐淡，然则白井之盐时到永昌，永昌之人

---

① 在诺邓荒户是相对于灶户而言的，灶户是盐业的生产者，拥有卤水份额，从事盐业生产；而荒户则是没有卤水份额，或为灶户提供服务性工作的人，如背柴、背水、运盐等，或从事农耕。

兼贩白井，此势之所必至，禁之所必犯者。二井官民，互凌互夺，不可谓不察矣。①

从这段记载看，官方对白井和五井的销盐市场做了明确的划分，白井之盐专行府属大理；五井产盐专销"远入诸夷"的永昌。依据光绪《云龙州志》的记载，云龙盐井的行盐区域以及所承担的盐课情况为：

保山县　大建月行销40000斤　小建月行销38667斤
腾越州　大建月行销30000斤　小建月行销29000斤
永平县　大建月行销7000斤　　小建月行销6767斤
邓川州　大建月行销18467斤　小建月行销17851斤
浪穹县　大建月行销21500斤　小建月行销20783斤
剑川州　大建月行销11000斤　小建月行销10634斤②

保山（永昌府治所在）、腾越、永平、邓川、剑川、浪穹六地作为云龙盐井的销岸是明确的，其中保山、腾越两地的销量最大，比永平、邓川、浪穹、剑川四地销量的总和还要多。可见直到清末，云龙盐已经形成以永昌、腾越为主要销岸的格局，这与明清帝国对这一地带的经营、治理有关。这一"远入诸夷"的地区从元代以来陆续建立过许多土司政权，其中麓川路③迅速勃兴。到了明代，麓川平缅宣慰司思氏势力逐渐坐大，不断兼并周边的土司领地，极大地威胁着明朝的统治。正统年间，明廷发动持续半个多世纪的"三征麓川"之役，这次战役中总督军务的兵部尚书王骥最终与麓川思氏约定以伊洛瓦底江为界，将思氏势力限制在伊洛瓦底江外，使得双方这场延续多年的战争宣告结束。

---

① （明）李元阳纂：嘉靖《大理府志》，114页，大理白族自治州文化局，1982。（内部资料）
② （清）张德霔等修、杨文奎纂：光绪《云龙州志·盐政》。
③ 麓川即今云南省德宏傣族景颇族自治州的瑞丽、陇川、遮放及瑞丽江南岸一带。其政权中心在猛卯南，今瑞丽江南岸的南坎。

在云龙流传着很多关于王骥的传说，据说当年王骥"三征麓川"时曾经屯兵在漕涧嘎窝（今漕涧仁德），并在当地扎营筑城，一说是当地人担心王骥筑城会占去他们的田地，一说是王骥的军队横征暴敛、造成官军行处，村镇为墟、民不聊生的局面，于是当地土著就在献给王骥的羊肉中放了弩箭药，毒死了王骥。然而有意思的是，王骥竟被尊为云龙全境的三崇本主，至今不仅云龙全境乃至缅甸东北打洛以东，只要是王骥当年驻过兵马的地方，普遍建有"三崇庙"，祭祀王骥。①在雍正《云龙州志·风俗》中有一条重要的记载："凡病者，酬神必宰猪羊，备烧酒纸锭，延巫曰香童者数人，歌舞以乐神……牲醴必先尝，然后敢祭。相传三崇为汉将，于漕涧中彝毒，故祭如此。然灵应甚著，祷赛者无虚日"②按照这段记载，清初已有三崇信仰，主要是为病者祷祝，因非常灵验，得到当地人的崇祭。这里所说三崇的原型正是传说中被夷毒所害的王骥，在光绪《云龙州志》对三崇的来历有更详细的记载：

三崇祠：德龙山之麓，知州顾芳宗重修。岁以春秋致祭。今移建在州署之左，贼毁，复以光绪元年地方重修。其神来历抄录于后：三崇神姓王讳骥，三征陇川（地在腾越，今设陇川）经历明朝英宗正统六年春正月陇川宣慰使司思任发反叛，攻陷腾冲，命沐晟、沐昂讨之，无功。命蒋贵、王骥讨之，平之。封贵"定西侯"，封骥"靖远伯"。十三年春三月，思任发弟思机发据孟养，虽入贡而不朝。命骥总督军务，为"平蛮将军"，统兵十五万讨之。明年春渡金沙江至鬼哭山，破其十余寨，机发终脱去，官军蹂孟养至孟那海，地在金沙江西，去陇川千余里，而思机发复据孟养，骥度贼终不可破，乃立石表于金沙江上，与思机发约誓曰："石烂江枯，汝乃得渡"，遂班师。今腾越亦供奉王公神。③

---

① 中国人民政治协商会议云南省云龙县委员会编：《云龙文史资料》，第7辑，224页。
② （清）陈希芳：雍正《云龙州志》，44页。
③ （清）张德霈等修，杨文奎纂：光绪《云龙州志·祠祀》。

清代，三崇祭祀也是实行春秋致祭的官祭。但三崇被视为马帮的保护神，诺邓马帮在出行前，要先到三崇庙磕头，求得三崇的保佑。远行归来也要到三崇庙献祭，感谢三崇老爷的一路护佑。王骥作为开拓腾越、征服麓川的英雄，保障了五井之盐的流通，并成为外出盐商、马帮的保护神。可以认为，三崇信仰的形成与云龙盐井销岸的确立有密切关系。①

（二）诺邓盐的交换圈

长期以来，随着诺邓食盐的向外流通，诺邓与远近不同的地区、族群发生着物品的交换，人情的交往以及婚姻的结成。根据距离远近、交往族群以交换物品的不同，我大致分为三个交换圈：最外圈是诺邓食盐自明清以来逐渐固定下来的销岸——永昌、腾越一带，以及怒江的泸水地区。这一带有诺邓人常说的"腾越七土司"和"泸水五土司"②，相当于现在的德宏傣族景颇族自治州境内通常说的"外五县"和怒江傈僳族自治州的六库、泸水一带。这一圈大致位于晚期帝国的边陲地带，领土与缅甸错壤，广泛推行土司制，根据清代方志的记载，这些土司治下有着摆夷、蒲人、峨昌、妙猡猡、白猡猡、野人、僰人、傈僳等族群，这一区域也是诺邓依靠马帮进行长途贸易的最远端。由外及内的第二圈，在诺邓短途交换发生的范围内，这里流通的多是私盐。方志中记载有僰人、罗猡、阿昌、傈僳等族群。大致在今大理州境内和保山市范围内，有诺邓粮米的重要来源地——云龙境内的旧州、大理州的永平县，诺邓马匹的主要供应地——云龙境内的关坪、团结、长新以及大理州的洱源、剑川、鹤庆一带。清末到民国，云龙境内形成一个繁盛的集市体系，保山、大理作为清代永昌府、大理府的府治所在地，成为比云龙更高级别的市场；

---

① 参见舒瑜："试论云龙诺邓的三崇信仰"，载《大理民族文化研究论丛》，北京：民族出版社，2012。
② 腾越十土司指的是：南甸、陇川、干崖三宣抚司，芒市、猛卯两安抚司，盏达、遮放两副宣抚司，户撒、腊撒、猛板三长官司。诺邓人常说的腾越七土司是指：南甸宣抚司、干崖宣抚司、陇川宣抚司、猛卯安抚司、盏达副宣抚司、户撒长官司和腊撒长官司。诺邓人常说的泸水五土司是：老窝土千总、六库土千总、登埂土千总、卯照土千总、鲁掌土千总。

在这一交换圈内,形成了施坚雅(G. William Skinner)所说的基层市场——中间市场——中心市场的等级结构。①最内圈是诺邓村内的交换,这一圈的交换主要发生在诺邓内部不同阶层的人之间,以劳务、食物的交换为主。下面我将由远及近地介绍诺邓与这三个圈子的交往。

最外圈的交往主要是通过诺邓马帮的长途运输实现的,历史上的诺邓人把走向腾越土司地带的行程称为"走夷方",俗语云:"要走夷方坝,先把婆娘嫁",夏季进入到怒江坝,瘴气肆虐、疟疾盛行,是马帮行程中最艰险的地带;冬季,高黎贡山的大雪也在挑战着商旅、马帮的生命极限。而穿越了这些难关险境,进入到腾越平原,则是另一派景象,在这片河流冲积平原上,田土肥沃、物产众多,众多族群在这里繁衍生息。

清末民初,腾冲市场上不仅有来自附近土司辖地的各种物产,还有通过缅甸进入的外国货物,1902~1931年间最大宗的进口货物有:英国原色布、英国标布、意大利布、丝绒及棉绒、印度棉纱、小晛、燕窝、棉花、染料、玉石、日本火柴、美国火油、洋伞、绵绸、棉毡、鹿茸。②1938年滇缅公路通车后,腾冲市场上更是洋货云集,洋纱、洋布、洋火(火柴)、洋灯、洋伞、洋碱(肥皂)、洋油(水火油)、洋烛、洋桶(锌皮桶)、洋戏(留声机)等等充斥市场。清末,腾越商业出现由盛及衰的两大变化,一是海运的兴起导致中缅陆上枢纽的腾越迅速冷落下来,二是缅甸沦为英国殖民地之后,英国对进出口贸易的限制,导致中国进口货多、出口货少,造成腾越市场上洋货充斥的情形。③

诺邓马帮正是将一驮驮盐巴运往腾冲,然后换回腾冲市场上的各种货物。最大宗的物品是棉花、布匹、红糖、饵丝,少量玉器、药材、鸦片以及各种洋货,如煤油、洋伞、苏打、火柴等。到腾冲往返大概需要二十天左右④。

---

① 施坚雅:《中国农村的市场和社会结构》,史建云等译,北京:中国社会科学出版社,1998。
② 德宏州志编委会:《德宏史志资料》,第3辑,167页。
③ (清)寸开泰:《腾越乡土志》,142~143页,北京:中国文联出版社,2005。
④ 至保山大致经过大栗树、外坡脚、瓦窑、左所营、老营、板桥,抵达保山城。到腾冲的大致路线为:诺邓—灰窑—旧州—漕涧—三岔河—瓦马—香菜田—小岭山—猛莱渡—芒宽—猛岭—高黎贡山脚—旧寨—桦兴树—明家铺—江左—曲石—大官庙—海口—腾冲。

诺邓食盐驮运到腾冲,多数时候就在桥头、界头落脚,桥头是进入腾冲的门户,也成为一个较大的集市,四川、湖广商人居多,经营木材、陶瓷、绸缎生意,云龙盐也主要运到这里交货、转手,诺邓人在此开有盐号,缅甸的洋纱、洋布也云集于此,曾有"小上海"的美誉。腾冲的云龙会馆就设在桥头,民国时期,曾有十多户诺邓人定居于此,诺邓人在桥头有专门的同乡会,同乡会在当地买置有房子、地基、田地和坟山。诺邓同乡会还为来往的诺邓商旅、马帮提供住宿、做饭的地方,以及救助伤病、遇难的同乡。

诺邓盐也运销到今怒江傈僳族自治州的泸水县,这里位于中缅边境,历史上生活着傈僳、茶山人、勒墨人、怒、俅等族群,泸水土司是云龙段氏土司"析系分防"后设立的,有老窝(俗称大兴地土司)、六库、登埂、卯照四土司,以及鲁掌土司、练地土司,俗称"泸水六土司",乾隆年间设立,一直延续到建国前才废止。上个世纪30年代,六库土司段承钧看准在泸水发展中缅边境贸易的优势,开设了"太初商行",经营山货、药材、食盐等贸易,并组织有大型的马帮进行长途贩运,分西、北、南三路:北路从云龙盐井—六库—保山—腾冲—明光—片马,运销食盐,贩回土布、成药、土杂;西路从六库到密支那,贩出山货药材、柑橘等,购运贩回珠宝、玉石、洋纱、匹条、枪支、大烟等;东路从六库到下关,再到昆明,运销马鹿蹄筋、麝香、鹿茸、黄连、贝母等山货药材及大烟,贩运回土布、百货、土杂。①

泸水一带出产的物品以山货、药材为主,主要有贝母、黄连、麝香、熊胆、鹿茸、虎骨、兽皮、香菌、茯苓、黄蜡等,此外,还有芝麻、麻布、棉花、柑橘、甜木瓜、泡核桃、牛皮、生漆等,以及远近闻名的棺木上品杉板,并有保山、腾冲商人在片马设立商号,专门经营杉板生意。但泸水生产生活所必需的小铁农具、铁锅、铁三角、盐、茶、棉布、针线等日用品则主要依靠从外地贩运。于是在泸水一带长期以来形成了特出的山货、药材与外来的盐、茶、棉布、铁器的稳定交换。食盐的经营被土司垄断,泸水土司每月都有抄盐的定额①,土司通过向当地土著摊销食盐,从而换回各种土

---

① 李道生:《峡谷深处的土司制》,84页,昆明:云南教育出版社,2006。

产山货、药材,再将这些土产山货贩运出销,换回铁器、棉布等,形成一个稳定的结构。诸如"十斤盐换一张大野牛皮,一斤盐换一张麂子皮,五斤盐换一条双层新麻布毯"②。诺邓很多老人都记得泸水经常有马帮来驮盐,诺邓盐销往泸水,不仅人吃而且是喂给牲口,直到新中国成立以后,泸水一带还经常来诺邓买牲畜用盐。

上述交换和族群的接触主要发生在诺邓交换的最外圈,这一地区经历了从晚期帝国土司治下的边缘地带,逐渐向近代民族-国家形成过程中的中缅边界转变,伴随近代西方资本主义的兴起,缅甸沦为英国殖民地,这一地区开始出现新的物质形式,这就是来自资本主义机器大生产下的各种工业制品,被称之为"洋货"的各种商品开始充斥这里的市场,同时缅甸海盐也严重地侵蚀着腾越边岸。诺邓食盐多以官盐的方式,依赖招商雇请马帮驮运到这里,以抵御缅甸海私。在这新的时代背景下,诺邓马帮驮运着沉甸甸的官盐出发,换回了来自西方资本主义世界的各种商品。此外,这一圈内诺邓与泸水的交换,则主要呈现出盐与山货、药材的稳定结构,成为双方特产的交换。在诺邓盐销往的最外圈,不同族群有着对盐的不同说法,傣族把盐称作"白色的金子",阿昌族把盐叫做"盐宝",傈僳族的俗谚说:"菜无盐不香,话无理不行",腾冲一带聘礼中必须有珍贵的盐,"糕、饼、盐、茶",一样都不能少。

由远及近的第二圈,主要发生在今大理州境内的云龙县,及其附近的永平、洱源、剑川和鹤庆等地。诺邓与这一圈的交换是最频繁的,不仅是云龙境内的旧州成为诺邓的粮仓,而且诺邓运输的马匹也主要来自这一范围内的云龙长新、团结、关坪及其邻近的洱源、剑川和鹤庆。大理作为这一区域的政治文化中心,成为比诺邓更高一级的市场,是诺邓高档品、日用百货的重

---

① 如文献记载,1922年,"泸水六库土司函请认额抄盐,系为维持边岸起见,既经会商税局,每月暂许抄盐五百斤配搭分销,应准,如呈备案,仰即转饬该土司照内岸商盐缴纳税薪,按月领销可也。"见《云南盐政公报》第35期,52页。云南省图书馆古籍部藏。
② 中国人民政治协商会议云南省怒江傈僳族自治州委员会文史资料研究组:《怒江文史资料选辑》,第3辑,11页,1985。

要来源地。

先来说诺邓的粮仓——旧州,诺邓人有句俗谚叫:"诺邓人吃米不见糠"、"诺邓是靠外地人养活本地人"。意思是说诺邓历来不产米粮,米粮基本依靠外部提供。位于澜沧江河谷地带的旧州,是云龙以山地为主的地形中少有的平坦坝子,历来就是云龙的粮仓。明清时期,"五井之人多置田亩于江外",岁时收回租谷,清代以川、黔籍为主的汉人到旧州垦殖。在诺邓与旧州之间很早就形成了这条盐米之路。旧州是明代云龙土知州的治所所在地,明代已建有完备的城池、庙宇和学校。改土归流之后,随着治所迁到澜沧江内五井之一的雒马井(即宝丰)之后,旧州的政治经济地位逐渐降低。但它作为五井米粮来源地却始终没有变化。漕涧是云龙通往保山、腾冲、泸水的门户,是连接云龙五井和腾越、泸水的交通枢纽,于是历史上就是著名的商埠,以商业繁盛著称。旧州、漕涧也是诺邓私盐的主要销岸。

民国时期,盐米交换大致为:一筒盐(按4斤计)可以换到三帮米(合15斤),盐价比米价贵得多,在米贱盐贵的时候,盐价可达米价的六倍。多数时候,背私盐者是在旧州直接把盐全部换成米,或者是背到漕涧,把盐卖了之后再回到旧州买米。诺邓人只用一个月背两次私盐,换回来的米就基本上够一家人糊口了。另外,诺邓马帮从保山、大理返程时,也经常会到永平去买米,但永平米价比旧州稍贵,诺邓与旧州、永平之间构成了稳定的盐米交换,而且在旧州的盐米交换,往往是在当地结成长期固定的交换伙伴关系,直接用盐交换米。

诺邓马帮的来源,构成了诺邓与外部世界的又一个交换网络,诺邓的马主要来自云龙境内的山区,主要是长新、团结和关坪一带,或者再远就是到邻近的洱源、剑川、鹤庆、六库参加当地的骡马会,比如有名的大理三月街、丽江的骡马会、洱源的鱼塘会、鹤庆的松桂会,诺邓的赶马人经常参加这些骡马会去买马,但据说丽江等地的骡马不适应诺邓的地形,反倒是诺邓邻近山区的关坪、团结一带的骡马更为适应。

清末至民国,云龙内部的市场体系也进一步发展起来,大理、洱源、保山、永平等地商人前来云龙贸易的增多,输入的商品以茶、布为大宗,其余是烟、糖、纸张、百货、土杂等生活日用品。输出以盐为大宗，其余骡马、牛、羊、皮张、蚕丝等，清末云龙境内有 10 个街期：

金泉街：初四日、十八日　　　　　石门街：初三日、十七日

旧州街：初六日、二十二日；　　　漕涧街：以辰戌日为期；

关坪街：初一日、十五日；　　　　天耳街：初二日、十六日；

师井街：初五日、十九日；　　　　顺井街：初八日、二十四日；

汤涧街：初六日、十六日、二十六日；关里街：初八日、二十二日①

建国前云龙仍有 17 个农历街期：

石门：初三、十七日；　　　　　　宝丰：初四、十八日；

长新、师井：初五、十九日；　　　乔街：初六、二十日；

检漕、白石、表村：初七、二十一日；旧州：初八、二十二日；

顺荡：初九、二十三日；　　　　　汤涧：初十、二十四日；

鲁庄：十一、二十五日　　　　　　团结（施家村）：十四、三十日；

关坪：初一、十五日；　　　　　　诺邓：初一、十五；初八、二十三日；

天耳：初二、十六日；　　　　　　漕涧：天天街②

民国时期，云龙市场已发展到 17 个，在这些集市中，石门、宝丰、诺邓、顺荡、天耳都是盐井；旧州作为平坝，是农业区；长新、团结、关坪是山区，主要发展畜牧业，盛产骡马、牛、羊；漕涧就是商业集镇和交通要道。可见，在云龙县内部，盐井区、农业坝区以及畜牧山区三方本身构成了一个互补性的交换关系。

施坚雅认为：基层市场的边界决定了中国农民实际社会区域的边界，而

---

① （清）张德霈等修，杨文奎纂：光绪《云龙州志·场市》。
② 《云龙县商业志》（送审稿），下册，342～343 页。

从空间或经济的角度来看，基层市场体系都只是一个更大结构的子系统，在基层市场之上，是中间市场，进而到中心市场，形成基层市场—中间市场—中心市场的等级体系。在这些不同层级的市场中，商品和行商呈有规律的运动。①诺邓有"铁匠家"、"银匠家"、"画匠家"、"瓷器家"、"裁缝家"，现在都已成为地名，而民国时候则是作为中间市场提供手工业服务的场所。另外还有两家茶馆以及酒馆、赌馆，是地方人士、绅衿、商人聚集交流的地方。诺邓沿街的房子都有铺面，经营布匹、纸张、烟、酒、糖、茶、饵丝、草标（肥皂）、蜡烛等。每到集市，来自邻近村县以及保山、腾冲、大理的商人云集于此，集市上还有杂耍、戏班的表演，热闹非凡。诺邓的集市汇聚了来自四面八方的物品，最远的是从缅甸经腾冲过来的工业品，如煤油、苏打等。其次是保山和大理两地提供的手工业品，主要有布匹、纸张、茶叶、烟、糖、肥皂、面条、饵丝等。再次，就是邻近县提供的手工制品，如鹤庆、兰坪的纸，丽江的煮盐铜锅。最后就是云龙境内各乡所产物品，旧州坝区的米，长新山区的杂粮、马料，团结的木器，天登的篾器，师井的猪等等，有回、傈僳、彝等族群参与进来。

诺邓在与附近族群交换时经常采取物物交换的形式。阿帕杜莱（Arjun Appadurai）指出，物物交换是不同于礼物交换和商品交换的一种交换形式。它去除了货币的介入，最大限度地降低了成本，其中流通的物完全可以脱离社会的、政治的以及文化的约束。无货币将之与商品交换相区别，低成本则使之与礼物交换区分开。在较小社会的范围内，以及在早期社会中所发生的物物交换总是发生在不同的社会团体之间。②阿帕杜莱对物物交换的看法有助于理解诺邓与周边族群进行的交换，同时我们也清楚地发现，这样一种物物交换中的盐往往是私盐。也就是说，只有这种"脱离了政治的、社会的、文化的约束"的私盐可以进行物物交换，这对于国家控制的官盐来

---

① 施坚雅：《中国农村的市场和社会结构》，39 页。
② Arjun Appadurai, ed., *The Social Life of Things: Commodities in Cultural Perspective*, Cambridge: Cambridge University Press, 1986, pp. 9 ~ 11.

说是绝不可能的。

最后我们来看诺邓村内的交换。以前诺邓田地很少，整个村子基本上就依靠盐井为生，所谓"坐井靠井"。因占有资源的不同，而形成不同的等级。拥有卤水的灶户是诺邓社会地位最高、也是最为富有的阶层。荒户则主要依附于灶户生存，荒户往往为灶户提供煮盐所需的柴火，或是为灶户提供服务性的劳动，诸如：背水、烧盐、赶马、搬运等，灶户家给予相应的工钱。过去诺邓每月初一、十五两天免费向村中荒户发放盐水，荒户可以直接到井房取回盐水食用，有时灶户也会施舍给荒户一些盐锅巴，盐锅巴含盐量极高，用水浸泡之后，可得到浓度很高的盐水。在诺邓内部盐不是商品，倒更像是礼物。莫斯在分析礼物交换时曾明确指出：施舍一方面是礼物和财富的道德观念的结果；另一方面则是献祭观念的结果。很多社会都流行在某些节日期间给予孩子或是穷人一些礼物以取悦死者和神灵。富人的慷慨解囊是必须的，因为复仇女神会替穷人对那些过分富有和幸运的人加以报复，富人应该散掉他们的财富和好运。古老的赠礼道德变成了正义的原则。①

在诺邓，灶户的财富来源于对卤水的占有，让荒户可以无偿得到少量食用的卤水，正是灶户基于施舍的道德观念引发的。在当地人的讲述中，这种施舍的道德观念被赋予了产生盐水的母龙，有位荒户曾经告诉我，诺邓的这条母龙很善良、心地特别好，如果初一、十五盐井不免费发放盐水给荒户，母龙就会很生气，水量就会变得特别小，或者就断流了。可以看出在诺邓人的观念中，盐水的真正拥有者是神灵（传说中的母龙），人们实际上是从神灵那里得到盐水，人与神灵建立起契约关系。因此，灶户们一年一度举办的龙王会就是对神灵的献祭，通过馈赠给神的礼物来酬谢神灵给灶户带来的丰厚财富。灶户在享有最大利益的同时，也在诺邓的公共生活中承担了更多的责任，如"公卤"的收入被用于埋葬无主亡人、修桥补路、修缮寺庙等，在诺邓的公共生活中起到重要作用。公卤的存在明确表达出盐井社会内部的道德观念。

---

① 莫斯：《礼物：古式社会中交换的形式与理由》，汲喆译，28 页，上海：上海人民出版社，2002。

从民国时期诺邓的通婚圈来看，村子内部的通婚是最普遍的，占了绝大多数。其次是云龙境内的五井地区，尤以石门为多，旧州、保山、腾冲的数量不多。直到新中国成立以后，和附近长新、白石、检漕、关坪的通婚才增多。在诺邓与非盐井地区的通婚中，盐是最重要的彩礼，特别是对于山区的人来说，如果诺邓的聘礼中没有盐是不可以接受的。村中老人告诉我，在村内讨媳妇，可以不送盐，但是如果讨了外村的媳妇就必须送盐，特别是像长新这些不产盐的山区，如果诺邓人在聘礼中不送盐，那么对方就会给诺邓迎娶的人淡食，在他们的菜里面不放盐。聘礼中的筒盐，要用红纸绕一圈，或是写上"喜"字，被风风光光地送出去。

在诺邓逐级向外延伸的交换圈中，诺邓人对外界的认知也逐步构筑起来。从清末到民国时期，通过最外圈的交换，来自域外的各种物品源源不断地涌向诺邓，英国的洋货、缅甸的洋纱、东南亚沿海一带的各种物产以及土司辖地的众多方物，而诺邓向这一圈输出的食盐多为官盐，是形制规范的筒盐。出外及内的第二圈中，诺邓周边的族群参与到交换中来，多为互补性的物产交换，如盐、米、马以及生产工具、食物等。这一交换圈内流动的食盐，多为诺邓人背运的私盐，虽也是筒盐样式，但斤数不足于官盐。村内的交换主要发生在诺邓内部的不同阶层之间，如灶户给荒户的盐锅巴、盐井为荒户提供的盐水，荒户让渡了对卤水的支配。

三、献祭中的"盐"

（一）形盐与盐米

在诺邓的仪式生活中，有两种形态的盐：一种是盐米，把盐和米粒散放在碗里，当地人叫它"马料盐米碗"；另一种是形盐，用专门的盐模填充盐砂之后烧制而成。

"马料盐米碗"一般是和三牲一同献祭，献祭结束之后，盐米会在堂下或者庙外撒掉，意为"给神灵兵马的马料"。盐米碗多数时候都与三牲一起出现，唯一单独出现的场合就是在丧仪中，在人断气之后就要立即把这个盐米碗置于亡人腹上，装棺以后这个碗仍要放在棺盖上，任何人不能去触动，直到出殡当天，在起棺的时刻这个盐米碗要被摔碎。丧仪中的盐米碗也同样称为"马料盐米碗"。

诺邓的形盐一般做成狮子状，这种形盐平日里是不使用的，只有在祭祀和送礼场合才能见到。早在清代桂馥的《滇游续笔》中就说到："云龙煮盐，其形作狮子者品最上，州牧王君凤文见惠数十枚，余谓即《左传》之形盐也。"[1] 桂馥明显将云龙的狮状形盐与《左传》中的虎状形盐相联想，他的记录证明清代云龙盐井确实生产过狮状形盐，是祭祀和赠送的佳品。这种作为礼物的形盐，在建国初期还出现过，1950年，云龙县迎接中国人民解放军进驻滇西时，曾以盐狮、盐佛、花盐400件为礼物赠送。[2]

村中老人回忆说，过去只要是祭祀，都要用形盐[3]，以前是做成狮子的形象，建国前简化了就用小酒杯当模子来做。狮状形盐主要出现在最盛大的孔子会祭祀上。诺邓形盐不仅是献给神灵，也献给祖先。过去正月间，灶户家往往会做一些狮状形盐，或是刻上"福"、"禄"、"寿"、"喜"字样的形盐供献在家中祖先堂、天地堂上，等到春节过完才收回。灶户也会做出各种动物形状的形盐，作为珍品送给尊贵的朋友。用诺邓盐腌制的火腿，也是献给祖先的重要食物。献祭祖先时，不再献三牲或五牲，而是要献上一桌像人们平时所吃的丰盛宴席，其中火腿就是必不可少的一盘菜。火腿可理解为形盐的另一种表现形式。制作形盐需要有刚煎煮好的盐砂，将盐砂放进形盐的模子里压紧，在火上烤干使其变得坚固成形。新中国成立以后，随着诺邓盐业生产收归国有，盐厂只生产用于销售的食用筒盐和畜用盐，工人不能私自使用盐砂，而且随着龙王庙的毁坏、祭祀中断，到盐厂停办，形盐也就

---

[1] 转引自云南省云龙县志编纂委员会：《云龙县志》，214页，北京：农业出版社，1992。
[2] 参见中共云龙县委党史研究室：《中国共产党云龙县历史大事记》，19页，2006。（内部资料）
[3] 在今天诺邓人的表述中，"祭祀"与"念经"是有明确区分的，前者是用儒家礼仪进行祭祀，就像孔子会、龙王会；后者则主要是由道教协会来组织，设立斋醮念经，如玉皇会、王母会等。

逐渐退出了诺邓的祭祀生活。

在对佛道神灵的献祭中，祭品中不再有形盐，而出现了面供。献祭中形盐和面果最明显地区分了荤与素。形盐是和牲醴一起献祭的，而面果则作为素食进献。面供多做成桃子、柿子、石榴、佛手柑、花朵等植物的形状，与动物形状的形盐明显区分开来。诺邓祭祀体系以及主要牲醴祭品如图：

祭祀神灵	荤/素	牲醴等级	献祭形盐/面果
孔子、龙王、关帝、财神	荤	五牲	形盐
三崇、城隍	荤	五牲	形盐和盐米
本主	荤	三牲	形盐和盐米
文昌、魁星	荤或素	五牲	形盐或面果
玉皇、王母、观音、弥勒、迦叶、地藏、吕祖	素	/	面果

（注：表中三崇、城隍、本主项下的形盐是献给神灵，盐米是献给神灵的兵马）

我追溯了形盐和盐米的仪式意义以及演变的历史后发现，形盐和盐米在献祭中的象征意义，是与诺邓人对神、鬼、祖先的分类结合在一起的，在诺邓的祭祀体系中，形盐和盐米分别对应着神（包括祖先）与鬼的分类体系。神、鬼的区分在诺邓表现为形盐和散盐在形态上的对立。具体而言，当地人认为，"马料盐米碗"里的盐米就是撒给三崇本主麾下阴马的马料。这些马跟随王骥"三征麓川"而战死沙场，王骥被尊为本主，这些战马也就成了本主麾下的阴马。阴马属于鬼的范畴。盐米就是给这些兵马鬼的。但这还不足以解释为何诺邓人要赋予盐米以"马料"的意义，问题的关键是如何理解马在诺邓观念图式中的地位和意义。

在诺邓人的观念中，马是沟通阴阳两界的媒介，人死之后仍要骑着马去到另一个世界。过去诺邓治丧特别讲究，要请民间艺人用竹纸裱扎坐骑、马夫各一，其他还有引路童子、钱伞、钱树、狮、象、鹿、马等。[①]狮、象、鹿、马是在诺邓丧仪中反复出现的一组符号。一般来说，死者后家都要送来用米

---

① 李文笔、黄金鼎：《千年白族村——诺邓》，218页。

做成的狮、象、鹿、马，被称为"饵坠四色"，[①]摆设在棺材前的供桌上一直到送丧。在送丧过程中还要有纸扎的狮、象、鹿、马伴行。在佛教教义中，只出现过狮、象、鹿三个动物形象，并没有马。[②]而在诺邓，狮、象、鹿这三个佛教信仰的元素却和马结合在一起，成为丧仪中一组特别的象征符号，"马"重要的象征意义凸显出来。

诺邓在新中国成立以前，除了为亡人扎制纸马送丧之外，还要配备一匹"亚马"送亡人上山。据老人说，这匹亚马如果是向别人家借来的，牵回来以后要到三崇庙为它献祭三牲，意思是这匹马跟阴人上过山，恐怕阴人把这匹马的魂魄带着去，请三崇本主给它带回来。如果是自家的马，也要在家中二楼厦口天地堂那里为它献三牲。在诺邓人的观念中，人死之后，还是要骑着马去往另一个世界，马是跨越阴阳两界的媒介。每年中元节祭祖的时候，农历七月初一就要把祖先尤其是未满三年的新故亡人接到家中祖先堂，享受半个月的敬奉，这时也要扎制一对纸马，一般是一匹红马一匹白马，担当祖先往返两界的坐骑，纸马就放置在祖先堂前的供桌两旁，纸马上还贴有马票，是经过各个关卡时的通行证。

纸马等到满三年的时候才焚烧。现在的丧仪中已不再扎制纸马和马夫，而中元节祭祖时的纸马仍可见。明白了马在丧仪中的角色和意义，我们就不难理解丧仪中盐米的意义了。在丧仪中，盐米碗仍被称为"马料碗"，摔碎盐米碗其实是喂给即将驮负亡人上路的坐骑享用的马料，于是在起棺的这一刻，亡人可以骑上马进入另一个世界。盐米作为马料的意义，与庙里献祭完毕后撒在庙外喂给阴兵兵马的马料仍是相同的意义。

[①] 此外还有面鱼一对，称作"面坠一双"、四桃四果、干果一席、汤馔一席、祭幛一张、挽联一副、白布一块、鞭炮等。所有这些物品都要摆在托盘里，逐一呈上吊唁，俗称"摆礼"。现在这套规矩已经大大简化了，多数时候因制作的困难，"饵坠四色"用一袋米代替，"面坠一双"用一袋面粉代替，干果、汤馔多数还保留。

[②] 按照佛教经典"莲花"代表"净土"，"白象"代表"降生"，"鹿"代表"法轮"，"狮子"代表"法力"，对应着佛教四大菩萨：大行普贤菩萨、大悲观音菩萨、大愿地藏菩萨和大智文殊菩萨，文殊菩萨以狮子为坐骑，观音菩萨以白象为坐骑，普贤菩萨坐在莲花上，地藏菩萨以法轮为象征。

（二）村外的献祭

诺邓的献祭不只发生在村内，村外的两个庙宇特别值得关注，这就是位于诺邓与附近长新乡丰胜、丰华交界处的哨官庙和高山寺。

哨官庙在新寺梁子上。据诺邓人说，哨官原是洱源人，姓李，在新寺梁子那里守卡保哨，保护过往商旅，后来在抗击土匪的过程中不幸遇害，死后托梦给当地人，于是人们建起哨官庙以示尊崇。哨官一直以来就是诺邓与长新共同敬奉的神灵，每年正月初三是哨官会，这一天诺邓的赶马人、经常外出的小商贩就邀约共赴哨官会，长新一带的乡民也会从山的另一面赶来赴会。长新乡民经常在哨官庙前组织耍龙、耍狮，诺邓人则喜欢在那里赌博。晚上诺邓和长新的乡民共同在庙前的大树下过夜，哨官庙一直以来也是由诺邓和长新乡民共同维护修缮。庙内神像在文革时期已毁，但正月初三仍有人去做会，只是规模不及从前。诺邓献祭哨官时也用三牲、盐米。

高山寺，是离诺邓村最远的一个庙，对于诺邓人来说，这是一个求雨的庙。每年玉米种下以后如果一直没有下雨，诺邓人就会去那里求雨。原来的庙宇有前后两院，前院供着神女三圣母，分别是掌管降雨、止雨、止冰雹的神灵。后院供着龙王三太子。在献祭的时候，龙王三太子要献荤席，即献祭三牲、盐米；而神女三圣母则要献素食。文革时期庙宇、神像已经破毁。2007 年诺邓和长新两方决定共同修复庙宇，诺邓出资，办伙食；长新出工，出木料。现在庙宇已在原址上建好。

这两个庙与诺邓构成什么样的关系呢？它们位于诺邓与长新交界的山上，诺邓以盐业为主，而长新一带则是依靠农耕、畜牧为生，而这两个位于边界处的神灵却得到了诺邓和长新的共同尊奉。

每年正月初三的哨官会，对于诺邓人来说，是一个轻松娱乐的日子，他们到哨官庙那里去"打平伙"（野外聚餐）、赌博，尽情享受山野的乐趣。参加哨官会的主要就是赶马人、经常外出经商的小商贩。这一部分人在诺邓是具有特殊意义的，诺邓就是依靠这些流动的人群与外界发生交换。葛兰言的研究早已表明，具有交换和联盟性质的节庆仪式总是充满了欢乐的气氛，有对歌、竞渡等形式,而且这些仪式往往发生在两个部落交界处的山川、河流之处。①对诺邓人来说,哨官会呈现出一派轻松愉悦的气氛,正因这个节庆仪式其实具有交换和结盟的意味,因而不同于村内只关乎本地生产的庄严肃穆的龙王祭祀。

在马帮出行的路途中也有献祭。一般在马帮歇脚的大庙,或是有山神的地方,马锅头都会上香,祈求旅途平安。翻越高黎贡山是全程最艰难的一段,尤其是冬季高黎贡山的大雪严酷地挑战着马帮的生存极限。翻过高黎贡山就进入到腾冲界内,再行半日程就可以到达界头,诺邓马帮运输的官盐一般就在界头交货。在翻越高黎贡山的前一天,马帮必须停下行程来献祭高黎贡山的山神,祭祀在半山腰处的一棵大树下进行,马锅头在山下的集市上就要买办好献祭的鸡和猪肉,献祭由马锅头主持,献上三牲、盐米、茶、饭。磕头、祷祝、烧金银纸火,最后撒盐米。献祭之后的食物由赶马人集体分食,一般鸡头是要留给马锅头的。高黎贡山作为马帮进入腾冲的地标,在此祭祀山神的意义不仅仅是祈祷平安,更重要的是马帮在穿越这道界线时必须获得当地神灵的许可和接纳,献祭神灵是为了交换的顺利达成。

结语:作为交换和献祭的盐

通过以上分析,我们看到盐贯穿在诺邓的交换和献祭中,正是透过这一横一纵两套关系,诺邓对世界的认知得以呈现出来。在这个世界里不仅有人与人之间关系,还有人与神、鬼、祖先等神灵世界的关联。

在诺邓最远的交换圈中,是帝国官盐的行盐市场,也是帝国依靠官盐来界定的边陲地带,它随着帝国的政治、军事势力和教化力量的消长而处于不断的伸缩之中。这里是明廷通过长达半个世纪的"三征麓川"之役奠定下来的帝国疆土,是诺邓食盐外销的最远处,也是三崇信仰的最外端。诺邓马帮

---

① 葛兰言:《古代中国的节庆与歌谣》,赵丙祥、张宏明译,赵丙祥校,桂林:广西师范大学出版社,2005。

的出行必须要得到三崇的护佑，因此马帮出发前或返回后都要到三崇庙献祭。马帮行进路程中，还要祭祀高黎贡山的山神，高黎贡山作为进入腾冲的地标，马帮的进入必须在此获得神灵的许可。

在无需马帮运输即可实现交换的地带，即上述交换的"中间圈"，在这个交换圈内，是诺邓人较为熟知的世界，尽管存在着不同的族群，他们的生活方式、服饰、习俗各异，但在长期的交往和日常接触中，他们成为了彼此的交换伙伴。这一地带流通的食盐多为依靠人力背运的私盐，结成了诺邓与旧州稳定的盐米交换以及双方长期的交换伙伴关系。云龙境内的盐井区、农区和牧区形成了互补性的交换，诺邓的马帮也主要源自这一区域。诺邓与周边的近邻在日常的交往中形成了稳定的物物交换，比如用盐换取山里的洋芋、核桃油等食物。在盐井区与农区的婚姻缔结中，盐是最重要的聘礼，没有盐的聘礼是不能被接受的。在诺邓与长新交界处的哨官庙和高山寺得到了双方的共同祭奉，村外的节庆仪式因具备交换和结盟的意义而呈现出与村内庄严肃穆的祭祀仪式截然不同的欢乐气氛。从更深层次说，正是因为双方能够一起完成对共同神灵的献祭，使得双方的交换成为可能。

村内的交换主要发生在盐井社会内部不同的阶层之间，这是诺邓人每天面对面的生活圈子。灶户和荒户之间的交换构成这个圈层最基本的交换。特别需要重视的是，盐井每月的初一、十五都要免费为荒户提供盐水，诺邓人对此赋予了道德的解释，认为如果不给灶户免费发放盐水，盐井就不会再出卤水，并将之归因于善良的母龙会生气。简言之，灶户与荒户之间的交换就是，灶户给荒户日常食用的盐水，荒户让渡出对卤权的占有，使得灶户占有卤水进行生产。母龙在诺邓似乎没有得到龙王那样高规格的祭祀，母龙在诺邓人的观念世界中其实一直是或隐或现地存在着，即使龙王是盐井的专职神灵，但人们仍然认为卤水是母龙流出来的。因此，在人们的日常表述中还是会流露出对母龙的尊崇，就有人说正是因为母龙喜欢看戏，所以每年龙王会都要在庙前的大戏台上给母龙演戏，这是所有人都可以参与的，荒户不会被排除在外。诺邓村内的献祭按照神、鬼、祖先的分类，而区别性地使用形盐和盐米。诺邓人用最珍贵的形盐敬献天地、献祭神灵。这些形盐在日常生活中很少见，只有在仪式中才能见到。但随着盐井的衰落，形盐曾一度消失了半个多世纪，直到2008年的孔子会上，作为献给神灵最高祭品的狮状形盐再次出现。火腿可以理解为形盐的另一种形式，是献给祖先的重要祭品。与规整的形盐相比，盐米的使用很明显与鬼有关，盐米的使用不同于进献在神像前恭敬的祭品，盐米会在献祭结束时被抛撒。

那么，交换和献祭的同构关系具体何指呢？盐的交换圈由外到内分别是帝国的官盐区、诺邓私盐的贸易区以及诺邓内部灶户与荒户的交换；诺邓献祭的神灵由外而内，为了便于叙述，仍以三圈进行区分，最外圈是来自帝国的神灵，文中主要强调的是孔子、龙王、三崇，也是诺邓人观念中离他们最远的神灵；中间圈是村外的神灵，如哨官、神女三圣母和高黎贡山山神；最内圈是诺邓本地的神灵——母龙和本主，是他们日常生活中最亲近的神灵。尽管母龙的信仰遭到压抑，但母龙的存在仍被赋予了道德意义，母龙的献祭在历史上也许存在过，但今天这些资料已经很难从田野中获取，人们总会将之归结为对龙王的献祭。

简言之，笔者所谓的"同构关系"是指每个层次的交换都对应着各自层次的献祭，交换的同时要献祭对方神灵，只有通过对神灵的献祭才能使交换成为可能。最外圈的交换实际是依靠诺邓的马帮来实现帝国官盐的流通，诺邓通过对帝国神灵的献祭来获得运输官盐的正当性，因此孔子会和龙王会上的形盐就显得尤为关键。而且可以进一步指出在这个层次交换和献祭的都是形盐，流通的官盐是形制规范的筒盐，献祭的是诺邓特有的狮状形盐，也是诺邓最高等级的形盐。筒盐和形盐的制作方式是相同的，都需要用火烧制塑形。中间圈的交换与献祭发生在诺邓与近邻、交换伙伴之间，主要表现为私盐和米的交换，在献祭中也不见形盐，只有盐米。正是诺邓与长新共同祭奉哨官与神女三圣母才使得井与耕之间的交换成为可能。最内圈的交换发生在灶户与荒户之间，荒户让渡了盐水的使用权，灶户在获得盐水的使用权时，也回馈给荒户生活所需的盐。相应的献祭就体现为对母龙的祭祀。

综上所述，诺邓人通过区分盐的不同形态来划分交换区域与献祭神灵的等级。可以认为，交换中形制规整的官盐与形制不规整的私盐之间的对立关系对应着献祭中形盐与盐米的对立。盐的形态与象征意义，被诺邓人用于表达他们对自身所处"上下"、"内外"关系的认知和理解。在诺邓人所处的人文世界里，是人—物—神有序存在的世界。

附图：盐的交换和献祭

	交换类型	交换对象	交换的盐	祭祀对象	祭祀等级	献祭的盐
最外圈	帝国食盐专卖	官方盐局	官盐（形制规整的筒盐）	孔子、龙王	五牲	形盐
中间圈	商品交换、物物交换	陌生人、交换伙伴、近邻	私盐（形制不规整的筒盐）	哨官、神女三圣母	三牲	盐米
最内圈	礼物交换	灶户与荒户	卤水	母龙	不详	不详

附录

西南研究答问录

王铭铭　张　帆

本答问录为电子邮件交流的成果，文字工作完成于 2011 年 12 月初，核心内容此前在西南民族大学西南民族研究院及北京大学蒙养山人类学学社有关座谈会上讨论过，在整理过程中，我们曾得到张原博士的帮助。

在下文中，王铭铭简称"王"，张帆简称"张"。

张：王老师，您是以东南汉人研究为起点的，我自己也曾到您研究的城市和村庄走动过，稍知您的研究本是汉人社会人类学的一部分。可是过去一些年，您似乎离开了东南，把精力投入到西南研究中了。我有幸参与了您在西南组织的一些学术活动，初步了解一点西南研究的重要性。今年我到德国马普社会人类学研究所留学，博士阶段将做与"民族学"相关的历史研究。我没有研究西南，但西南的经验还是很有启发，很想多了解。

首先，对于到底是什么促使您转向西南研究，我还不清楚其中奥妙。您能否略说一二？

王：我到西南也是"跟着感觉走"，自己不见得清楚到底是什么驱使我行走，不过大体说说经历，回顾反思一番，也无妨。

我的西南研究大致经历了"魁阁"和"藏彝走廊"两个阶段。我从 1999 年开始关注民族地区，起点是"民族与国家——从吴文藻的早期论述出发"一文，这篇文章于 1999 年底到 2000 年初分两部分刊发于《云南民族学院学报》①。

---

① 王铭铭："民族与国家——从吴文藻的早期论述出发"，《云南民族学院学报（哲学社会科学版）》，1999 年第 6 期，19~25 页；"民族与国家（续）——从吴文藻的早期论述出发"，《云南民族学院学报（哲学社会科学版）》，2000 年第 1 期，20~26 页。

此后，我参与了云南民族大学赵嘉文、和少英教授及北京大学马戎教授共同主持的课题，多次访问云南并借机派遣博士生到云南进行田野。在这期间，我与潘乃谷教授在云南－北大省校合作大课题下主持"云南著名人类学田野地点的再研究"子课题，到了 2005 年才告完工。作为阶段性总结，我曾写了"继承与反思——记云南三个人类学田野工作地点的'再研究'"，发表于《社会学研究》①，提出"反思的继承"的说法，之后，又与潘乃谷教授共同主编了《重归"魁阁"》②。此时，我们派遣到云南进行田野的三位博士生张宏明、梁永佳、褚建芳对于禄村、喜洲、那目寨的再研究论著也已出版。③

透过云南，我与西南形成一定关系。在不断对云南的访问中，我意识到费孝通先生于 1970 年代末以后写的一些关于民族问题的论著值得进一步追踪与回味，其中，尤其是其"藏彝走廊"的论述，引起了我的兴趣。

受费孝通先生"藏彝走廊"之说启发，我于 2003 年带着费先生的贺信，参加四川大学石硕教授召集的一次藏彝走廊研讨会，开始参与一点四川民族学界的活动。田野方面，我先是前往平武白马藏人地区，访问曾维益先生，后又拜访李绍明、石硕、李星星、杨正文、张建世等教授。2003 年，我得到北大副校长吴志攀教授的校长基金支持，对藏彝走廊进行初步走访，经过三年走访，到 2006 年，我才申请人文社科重点基地课题，得到资助，同时开始担任中央民大中心主任之职，借这些便利，我在西南走得更多了。我不把藏彝走廊看作是个人研究的领地，而把它定义为一个"学术区"，有意在那个地区与更多学者碰面并派遣硕士和博士生到藏彝走廊进行研究。值得一提的是，2005 年我与黄树民教授在成都召集了藏彝走廊的一次学术研讨会，把

---

① 王铭铭：《继承与反思——记云南三个人类学田野工作地点的'再研究'》，《社会学研究》，2005 年第 2 期，132～154 页。
② 潘乃谷、王铭铭：《重归"魁阁"》，北京：社会科学文献出版社，2005。
③ 张宏明：《土地象征——禄村再研究》，北京：社会科学文献出版社，2005；梁永佳：《地域的等级——一个大理村镇的仪式与文化》，北京：社会科学文献出版社，2005；褚建芳：《人神之间——云南芒市一个傣族村寨的仪式生活、经济伦理与等级秩序》，北京：社会科学文献出版社，2005。

四川民族研究所、四川大学、西南民族大学、云南民族大学、云南社会科学院的同事都请了来。

2006年之后,承蒙中央民大有关领导信任,我担任一个研究中心的主任,期间,围绕中国西南,我召集了不少会议。如2006年7月,在贵阳召开了第一届中国人类学研习营"人类学与物质文化研究";2007年8月,在云南大理召开了第四届中国人类学研习营"跨越边界与范式:中国西南人类学的再思考";2008年1月,在四川李庄召开了第五届中国人类学研习营"李庄与抗战时期的中国学术";2008年7月,在福建泉州召开了第六届中国人类学研习营"东南与西南——寻找中国人类学学术区之间的关联性"。

这期间,我还召集了不少围绕"文明人类学"的讨论。其中,2007年5月伦敦大学罗兰（Mike Rowlands）和王斯福（Stephan Feuchtwang）曾应邀来京作"文明的人类学探究"讲座[1];2008年5月美国弗吉尼亚大学戴木德（Frederick Damon）曾应邀来京作"混沌论、物质论与控制论"讲座[2];2008年9月美国芝加哥大学萨林斯曾应邀来京作"整体即部分"和"陌生人－王"讲座[3]。此外还有一百多场在中央民族大学举办的文化人类学席明纳以及其他相关讲座、会议,及我与汪晖、崔之元等在中国文化论坛与中央民大985工程课题支持下联合召集的两次相关研讨活动。这些都在《中国人类学评论》杂志有所反映。

我自己在藏彝走廊的活动、阅读与思考,大概表达在《中间圈:"藏彝走廊"与人类学的再构思》[4]中了。大体说来,我的"藏彝走廊"研究阶段

---

[1] 参见王铭铭:《中国人类学评论》,第5辑,北京:世界图书出版公司,2008。
[2] 戴木德:"混沌与矛盾——人类学借用的反思",梁永佳译;"领悟物质与社会世界——再思亚洲季风圈南缘的'宗教'与'生产'",李小敏译;"控制论结构的意义——东库拉圈舷外支架船中风与水的观念",刘雪婷译,载王铭铭主编:《中国人类学评论》,第7辑,北京:世界图书出版公司,2008。
[3] 萨林斯:"陌生人－王,或者说,政治生活的基本形式",刘琪译、黄剑波校;"整体即部分:秩序与变迁的跨文化政治",刘永华译;"后现代主义、新自由主义、文化和人性",罗杨译,载王铭铭主编:《中国人类学评论》,第9辑,北京:世界图书出版公司,2009。
[4] 王铭铭:《中间圈:"藏彝走廊"与人类学的再构思》,北京:社会科学文献出版社,2008。

企图做的是基于在西南"藏彝走廊"多民族地带的经验研究,综合民族志、历史学、比较宗教-政治学、物质文化研究等方法,开拓"关系主义民族学"视野。我最近常谈论"三圈",藏彝走廊所处的是"中间圈",介于核心圈和海外圈之间,文明在其周边,其自身亦是文明汇聚之所。作为区域关系体系的一分子,每个族群或社会都在与周边其他社会的交往中获得自身的认同,一方面追求不同认同的融合,另一方面承认不同认同在一定的差序下并存。整合的力量是跨越彼此界限,具有超越性的物质文化、宗教、贸易、礼仪、战争等,在分享认同的同时,又保持在其中的差序。这种中间性丰富而复杂,处在种种内外上下关系结构之中。我认为,为了研究"关系",可以有以下一些角度:通过物质文化研究、物的流动,认识区域世界体系、朝贡关系体系等多元状态;围绕礼仪-宗教、贸易和战争,书写区域头人、土司的人生史,这些人物处在"中间位置",他们的人生与诸方面关系密切相关,把握他们介于不同认同之间的心态和处理关系的智慧;对当地大小不等的团体之间、当地与周边大文明体之间战争、贸易等的研究,认识多民族地区的历史动态、社会生活中的人生观与世界观,以及这些表达方式对理解帝制向国族过渡的历史困境的价值。

张:在《中间圈》这本书中,您将"中间圈"定义为"古代中国世界秩序的内外疆界",并说,它在地理上涵盖了西南,您也主张将"藏彝走廊"作为一个跨学术交流的学术区,在地理上属于西南。这些学术概念之间存在重叠和差异。您提到与四川和云南的研究机构的合作,是否意味着西南在地理上以四川和云南为主?西藏就其地理位置上属于西南,同时自其一开始就处于印度和中国的夹缝中,它是西南的一部分还是文明的一种,亦或其他?拉铁摩尔(Owen Lattimore)将帝国的边疆分为内部边疆和外部边疆,西南和这两个边疆有何种关系?您能不能谈谈何为"西南"?

王:首先,所谓"疆界",其实是多重的"前线"(frontiers),而不是严格意义上的现代"borders"(疆界),是古代不同文明体之间时常漂移、力量拉锯的线。

其次,"西南"是什么?不好有边界清晰、固定不变的定义。我不觉得我们应当总是用一个当下认定的行政地理概念来定义"西南",可我又觉得,自《史记》有"西南夷列传"以来,我们的"西南观",似乎还是有所依据、有漫长的历史延续性的。

换句话说,我们既要看到"西南"的领域是可变的,又要看到从华夏这边看,至少自汉代起,就有了某种定式化的"西南观",且这一"观点",有其历史学、语言学和民族学的依据。

西藏民族学的研究与西南民族学的研究之间有长期的互动,这可能是因为西南这个地区曾在历史上接受过来自高原与汉地的双重"挤压",既有一些其他"少数民族",又有大量藏区与汉区。可能这也是因为我们是以"中原"为中心来定义"四裔"的方位的。不过,我感觉,对于西南的"前线"在哪里这个问题,我们还是以文明体(civilizations)来看比较妥善些。西藏的王权和宗教理论有其上千年的衍化史,有其"王制",而这个文明体,既与华夏长期交往,也含有不少欧亚大陆其他神话－宗教体系的内容。这一点在不少历史学研究中已得到充分说明。不仅青藏高原融合了其四周的文明,所谓中国"东部"汉区,也是一个文明的融合体。汉区以道教与儒家为主,在不同历史时期,佛教和伊斯兰教也影响了我们。所以我们照样可以说,跟高原一样,华夏的核心地带,也是一个文明的融合体,兼有汉人宗教与欧亚大陆的"其他神话－宗教体系"的因素,其中包括了印欧及闪米特文明的内涵。不过,以西南为"界",华夏这边的"大一统"也是从"王制"衍化而来的,但帝制时代,却演变成一些用来约束王之权力的理论,服务于古人叫做"奉天以约制皇权"的东西,这大抵不同于西藏的"神王论"。

所谓"藏彝走廊"正好是介于二者之间。随着藏传佛教、汉传道教在这些地方的传播,当地存在着明显的类型差异。或许在西藏高原的"神王体系"和东部汉人的"非神王体系"之间藏有一种中间型的新社会理论。对这一理论的求索,是西南人类学在世界人类学的理论立足点。

我们说王制(kingship),也是说亲属制(kinship),如一些人类学家指出的,二者之间应结合研究。西南及西藏和东南亚的王制与亲属制,向来引起学界关注，而华夏的皇权与宗族，更引起过不少人类学家的重视。既有的学术研究遗产若得以综合，则可能有助于我们的比较研究与关联研究。

我感觉，在西南，我们似乎可以提出一个介于"神王"和"非神王"之间的社会体系观念。这件事说起来并不复杂，其实要说清楚，需要大量的比较文明与比较宗教研究的铺垫，而我之所以在深知自己学力不足的情况下，依然十分重视这一问题的阐述，是因为，这种比较文明与比较宗教的研究，对于中国社会科学的定位实在重要。迄今为止，为了建设国族，我们信奉了一种基于王权神话衍生而来的"社会理论"（如一些学者指出的，这种社会理论就是关于不朽的"王冠"与处于生死之间的王之间关系的"不对称"的理论，之后它衍化为国族时代的"主权论"［sovereignty］），同时，这种理论却给我们带来跟历史的断裂，让我们深感困惑。我以为，西南虽是个"民族地区"，但在这条广阔的文明中间线上，我们更清楚地看到自我与他者的"定位困境"。这个地区融合不同体系的文明，是其他兴许有了自身倾向的不同文明体体会自身的多重性的好"田野"。

张：我们知道，由于海外汉学和西方人类学学者的关注，东南作为一个典范的学术区生产出被视为可以代表"中国文化"的宗族理论等，现在您提倡将西南视为一个"学术区"，这个区域在中外人类学研究中有什么理论遗产，我们如何在学科史中定位"西南"？

王：在上世纪80年代以前，西南研究在国外人类学界关注的人比较少。可能的原因，一是西南这个地方比较"偏僻"，还有就是西方对中国疆域的认识本也不是很清楚，因为这块地方接近西藏、接近东南亚地区。所以甚至直到90年代以后，还有一些西方学者不知道西南到底是"China"还是它的"另类"（如"Other Chinas"）。这样，从人类学学者的中国研究来看，似乎西南不能代表中国，代表中国的主要是东南、华北地区。外国学者对东南的重视，我认为这主要是因为东南比较靠近他们的势力范围，这一地区集中了最早的通商口岸，他们能够比较容易地接近。西方的人类学家对东南有许多研究经验，比如从19世纪末开始国外学者德格鲁特（J. J. M. De Groot）就已经对厦门做过研究。当然，解放前人类学家其实在西南也做了很多研究工作，但这段历史却被国外的中国人类学研究者所漠视，他们不觉得这块地方出过什么学术遗产。特别从 1950 年代开始，大陆关闭外国人入华从事实地考察的大门，西方人类学界开始转向对港台和新加坡的研究，认为这些地方能够看到华人社会的一些缩影，并试图通过这些地方来了解整个中国的文化。所以西南研究一直以来在世界人类学界没有什么位置。1980 年代后，美国的郝瑞（Steven Harrell）教授开始做的西南研究，与童恩正教授相见甚欢，当时童先生活跃于中国人类学界，他们带动了海外学者的西南人类学研究。从某种意义上讲，我们说的世界人类学似乎就是指英语世界的人类学。那么在这个人类学里面，西南的地位才从上世纪 80 年代末开始渐渐地奠定起来。到现在，西方学者的西南人类学研究开始有了一些成果。他们的研究大致有这么两个阶段。一是关于这个地方的"族群性"的研究，也就是 identity 的研究，即所谓身份和政治的关系。这个阶段从上个世纪 80 年代末到这个世纪初，大概有这么十几年的时间，大家都很关心这里的文化认同和族群身份的问题。第二个阶段是从上世纪末开始的，这时候人类学才试图从更长远的历史来看西南这个地方与"帝制中国"的关系，这方面的研究也取得了一些成果。国外的西南人类学研究大致有这么一个历程，所以说西南这个地区的研究在所谓的世界人类学中不见得有很深远的历史。尽管有不少学者会把西南人类学研究推到 19 世纪末的那些传教士和探险家在这个地方的考察，但是从严格意义来讲，西南在西方人类学界有一定地位其实是从 80 年代开始的。

  我的看法是，国内的西南研究，走的历程更长远也更曲折，成就也因之更加辉煌，但由于著作大多是用汉字写的，所以经常在这所谓的"世界人类学界"中找不到自己的位子。

  民国期间的民族学成就，大家有目共睹。我在西南的学术活动，前期是围绕费孝通先生的"魁阁"展开的，后期，则是围绕四川李庄时期的中央研究院历史语言研究所及博物院筹备处展开的。李庄时期的民族学，学术的传承，时间上可上溯到 1920 年代，集"民国民族学"之大成，很值得我们学习。有关李庄，我很感谢好友彭文斌、陈岱俊、杨正文的引导。另外，我想提到，多次"魁阁"和"李庄"之行，使我对"民国民族学"与现代中国社会学之间的关系产生兴趣。后来我与杨清媚、张亚辉博士带着同门系统读了一些书，读书报告集中发表于我们主编的《民族、文明与新世界》一书中。①

如果要我分析，那么，我想说，1950年代之前，国内的西南人类学研究大致说来有这样两个阶段。一个阶段是学者们只是为了学科的建设，而来到西南进行一些体质、语言、文化的调查，他们所做的调查涉及面很广，综合性很强，但很难说从这些经验研究中我们能看到什么理论和论点来，因为这个时候大家主要考虑的还是如何分类。另一个阶段是对边疆的研究，或者说边政学研究，这类研究实际上和学科建设的关系并不那么密切，更多的还是出于政治的需要，但恰恰是在这个阶段我们看到了很多很优秀的作品。当然这一阶段的边政学研究已经不简单是一个人类学、民族学、社会学的研究问题了，而是整个中国社会科学都关注的。出现这样一些优秀的研究，其实跟国民政府当时不知道自己的边疆在哪的这种无知的态度是有密切的关系的。特别是由于后来抗战形势的变化，可以说最好的学者都汇集到了西南来做研究。在这一阶段，西南人类学与边政研究虽然很难区分，但所共同获得的成就是巨大的。

从1950年代开始，无论是民族识别，还是民族社会历史大调查，西南都是最核心的地方。中国最好的人类学家像费孝通、林耀华等学者都曾到西南做调查。这一阶段出了很多报告，我觉得年青的一代有必要对这些报告进行认真的阅读。这些调查报告直到1970年代末才陆续出版。也就是说，1950年代的调查，恰好是在改革开放以后才得到发表的。但是这一事实，在我们人类学学科史的研究中并没有得到很好的分析。实际上，这一时代并没有过去，但我们现在已经急于去修订那个时代的调查。比如说，我们现在很多民族大学都得到一大笔钱去修改校订当时的调查报告。可是这批调查资料出来之后，我们还没有真正展开研究，没有对那个时代的调查进行学理上的

---

① 王铭铭、张亚辉、杨清媚：《民族、文明与新世界——20世纪前期的中国叙述》，北京：世界图书出版公司，2010。

阅读和思考，就急于从官方来定调子。其实那个时期的研究是国内西南人类学非常重要的一个阶段。当时的民族调查有它的政治性，但那一时期的调查有些做得非常好，我觉得直到现在都还没有哪一个博士生能够做到。

改革开放后，西南的人类学出了很多成果，也是这个时候，西南人类学界的一些后辈与他们的前辈之间发生了某种微妙的分歧。可以说，后辈学者与前辈学者对西南研究基本上是两种态度：一种观点代表了一批老学者的看法，认为1950年代以前的东西很有意思，还值得做；另一种观点则代表刚从国外来的年轻人，认为现在已经是后现代了，以前的那些东西早就落伍，跟不上时代了。这两个观点齐头并进，形成了一种文本的汇集，但实际上并没有形成真正的学术对话。我认为学术的现状并不让人满意。

张：那您认为如何才能推进人类学的西南研究？

王："推进"不敢说。我私下想，我们只有基于既有研究，才能有新的"发现"。我不认为上世纪80年代以来美国对西南的研究有什么特别值得模仿的东西，我也不认为我们国内以往的研究一无是处。我认为，我们可以借西南的研究来思索中国人类学整体的问题，并通过思索中国人类学整体的问题，来思考世界人类学对我们有什么启发，以及西南人类学对世界人类学的启发。

张：您曾说西南研究有可能对世界人类学有大贡献？能否具体说说您的看法呢？

王：这些年从事一点西南人类学研究，我想到一些学术"问题意识"，我简要说说，不知是否有参考价值？

我做的研究基本是社会人类学式的，其中，特别受到费孝通先生与著名英国人类学家利奇先生的影响，感到二者的不同，对我们深有启发。

"二战"时期，费先生到了云南，想开创一个时代，想补充《江村经济》的不足。他的这个时代也叫做"魁阁时期"。这个时候他所做工作的侧重点，叫做"类型比较"。《江村经济》①论述中国从一个乡土社会通过当地士绅的努力得到工业化的这个历史进程，这个进程是单线的，也就是说中国传统

---

① 费孝通：《江村经济》，南京：江苏人民出版社，1986 [1939]。

社会是乡土的，但到了工业化时期，不论这个过程的动力来自内部还是来自外部，这都是一个从农业社会转型为工业社会的过程。其实他的老师马林诺夫斯基（Bronislaw Malinowski）对费孝通的这个研究既有褒奖，也是有批评的。马林诺夫斯基认为《江村经济》有两个优点：一是土著人研究土著人；二是费孝通研究的是一个"较先进文化"或"文明社会"。

张："文明社会"这个说法可能是费孝通先生自己的总结，在《江村经济》"序言"里马林诺夫斯基只是说到"本书让我们注意的并不是一个小小的微不足道的部落，而是世界上一个最伟大的国家"。[①]"研究人的科学必须首先离开对所谓未开化状态的研究，而应该进入对世界上为数众多的、在经济和政治上占重要地位的民族的较先进文化的研究。"[②]

王：感谢你核查。将"较先进文化"说成是"文明社会"，兴许不会是马林诺夫斯基本人的意愿吧，不过，他缘何不分文化与文明，这也是值得我们找个其他机会来讨论的……重点是，对于马林诺夫斯基的评价，费先生在晚年也作了一些回顾[③]。当年费孝通从英国回国的时候，可能在想，他的研究是"土著人研究土著人"，这没错，但是他是不是在做文明的人类学研究呢？他的《江村经济》说的不是"文明社会"，马林诺夫斯基讲的"较先进文化"或者说"文明社会"到底是什么意思？所以到了云南，费先生要想办法来弥补自己的不足，所以他就提出类型比较之说，来说明传统中国社会是多样的，中国并不像部落社会那样是一种单纯的"社会"，而是有农业、工商业，甚至在西方殖民者的影响下有了早期的现代工业。因此这个社会有农民、商人、工人，这些在云南都能找到。另外一个是社会结构意义上的问题，就是这个社会有士绅的存在，那么人类学要如何解释。这之后费孝通出了两个重要的作品，一是 *Earthbound China*（《云南三村》）[①]、一是 *China's Gentry*（《中国绅士》）[②]。可以说费先生所做的

[①] 马林诺夫斯基："江村经济·序言"，见《江村经济》，1页。
[②] 同上，3页。
[③] 参见费孝通："重读《江村经济·序言》"，载《北京大学学报》（哲学社会科学版），1996年第4期。

两大工作：一是横向研究，认为中国有不同类型（type）；一是纵向研究，认为中国有不同层次。但是，他没有在同一论述中综合纵横论，未曾对类型之间的关系加以总结。

但同一时期，利奇随英军到了缅甸，他在那里做的研究也是类型研究。虽然利奇和费先生都在同一时期提出了类型比较，但费先生的类型研究里主要侧重于农业、商业、工业的这些村社之间的差异比较，而利奇在他的类型研究里面则注意到了不同类型之间的关系。比如利奇特别注意到了所有的类型都可以跟一类人关联起来，这种人被称为权威人物，这样他把权威人物当作各种类型的关系集合来研究。

除了政治观念形态的类型比较之外，对于地区文明关系，利奇也作了深刻的论述。

缅甸这块高地看起来似乎存在许多自主的社群，但利奇的研究表明这个地带跟华夏，还有印度的交往实际上在1000多年前就已经开始，在这个背景下，缅甸演化出了当地的这种政治权威人物和丰富的文化类型。因此这里有一个类型之间的关系，这个关系的终极点是高度发达的文明对这些山地的影响。这是除了生态因素之外的一种形塑"关系"的因素，虽然利奇也花了很多笔墨在讨论生态因素。

利奇的关系研究，对云南是有用的。云南至少在秦汉时期即被纳入中华帝国的范围之内，到了唐朝后这里又发展形成了以大理为中心的地方文明体系。其实在云南做这样一种"关系"的研究，应该比利奇在缅甸高地的那些部落社会所做的研究更加容易看到这样一种权威方面的关联，以及和文明体系接触的过程中形成的类型之间的关联。但是，费先生在这个历史久远的国度里，对这个问题未加论述，而利奇却在那个遥远的缅甸山地上思考了这个问题。

---

① Fei Xiaotong, *Earthbound China: A Study of Rural Economy in Yunnan*, Chicago: University of Chicago Press, 1945.
② Fei Xiaotong, *China's Gentry: Essays on Rural-Urban Relations*, edited and revised by Margaret Park Redfield, Chicago: University of Chicago Press, 1953.

这块地方甚至在今天的那个左派的政治学家斯科特看来，是一个逃避文明的地方，似乎当地人一直在想"我们不要文明，我们要上山"。然而利奇在那个时代居然发现，除了生态环境的影响以外，文明体系对缅甸高地的类型关系的一种影响。我觉得利奇的这个观点是世界人类学史应该着力解决的问题。西南人类学如果围绕这个问题，通过我们的材料来进行一些思考，可能是有作为的。

这个"关系"的问题对于四川的研究其实也是合适的。在云南的滇、大理地区存在有这样一种类型间的关系，四川的巴蜀也应该存在这样的关联。

也就是说，利奇所拥有的一些东西刚好是费先生所缺乏的，尽管他们都是马林诺夫斯基的学生。

其次，我认为，与以上所说相关，土司制度值得我们思考和研究。

关于这一问题的研究有一种定式，就是要研究西南土司与中央政权的关系，围绕这一定式，又出现各种观点。一类学者认为，土司制度只不过是中央政权在自己力量不足以达到控制边疆的情况下控制民族地区地方政治的一种策略，特别有一些美国学者认为，土司是中华帝国的国家势力进入民族地区的第一阶段，改土归流则是这个过程的第二阶段。另一类学者如吴永章，在其土司制度源流研究[①]中认为，中央政权在进入地方时，即使其实际负责人是在"流官"，地方也依然会有一批土司存在。这也就是说，土司制度是中央和边疆所形成的一种有中华帝国自身特色的上下关系，而且这种关系中的"国家阴谋"并不明显。因此这类学者看到了中华帝国这种政体的间接性，也就是说，从土司的这种历史可以感觉到，中国对少数民族的统治向来是具有今天所谓的"民族地区自治"的特点。

这样两种观点其实出自于同一个关怀，从边政学时代到今天，近代学术的土司制度研究大概已经有了80多年的历史了，虽然产生了这样一些观点，但我们现有的研究并没有呈现出土司自身的多样性。其实西南地区在土司的多样性就更加明显了，比如说四川平武那边的土司并不是由当地的土著来完

---

① 吴永章：《中国土司制度渊源与发展史》，成都：四川民族出版社，1988。

成这样一种间接统治，这里的"白马土司"是汉人，他们的最高使命就是要传播汉人的文化，而且他们理解的汉人文化经常还掺杂有别的文化因素，比如说佛教。又比如湖北恩施的土家族土司，他们就保留了许多五代十国及元朝蒙古人的东西。这些例子说明土司有可能是外来的，当然我们也看到有许多土司的的确确是当地人，所以土司这里面就有很多种类型。更引人入胜的问题是，在西南这样一个地方不论这个土司是汉人、蒙古人，还是当地的少数民族，他们都有一个须要面对的共同问题，即，既要跟远方强有力的帝国形成关系，又要跟更远的那些相对软弱的比他们还要"蛮夷"的"蛮夷"形成关系，而且那些"蛮夷"可能也有自己的政权。处在这样一个境地，土司们的思想会非常复杂，他们的民族身份也不那么明确，尽管他们有的人的身体可能属于某一个民族的，但所面对的文化却是错综复杂的。这样的话，尽管土司可以分为 native（土著）类的、"陌生人-王"类的，但不同的土司都会有一种错综复杂的中间心态。这种心态一直影响到 1950 年以前这一地带所有民族的政治、社会和经济生活，但是我们并没有对这一问题进行过真正的研究。以往的土司研究都是在谈帝国与边疆的关系，但是假如我们以所谓的边疆为中心，来像利奇那样思考这个地方的政治权威人物之所以有着如此复杂的心态，是因为他们要面对的是各种各样的意识形态类型，而不是单一的。

土司研究要进一步深入，需要更扎实的调查研究，它的现实意义很大，我预感到这一问题对于我们解释新中国成立后这 60 年来的民族政策，理解这一政策的历史特殊性，以及我们如何更理智地看少数民族问题等等，都是有帮助的。因为有这个考虑，我曾建议几位博士生对土司及与其相关的人物和关系制度进行人生史及历史民族志调查，其中郑少雄、刘琪、李金花等研究工作做得不错。①

我们研究土司制度，看似好像只是在研究"华夏"对于"边缘"的政治控制，

---

① 郑少雄：《康定土司的政治过程——以清末民初的末代明正土司为中心》，北京大学社会学系博士学位论文，2010；刘琪：《命以载史——20 世纪前期德钦政治的历史民族志》，北京：世界图书出版公司，2011；李金花：《士人与土司》，中央民族大学博士学位论文，2011。

但是我认为，我们的问题意识中这对关系非常重要，它的研究兴许有助于我们说明"天下"本是什么样貌的。不过，随着研究的展开，我们会渐渐意识到利奇的感觉是对的，也就是说，从西南中国到东南亚，这块广阔的地域，长期介于印度与中国之间，因之，其宗教与政治权威之构成，时常会表现出多重性。这块广阔的地域，有些社会是更偏向印度的，有些是更偏向中国的，因为偏向不同，构成方式也兴许不同。另外，如学界所知，蒙古帝国时期，土司制度得到了最广泛的应用，这个"世界帝国"造成的地区格局的新面貌，也应得到更集中的研究。

我们可以从边政学式的土司制度研究，经过更集中的土司形成史研究，在将区域研究与世界史进程联系起来，思考不同社会之间关系的种种形态。我相信这种形态学的研究，对于世界人类学将会有巨大贡献。

再者，在我看来，物质文化研究也很有前景。

西南的饮食、宗教等文化的丰富性与我的家乡中国东南的那种文化丰富性很不相同。在成都平原边缘向山地高原延伸出来的地理场景下，汉、彝、羌、藏等民族的饮食与宗教以分明的海拔层次表现出清晰可感的物质文化上的差异。这条线很让我兴奋，似乎汉人与少数民族沿着这一线的山麓存在着明显的物质文化情景的差异，同时之间又有关联。比如说，都江堰就有深刻含义。它的社会本质是什么？这在物质文化的研究方面很重要，有学者说大半个中国是由西藏的水来养的，那么都江堰是一个介于平原上被养的人和山上的水之间的一个水利工程，这类物构成了我们说的汉族与少数民族之间的一种"上下"的差异和关联，这种差异与关联，既是权力关系，也在宗教、仪式内部得到阐述。再比如说，沟壑纵横的西南地区存在着各式各样的桥，譬如风格汉化的贵州侗族的风雨桥、四川西部的铁索桥，还有凉山地区由衙门修建的桥。好像汉人的势力所到达的地方除了修土司衙门之外，建桥就是最重要的事业了。所以在这些地方一看到桥，就可以看到另一种文化史的出现。西南地区的这种物质文化上的感觉，仍然跟我上面谈的利奇和费孝通的问题相关联。

西南地区在物质文化上给我的一个触动是，民族识别之后，在西南地区曾经广泛存在的那些朝廷的文化不被当作文物，而只有少数民族的文化被当作文物。这样西南地区的一条文化史的线索就在1950年代被活生生消除了，而且消除它的人是那些被识别的人群，他们不认为衙门文化是他们的文化。现在去看西南以前的县志所记载的城市文物古迹，在现实中已经很难找到了，都换成了具有各少数民族特色的文化景观，而这种情形在东部（比如福建）是没有的，东部地区的县志上记载的那些文物景观及其方位，现在仍然能够准确地找出来。可事实上，西南地区恰恰是几种文明交汇的地方，但随着民族学和人类学研究的展开，试图找一种纯洁的这个民族或那个民族的社会形态类型的这种努力做得过多了以后，使得大家对西南这个地方似乎有一种刻板印象。但是，我始终认为西南地区是不同文明的汇合所，这一点，不论是国内民族学还是西方的人类学，都没有作过论述。比如国外的人类学者整天纠缠着"西南这个地方到底是 other Chinas，还是 China？"之类的问题，在表面上跟民族学好象不一样，但他们实质上是一样的。民族学难道不是在纠缠着"这群人到底是某一个少数民族，还是汉族"之类的问题吗？这些，都值得我们从思路上去把握。

张：您多次提到文明的人类学研究，什么是"文明"？什么是"文明社会"？费孝通和利奇都注意到不同社会类型和层次，是否文明就是指包含不同类型和层次的社会？您之前提到藏彝走廊是处于多种文明的交汇处，那么处于文明交汇地的西南不仅有自己的社会类型和层次，还与其他的文明中心以及不同的文明层次产生关联，进行分析的时候是否需要厘清不同的文明类型和层次，还是像利奇那样研究一种在多文明之间的摇摆性？比如说，如果没有对汉文明和藏文明的界定，该如何描述处于汉藏之间的摇摆？但是矛盾的是，界定本身又是对文明的历史关联的否定，正如利奇对于缅甸高地不同社会类型及其与帝国文明之间的历史梳理并不充分。

王：你说的不仅是一个经验问题，而且也是一个学理问题，不是三言两语可以说清楚的。简单说来，我确实认为文明是一个由不同社会构成的，或者说是覆盖或影响不同社会的"超社会体系"，也确实认为要真正实现文明社会的人类学这一理想，就不仅要综合地区概念与民族概念，提出一个真正的"东部与西部并举"的"中国论",而且要承认这一意义上的"中国"是文明多元的。我说中国是一个"文明体",是因为考虑到中国是一个"超社会体系",其"天下"不是可以轻易以"国族"来理解的。我还没有集中指出的是,这个"文明体"实际也是在不同文明的互动、杂糅中形成的。所谓"中国"实为中心与四裔构成,中心本是一个相当空的容器,四裔才是内容,他们作为"他者",给中心带来不同的含义。因之,所谓文明又可谓是对于他者的包容,这个概念之所以不同于文化,是因为文化偏向指一个社会共享的价值、道德、生活与宗教,它没有看到这些东西实与"异类"有关。

至于欧亚大陆文明体之间的那些"族群"、"酋邦"、"王国",的确也如你所说,摇摆于文明之间。不是说这些社会实体没有自己的本来"文化"。研究藏彝走廊的李星星老师就曾致力于这个地区的石象征的研究①,他认为在各种所谓的文明体系进入当地之前,当地有一个"原始传统",这个传统既是本地的又是世界的,自身就是一种文明。这样的研究很吸引人,但我自己感到,它要求有高度的历史想象力,我们只能从中汲取一点,那就是,无论这些"原始传统",这些"结构"是什么,对我们而论,它们曾经存在,而我们依据历史与民族志研究看到的是叠加在这些东西之上的"其他文明",这些"其他文明"有的已与"原始传统"有了长期结合,于是,我们常把"其他文明"当作"原始传统"来研究。我的重点工作是想指出,因为有这样的杂糅,人类学史上出现了种种"异邦的想象",不是要否认"原始传统"的存在。

我上面说到,文明也指对他者的包容性,它不同于主张"土著主义"的文化,因为有这个想法,我对于人类学的"原始主义"有不少批评。

张:第二点关于土司的研究似乎和第一点相关,因为在利奇那里与各类型和层次发生关联的是一些"权威"人物。对于权威人物的关注在您的东南研究中已经出现,您在福建与台湾的对比研究中提到社会变迁——政治的多

---

① 李星星:"妈妈给的石头:对于藏彝走廊小族群'什巴—觉'崇拜的观察与思考",载王铭铭主编:《中国人类学评论》,第10辑,北京:世界图书出版公司,2009。

元化、商业化和科层化——会对权威的整体性产生影响,导致权威的类型更加多元、功能更加分散;那么,如今土司已经失去其制度性基础,同时西南也在经历大规模的"现代化"建设,这种情况下为什么要选取土司进行研究而非其他的权威类型?在早期对于草根克里斯玛的研究中,您强调权威是一种包含人物、制度和符号体系的意识形态,近来在您倡导的人生史研究中,您强调人生和人心的关系,"人心"和制度符号体系之间有什么样的联系?对于土司的人生史研究该怎样展开?

王:我虽然相信,把西南定位为一个学术区有助于我们更集中地从中提炼出理论,但是我也相信,没有一个地区是纯然独特的。西南既是独特的,也与其他地区有诸多共同点,其人类学价值,不过表现为其在说明某一理论问题时的独特重要性上。我确实依据东南研究提出过草根权威的论述,西南土司研究,跟这些论述是相关的。在草根权威的论述中,我已说明,权威之所以为权威,是因为他们比一般人更有能力穿越于不同时间和空间单元之间。我看土司之所以重要,也是因为他们有这样的能力。对于能力差异的研究,不是人类学者的专长,因为我们这门学科更擅长于研究没有内在差异的文化。不过,我觉得对于此类差异的研究,恰好是古人喜欢从事的。例如,古代的"人物论",就是关于贤能、英雄的理论。我认为社会科学研究不应该以忘记历史为前提,而要更多参考历史,而在其中,"人物论"就是一方面。所谓人生史的研究指的就是社会科学应有的"前后关系"(即古今关系)。

至于人生史如何研究,我认为只要我们在研究一个所选定的人物时,把他当作一个世界上最重要的人物来研究,就会发现许多有价值的材料。

人类学材料收集的方向主要还是在两个方面。一是依靠文献典籍,不过在人类学里面用文献的人比较少。虽然也有人怀疑文献典籍的真实性,但我个人还是比较看重文献典籍的,比如方志等,因我相信多数历史家是有历史良知和责任心的,他们是纪实的,只要我们仔细甄别就能做出好的历史研究。二是采撷民间的"道听途说",我们现在把这个叫做"口述史"。实际上,"道听途说"远远超过了口述史,因为口述史的访谈是有目的的,但"道听途说"则有丰富的内涵。

实际我现在最想研究的问题是，考察在西南这个地方的人们怎么样谈"王"。我不是指王事实上是怎么样的，而是关注人们怎样谈论"王"。在所谓的"道听途说"中，人们通过各种各样的故事将王给包进去。我们就能从人们谈论王的这种心态，来看到其所代表的集体心态。比如说我在湖北恩施碰见一个人，他和我聊天的时候把当地的土司称作"土皇帝"，把当地的山川都和皇帝联系在一起，说来说去我后来发现他说的这个皇帝只不过是今天乡长级的土司，这就让人觉得很震撼了。

地方的口承传统，在任何地方都能收集到。对于这些关于"王"的道听途说应该有更系统的研究，我们应该把这些故事后面的那种集体心态说清楚。以前虽然有边政学，但没有人真正听故事。其实这些故事里面包含很多人类学的问题，关于集体心态的。

所以，我的看法是，文献研究和口述史解读这两种方法并不矛盾，这两个方法应互为补充。历史过程的研究是要服务于分析当时的集体心态，因为你只有触碰到了集体心态，才有可能对当地的历史有感悟。

张：物质文化的研究在人类学中有深厚的传统，例如对物的分类体系、交换体系以及围绕物形成的世界体系等各种研究，您似乎更侧重于物的观念史研究，比如您在《心与物游》中关于"天"、"玉"、"水"等观念的梳理，但是其似乎暗含观念的连续性和一致性这个假设，同时也比较依赖史籍资料。在位于文明杂糅地带的西南，如何挖掘关于物的"远方之见"？

王：我时常谈到物质文化的研究，但我说的不同于今日西方物质文化研究，与之有关联，但追求不同。现在西方人类学从事物质文化研究的人多了起来，多数是研究如糖、茶、盐这类物，及建筑、博物馆、工艺、美术、文化遗产之类物的。我自己的研究旨在指出，人类学研究不能"只见人，不见物"，甚至旨在指出"不见物，就不见人"。我的考虑是，物是人的内涵。不是说人与物无界，而是说，人之内涵，一方面，人为物的世界之一份子；另一方面，与此相关人的"能力差异"在于人作为"物"的容器容量大小的差异。

我也特别强调从物看到跨社会、跨文化关系，这点是受政治经济学派和结构学派的影响而形成的，但与我说的"人物论"也有关。在西南研究方面，前些年我建议博士生舒瑜研究云南的盐①,她现在已成一个优秀青年学者,结合了神话学和历史学的做法,解释了云南盐、米、马之间关系的历史逻辑,对我们思考问题很有启发。这些物之间是有宗教和族群含义的,且在仪式中被展现,使舒瑜的历史民族志描述出现了不少新意,值得我们参考。我自己感兴趣的其实是把这样的宗教与族群含义之历史性,结合到"人物论"中,呈现物的"世界史"与人物的"人生史"之间的关系。在西南研究中,这方面也是很有前景的。土司在宗教、贸易、战争史中的表现,时常就是地区性"世界史"与"人生史"的合一态,而这些都可以从物的社会生活来考察。

张:您前面谈到的"王制"、中间圈的土司,刚刚又谈到"人物论"与"世界史",您是否认为这些都是为了更好把握西南而提出的。比如说,您说的"所选定的人物",在东部,大概就是地方头人,在西南,则大概都是些土司头人之类的,人物是有地位的人,您的意思好像是说这种人的"物的容量比较大",这具体指什么呢?

王:具体指这些人物在宗教、交换和战争中起到的关键作用。这些人物因与作为广义的"物"的天地、事物的过程密切相关,所以成为人们眼中的人物。

张:这是否意味着,您研究西南,无论是讨论"中间圈",还是讨论"超社会体系"或者说文明,都应同时考虑它们的地区特殊性和普遍理论意义?

王:所有社会都生活在中间状态,没有一个社会不依赖其他社会生存,没有一个社会自身构成一个完美的体系,一个社会要构成一个有序的体系,总是需要借助周边社会的因素,甚至将自身归属于另一个体系。这是普遍的。我选择在西南论述这个问题,是因为这个地区更集中地反映了这个社会逻辑。我相信,诸如"走廊"、"中间圈"、"超社会体系"这样的东西是广泛存在的。在行走西南的过程中,我时常想到东南,看到二者之间贯通的必要性,我也

---

① 舒瑜:《微"盐"大义——云南诺邓盐业的历史人类学考察》,北京:世界图书出版公司,2010。

多次走访西北地区。在可预期的将来,我们可以乐见关于河西走廊的历史民族志研究,也可以乐见西南、东南亚、西藏多重时空体系的研究,它们都将为我们展示出文明互动的历史画卷,这些画卷描绘的事物与进程,都将是"地方性的",但同时也将具有理论的含义。

图片信息

1. 2007年8月,陶凤友在"烧灵"仪式上表演芦笙舞。凤友爷是该寨最重要的祭师,已于2013年去世,在此表示纪念。(杨渝东提供)
2. 烧灵仪式中绕鼓而行:送魂归故乡(杨渝东提供)
3. 半边山山峰(汤芸提供)
4. 跳花场仪式中盛装的未婚苗族男女(汤芸提供)
5. 云南诺邓村一景(舒瑜提供)
6. 羊群正在舔舐诺邓盐井井房墙脚渗出的盐(舒瑜提供)
7. 2012年重修中的盐井井房和龙王庙(舒瑜提供)
8. 西双版纳勐混镇赕塔仪式中僧侣在绕塔(杨清媚拍摄于2009年10月)
9. 西双版纳大佛寺僧侣托钵(杨清媚拍摄于2012年2月)
10. 西双版纳勐混镇赕塔仪式中在佛寺堆砌的沙塔(杨清媚拍摄于2009年10月)
11. 西双版纳勐混镇升小和尚仪式中换装前的男孩(杨清媚拍摄于2013年3月)
12. 墨尔多神山与墨尔多山神庙(张原提供)
13. 墨尔多山神本尊像,坐骑为青驴的战神形像(张原提供)
14. 嘉绒藏人的碉房,碉楼上方石壁处有神鸟栖驻的岩画(张原提供)
15. 黔中屯堡村寨鲍屯村景(汤芸提供)
16. 鲍屯村民在介绍其保存的《鲍氏宗谱》(汤芸提供)
17. 屯堡村落的设坛降乩仪式(汤芸提供)
18. 《南诏图传》局部(公元994年,现藏日本京都有邻馆),描述铁柱祭天时,主鸟飞憩兴宗王臂。(梁永佳提供)

19.《大理国描工张胜温画梵像卷》局部（1173～1176年，现藏台北故宫博物院），释迦牟尼佛会图，右下戴头囊捧香炉者为南诏皇帝。（梁永佳提供）

20. 敕修大报恩寺全景（曾穷石提供）

21. 报恩寺内圣旨碑（曾穷石提供）

22. 万佛阁内的王玺、王鑑父子塑像（曾穷石提供）

23. 王玺家族墓地残破的石马（曾穷石提供）

24. 德钦县升平镇全景。一个被青山环绕的小镇。（刘琪提供）

25. 德钦县升平镇清真寺。曾经过多次修缮，当地的回民至今仍旧会在此聚集。（刘琪提供）

26. 今天仅存的一张海正涛的照片。从照片上看，海正涛略显清瘦，身材相貌均不算出众，谈不上有多"威风"。（刘琪提供）

27. 1704年，士人顾彩前往土司南府途中曾夜宿过的白果树。（李金花摄于2010年8月）

28. 容美土司曾经最为险峻的平山上的万全洞。（李金花摄于2010年8月）

29. 末代明正土司的孙子甲拉降泽。甲拉降泽于2010年辞世时，康定城乡的藏族百姓描述了各种异象。至此，康定人认为明正世系已断。虽然在历史上，土妇、土司之女、外孙等继承土司职位的现象其实并不少见。（郑少雄提供）

30. 2008年康定关外色乌绒村，传说明正家起源于此。图中的残垣断壁被本地耆老指为其宫殿附属之经堂，现彻底倾颓。正如康定史上风云际会之锅庄，今已荡然无存。（郑少雄提供）

31. 可能从清代起名片就在康定大行其道，或许与其作为汉藏贸易港以及天主教教区驻地有关。图中的名片最晚使用于民国六年（1917），属于一位藏族传教士。（郑少雄提供）

32. 诺邓村连接外部世界的古道（舒瑜提供）

33. 过去诺邓制作的筒盐及盐模（舒瑜提供）

34. 2008年诺邓祭孔仪式中的狮状形盐和盐米（舒瑜提供）

参考文献

（汉）班固.1975.汉书.颜师古注.北京：中华书局

（明）陈文.2002.景泰云南图经志书.李春龙、刘景毛校注.昆明：云南民族出版社

（清）陈希芳.1987.雍正云龙州志.周祜点校.政协云龙县文史资料研究委员会、云龙县志编纂委员会.内部资料

（清）邓存咏等.1996.道光龙安府志.曾维益点校.平武：平武县人民政府印制

（宋）范晔.1965.后汉书.北京：中华书局

（清）顾彩.容美纪游.民国单行本

（清）顾彩.往深斋诗集.清康熙辟疆园刻本

（明）李元阳.1982.嘉靖大理府志.大理白族自治州文化局.内部资料

（后晋）刘昫等.1975.旧唐书.北京：中华书局

（清）刘毓珂等.光绪永昌府志.云南省图书馆古籍部藏

（清）檀萃.1990.滇海虞衡志校注.宋文熙、李东平校注.昆明：云南人民出版社

（元）脱脱等.1977.宋史.北京：中华书局

（清）吴德旋.1987.初月楼续闻见录.台北：文海出版社

（清）张德霈等.光绪云龙州志.云龙县志办抄本

（清）张廷玉等.1974.明史.北京：中华书局

阿吉兹.2010.藏边人家——关于三代定日人的真实记述.翟胜德译.拉萨：西藏人民出版社

阿旺措成、同美.2008.嘉绒藏族的历史与文化.成都：四川民族出版社

阿旺措成、张锦英.1994.嘉绒藏戏的历史渊源吉艺术特征.载：四川戏剧.

第 1 期

埃利亚斯.1998.文明的进程.上卷.王佩莉译.下卷.袁志英译.北京:生活·读书·新知三联书店

埃斯科瓦尔.2011.遭遇发展——第三世界的形成与瓦解.汪淳玉等译.北京:社会科学文献出版社

巴菲尔德.2011.危险的边疆:游牧帝国与中国.袁剑译.南京:江苏人民出版社

白晓霞.1999.从丰产信仰看土族文化.载:青海民族大学学报(社会科学版).第 3 期

伯希和.1933.交广印度两道考一册.冯承钧译.上海:商务印书馆

卜正民.2005.为权力祈祷:佛教与晚明中国士绅社会的形成.张华译.南京:江苏人民出版社

曹抡彬、曹抡翰纂辑.1969.雅州府志.载:中国方志丛书.第 28 号.台北:成文出版社

岑家梧.1992.西南民族研究的回顾与前瞻.见:岑家梧民族研究文集.北京:民族出版社.22～31 页

陈波.2006.作为世界想象的"高楼".载:四川大学学报.第 1 期

陈久金.2008.中国少数民族天文学史.北京:中国科学技术出版社

陈默.2009.西藏农区的家屋空间及其意义——以西藏曲水县茶巴朗村社区调查为例.载:中国藏学.第 1 期

陈庆德、潘春梅.2011.经济人类学视野中的交换.载:民族研究.第 2 期

陈星灿.1990.丰产巫术与祖先崇拜——红山文化出土女性塑像试探.载:华夏考古.第 3 期

陈序经.1994[1956].勐史漫笔——西双版纳历史释补.广州:中山大学出版社

陈永龄.1995.四川理县藏族(嘉戎)土司制度下的社会.载:民族学浅论文集.财团法人子峰文教基金会、弘毅出版社编印.312～438 页

褚建芳.2005.人神之间:云南芒市一个傣族村寨的仪式生活、经济伦理

与等级秩序. 北京：社会科学文献出版社

寸开泰. 2005. 腾越乡土志. 北京：中国文联出版社

措斯曼、俄玛塔、格尔玛. 2011. 嘉绒藏族的阿米格东文化. 载：西藏艺术研究. 第 3 期

戴木德. 2008. 混沌与矛盾——人类学借用的反思. 梁永佳译. 领悟物质与社会世界——再思亚洲季风圈南缘的"宗教"与"生产". 李小敏译. 控制论结构的意义——东库拉圈舷外支架船中风与水的观念. 刘雪婷译. 载：王铭铭主编. 中国人类学评论. 第 7 辑. 北京：世界图书出版公司

德宏州志编委会. 1984. 德宏史志资料. 内部资料

杜靖. 2012. 超越村庄：汉人区域社会研究述评. 载：民族研究. 第 1 期

杜蒙. 1992. 阶序人：卡斯特体系及其衍生现象. 王志明译. 台湾：远流出版事业股份有限公司

段玉裁. 2006. 说文解字注. 郑州：中州古籍出版社

樊绰. 1961. 蛮书. 向达校注. 北京：中华书局

方国瑜. 1987. 中国西南历史地理考释. 北京：中华书局

方国瑜. 2001. 方国瑜文集. 第二集. 昆明：云南教育出版社

方国瑜. 2008. 滇西边区考察记. 昆明：云南人民出版社

费孝通. 1980. 关于我国民族的识别问题. 载：中国社会科学. 第 1 期

费孝通. 1986［1939］. 江村经济. 南京：江苏人民出版社

费孝通. 1988. 论师儒. 见：吴晗、费孝通等. 皇权与绅权. 天津：天津人民出版社

费孝通. 1996. 重读《江村经济·序言》. 载：北京大学学报（哲学社会科学版）. 第 4 期

费孝通. 1998. 乡土中国　生育制度. 北京：北京大学出版

费孝通. 1999. 贵州少数民族情况及民族工作. 见：费孝通文集. 第 6 卷. 北京：群言出版社. 235～257 页

费孝通. 1999. 兄弟民族在贵州. 见：费孝通文集. 第 6 卷. 北京：群言出版社. 258～309 页

费孝通.2000.顾颉刚先生百年祭.见：费孝通文集.第13卷.北京：群言出版社

费孝通.2004.论人类学与文化自觉.北京：华夏出版社

冯承钧.1930.元代白话碑.上海：商务印书馆

弗雷泽.2006.金枝.徐育新、汪培基、张泽石译.刘魁立审校.北京：新世界出版社

弗洛伊德.2007.一种幻想的未来 文明及其不满.严志军、张沫译.上海：上海人民出版社

福柯.2003.疯癫与文明.刘北成等译.北京：生活·读书·新知三联书店

傅斯年.2004.夷夏东西说.见：史学方法导论.雷颐点校.北京：中国人民大学.211～221页

傅嵩炑撰.明正改流记.见：西康建省记（卷上）.廖祖桂点校.收于：多杰才旦珠编.中国藏学史料丛刊.第1辑.北京：中国藏学出版社

甘孜藏族自治州康定县委员会编印.1987.康定县文史资料选辑.内部资料

高丙中.1997.现代化与民族生活方式的变迁.天津：天津人民出版社

高立士.1999.西双版纳傣族传统灌溉与环保研究.何昌邑等译.昆明：云南民族出版社

高立士.2010.傣族竜林文化研究.王静、龚珊、李志凌译.昆明：云南民族出版社

戈德列.2002.序.见：莫斯.论馈赠——传统社会的交换形式及其功能.卢汇译.北京：中央民族大学出版社

格尔茨.1999.尼加拉：十九世界巴厘剧场国家.赵丙祥译.上海：上海人民出版社

格尔茨.1999.文化的解释.纳日碧力戈等译.上海：上海人民出版社

格尔茨.2000.地方性知识.王海龙等译.北京：中央编译出版社

格勒、刘一民等.1993.藏北牧民.北京：中国藏学出版社

格勒.1988.论藏族文化的起源形成与周围民族的关系.广州：中山大学出版社

格勒.2002."茶马古道"的历史作用和现实意义初探.载:中国藏学.第3期

格勒.2006.格勒人类学、藏学论文集.北京:中国藏学出版社

葛兰言.1997.中国宗教之精神.载:阎纯德主编.汉学研究.第二集.马利红译.中国和平出版社

葛兰言.2005.古代中国的节庆与歌谣.赵丙祥、张宏明译.南宁:广西民族大学出版社

葛兰言.2010.中国人的宗教信仰.程门译.贵阳:贵州人民出版社

龚伯勋.2008.《万历合约》与古长河地方的茶马贸易(续)——解读泸定沈村明代《万历合约》.载:康定民族师范高等专科学院学报.2008年6月

龚鹏程.2005.游民社会及其思想问题.见:汉代思潮.北京:商务印书馆.420~503页

龚锐.2008.圣俗之间——西双版纳傣族赕佛世俗化的人类学研究.昆明:云南人民出版社

古玉林.1999.四川苗族古歌.成都:巴蜀书社

古正美.2003.从天王传统到佛王传统——中国中世纪佛教治国意识形态研究.台北:商周出版;城邦文化发行

顾迪.2004.桌上怎么没有葡萄酒.见:饮食与爱情.杨惠君译.台湾:联经出版事业股份有限公司.193~205页

《贵州六百年经济史》编委会.1998.贵州六百年经济史.贵阳:贵州人民出版社

《贵州通史》编委会.2002.贵州通史3:清代的贵州.北京:当代中国出版社

郭家骥.1998.西双版纳傣族的稻作文化研究.张文力译.昆明:云南大学出版社

郭建勋.2010.川西贵琼人碉房中的锅庄石及其象征意义.载:西南民族大学学报.第4期

郭建勋.2011.锅庄石信仰、房名与藏区社会组织的变迁:以川西鱼通地

区为例.载：青海民族研究.第4期

哈威.1976.缅甸史.姚梓良译.北京：商务印书馆

海德戈得.2003.山神、祖先的姓氏及神圣的武器——评位于中尼边境上的宗教圣地及其社会特征.载：西藏研究.第1期

郝瑞.1990.台湾乡村地区的正常与不正常饮酒行为.柯永河、肖欣义译.见：林宗义、Arthur Kleinman编.文化与行为：古今华人的正常与不正常行为.香港：中文大学出版社.43~50页

郝瑞.2002.再谈"民族"与"族群"：回应李绍明教授.载：民族研究.第6期.36~40页

何翠萍.2000.人、家屋与阶序：从中国西南几个族群的例子谈起.见："云贵高原的亲属与经济"讨论会论文

何观洲.1932.贵州现状.载：西南研究.第1期

贺觉非.1988.西康纪事诗本事注.林超校.拉萨：西藏人民出版社

赫尔兹.2011.一项关于死亡的集体表象的研究.见：赫尔兹.死亡与右手.吴凤玲译.上海：上海人民出版社

侯冲.2002.白族心史——《白古通记》研究.昆明：云南民族出版社

侯冲.2006.云南与巴蜀佛教研究论稿.北京：宗教文化出版社

胡蔚.1775.南诏野史.东京：早稻田大学.数字版

华尔登.1993.关于嘉绒藏戏的几个问题.仁增泽让译.载：四川省嘉绒地区藏戏问题研讨会资料汇编（内部资料）.25~31页

华尔登.2009.嘉绒藏族历史明镜.刘建、谢芝编译.成都：四川民族出版社

黄贵全.1962.小中坝.载：平武文艺.平武县文化馆印（内部资料）

黄健.1996.云南盐业考察报告.载：盐业史研究.第3期

黄金有.2007."召景哈"的春天.岩温胆、玉伦译.昆明：云南民族出版社

黄培林、钟长永主编.1997.滇盐史论.成都：四川人民出版社

黄应贵编.1995.空间、力与社会.台北："中央研究院"民族学研究所

黄宗智．2007．清代的法律、社会与文化：民法的表达与实践．上海：上海书店出版社

黄宗智．2009．中国法律的实践历史研究．见：黄宗智、尤成俊主编．从诉讼档案出发：中国的法律、社会与文化．北京：法律出版社．3～31页

霍巍．2005．论横断山脉先秦两汉时期考古学文化的交流与互动．载：石硕主编．藏彝走廊：历史与文化．成都：四川人民出版社．272～299页

江应樑．1983．傣族史．成都：四川民族出版社

焦洋．2008．报恩寺万佛阁探微．载：华中建筑．217～219页

焦应旂．藏程纪略．载：吴丰培编．川藏游踪汇编．15页

金迈、吴均译．1984．格萨尔王传·霍岭之战．西宁：青海人民出版社

康定民族师专编写组编纂．1994．甘孜藏族自治州民族志．北京：当代中国出版社

康定县志办编印．1984．炉城风物（8）．内部资料

康定县志编纂委员会．1995．康定县志．成都：四川辞书出版社

柯文．2000．历史三调：作为事件、经历和神话的义和团．杜继东译．南京：江苏人民出版社

科尔兰斯基．2005．盐．夏业良等译．北京：机械工业出版社

拉尔吾加、张军涛．1993．嘉绒藏戏及其代表作《格东特青》．载：四川省嘉绒地区藏戏问题研讨会资料汇编（内部资料）．107～110页

拉铁摩尔．2005．中国的亚洲内陆边疆．唐晓峰译．南京：江苏人民出版社

莱曼．1998．建寨始祖崇拜与东南亚北部及中国相邻地区各族的政治制度．郭净译．见：王筑生主编．人类学与西南民族．昆明：云南大学出版社．190～216页

李安宅．2005．《仪礼》与《礼记》之社会学的研究．上海：上海人民出版社

李道生．2006．峡谷深处的土司制．昆明：云南教育出版社

李拂一．1983［1946］．泐史．台北：辅仁书屋

李根源辑．杨文虎等主编．2001．永昌府文征校注．昆明：云南美术出版社

李金花.2011.土人与土司.中央民族大学博士学位论文

李锦.2010.土地制度与嘉绒藏族房名的获得——对四川省雅安市宝兴县硗碛藏族乡的田野调查.载:西南民族大学学报.第5期

李霖灿.1982.南诏大理国资料的综合研究.台北:国立故宫博物院

李绍明.1995.西南丝绸之路与民族走廊.载:李绍明民族学文选.成都:成都出版社.868~883页

李绍明.2002.从彝族的认同谈族群理论:与郝瑞教授商榷.载:民族研究.第2期.31~38页

李绍明.2005."藏彝走廊"研究与民族走廊学说.载:石硕主编.藏彝走廊:历史与文化.成都:四川人民出版社.3~12页

李绍明.2007.中国人类学的华西学派.载:王铭铭主编.中国人类学评论.第4辑.北京:世界图书出版公司.41~63页

李仕彦.2007.记忆大井.昆明:云南民族出版社

李涛.1993.试析大小金川之役及其对嘉绒地区的影响.载:中国藏学.第1期

李文笔、黄金鼎.2004.千年白族村——诺邓.昆明:云南民族出版社

李星星.2005.论"藏彝走廊",载:石硕主编.藏彝走廊:历史与文化.成都:四川人民出版社.32~68页

李星星.妈妈给的石头:对于藏彝走廊小族群"什巴—觉"崇拜的观察与思考.载:王铭铭主编.中国人类学评论.第10辑.北京:世界图书出版公司

李尧东整理.中央访问团二分团调查.1983.佛海县情况.昆明:云南民族出版社

李有义.2014.汉夷杂区经济.昆明:云南人民出版社

李玉珉.1987.张胜温《梵像卷》之观音研究.载:东吴大学艺术史集刊.第15期

李约瑟.2006.中国古代科学思想史.陈立夫主译.南昌:江西人民出版社

利奇.1986.列维-斯特劳斯.王庆仁译.北京:生活·读书·新知三联

书店

利奇.2010.缅甸高地诸政治体系.杨春宇、周歆红译.北京：商务印书馆

栗本慎一郎.1997.经济人类学.王名等译.北京：商务印书馆

连瑞枝.2007.隐藏的祖先：妙香国的传说和社会.北京：生活·读书·新知三联书店

梁永佳.2005.地域的等级：一个大理村镇的仪式与文化.北京：社会科学文献出版社

梁永佳.2008.社会意识中的"隐".载：社会学研究.第5期

梁永佳.2009.《张胜温＜梵像卷＞》中的南诏大理国王权形态.载：王铭铭主编.中国人类学评论.第12辑.北京：世界图书出版公司.14～15页

梁治平.1994.法律的文化解释.邓正来译.北京：生活·读书·新知三联书店

列维－斯特劳斯.1995.熊与理发师.见：史宗主编.20世纪西方宗教人类学文选.金泽等译.上卷.上海：上海三联书店.305～321页

列维－斯特劳斯.1998.序言.见：比尔基埃等主编.家庭史.袁树仁等译.北京：生活·读书·新知三联书店

列维－斯特劳斯.1999.结构人类学.俞宣孟等译.上海：上海译文出版社

列维－斯特劳斯.2000.忧郁的热带.王志明译.北京：生活·读书·新知三联书店

列维－斯特劳斯.2006.关于亲属关系的原子的思考.见：结构人类学.第2卷.张祖健译.北京：中国人民出版社

列维－斯特劳斯.2006.有二元组织这回事吗.载：结构人类学.1卷.张祖建译.北京：中国人民大学出版社.122～152页

列维－斯特劳斯.2008.面具之道.张祖建译.北京：中国人民大学出版社

林俊华.2005.康定锅庄的历史与特征.载：康定民族师范专科学校学报.第5期

林耀华.1995.凉山彝家的巨变.北京：商务印书馆

林耀华.2000.拜祖.见：义序的宗族研究.北京：生活·读书·新知三

联书店. 232 页

林耀华. 2000. 从书斋到田野. 北京：中央民族大学出版社

刘德增. 2002. 祈求丰产的祭祀符号——大汶口文化陶尊符号新解. 载：民俗研究. 第 4 期

刘曼卿. 1998. 国民政府女密使赴藏纪实——原名《康藏轺征》. 北京：民族出版社

刘琪. 2011. 命以载史——20 世纪前期德钦政治的历史民族志. 北京：世界图书出版公司

刘仕权. 1988. 康定四十八家锅庄. 载：康定县文史资料选辑. 第 2 辑. 内部资料.

刘学堂. 2007. 丰产巫术：原始宗教的一个核心——新疆考古新发现的史前丰产巫术遗存. 载：新疆师范大学学报（社会科学版）. 第 2 期

罗庸. 2001. 张胜温梵画瞽论. 载：方国瑜. 方国瑜文集. 第二集. 昆明：云南教育出版社

罗扎尔多. 1995. 玛雅仪式中等级制度的暗喻. 见：史宗主编. 20 世纪西方宗教人类学文选. 下卷. 上海：上海三联书店. 576 ~ 597 页

洛桑却吉尼玛. 1984. 章嘉国师若必多杰传. 陈庆英、马连龙译. 北京：民族出版社

马菁林. 2004. 清末川边藏区改土归流考. 成都：巴蜀书社

马林诺夫斯基. 1986［1939］. 序言. 载：费孝通. 江村经济. 南京：江苏人民出版社

马林诺夫斯基. 2002. 西太平洋的航海者. 梁永佳等译. 北京：华夏出版社

马戎. 21 世纪的中国是否存在国家分裂的风险（上）. 共识网. http://www.21ccom.net/articles/zgyj/ggzhc/article_2011041333510.html，2013 年 12 月 1 日访问

马长寿. 2003. 嘉绒民族社会史. 载：周伟洲编. 马长寿民族学论集. 北京：人民出版社. 123 ~ 164 页

马长寿. 2006. 凉山罗彝考察报告. 李绍明、周伟洲等整理. 成都：巴蜀

书社

马长寿 . 2006. 四川古代民族历史考证 . 见：马长寿民族学论集 . 北京：民族出版社 . 107～122页

马长寿 . 2006. 中国西南民族分类 . 见：马长寿民族学论集 . 北京：民族出版社 . 49～82页

芒康县地方志编纂委员会 . 2008. 芒康县志 . 成都：巴蜀书社

勐海县地方志办公室 . 2009. 勐海县乡镇年鉴2007. 内部资料

勐马寨人 . 2008. 勐马档案 . 北京：文物出版社

孟森 . 1916. 奏销案 . 载：心史丛刊 . 第一集 . 上海：商务印书馆

莫斯 . 2002. 礼物：古式社会中的交换形势与理由 . 汲喆译 . 陈瑞桦校 . 上海：上海人民出版社

莫斯 . 2004. 社会学与人类学 . 佘碧平译 . 上海：上海译文出版社

莫斯 . 2007. 巫术的一般理论 . 杨渝东译 . 桂林：广西师范大学出版社

莫斯 .2010. 论技术、技艺与文明 . 蒙养山人译 . 罗杨审校 . 北京：世界图书出版公司

倪辂等 . 1990. 南诏野史 . 木芹会证 . 昆明：云南人民出版社

欧阳琛 . 1983. 明代的司礼监 . 载：江西师院学报 . 第4期 . 12～19页

潘乃谷、王铭铭 . 2005. 重归"魁阁". 北京：社会科学文献出版社

彭文斌、汤芸、张原 . 2008. 20世纪80年代以来美国人类学界的中国西南研究 . 载：王铭铭主编 . 中国人类学评论 . 第7辑 . 北京：世界图书出版公司 . 130～142页

朴永焕 . 2003. 汉藏茶马贸易对明清时代汉藏关系发展的影响 . 四川大学文化历史学院2003年博士论文（未刊）

齐赤军、梁茂林 . 2008. 滇缅会战中的黔籍军人 . 载：贵阳文史 . 第1期

钱穆 . 2004. 中国历代政治得失 . 上海：上海三联书店

钱穆 . 2005. 湖上闲思录 . 北京：生活·读书·新知三联书店

瞿同祖 . 1981. 中国法律与中国社会 . 北京：中华书局

雀丹 . 1995. 嘉绒藏族史志 . 北京：民族出版社

任乃强.2002.西康图经.拉萨：西藏古籍出版社

任新建.1985.明正土司考略.载：西南民族大学学报.第3期

萨林斯、王铭铭.2009.我们是彼此的一部分——萨林斯、王铭铭对谈录.载：王铭铭主编.中国人类学评论.第12辑.北京：世界图书出版公司.78～92页

萨林斯.2002.文化与实践理性.赵丙祥译.上海：上海人民出版社

萨林斯.2003.历史之岛.蓝达居、张宏明、黄向春、刘永华译.刘永华、赵丙祥校.上海：上海人民出版社

萨林斯.2009.后现代主义、新自由主义、文化和人性.罗杨译.载：王铭铭主编.中国人类学评论.第9辑.北京：世界图书出版公司.140～150页

萨林斯.2009.整体即部分：秩序与变迁的跨文化政治.刘永华译.载：王铭铭主编.中国人类学评论.第9辑.北京：世界图书出版公司.127～139页

萨林斯.2009.陌生人-王，或者说，政治生活的基本形式.刘琪译.黄剑波校.载：王铭铭主编.中国人类学评论.第9辑.北京：世界图书出版公司.117～126页

施坚雅.1998.中国农村的市场和社会结构.史建云等译.北京：中国社会科学出版社

石硕.2008.隐藏的神性：藏彝走廊中的碉楼.载：民族研究.第1期

石硕主编.2005.藏彝走廊：历史与文化.成都：四川人民出版社

石泰安.2005.西藏史诗和说唱艺人.耿升译.北京：中国藏学出版社

舒瑜.2010.微"盐"大义：云南诺邓盐业的历史人类学考察.北京：世界图书出版公司

斯科特.2004.国家的视角.王晓毅译.北京：社会科学文献出版社

四川省巴塘县志编纂委员会编纂.2001.巴塘县志·续编.北京：方志出版社

四川省编写组.1985.四川省凉山彝族社会历史调查.成都：四川社会科学院出版社

四川省档案馆、四川民族研究所编.1990.近代康区档案资料选编.成都：

四川大学出版社

四川省甘孜州政协.2007.甘孜州文史资料集粹.内部出版

四川省平武县民间文学三集成编委会.1986.平武民间故事集

四川省文管会、绵阳市文化局、平武县文管所.1989.四川平武明王玺家族墓.载：文物.第7期.1~42页

宋蜀华.1998.论历史人类学与西南民族文化研究——方法论探索.载：王筑生主编.人类学与西南民族.昆明：云南大学出版社.89~104页

宋希濂.1986.鹰犬将军：宋希濂自述.北京：中国文史出版社

素庵、适生.1959.云南陆军讲武堂的概况.载：云南贵州辛亥革命资料.北京：科学出版社

孙兆霞.2005.屯堡乡民社会.北京：社会科学文献出版社

孙喆、王江.2014.边疆、民族、国家：《禹贡》半月刊与20世纪30~40年代的中国边疆研究.北京：中国人民大学出版社

索端智.2006.藏族信仰崇拜中的山神体系及其地域社会象征——以热贡藏区的田野研究为例.载：思想战线.第2期

谭方之.1943.滇茶藏销.载：边政公论.第3卷.第21期

谭乐山.2005.南传上座部佛教与傣族村社经济——对中国西南西双版纳的比较研究.昆明：云南大学出版社

汤芸.2008.以山川为盟：黔中文化接触中的地景、传闻与历史感.北京：民族出版社

唐晓峰.1998.长城内外是故乡.载：读书.第4期

陶云逵.2005［1948］.车里摆夷之生命环.见：李文海编.民国时期社会调查丛编·少数民族卷.福州：福建教育出版社

陶云逵.2011.陶云逵民族研究文集.北京：民族出版社

特纳.2006.仪式过程.黄剑波、柳博赟译.北京：中国人民大学出版社

特纳.2007.戏剧、场景及隐喻：人类社会的象征性行为.刘珩、石毅译.北京：民族出版社

田汝康.2008［1946］.芒市边民的摆.昆明：云南人民出版社

田舜年.1999.《田氏一家言》跋.见：陈湘锋、赵平略.《田氏一家言》诗评注.北京：中央民族大学出版社

铁锋、岩温胆主编.2006.西双版纳秘史.昆明：云南民族出版社

童恩正.1998.童恩正文集·南方文明.重庆：重庆出版社.558～603页

图齐、海西希.1989.西藏和蒙古的宗教.耿升译.王尧校.天津：天津古籍出版社

涂尔干.1999.宗教生活的基本形式.渠东、汲喆译.上海：上海人民出版社

万明.2005.明代徽州汪公入黔考——兼论贵州屯堡移民社会的建构.载：中国史研究.第1期

汪晖.2011.跨体系社会与区域作为方法.见：东西之间的"西藏问题".北京：生活·读书·新知三联书店.152页

王川.2008.近代民族关系史上的西康建省及其历史意义.载：西藏大学学报.第1期

王辉全.1993.明正土司迁康时间及名号小考.载：康定民族师专学报（哲社版）.第1期

王建民.2008.中国人类学西南田野工作与著述的早期实践.载：王铭铭主编.中国人类学评论.第7辑.北京：世界图书出版公司.43～65页

王明珂.2006.羌在汉藏之间：一个华夏边缘的历史人类学研究.台北：联经出版公司

王明珂.2006.英雄祖先与兄弟民族：根基历史与文本情景.台北：联经出版公司

王明珂.2007.由族群到民族：中国西南历史经验.载：西南民族大学学报.第11期

王明珂.2009.英雄祖先与弟兄民族.北京：中华书局

王铭铭、杨清媚、张亚辉.2010.民族、文明与新世界：20世纪前期的中国叙述.北京：世界图书出版公司

王铭铭.1997.社会人类学与中国研究.北京：生活·读书·新知三联书店

王铭铭.1999.民族与国家——从吴文藻的早期论述出发.载:云南民族学院学报(哲学社会科学版).第6期.19~25页

王铭铭.2000.民族与国家(续)——从吴文藻的早期论述出发.载:云南民族学院学报(哲学社会科学版).第1期.20~26页

王铭铭.2004.溪村家族.贵州:贵州人民出版社

王铭铭.2004.作为世界图式的"天下".载:赵汀阳主编.年度学术2004.北京:中国人民大学出版社

王铭铭.2005.继承与反思——记云南三个人类学田野工作地点的"再研究".载:社会学研究.第2期.132~154页

王铭铭.2005.居与游:侨乡人类学对"乡土中国"人类学的挑战.载:西学"中国化"的历史困境.桂林:广西师范大学出版社.174~213页

王铭铭.2006.没有后门的教室:人类学随谈录.北京:中国人民大学出版社

王铭铭.2007.从礼仪看中国式社会理论.见:中国人类学评论.第2辑.北京:世界图书出版公司

王铭铭.2007.经验与心态.桂林:广西师范大学出版社

王铭铭.2007.西方作为他者——论中国"西方学"的谱系与意义.北京:世界图书出版公司

王铭铭.2008.威慑的艺术:形象、仪式与"法".见:朱晓阳、侯猛主编.法律与人类学:中国读本.北京:北京大学出版社.171~188页

王铭铭.2008.中间圈:"藏彝走廊"与人类学的再构思.北京:社会科学文献出版社

王铭铭.2010.超社会体系——对文明人类学的初步思考.见:中国人类学评论.第9辑.北京:世界图书出版公司

王铭铭.2010.从"礼治秩序"看法律人类学及其问题.载:西北民族研究.第3期.76~92页

王铭铭.2010.民族地区人类学研究的方法与课题.载:西北民族研究.第1期

王铭铭.2011.民族志与"四对关系",载:王铭铭.人类学讲义稿.北京:世界图书出版公司.375~382页

王世睿.1985.进藏纪程.载:吴丰培编.川藏游踪汇编.成都:四川民族出版社

王叔武.1986.大理行记校注 云南志略辑校.昆明:云南民族出版社

王斯福.2008.文明的概念.郑少雄译.载:王铭铭主编.中国人类学评论.第5辑.北京:世界图书出版公司

王斯福.2009.帝国的隐喻.赵旭东译.南京:江苏人民出版社

王文光、仇学琴.2008.《史记》四裔传与秦汉时期的边疆民族史研究.载:思想战线.第2期.25~29页

王文光、翟国强.2006.试论中国西南民族地区青铜文化的地位.载:思想战线.第6期,95~102页

王尧、陈践译.1980.敦煌本吐蕃历史文书.北京:民族出版社

翁乃群.1996.女源男流:从象征意义论川滇边境纳日文化中社会性别的结构体系.载:民族研究.第4期

沃尔夫.2006.欧洲与没有历史的人民.赵丙祥等译.上海:上海人民出版社

吴传钧.1955.西康省藏族自治州.北京:生活·读书·新知三联书店

吴达德.2004.论云南陆军讲武堂.载:四川理工学院学报.第1期

吴吉远.1994.清代打箭炉城的川藏贸易的产生和发展.载:中国边疆史地研究.第3期

吴永章.1988.中国土司制度渊源与发展史.成都:四川民族出版社

吴泽霖.2004[1929].贵州苗族的跳花场.见:吴泽霖、陈国钧等.贵州苗夷社会研究.北京:民族出版社.171~174页

伍心福.1999.中国苗族通史.贵阳:贵州民族出版社

西敏司.2006.吃.林为正译.北京:新星出版社

西娜撰义.岩香宰主编.2006.说煞道佛——西双版纳傣族宗教研究.昆明:云南人民出版社

西南民族大学西南民族研究院编.2008.川西北藏族羌族社会调查.北京：民族出版社

西南民族大学西南民族研究院编.2008.嘉绒藏族调查资料.载：川西北藏族羌族社会历史调查.北京：民族出版社

西双版纳傣族自治州地方志编纂委员会编.2001.西双版纳州志.北京：新华出版社

《西藏研究》编辑部编辑.1982.明史录藏族史料.拉萨：西藏人民出版社

《西藏研究》编辑部编辑.1982.清实录藏族史料.拉萨：西藏人民出版社

向柏松.1999.中国水崇拜.上海：上海三联书店

萧国亮.1990.明代藏汉茶马贸易的历史考察.载：中国社会科学院研究生院学报.第6期

谢本书.2004.民国劲旅 滇军风云.昆明：云南人民出版社

谢继胜.1988.藏族的山神神话及其特征.载：西藏研究.第4期

徐君.2007.清朝末年川藏边路之"新政"，载：西藏研究.第2期

许烺光.2001.祖荫下——中国乡村的亲属、人格与社会流动.王芃、徐隆德合译.台北：南天书局

许烺光.1997.驱逐捣蛋鬼——魔法、科学与文化.王芃、徐隆德、余伯泉译.台北：南天书局

岩吨.2009.勐混镇塔龙景恩基本情况简介说明.手稿

岩峰、王松、刀保尧.1995.傣族文学史.昆明：云南民族出版社

阎云翔.2000.礼物的流动.李放春等译.上海：上海人民出版社

杨成志.2003.云南民族调查报告.载：杨成志人类学民族学文集.北京：民族出版社.23~149页

杨嘉铭.1989.打箭炉锅庄考略.载：西藏研究.第4期

杨堃.1991.论"保特拉吃".见：杨堃民族研究文集.北京：民族出版社.38~48页

杨清媚.2010.最后的绅士——以费孝通为个案的人类学史研究.北京：世界图书出版公司

杨清媚.2011.作为精神科学的人类学——陶云逵与中国人类学的德国因素.博士后出站报告

杨圣敏、胡鸿保主编.2012.中国民族学六十年.北京：中央民族大学出版社

杨天宇.1997.礼记译注.上海：上海古籍出版社

杨学政、韩学军、李荣昆.1993.云南境内的世界三大宗教——地域宗教比较研究.昆明：云南人民出版社

杨渝东.2008.永久的漂泊——定耕苗族之迁徙感的人类学研究.北京：社会科学文献出版社

杨增适.2007.涛声.载：香格里拉.第1期

杨正文.1998.苗族服饰文化.贵阳：贵州人民出版社

杨仲华.1935.西康纪要（上）.北京：商务印书馆

伊利亚德.2000.宇宙与历史——永恒回归的神话.杨儒宾译.台北：联经出版事业公司

伊利亚德.2002.神圣与世俗.王建光译.北京：华夏出版社

伊利亚德.2004.宗教思想史.晏可佳、吴效群、姚蓓琴译.上海：上海社会科学院出版社

伊利亚德.2006.宇宙创生神话和"神圣的历史".载：邓迪斯编.西方神话学读本.朝戈金等译.桂林：广西师范大学

阴玺.1992.俄塞里斯——古埃及的冥神和丰产神.载：西北大学学报（哲学社会科学版）.第3期

尤中.1989.爨古通纪浅述校注.昆明：云南人民出版社

有泰.1991.有泰驻藏日记.卷3.北京：中国图书馆文献缩微复制中心

袁立泽.2000.饮酒史话.北京：中国大百科全书出版社

云南编写组.1988.白族社会历史调查（四）.昆明：云南人民出版社

云南大学历史研究所民族组编著.1976.云南省金平屏边苗族瑶族社会调查.内部资料

云南省编辑组.1986.永宁纳西族社会及母权制调查.昆明：云南人民出

版社

云南省编写组.1991.白族社会历史调查(三).昆明:云南人民出版社

云南省德钦县志编纂委员会编.1997.德钦县志.昆明:云南民族出版社

云南省勐海县地方志编纂委员会.1997.勐海县志.昆明:云南人民出版社

云南省云龙县志编纂委员会编纂.1992.云龙县志.北京:农业出版社

曾穷石.2004.大鹏鸟卵生神话:嘉绒藏族的历史记忆.载:学术探索.第1期

曾穷石.2009.土司世界的政治图式:一项中间圈政治过程的历史人类学研究.中央民族大学博士论文

曾维益.2007.白马土司家谱.平武:平武地方志办公室(内部资料)

扎茨.1999.三山间的古城.载:甘孜州文化局编.康定的传说.甘孜州文化局编印.3~4页

詹承绪、王承权、李进春、刘龙初.2006.永宁纳西族的阿注婚姻和母系家庭.上海:上海世纪出版集团

张宏明.2005.土地象征:禄村再研究.北京:社会科学文献出版社

张江华.2007.陇人的家屋及其象征.载:王铭铭主编.中国人类学评论.第3辑.北京:世界图书出版公司

张且整理.1984.康定城的建立与变迁.载:康定县志办编印.炉城风物(8)

张学风、俄玛塔、格尔玛.2011.嘉绒藏族的阿米格东文化.载:西藏艺术研究.第3期

张亚辉.2010.萨满式文明——从巫的延续看"多元一体格局".载:王铭铭主编.中国人类学评论.第17辑.北京:世界图书出版公司.87~132页

张原.2008.在文明与乡野之间:贵州屯堡礼俗生活与历史感的人类学考察.北京:民族出版社

张原.2009.黔中屯堡村寨的抬舆仪式与社会统合.载:西南民族大学学报.第9期

张原.2012.礼仪与民俗:从屯堡人的礼俗活动看日常生活的神圣化.载:云南民族大学学报.第7期

赵丙祥.2008.舆图虽尽天犹广：丽江雪山与木氏土司之盛衰史.见：心有旁骛：历史人类学五论.北京：民族出版社.198～258页

赵尔巽、柯劭忞等撰修.1977.清史稿.北京：中华书局

赵心愚、秦和平编.2003.清季民国康区藏族文献辑要.成都：四川民族出版社

赵心愚.2003.乾隆《打箭炉志略》著者及资料来源考.载：西南民族大学学报.第9期

赵心愚.2004.纳西族与藏族关系史.成都：四川人民出版社

赵旭东.2011.法律与文化：法律人类学研究与中国经验.北京：北京大学出版社

赵轶峰.2007.明代宗教政策合论.载：古代文明.第2期.68～85页

郑少雄.2009.关系主义民族学：读王铭铭《中间圈："藏彝走廊"与人类学的再构思》.载：西北民族研究.第1期

郑少雄.2010.康定土司的政治过程——以清末民初的末代明正土司为中心.北京大学社会学系博士学位论文

中共四川省甘孜藏族自治州委组织部、中共四川省甘孜藏族自治州党史工作委员会、四川省甘孜藏族自治州档案局.1991.中国共产党四川省甘孜藏族自治州组织史资料 四川省甘孜藏族自治州政军统群系统组织史资料.成都：四川人民出版社

中共云龙县委党史研究室编.2006.中国共产党云龙县历史大事记.内部资料

中国人民政治协商会议云南省勐海县委员会.1990.勐海文史资料.第1辑.思茅：思茅方华印刷有限公司

中国人民政治协商会议云南省怒江傈僳族自治州委员会文史资料研究组编.1985.怒江文史资料选辑.第3辑

中国人民政治协商会议云南省云龙县委员会.1986.云龙文史资料.第1辑.内部资料

中央民族学院图书馆编.打箭炉志略.中国民族史地资料丛刊之十三.内

部资料

周蔼联. 2006. 西藏纪游. 张江华、季垣垣点校. 北京：中国藏学出版社

周文玖、张锦鹏. 2007. 关于"中华民族是一个"学术论辩的考察. 载：民族研究. 第 3 期

周振甫. 2003. 诗经译注. 北京：中华书局

周振鹤. 2005. 中国地方行政制度史. 上海：上海人民出版社

周作人. 2007. 谈劝酒. 见：夏晓虹、杨早编. 酒人酒事. 北京：生活·读书·新知三联书店. 178 ~ 184 页

朱霞. 2004. 盐井与卤龙王——诺邓盐井的技术知识和民间信仰. 载：广西民族学院学报（自然科学版）. 第 2 期

朱晓阳、侯猛主编. 2008. 法律与人类学：中国读本. 北京：北京大学出版社

滋贺秀三. 1998. 清代诉讼制度之民事法源的概括性考察——情、理、法. 见：滋贺秀三等. 明清时期的民事审判与民间契约. 王亚新等译. 北京：法律出版社. 19 ~ 53 页

滋贺秀三. 1998. 中国法文化的考察——以诉讼的形态为素材. 见：滋贺秀三等. 明清时期的民事审判与民间契约. 王亚新等译. 北京：法律出版社. 1 ~ 18 页

邹立波. 2010. 从土司封号看嘉绒藏族土司与宗教的关系. 载：西南民族大学学报. 第 2 期

Appadurai, Arjun. ed. 1986. *The Social Life of Things: Commodities in Cultural Perspective.* Cambridge: Cambridge University Press

Arnold, R. 1971. A Port of Trade: Whydah on the Guinea Coast. in K. Polanyi. C. Arensberg and H. Pearson. eds. *Trade and Market in the Early Empires: Economies in History and Theory.* Chicago: Henry Regnery Company

Asad, Talal. ed. 1995. *Anthropology and the Colonial Encounter.* Humanity Books

Atwill, David G. 2005. *The Chinese Sultanate: Islam, Ethnicity, and the Panthay*

Rebellion in Southwest China, 1856–1873. Stanford: Stanford University Press

Barth, Fredrik. Introduction. in *Ethnic Groups and Boundaries.* Long Grove, Illinois: Waveland Press. pp. 9 ~ 38

Bloch, Maurice and Parry, Jonathan. eds. 1982. *Death and the Regeneration of Life.* Cambridge University Press

Comaroff, John & Roberts, Simon. 1981. *Rule and Processes: the Logic of Dispute in an African Context.* Chicago: Univestity of Chicago Press

Douglas, Mary. 1997. Deciphering a Meal. in Carole Counihan & Penny Van Esterik. eds. *Food and Culture.* London: Routledge. pp. 36 ~ 54

Fardon, Richard. ed. 1990. *Localizing Strategies: Regional Traditons of Ethnographic Writing.* Edinburgh: Scottish Academic Press, Washington: Smithsonian Institution Press

Fei Xiaotong. 1945. *Earthbound China: A Study of Rural Economy in Yunnan.* Chicago: University of Chicago Press

Fei Xiaotong. 1953. *China's Gentry: Essays on Rural–Urban Relations,* edited and revised by Margaret Park Redfield. Chicago: University of Chicago Press

Fuller, Dorian Q. and Rowlands, Mike. 2009. Towards a Long-Term Macro-Geography of Cultural Substances: Food and Sacrifice Traditions in East, West and South Asia. 载: 王铭铭. 中国人类学评论. 第12辑. 北京: 世界图书出版公司. 1 ~ 37 页

Gaubatz, Piper R. 1996. *Beyond the Great Wall: Unban Form and Transformation on the Chinese Frontiers.* Stanford: Stanford University Press

Geddes, William. R. 1976. *Migrants of the Mountains.* Oxford: Clarendon Press

Gokhale, B. G. 1976. Early Buddhist Kingship. in *Journal of Asian Studies* 26 (1): 15 ~ 22

Goldstein, Melvyn C., Sherap, Dawei, Siebenschuh, William R., Goldstein, Melvyn C., Sherap, Dawei and Siebenschuh, William R. 2004. *A Tibeten*

Revolutionary: the political Life and times of Bapa Phuntso Wangye. Berkeley, Los Angeles and London: University of California Press. pp. 94 ~ 95

Goody, Jack and Watt, Ian. 1963. the Consequence of Literacy. in *Comparative Studies in Society and History*. Vol. 5. No. 3

Harrel, Steven. 1995. Introduction. in his *Cultural Encounters on China's Ethnic Frontiers*. Seattle and London: University of Washington Press

Harrell, Steven. ed. 1995. *Cultural Encounters on China's Ethnic Frontiers*. Seattle: University of Washingtong Press

Helms, Mary. 1998. *Access to Origins: Affines, Ancestors, and Aristocrats*. Austin: University of Texas Press

Hostetler, Laura. 2001. *Qing Colonial Enterprise: Ethnography and Cartography in Earl Modern China*. Chicago: University of Chicago Press

Katz , Paul and Justice, Divine. 2009. *Religion and the Development of Chinese Legal Culture*. London: Routledge

Keyes, Charles.1987. *Thailand: Buddhist Kingdom as Modern Nation-State*. New York: Westview Press

Leach, Edmund. 1982. *Social Anthropology*. Glasgo: Fontana Press. pp. 126 ~ 127

Levi-Strauss, Claude. 1997. The Culinary Triangle. in Penny Van Esterik. ed. *Food and Culture, Carole Counihan*. London: Routledge. pp. 28 ~ 35

Litzinger, Ralph A. 2000. *Other Chinas: The Yao and the Politics of National Belonging*. Durham: Duke University Press

Mauss, Marcel. 2006 [1929/1930] . *Techniques, Technology and Civilisation*. edited and introduced by Nathan Schlanger. New York and Oxford: Durkheim Press/ Berghahn Books

Muggler, Eric. 2001. *The Age of Wild Ghosts: Memory, Violence, and Place in Southwest China*. Berkeley: University of California Press

Ortner, Sherry. 1990. Patterns of History: Cultural Schemas in the Foundings of Sherpa Religious Institutions. in Emiko Ohunki-Tierney. ed. *Culture through Time*. Stanford: Stanford University Press. pp. 57 ~ 93

Polanyi, Karl. 1966. *Slave Trade: An analysis of an Archaic Economy*. Washington: University of Washington Press

Polanyi, Karl. 1968. Ports of Trade in Early Societies. in George Dalton. ed. *Primitive, Archaic, and Modern Economies: Essays of Karl Polanyi*. Garden City, New York: Anchor books

Redfield, Robert. 1956. *Peasant Society and Culture*. Chicago: University of Chicago Press

Sahlins , Marshall. 2004. *Apologies to Thucydides: Understanding History as Culture and Vice Versa*. Chicago: The University of Chicago Press

Sahlins, Marshall. 2008. Alterity and Autochthony: Malayo-Austronesian Cosmographies of the Marvelous. Raymond Firth Memorial Lecture. Verona. July 10-12.

Sahlins, Marshall. 2008. The Stranger-king or, Elementary Forms of the Politics of Life. in *Indonesia and the Malay World* 36: 177-199

Schein, Louisa. 2000. *Minority Rules: The Miao and the Feminine in China's Cultural Politics*. Durham: Duke University Press

Scott, James. 2009. *The Art of Not Being Governed*. New Haven&London: Yale University Press

Spengen, Wim. 2000. *Tibetan Borderlands: A Geographical Analysis of Trade and Traders*. London and New York: Kegan Paul International

Symonds, V. Patricia. 2004. *Calling in the Soul: Gender and the Cycle of Life in a Hmong Village*. Seattle and London: University of Washington Press

Tambiah, Stanley. 1975. *Buddhism and the Spirit Cults in North-East Thailand*. Cambridge: Cambridge University Press

Tambiah, Stanley. 1976. *World Conqueror and World Renouncer : A Study of Buddhism and Polity in Thailand against a Historical Background*. Cambridge:

Cambridge University Press

Tapp, Nicholas. 1989. *Sovereignty and Rebellion: The White Hmong of Northern Thailand*. Oxford and New York: Oxford University Press

Tapp, Nicholas. 2001. *The Hmong of China*. Boston & Leiden: Brill Academic Publishers, INC.

Tapp, Nicholas. 2003. Exiles and reunion: nostalgia among oversea Hmong(Miao). in Charles Stafford. ed. *Living with Separation in China*. London and New York: RoutlegeCurzon

Turner, Victor. 1975. *Dramas, Fields, and Metaphors: Symbolic Action in Human Society*. Ithaca, NY: Cornell University

Wang Zhusheng. 1997. The Jingpo Kachin of the Yunnan Plateau. Arizona: Program of East Asian Studies. University of Arizona

Waston, James. 1987. From the Common Pot: Feasting with Equals in Chinese Society. in *Anthropos 82*. pp. 389 ~ 401

Waston, James. 1988. The Structure of Chinese Funerary Rites. in James L.Waston & Evelyn S.Rawski. eds. *Death Ritual in Late Imperial and Modern China*. Berkeley: University of California Press. pp. 3 ~ 19

图书在版编目（CIP）数据

文化复合性：西南地区的仪式、人物与交换 / 王铭铭，舒瑜编. ——北京：北京联合出版公司，2015.10
（社会人类学丛刊）
ISBN 978-7-5502-6198-3

Ⅰ. ①文… Ⅱ. ①王… ②舒… Ⅲ. ①民族人类学—研究—西南地区 Ⅳ. ① K280.7

中国版本图书馆 CIP 数据核字 (2015) 第 221306 号

Simplified Chinese edition
Copyright © 2015 POST WAVE PUBLISHING CONSULTING (Beijing) Co., Ltd.
本书中文简体版权归属于后浪出版咨询（北京）有限责任公司

文化复合性：西南地区的仪式、人物与交换

编　　者：王铭铭　舒　瑜
选题策划：后浪出版公司
出版统筹：吴兴元
特约编辑：丛　铭
责任编辑：王　巍
封面设计：周伟伟
版面设计：闫献龙
营销推广：ONEBOOK
装帧制造：墨白空间

北京联合出版公司出版
（北京市西城区德外大街 83 号楼 9 层　100088）
北京中科印刷有限公司印刷　新华书店经销
字数 313 千字　690 × 960 毫米　1/16　30 印张　插页 22
2015 年 12 月第 1 版　2015 年 12 月第 1 次印刷
ISBN 978-7-5502-6198-3
定价：68.00 元

后浪出版咨询（北京）有限责任公司 常年法律顾问：北京大成律师事务所　周天晖 copyright@hinabook.com
未经许可，不得以任何方式复制或抄袭本书部分或全部内容
版权所有，侵权必究

本书若有质量问题，请与本公司图书销售中心联系调换。电话：010-64010019